MW01393941

Titre courant

GILBERT GADOFFRE

LA
RÉVOLUTION CULTURELLE
DANS
LA FRANCE DES HUMANISTES

Guillaume Budé et François Ier

Préface de Jean Céard

LIBRAIRIE DROZ S.A.
11, rue Massot
GENÈVE
1997

Inédit

ISBN: 2-600-00508-0 — ISNN: 1420-5254

© 1997 by Librairie Droz S.A., 11 rue Massot, 1211 Geneva 12 (Switzerland)

All rights reserved. No part of this book may be reproduced, translated, stored or transmitted in any form or by any means, electronic, mechanical, photocopying, recording or otherwise without written permission from the publisher.

PRÉFACE

par

Jean Céard

Peu de temps avant de disparaître, Gilbert Gadoffre achevait le manuscrit de ce livre dont l'idée l'occupait depuis longtemps. Je n'ai eu que la tâche d'effacer quelques redites, de procéder à de menues corrections, de préciser diverses références, à la demande d'Alice Gadoffre, qui m'a fait, en outre, l'amitié et l'honneur de me demander de le préfacer.

Historien autant que littéraire, Gilbert Gadoffre savait mieux que personne que l'historien ne s'absente pas de la modernité, qu'il se contente de se mettre en retrait. Et il savait aussi que, pourtant, rien ne se répète à l'identique, que l'histoire, comme dit une formule célèbre, ne repasse pas les plats. C'est à cette sorte de dialogue complexe du présent et du passé que ce livre fera assister ceux qui savent quelles préoccupations ont animé l'action et la pensée de l'auteur. Il revenait souvent — il le fait encore ici — sur l'entreprise de Machiavel interrogeant Tite Live. Il était comme fasciné par sa recherche : le Florentin, persuadé que les hommes ne changent pas, avait travaillé à repérer dans l'histoire des sortes d'invariants. Mais, en même temps, Gilbert Gadoffre ne doutait pas de la singularité des situations, de leur nouveauté irréductible. Aussi pensait-il que, si le passé ne peut jamais prédessiner notre action, il faut cependant apprendre à dire l'histoire avec nos mots, dans nos mots, pour avoir chance d'inscrire notre action dans le temps.

Ce travail qui est indissociablement appropriation et mise à distance, le livre que voici le met pour ainsi dire en scène. La recherche d'un humanisme pour notre temps ne peut que gagner à une réflexion sur la révolution culturelle que connut la France de François Ier, révolution qui visa à mettre la France au diapason des autres puissances européennes, mais qui ne pouvait être pure reproduction —

et que nos contemporains ne sauraient non plus se contenter de chercher à reproduire, même s'il est bon de méditer l'idée d'encyclopédie, si chère à Budé : au temps des savoirs spécialisés, sinon morcelés, il faut réinventer une façon de « fermer le rond des sciences ».

Guillaume Budé est la figure de proue de cette révolution culturelle. L'étude de Gilbert Gadoffre ne cesse de le rencontrer sur son chemin; souvent même, il est au premier plan, saisi à la fois dans son ambition de faire école, de convertir à ses vues les hommes de pouvoir, et dans sa volonté non moins affirmée de poursuivre sa route, son refus de devenir un homme d'appareil, sa réticence à laisser la vie publique, pourtant nécessaire, supplanter le non moins nécessaire retour à soi. Comment ne pas reconnaître dans ce portrait l'auteur lui-même, convaincu que les meilleures idées s'étiolent si elles repoussent l'épreuve de l'institutionnalisation mais qu'aussi bien celle-ci risque à tout instant de les user en les fixant ? C'est peut-être le questionnement de toute une vie que transcrit cette description du portrait de Budé conservé au Metropolitan Museum, avec son frappant « contraste entre l'arrogance de l'œil droit et le désarroi de l'œil gauche », et ce surprenant « mélange de sécurité insolente et d'expectative inquiète ».

Même curiosité pour la figure de François Ier, dont tant de pages s'emploient, touche après touche, à composer le complexe portrait, avec le même souci de le voir : à côté de l'intellectuel, qui veut infléchir l'action de l'homme politique, l'homme politique lui-même, avec ses insuffisances, ses gamineries même, et pourtant ses indiscutables grandeurs, qui comprend fort bien les requêtes de l'intellectuel et qui met tant de lenteur à leur donner forme, qui ne le fait jamais tout à fait et qui néanmoins incarne si bien la révolution culturelle dont Budé est le penseur. Voilà encore une forte individualité qui marqua très fort son temps sans que pourtant son temps apparaisse comme le simple reflet de ce qu'il voulut. Une conviction se fait jour : l'histoire est faite par les hommes, mais, œuvre collective, elle est toujours l'effet imprévisible d'une action qui ne réduit pas aux projets d'un homme. Si la Renaissance a réinventé l'histoire, et l'art d'écrire l'histoire, ce livre, qui est aussi une réflexion sur l'histoire, ne pouvait mieux choisir son objet.

AVERTISSEMENT

L'idée d'entreprendre ce travail ambitieux m'est venue, d'abord, à la lecture de la correspondance d'Érasme, puis, à deux reprises, au cours de séminaires sur différents aspects de la Renaissance française que j'ai été appelé à donner à l'université de Berkeley, au cours des années 60, et une quinzaine d'années plus tard, au Collège de France.

La difficulté majeure était l'abondance des textes à lire et leur difficulté d'approche dans leur langue originelle. L'œuvre de Guillaume Budé était à elle seule un problème, écrite dans un latin bourré d'hellénismes et de recherches de l'expression rare. À cet égard, on ne saurait être trop reconnaissant à Marie-Madeleine de La Garanderie d'avoir débloqué la situation en traduisant la correspondance entre Érasme et Budé dès 1967. De même, le *De studio literarum* de Budé est cité dans sa traduction (*L'étude des lettres*, Paris, Les Belles Lettres, "Les classiques de l'humanisme", VII, 1988), et le *De Transitu Hellenismi ad christianismum* dans la magnifique édition bilingue qu'elle a donnée en collaboration avec Daniel Franklin Penham (*Le passage de l'hellénisme au christianisme*, Paris, Les Belles Lettres, «Les classiques de l'humanisme», IX, 1993). J'ai dû traduire moi-même les passages cités du *De Philologia*, des grands traités budéens et de la correspondance en latin destinée à d'autres personnes qu'Érasme.

Ma reconnaissance, au-delà de l'Atlantique, va aux deux érudits de Sherbrooke, MM. Lavoie et Galibois, qui se sont attaqués à la partie de la correspondance de Budé rédigée en grec.

Les chapitres qui suivent n'ont pas été écrits dans l'ordre où ils sont donnés aujourd'hui. La longueur de travail m'a donc mis en possession de matériaux que j'ai utilisés à plusieurs reprises pour des contributions à des Mélanges destinés à des collègues et amis. C'est ainsi que les Mélanges offerts au professeur Schützenberger (de l'Académie des sciences, éditions Hermès, 1992) contiennent des fragments de l'Introduction, sous le titre de «Érasme et le merdier gaulois». Pour les Mélanges du professeur Henri Weber de Montpellier, j'ai utilisé, dans le chapitre 1er, le paragraphe 4 sur «La Pentecôte des langues ». Pour le professeur Noyer-Weidner, de Francfort, le paragraphe 4 du chapitre II sous le titre de « Culpabilisation sociale et déculpabilisation culturelle ».

En ce qui concerne les Mélanges qui m'ont été adressés sous la direction d'Yves Bonnefoy, André Lichnérowicz et M. A. Schützenberger, *Vérité poétique et vérité scientifique* (P.U.F., 1989), un fragment du chapitre X a été utilisé sous le titre de « La mythologie de la connaissance chez Guillaume Budé ».

Ajoutons à cet ensemble le texte d'une conférence donnée en 1987 sur l'Aventin à l'Institut d'Histoire romaine de l'université de Rome, traduite en italien et publiée dans les *Studi romani*, anno XXXV, n°3-4 sous le titre de « Guillaume Budé e la storia di Roma ».

Qu'il me soit permis de remercier ceux qui m'ont aidé dans ce long travail. En particulier, le conservateur en chef du Musée de l'Armée, M. J.-P. Reverseau, qui m'a aimablement communiqué les dimensions exactes des armures de François Ier, ce qui a attiré mon attention sur la taille de géant du Roi à une époque où la taille moyenne du Français était d'environ un mètre soixante.

Je remercie également ceux qui ont participé au travail ingrat des corrections d'épreuves et de vérification de citations : Patrick Zinck et Alexandra, surtout François Beslon qui, depuis l'introduction jusqu'au dernier chapitre, n'a cessé de suivre la composition du livre.

Je n'oublierai pas Alice, mon épouse bien-aimée, car sans sa présence, son aide et ses soins, je n'aurais sûrement pas survécu à ce livre.

TABLE DES ABRÉVIATIONS

Allen : Correspondance latine d'Érasme, *Opus epistolarum Erasmi Rotterdami*, 12 vol., Oxford, 1908-1948.

Brantôme : *Vie des grands capitaines français et étrangers*, Œ., édition Lalanne, Paris, 1858, 8 vol.

B.H.R. : *Bibliothèque d'Humanisme et Renaissance*, Genève (périodique).

Correspondance : *La correspondance d'Érasme et de Guillaume Budé*. Introduction, traduction, notes et index biographique de Marie-Madeleine de La Garanderie, Paris, Vrin, 1967.

Correspondance, t. 1. Lettres grecques : *Les lettres grecques de Guillaume Budé*. Introduction, traduction et notes de Guy Lavoie et Roland Galibois, Université de Sherbrooke, 1977.

D.B.F. : *Dictionnaire de biographie française.*

Œ. : Œuvres complètes.

Introduction

Bilan culturel de la France à la mort de Louis XII

A qui voudrait prendre au sérieux la pérennité des « caractères nationaux » on pourrait conseiller de lire les jugements portés sur les Français à l'époque de Louis XII. Amis ou ennemis, étrangers ou Français ne sont d'accord que sur un point : les petits-fils des Gaulois sont plus aptes aux travaux de la guerre et de la terre qu'aux choses de l'esprit, qui exigent des aptitudes intellectuelles et un sens de la beauté qu'ils n'ont pas. Et puis ils sont trop lourds. Un peuple inculte et philistin. Le Véronais Benedetti parle avec condescendance de Charles VIII haranguant ses troupes à l'aube de la bataille de Fornoue et reconnaît qu'il « a parlé avec autant d'éloquence qu'il peut y en avoir parmi ces incultes ». Quant à Machiavel, dans sa correspondance autant que dans ses *Ritratti*, il ne cache pas son peu d'estime pour les capacités culturelles des sujets de Louis XII. Les barbares d'au-delà des Alpes restent des barbares, bons tout au plus à se ruer en hordes sur l'Italie heureuse, comme les Gaulois d'antan, « peuple insupportable », écrit César Borgia, « et grand ravageur de pays »[1].

Après cent ans de controverses, le jugement sommaire de Pétrarque sur l'absence d'orateurs et de poètes de qualité hors d'Italie conserve tout son poids[2]. Les Français ont beau protester, il en reste quelque chose. Nicolas Clamanges peut toujours dresser des listes de grands orateurs non italiens, depuis les Grecs jusqu'aux Pères de l'Église en passant par Térence[3], ou bien riposter que, Pétrarque étant mort depuis

---

[1] Propos rapporté par Machiavel dans sa lettre à la Seigneurie du 6 décembre 1502.

[2] « Oratores et poetæ extra Italiam non quærentur », Pétrarque, *Rerum senilium*, IX, 1.

[3] Lettre de Nicolas Clamanges au cardinal di Pietramala, citée dans A. Coville, *Gontier et Pierre Col et l'Humanisme en France au temps de Charles VI*, Paris, p.170.

plusieurs générations, les temps et les rapports de forces ont changé [4], il rassure quelques Français sans ébranler les Italiens, même ceux d'Avignon. L'un deux, un éminent prélat, ayant entre les mains une poésie latine de Laurent de Premierfait, refusa net de la croire écrite par un Français, les peuples latins seuls, pensait-il, étant capables de tourner avec cette élégance une poésie dans la langue de Virgile [5], et les Gaulois d'au-delà des Alpes y étant notoirement inaptes.

Autant de réactions d'Italiens acides, pourra-t-on dire, traumatisés coup sur coup par le transfert d'Avignon puis les invasions en cascade. Mais les humanistes du Nord qui n'ont pas les mêmes traditions de gallophobie héritée ne pensent pas autrement. Guillaume Budé finira par se brouiller avec son ami Érasme qui ne manque pas une occasion de dauber sur l'esprit français, lent, stupide, engourdi, et pousse la malice jusqu'à se servir de l'épître de saint Paul aux Galates pour la tourner, dans son commentaire, « contre les Celtes de notre temps ». Jamais, ajoute aigrement Budé, « tu ne l'aurais fait si tu n'avais estimé les Gaulois encore trop balourds pour bien saisir tes allusions » [6]. Est-ce un patriotisme d'écorché vif qui le fait parler, prompt à trouver partout des offenseurs ? Pas même. Il suffit de se reporter au texte d'Érasme pour voir que Budé n'exagère pas. Les Galates, écrit l'humaniste néerlandais dans son commentaire, « étaient des Grecs, mais venus de Gaule ; selon saint Jérôme ils rappelaient leur origine par leur lenteur d'esprit. Aussi bien saint Hilaire, Gaulois lui-même, déclare-t-il dans ses hymnes les Gaulois inaptes à l'étude ».

Dans sa réponse à Budé outragé Érasme se répand, bien sûr, en protestations papelardes sur sa francophilie, sur « la sympathie instinctive, non raisonnée, qu'il a toujours éprouvée pour la France », sympathie d'autant plus méritoire qu'elle n'a pas été payée de retour [7]. Mais Budé doute que cette sympathie s'étende jusqu'à la culture française, et il n'ignore sans doute pas — tant les lettres du grand homme circulent — que lorsqu'il est passé de France en Angleterre, Érasme a conseillé à l'humaniste italien Andrelini de faire de même, et d'éviter par-dessus tout « de se laisser vieillir dans le merdier gaulois »,

---

4 *Ibid.*, p. 147.
5 *Ibid.*, p. 181.
6 Lettre de Budé à Érasme du 22 avril 1527, *Correspondance*, p. 254-255.
7 Lettre d'Érasme à Budé du 22 juin 1527, *ibid.*, p. 260.

peu fait pour un homme aussi fin que lui [8]. Érasme se voit d'ailleurs retourner l'argument par un humaniste anglais, Cuthbert Tunstall, au moment où le bruit court que François Ier veut faire venir le Néerlandais à Paris pour orner le futur collège des lecteurs royaux. Le climat de Paris est insalubre, écrit l'Anglais, et puis il y a le poids de l'ignorance française qu'un lettré de son cru ne pourrait supporter [9].

Mettra-t-on en cause les partis pris nationaux ? Érasme n'avait pas reçu de Paris l'accueil qu'il attendait, et il avait, en outre, de multiples raisons de ne pas brûler les ponts et de conserver un certain loyalisme à l'égard de l'Empire. Quant à Tunstall, il est, entre autres choses, un agent des services diplomatiques anglais à une époque où François Ier est en état de guerre quasi permanent avec Henri VIII et Charles Quint. Mais les Français voient-ils les choses autrement ? Mis à part quelques intellectuels qui se sentent personnellement dépréciés par une sous-estimation de la culture française, les sujets de Louis XII ont une image d'eux-mêmes peu différente de celle qu'offrent Érasme, Tunstall ou Machiavel. Quand le poète Simon Macrin voudra, en plein XVIe siècle, honorer ses confrères latiniseurs — les seuls écrivains qui comptent aux yeux des lettrés avant que la Pléiade ne restaure sa dignité à la poésie de langue française —, il félicitera Germain de Brie, Nicolas Bourbon, Étienne Dolet, Jean de Dampierre d'avoir fait perdre à la France sa réputation de pays barbare [10], réputation dont il ne conteste pas le bien-fondé pour les générations précédentes. Les choses sont ce qu'elles sont.

Comment, d'ailleurs, le contester ? Les faits parlent d'eux-mêmes. L'analyse des lettres envoyées d'Italie par les guerriers de Charles VIII ne révèle aucun émerveillement devant une civilisation artiste, contrairement à ce qu'on a répété depuis un siècle. On n'y trouve

---

[8] « Quid ita te juvat hominem tam nasutum inter merdas gallicas conse nes cere », Lettre d'Érasme à Andrelini de l'été 1499, lettre n° 103, *Allen*, t. I, p. 238.
[9] Lettre de Tunstall à Érasme du 22 avril 1517 (n° 572), *ibid.*, t. II, pp. 543-4. Tunstall précise que les armes seules donnent du prestige en France et qu'il y est de bon ton d'afficher son ignorance des lettres ou de masquer sa culture (« vel nescire literas, vel [...] eas dissimulatione premere »).
[10] Salmon Macrin, « Ad poetas gallicos » in *Hymnorum libri VI ad Io. Bellaium*, Paris, 1537, p. 36 : « Haec ut natio Gallicana, nullo / Ante hu maniter instituta cultu / Et quae barbara dicetur olim [...] »

d'enthousiasme que pour le luxe, les femmes, les fontaines, les citrons et les vins [11]. Les exceptions sont rares : quelques compagnons du Roi tels que Jean de Ganay ou Florimond Robertet, tous deux collectionneurs et amis d'humanistes. Encore s'intéressent-ils aux lettrés et aux monnaies antiques plus qu'aux œuvres d'art. Charles VIII est le seul à s'extasier devant les plafonds à fresques des palais de Naples, dans une lettre à Pierre de Bourbon [12], et à vouloir faire une tournée méthodique des monuments de Rome [13]. Son exemple n'a pas été suivi. Pas même par son successeur. Au cours de ses désastreuses campagnes d'Italie, Louis XII s'intéressera, lui, aux fromages qu'il fait conserver dans l'huile et dont il envoie des charretées en direction de Blois [14]. Le jeune Guillaume Budé, attiré à la cour par les fonctions de secrétaire du roi sous Charles VIII, se retirera sous sa tente quand l'indifférence de Louis XII et de son entourage pour les choses de l'esprit deviendra trop criante.

Budé n'en proteste pas moins dans les *Annotations aux Pandectes* et dans le *De Asse* contre ceux qui affirment qu'on n'a jamais vu des humanistes sortir du terroir de France, et réduisent les Français au rang de peuple terrien et militaire, impropre aux lettres et aux arts — qu'il vaudrait mieux abandonner à d'autres —, un peuple né pour l'action et non pour la pensée [15]. Et qui parle ainsi ? Des ennemis naturels de la France, des Italiens, des Anglais ? Non, écrit Budé avec dépit, ce sont hélas ! de bons Français, « des gens comme nous, nés en France, élevés et formés en France, des citoyens d'élite et aimant leur patrie » [16]. Ne trouvant pas de mots assez percutants pour désigner ces contempteurs de leur propre culture, il en forge : il parle de *Misopatrides*, de *Gallomastiges* ou de *Francomastiges*. Comment expliquer l'aveuglement de ces hommes qui se font gloire de leurs limites et méprisent tout ce qui, dans le domaine culturel, porte une

---

[11] Voir Y. Labande-Maillefert, *Charles VIII*, Paris, 1976, p. 376 sq.
[12] *Ibid.*, p. 376 et 502.
[13] *Ibid.*, p. 315.
[14] Extrait des Contes des menus plaisirs cité en appendice de l'édition Maulde la Clavière des *Chroniques de Louis XII* de Jean d'Auton, t. I, p. 321.
[15] Guillaume Budé, *De Asse*, éd. 1541, fol. 21 sq.
[16] « Homines germana in Francia nati, in sinu Franciae aliti et educati », « egregios cives, et patriae amantissimos », *ibid.*, fol. 15 v°.

signature française tout en admirant de confiance — mais du bout des lèvres — ce qui vient d'Italie [17] ?

Car l'italomanie, héritage des expéditions transalpines, n'a pas fait avancer les progrès culturels des Français. Elle les a engourdis. Le cardinal d'Amboise, ministre de Louis XII et cible favorite de Budé, n'a pas rendu service au pays en important de la péninsule des érudits de seconde zone tels que Stoa, Andrelini, Paul-Émile, qui n'ont su qu'empocher des prébendes sans se montrer capables de susciter des vocations ou de former des esprits. Le pire est que la pingrerie de Louis XII a découragé les meilleurs, tels Fra Giocondo ou Aléandre, qui ont très vite regagné leur pays. Les médiocres seuls sont restés, en fin de compte [18]. Contre-sélection, indifférence aux lettres, encouragement au parasitisme, tels sont les traits de la politique culturelle de Louis XII vue par Budé.

La culture française de l'avenir dont il esquisse en pointillé le profil d'Utopie, ne pourra naître que des efforts des Français et de l'initiative des rois. Difficile entreprise : les structures de la société sont telles, en ce début de siècle, que les obstacles surgissent à chaque niveau. C'est pour en établir l'inventaire et provoquer une prise de conscience chez ses lecteurs lettrés que l'auteur du *De Asse* va faire suivre sa magistrale démonstration historique — premier exemple d'un emploi combiné de plusieurs disciplines — par des digressions sans rapport avec le sujet du livre, hautement polémiques, et orientées vers une analyse quasi sociologique de la conjoncture à la fin du règne de Louis XII.

1. Une magnifique Sparte

Près de cent ans plus tôt Alain Chartier avait voulu donner une représentation dramatisée des conflits de classe qui déchiraient la France de Charles le fou, dans son chef-d'oeuvre méconnu : *le Quadrilogue invectif*. On y voyait au chevet de la France moribonde un chevalier, un prêtre et un homme du peuple qui vitupéraient, chacun rejetant sur les deux autres la responsabilité des catastrophes. Avec moins de talent et dans des circonstances moins tragiques, à la fin du XVe siècle, l'humaniste Robert Gaguin avait repris le thème et la mise en scène

---

[17] Lettre de Budé à Nicolas Bérault du 25 mars 1511, Budé, *Lucubrationes variae*, éd. 1557, p. 261A.
[18] *De Asse*, p. 89 sq.

de Chartier dans son *Débat du Laboureur, du Prestre et du Gendarme*. On retrouve chez Budé la satire sociale de ses prédécesseurs, mais transposée sur un autre registre. Plus besoin de mise en scène ou de dramatisation dans une enquête à froid, qui mobilise toutes les ressources d'une intelligence analytique aiguë, sur les causes du retard culturel de la France.

Pour l'auteur du *De Asse* les responsabilités sont réparties entre les gens d'épée, d'Église, de loi et d'Université. Au premier chef les gens d'épée. Ce n'est pas par hasard que les « Gallomastiges » les « egregii cives » du *De Asse* font de la France un pays terrien et militaire : c'est une auto-définition de la classe dirigeante qui identifie son image avec l'image nationale. Non sans quelque raison. La guerre de Cent Ans, qui avait fait du domaine royal un camp retranché et du territoire français un champ de bataille, est à peine terminée que la lutte contre Charles le Téméraire, les révoltes féodales et les expéditions d'Italie ont prolongé de génération en génération la survie de structures militaires dont la poutre maîtresse est la classe noble. Machiavel ne s'y est pas trompé. Si les Français ont la meilleure cavalerie du monde, remarque-t-il dans ses *Ritratti*, cela tient au droit d'aînesse qui ne laisse aux cadets de familles nobles que le seul recours à l'armée pour faire carrière. « Ils sont tous nobles et fils de seigneurs et sont en mesure d'atteindre à un tel rang »[19]. La France peut ainsi combiner deux avantages difficilement compatibles ailleurs : une armée d'État payée par la couronne, insensible aux intrigues féodales, et en même temps une cavalerie et des cadres issus d'une classe militaire conditionnée par le code de l'honneur et non par l'argent.

Les expéditions italiennes ayant tourné court, on a fini par oublier le retentissement qu'elles ont eu. Les Italiens voyaient dans la campagne de Charles VIII « de loin l'événement le plus important de cet âge, avec un impact sur tout le genre humain »[20], et Paolo Giovio ajoute, non sans hyperbole, que « les remous ont atteint le globe tout entier »[21]. La crainte aussi. L'armée de Charles VIII a été la plus redoutable d'Europe, avec sa rapidité d'intervention, l'efficacité foudroyante de ses arquebusiers à cheval et de son artillerie qui passait, dit Commynes, « toutes les artilleries du monde ». La France paiera cher, au cours du XVIe siècle, l'effroi qu'elle a soulevé en Europe, qui

---

[19] Machiavel, *Œ.*, éd. Ch. Bec, Paris, Robert Laffont, 1996, p. 45.
[20] Rucellai, *De Bello italico*, éd. de Londres, 1733, p. 3.
[21] Paolo Giovio, *Historiarum sui temporis libri XLV*, liv. I.

se traduira par un réarmement général à partir de 1496 et des séries de coalitions anti-françaises.

En attendant, le jeune Charles VIII, à peine sorti du nid, poursuit sa route « d'une audace très assurée » dit Brantôme, « épouvantant toute l'Italie du sentiment de sa venue », renversant tout sur son passage, narguant les menaces d'excommunication d'Alexandre Borgia. Et le voilà « entré dans Rome, bravant et triumphant, luy-mesmes armé de toutes pièces, la lance sur cuysse, comme s'il eust voulu aller à la charge, ce qui estoit beau, et à donner entendre : S'il y a rien qui bransle, me voicy prest, avec mes armes et mes gens, pour charger et foudroyer tout [...] Ainsy donc, marchant en bel et furieux ordre de bataille, trompettes sonnans et tabourins battans, entre et loge par main de ses fourriers là où il luy plaist, faict assoir ses corps de garde, et pose ses sentinelles par les places et quantons de la noble ville, avec force rondes et patrouilles; plante ses justices, potances et estrapades en cinq ou six endroictz ; ses bandons faicts en son nom ; ses édicts et ordonnances publiées et criées à son de trompe, comme dans Paris. Allez-moi trouver jamais roy de France qui ayt faict de ces coups, fors que Charlemagne ? Encore pensé-je qu'il n'y procéda d'une authorité si superbe et impérieuse »[22].

Charlemagne n'est pas ici une référence gratuite. Après une éclipse de plusieurs siècles il fait sa rentrée parmi les images nationales françaises, avec la complicité des prophéties italiennes, d'origine joachimiste, qui annonçaient l'arrivée d'un nouveau Charlemagne qui châtierait les villes d'Italie, unifierait la chrétienté et mettrait sur le trône de saint Pierre un *Pastor angelicus* élu par un conclave d'anges[23]. On ne s'étonne pas de voir la propagande exploiter l'aubaine des prophéties, des circonstances et du prénom : on voit se multiplier les images populaires représentant le roi en nouveau Charlemagne, glaive et globe en mains, et le peintre de cour Jean Bourdichon représente Charles VIII « à genoux, en prière, présenté par Charlemagne et Saint Louis à la Vierge de l'Apocalypse »[24].

Image n'est pas langage, mais les analogies entre les deux Charles sont plus d'une fois explicitées par le roi lui-même et ses ambassadeurs. Charles VIII engage la bataille de Fournoue entouré de

---

[22] Brantôme, *Les Vies des grands capitaines*, Œ., t. II, p. 286-287.
[23] Voir F. Baethgen, *Der Engelpapst*, Leipzig, 1943.
[24] Y. Labande-Maillefert, *Charles VIII et son milieu*, p. 366. Le tableau de Bourdichon est mentionné dans les comptes royaux, *ibid.*, p. 498.

ses neuf preux, choisis par lui et habillés comme lui [25]; lorsque Robert Gaguin est chargé de mission auprès du roi d'Angleterre, il prend la parole à la cour et ouvre sa harangue par cette phrase : « Le roi notre maître, le plus grand et plus puissant souverain qui ait régné en France depuis Charles le Grand, dont il porte le nom [...] » Et de souligner que Charles est un « chevalier du Christ aussi bien qu'un prince temporel » [26].

Plutôt qu'un chevalier du Christ, les Florentins voyaient en lui un ange de l'Apocalypse vidant sa coupe de colère avec un visage serein, au nez des princes médusés par une forme inconnue jusque-là de guerre éclair qui déroutait les prévisions et paralysait la défense. L'invasion française, se lamente Guichardin, est « arrivée comme une tornade, renversant tout sur son passage. L'unité de l'Italie a volé en éclats ainsi que le souci des intérêts communs [...]. On était entré dans l'ère des guerres violentes et brèves ; des royaumes entiers ont été vaincus et asservis en moins de temps qu'il n'en fallait jadis pour prendre un village. Les villes assiégées étaient prises non plus au bout de plusieurs mois, mais en quelques jours, voire en quelques heures » [27].

Quand ce jeune garçon piaffant qui voulait un empire meurt à vingt-sept ans, il faisait l'inventaire des erreurs commises pendant sa première campagne, et il en tirait des enseignements pour la deuxième que déjà il préparait [28]. À l'annonce de sa mort, le sentiment général fut la stupeur. « Le roi d'Espagne a eu de la chance que Charles VIII mourût » [29], écrivait Francesco Vettori à Machiavel seize ans après la mort du jeune roi, ce qui permettait une comparaison avec son médiocre successeur ; et un humaniste fort peu francophile, homme lige de Ferdinand le Catholique, saluait lui aussi le passage du météore : « Celui qui ébranla l'Italie d'une seule course, qui fit trembler le monde, qui se faisait redouter par sa justice, cette âme qui ne craignait ni les fleuves ni les montagnes de l'Apennin ni aucun

---

25 Belleforest, *Histoire des IX roys Charles*, 1568, p. 396.
26 Le texte anglais de la harangue est reproduit dans l'édition Thuasne des *Epistolae et orationes* de Gaguin, Paris, 1903, t. II, pp. 291-298.
27 Guichardin, *Histoire de Florence*, chap. XI.
28 Commynes, *Mémoires*, VIII, XXV, éd. Cal mette, t. III, p. 302-303.
29 Lettre de Francesco Vettori à Machiavel du 16 mai 1514.

péril, cette âme s'est exhalée sans avoir salué le monde, avant sa maturité »[30].

On ferait pourtant fausse route en valorisant à l'excès la portée culturelle de ce règne. Charles VIII a beau mettre des patriciens éclairés à la place des hommes de main de l'entourage de son père, il a beau s'extasier de bon coeur devant les fresques, ramener dans ses bagages des lettrés, des architectes et des peintres, piller les bibliothèques italiennes, entasser les œuvres d'art à Amboise, il reste que la chevauchée napolitaine qui a tant parlé aux imaginations n'était pas une caution pour la culture.

Car ce godelureau couronné qui ne sait rien et n'aura pas le temps d'apprendre est presque illettré. Il a été élevé par Louis XI « séparé quasy du monde, nourry et peu pratiqué de personnes non en fils de roy, ny mesme d'un simple gentilhomme »[31]. Brantôme qui fait cette remarque admet que son cas est un démenti inquiétant à la sagesse des nations qui veut que l'éducation détermine un caractère plus que l'hérédité, selon le vieux proverbe : « nourriture passe nature ». Or qui « eust jamais pensé et prédict si grand courage et si grande ambition en ce jeune roy, veu sa nourriture » ? Comment expliquer les qualités de chef et les tropismes culturels d'un garçon maintenu dans une ignorance radicale et un désert artificiel, car « nul homme ne le veoyt ne parloit à luy, sinon par son commandement [de Louis XI] »[32]. Et pourtant « telle mauvaise nourriture ne lui offensa jamais son généreux courage, qu'il avoit extrait de tant de braves rois, ses prédécesseurs »[33].

Le destin de Charles VIII est donc paradoxal et scandaleux. Il crée un précédent. Quand des gentilshommes diserts comme Commynes vont se lamentant sur les méfaits de l'inculture des seigneurs, on leur rétorque : Charles VIII. On comprend la sournoise insistance de Commynes à le minimiser et à faire deux poids et deux mesures, les succès étant attribués à la «Providence» et les échecs au roi. Il avait d'ailleurs la partie belle avec un règne aussi bref et des entreprises aussi maladroitement continuées. Les espérances d'Italie et les débuts de mécénat, tout s'en va en fumée dès les premières années du nouveau

---

[30] Texte de Pietro Martire, cité par Y. Labande-Maillefert, *Charles VIII*, p. 488.
[31] Brantôme, *Les Vies des grands capitaines*, Œ., éd. Lalanne, t. II, p. 284-285.
[32] Commynes, *Mémoires*, liv. VI, chap. XI.
[33] Brantôme, *loc. cit.*.

règne. Les pensions que Charles VIII avait allouées aux lettrés et aux artistes sont progressivement supprimées ou réduites, les livres venus d'Italie sont empilés à Blois où ils dormiront jusqu'à ce que François Ier les exhume et les mette, à Fontainebleau, dans un circuit culturel. Quant à Guillaume Budé, il comprendra vite qu'il n'a rien à attendre du nouveau souverain.

Louis XII fait ainsi rentrer les choses dans l'ordre qu'elles avaient toujours connu et que Charles VIII avait à peine eu le temps d'ébranler, l'ordre d'un État militaire où les intellectuels comptent peu et où la classe des chefs se targue d'ignorance. Alain Chartier stigmatisait déjà ce snobisme inversé des gens de cour. « Un Roy sans lettres est un asne couronné », affirmait-il, et il se lamentait sur le « fol langage » qui veut que « noble homme ne doit sçavoir les lettres » et tient « à reprouche de gentillesse bien lire ou bien escrire ». L'indignation lui fait monter aux lèvres un argument dont les humanistes du XVIe siècle se serviront d'abondance en des temps plus heureux : l'aptitude au savoir est ce qui met l'homme au-dessus des bêtes, le « privilege d'umanité ». La négliger c'est régresser. En conservant leur ignorance les nobles travaillent contre eux-mêmes, car « se homme a excellence sur les bestes pour sçavoir, bien doit surmonter les autres hommes en science, qui sur les hommes a seigneurie [...]. Cil qui par loy a preeminence de gouverner doit avoir par exercice perfection de cognoissance »[34], ou bien courir le risque de voir monter une classe dirigeante parallèle et concurrente. Dès le XVIe siècle, le mal est fait, et ce parti pris d'ignorance, remarque Noël du Fail dans les *Contes d'Eutrapel*, a fait tomber des mains de la noblesse l'administration de la justice et l'a transférée aux gens du Tiers-État[35].

La leçon ne semble pas avoir porté. Plusieurs générations après Alain Chartier on en est toujours au même point. Commynes déplore que les seigneurs ne sachent pas élever leurs fils, et qu'ils « ne les nourrissent nullement que à faire les folz en habillemens et en parolles ; de nulle lectre ilz n'ont congnoissance ; ung seul saige homme on ne leur met à l'entour ; ilz ont des gouverneurs à qui on parle de leurs affaires, à eulx riens ; et ceulx-la disposent de leurs affaires [...]. Aussi ay-je bien veu souvent leurs serviteurs faire leur

---

[34] Alain Chartier, *Le Traité de l'Espérance*, Œ., éd. Du Chesne, 1618, p. 316.
[35] Noël Du Fail, *Contes d'Eutrapel*, éd. 1585, p. 17.

prouffit et leur donner à cognoistre qu'ilz estoient bestes » [36]. Le tableau est poussé au noir et Commynes, qui est lui-même gentilhomme, connaît la situation et comment en sortir.

Mais lui-même, que sait-il ? Sa culture n'a rien de commun avec celle des gentilshommes lettrés de la génération suivante. Ses lectures — il en a — sont essentiellement historiques, donc utilitaires, l'histoire romaine étant le précepteur des princes. Cet admirateur de Louis XI n'hésite pas à blâmer son roi de n'avoir pas lu ses classiques : s'il l'avait fait il aurait flairé le piège de Charles le Téméraire à Péronne, et il est « grant advantaige aux princes d'avoir veu des hystoires en leur jeunesse » [37]. Mais sa conception de la culture du prince n'est guère différente de celle de Gerson qui, ayant à monter la bibliothèque du futur Charles VI, y avait fait figurer Tite-Live, Salluste, Suétone et la *Politique* d'Aristote mais non Virgile, Horace ni Cicéron [38]. Rien de commun avec la bibliothèque du prince humaniste du XVIe siècle, qui met sur les premiers rayons les orateurs et les poètes. Pour Commynes et ses contemporains il est entendu que la culture doit aider le seigneur à gouverner les hommes sans en faire un intellectuel, et par-dessus tout sans l'amollir. La classe militaire doit conserver sa poudre au sec. La peur obsessionnelle de la dévirilisation par la culture est toujours là : elle ne se relâchera pas dans la première moitié du XVIe siècle que pour reprendre de plus belle dans la seconde.

Un gentilhomme de fraîche date et fort peu militaire, Michel de Montaigne, ne craindra pas de mettre au passif de la culture l'effondrement de la résistance italienne aux assauts de la *furia francese* : « Les princes et la noblesse d'Italie s'amusoient plus à se rendre ingénieux et sçavants que vigoureux et guerriers. » Ils étaient restés sourds aux exemples de l'histoire grecque. « Quand Agesilaus convie Xénophon d'envoyer ses enfants à Sparte, ce n'est pas pour y apprendre la Rhétorique ou la Dialectique, mais pour apprendre (ce dict-il) la plus belle science qui soit : asçavoir la science d'obéir et de commander [...] Les exemples nous apprennent [...] que l'estude des sciences amollit et effemine les courages, plus qu'il ne les fermit et aguerrit. Le plus fort estat qui paroisse pour le present au monde, est celuy des Turcs : peuples egalement duicts à l'estimation des armes et

---

[36] Commynes, *Mémoires*, liv. I, chap. X.
[37] *Ibid.*, liv. II, chap. VI.
[38] *Gersonii opera*, 12e éd., 1606, t. III, p. 253.

au mespris des lettres. Je trouve Rome plus vaillante avant qu'elle fust sçavante »[39].

Que l'on compare ces affirmations à celles du *De Asse* pour mesurer ce qui sépare la première génération de la Renaissance de la dernière. La guerre civile, entre-temps, a changé le climat. Ce n'est plus Athènes mais Sparte qui est ici le paradigme et, pour les contemporains, l'empire turc. C'est bien sur ce modèle que les « Gallomastiges » voyaient la France de Charles VIII et de Louis XII, c'est à lui que pensait Érasme quand il écrivait à Jacques Toussain, l'un des premiers lecteurs royaux : « Vous avez reçu une magnifique Sparte, il ne vous reste plus qu'à l'orner »[40].

2. *La barbarie en robe*

À l'occasion d'une des controverses provoquées par la fameuse phrase de Pétrarque sur les poètes et les orateurs, un cardinal italien d'Avignon, Pietramalas, soucieux de verser un baume sur la blessure, assurait courtoisement Nicolas Clamanges que si les Français avaient moins brillé que les Italiens dans la poésie et l'éloquence c'est qu'ils avaient appliqué leur génie à d'autres choses[41]. L'honneur était donc sauf. La France n'était pas faite seulement de guerriers et d'agriculteurs; son génie s'était distingué dans deux disciplines intellectuelles qui avaient donné à l'Université de Paris son renom : le droit et la théologie.

Les facultés parisiennes n'étaient plus, comme au temps de Saint Louis, le point de mire de l'Europe studieuse. La concurrence des universités provinciales, proliférantes depuis la guerre de Cent Ans, celle des facultés de décret de Bologne et Padoue avaient amoindri son audience internationale, malgré la fidélité des Allemands et des Écossais. Mais la faculté de théologie conservait son renom. Elle avait mis au point, en s'appuyant sur la logique formelle, une méthode de pensée, un langage, une rigueur qui inférioriaient les profanes. Les quolibets d'Érasme et de Montaigne ont fait oublier le prestige qu'avait encore la scolastique sous Louis XII. Pic de la Mirandole n'était-il pas

---

[39] Montaigne, « Du Pédantisme », *Essais*, liv. I, chap. XXV.
[40] Lettre d'Érasme à Jacques Toussain du 13 mars 1531, *Allen*, t. IX, p. 183.
[41] A. Coville, *Gontier et Pierre Col et l'Humanisme français au temps de Charles VI*, ouvr. cité, p. 170.

venu assister, lui aussi, aux exercices de discussion scolastique pour en acquérir la technique, cette *norma dicendi parisiensis* [42] dont il dira, au début de ses Neuf cents Propositions, qu'il s'en est inspiré [43], prenant ainsi le contre-pied de Pétrarque et de Lorenzo Valla ?

Budé appartient à la génération de ceux qui attachent déjà moins de prix à la *norma dicendi parisiensis* et se rangent dans le camp des *litterati* contre celui des *philosophi*. Ce qu'il reproche aux prêtres c'est d'avoir, après les nobles, renoncé à l'étude des Lettres, ô scandale, comme s'ils craignaient de déroger [44]. Voilà qui peut surprendre si l'on tient compte des évêques lettrés et protecteurs des lettres qui fourmillent dans l'épiscopat français en ce début de siècle, à commencer par le propre cousin de Budé, Étienne Ponchet, évêque de Paris, Claude de Seyssel, évêque de Marseille, auteur du traité de *La Monarchie* et traducteur de Thucydide et Diodore, Jean des Pins, évêque de Rieux et protecteur d'Étienne Dolet, Sadolet, évêque de Carpentras, Tournon et combien d'autres.

Mais si l'on compare ce jugement du *De Asse* à d'autres textes, les arrière-pensées se révèlent. L'Église a, pour Budé, la mission de conserver et de transmettre ce qui doit rester hors d'atteinte de l'érosion du temps. Non seulement les textes de l'Écriture, des Pères et de Virgile que les moines ont, depuis des siècles, sauvés de l'oubli en les copiant, mais la chronique des rois qui relève aussi de leur domaine. Dans l'*Institution du Prince* dédiée à François Ier — le seul texte de Budé rédigé en français — il constate la décadence d'une grande tradition monastique, celle des Chroniques de Saint-Denis. Les hommes d'Église ne cherchent plus à transmettre à la postérité les hauts faits « et ainsi est venue en oubliance la gloire de tant de nobles et vaillans roys et princes et chevaliers de ce royaume par faulte de la plume » [45].

Comment expliquer ce déclin ? Budé qui veut toujours remonter aux causes en découvre trois : le clergé est trop riche, trop engagé dans

---

[42] Voir la lettre de Pic à Ermolao Barbaro du 5 juin 1485 dans laquelle il formule le désir d'assister aux disputationes parisiennes pour en acquérir la technique, *Opera*, éd. de Bâle, 1557, p. 551.

[43] « [...] Non Romanae linguae nitorem, sed celebratissimorum Parisiensum disputatorum dicendi genus est imitatus », *ibid.*, p. 135.

[44] Budé, *De Asse*, éd. 1541, fol. 17 v°.

[45] Budé, *L'Institution du Prince*, éd. de 1547, p. 62. On trouvera des conclusions semblables sur l'Histoire dans les *Annotations*, éd. 1546, p. 325.

les intrigues de cour, dans la fonction publique et l'administration des biens d'Église [46]. Les préoccupations de carrière à elles seules absorbent l'énergie des mieux doués. Pour devenir cardinal il faut mener grand train à la cour et se faire une âme de seigneur séculier [47]. Autant de pris sur les heures consacrées autrefois à l'étude. Le mécénat de quelques-uns ne suffit pas à compenser la déperdition d'énergie spirituelle et culturelle qu'il dénonce. Il faut voir de quel ton il rabroue son ami Germain de Brie, lettré, homme d'Église et prébendier, qui s'alarme des rumeurs de taxe du cinquième sur les bénéfices ecclésiastiques. Les prêtres d'autrefois méprisaient les richesses, ricane Budé, alors que ceux d'aujourd'hui sont obsédés par elles. Si le fisc le dépouille de son superflu, tant mieux! Il sera plus disponible aux choses de l'esprit. Et surtout pas de jérémiades! Elles seraient mal reçues par une opinion publique prête à voir dans les prébendiers une catégorie sociale privilégiée qui ne se refuse rien [48].

Ajoutons que ce pieux Gallican n'omet pas dans son inventaire les responsabilités romaines. Comment l'Église gallicane n'aurait-elle pas été déréglée par la politique aberrante du «pape gladiateur», Jules II, qui a levé des armées contre le Roi et mis les évêques français en situation conflictuelle [49] ? Comment la discipline et l'intégrité de l'Église pourraient-elles sortir intactes d'une pareille épreuve? La foi elle-même, précise Budé, n'aurait pu résister si elle n'avait reposé sur des fondements indestructibles et sur l'Écriture sainte. En attendant, les évêchés qui devraient, selon Budé, être la récompense de la vertu et de la science sont attribués à des hommes qui savent à peine le latin [50]. Corruptrices de l'état ecclésiastique, les richesses de l'Église n'ont pas même l'avantage de favoriser les prêtres lettrés.

Les clercs ne sont d'ailleurs pas seuls coupables, dit Budé en poursuivant son réquisitoire, car les hommes de loi sont pour beaucoup dans le philistinisme de la société française. Et ici encore c'est l'argent qui corrompt. «Des jurisconsultes? Il n'y en a plus. Les étudiants ne pensent qu'à devenir praticiens [...] ce qui leur permet de

---

46 Budé, *De Asse*, fol. 125 et 192 sq.
47 *Ibid.*, fol. 212.
48 Lettre de Budé à Germain de Brie du 18 juin 1521, *Lucubrationes variae*, p. 415 sq.
49 *De Asse*, éd. 1541, fol. 197 r°.
50 *Annotationes*, p. 169.

vendre, de prostituer la parole et d'enfler les honoraires en multipliant les pièces »[51]. Il ne va pas aussi loin qu'Étienne Dolet clamant, dans ses *Commentarii linguae latinae*, son horreur pour « la tourbe rustique et quasi barbarie des médicastres et des juristes qui ne pensent qu'au profit ». Mais il y a plus, chez Budé, que les éternels griefs des *litterati* à l'égard de ceux qui peuvent monnayer leur science. Le droit ne se justifie, dit-il au début des *Annotationes*, que dans la mesure où il est soutenu par une philosophie. Le juriste pratiquerait alors ce qu'on pourrait nommer un « art du bien », une discipline à la fois large et exhaustive qui lui vaudrait le nom de philosophe. Il faudrait pour cela de vrais jurisconsultes et non des praticiens qui nagent dans le pragmatisme, ne tiennent aucun compte des mises en garde d'Ulpien contre le droit pratiqué uniquement pour l'argent, et s'interdisent les arts libéraux qui leur auraient ouvert l'esprit.

Issu lui-même d'une famille de légistes, Budé sait à quoi s'en tenir sur l'envahissement du royaume par les hommes de loi. Jamais le droit n'a ouvert plus de portes : c'est lui qui qualifie pour les positions-clés de la fonction publique et de l'Église, c'est lui qui peut donner un niveau de vie exceptionnellement élevé grâce aux hauts tarifs des consultations juridiques, et au fait que les facultés de décrets s'arrachent les meilleurs juristes à coup de surenchères. Le passage d'un pays à l'autre ou même d'une ville à l'autre d'un professeur illustre peut devenir une affaire d'État s'il s'agit d'un juriste. Pour empêcher Sozzini de quitter l'université de Pise pour celle de Padoue les autorités florentines n'ont pas craint d'employer la force, celles de Padoue en ont appelé au Pape, et quand Louis XII se met en tête d'arracher Decio à Venise et à Florence qui se le disputent, pour le faire venir à Pavie, il n'hésite pas, malgré sa pingrerie légendaire, à lui promettre mille florins par an, ce qui représente un revenu de grand seigneur[52]. On imagine facilement l'arrogance des maîtres des études de droit et le ressentiment des autres facultés. Les humanistes se sentaient traités en parents pauvres par ceux qu'ils considéraient comme des parvenus ou, comme le criait Étienne Dolet, des barbares.

Mais pourquoi des barbares ? Au temps de Pétrarque les deux familles d'intellectuels avaient travaillé ensemble à redécouvrir l'Antiquité, et leur collaboration s'était matérialisée par la publication

---

[51] *Ibid.*, p. 73 sq.
[52] Myron P. Gilmore, *Humanists and jurists. Six studies in the Renaissance*, Harvard, 1963, p. 65 sq.

de Florilèges faits de textes anciens retrouvés ou regroupés [53]. C'est au XVe siècle que survint la rupture, quand aux rivalités de castes se sont ajoutés les problèmes de langage. Car les humanistes ne se contentent plus d'éditer des textes : ils veulent épurer le latin qu'ils écrivent des pollutions accumulées par des siècles d'usages ecclésiastiques et juridiques. L'auteur du précieux traité de *La Monarchie française*, le pieux Claude de Seyssel, évêque et canoniste, est très conscient de l'impureté de sa langue. Aux compliments de Sébastien Gryphe sur sa harangue au roi d'Angleterre il répond en s'excusant humblement de la barbarie de son latin, due à ses études de droit [54]. Les deux choses sont indissociables. Moins d'un siècle plus tard Claude Binet, dans son *Discours sur la vie de Ronsard*, rapportera que la compagnie du collège Coqueret avait débarrassé le jeune Du Bellay d'un style « qui sentoit encor je ne sçay quoy de rance et du vieux temps », contracté à Poitiers où il avait étudié le droit.

Non contents d'avoir transformé la langue de Cicéron en un idiome barbare, les juristes affectent le mépris pour ceux qui cultivent le style. Il y a au Parlement de Paris, dit Budé, des gens qui ne craignent pas de dire qu'il faudrait brûler les poètes et reléguer la poésie au-delà des Alpes d'où elle est venue pour notre malheur [55]. Ces « misopatrides » sont toujours prêts à crier haro sur la poésie et l'éloquence, comme si elles n'étaient pas seules à pouvoir donner leur prix aux choses — ce que les Pères de l'Église avaient fort bien compris — comme si Démosthène et Cicéron n'avaient pas rempli le monde de leur gloire, comme si leurs œuvres n'étaient pas répandues et admirées partout, sauf en France où les hommes de robe « refusent à Minerve et aux Muses la place qui leur revient » [56].

Mais les *litterati* ont leur revanche. En France comme en Italie – avec un décalage de deux générations –, ils sont en train de rogner les certitudes des gens de loi. Au moment même où les disciples de Bartole triomphaient avec insolence dans les universités italiennes, Lorenzo Valla lançait contre eux un brûlot sous la forme d'une critique philologique de leurs interprétations du Droit romain. Leurs

---

53 *Ibid.*, p. 63.
54 Claude de Seyssel, *La Monarchie de France*, éd. Poujol, Introduction, p. 20.
55 Budé, *Annotationes*, p. 551.
56 Budé, *Annotationes*, « Digressio in latinitatis contemptores », p. 443 sq.

commentaires juridiques sont fondés sur des contresens et des anachronismes, affirmait-il, car ils traitent comme un ensemble cohérent des codes qui sont, le plus souvent, des compilations tardives de lois élaborées au cours de plusieurs siècles. Entre-temps le sens des mots et des concepts a changé. On ne peut donc rétablir la signification des textes qu'à l'aide de la philologie, faute de quoi on confond les signes et les choses [57]. Une école juridique va donc se fonder sur la critique des textes, que l'on ne tardera pas à dénommer « mos gallicus » en raison de son succès en France, et opposée au « mos italicus » des bartolistes.

C'est sur la lancée du « mos gallicus » que Budé va faire le grand bond en avant de 1508 avec les *Annotations aux Pandectes*. Cette fois la philologie, le droit et l'Histoire se conjuguent. Non content de rétablir l'intégrité du texte en pourchassant les erreurs de copistes, Budé s'attaque aux mots qu'il déchiffre en s'appuyant sur des corrélations avec les auteurs classiques, après quoi il éclaire les tournures juridiques en les rattachant aux institutions auxquelles, directement ou métaphoriquement, elles correspondent. Les termes de référence de la langue juridique ancienne sont ainsi tous évoqués : relations de parenté, jeux, mobilier, coutumes, techniques de construction, d'irrigation, d'agriculture, aucun détail de la vie des Anciens n'échappe à son enquête. À partir d'un commentaire de texte juridique il a élaboré une manière de science universelle, assaisonnée de digressions polémiques d'une violence telle qu'il se croira tenu à l'autocensure dès la deuxième édition. Dans cet ouvrage aujourd'hui illisible mais réédité dix fois en vingt ans, il a devancé de sept ans Alciat, de huit ans la critique néotestamentaire d'Érasme, de douze ans les manifestes de Luther, et donné vie à la critique historique des textes en prouvant le mouvement par la marche.

Les juristes de l'ancienne école n'ont pas désarmé pour autant. Les *Annotations* ont été reçues comme un camouflet par les tenants d'une conception statique du droit, et la hargne du grand juriste fribourgeois Zazius exprime en clair ce que tant d'autres de ses collègues français et allemands marmonnaient. Budé ? Un amateur. Démosthène, dont il fait si grand cas ? Un bavard [58]. Rien n'est plus évident dans ces pages que

---

[57] Voir Gilmore, *op. cit.*, pp. 63-4.
[58] « Demosthenem illum [...] locutuleium vocare » (voir Zazii *Epis tolae*, Ulm, 1774, vol. II, pp. 470 sq., et l'échange de lettres entre Budé et Zazius).

l'hostilité de l'homme de loi pour les *litterati* anciens ou modernes, Grecs ou Français frottés d'hellénisme. On comprend mieux, à le lire, les emportements de Budé contre la cuistrerie juridique, contre ceux à qui il fait dire : « Bien sûr, le style est le dernier de nos soucis ! Nous n'avons cure du luxe des discours ! Ce que nous aimons, nous, ce sont les mots crasseux des rues qui ont traîné dans les échoppes de barbiers et de cordonniers »[59].

Budé ne limite pas ses diatribes aux juristes et aux théologiens. C'est l'Université tout entière qu'il met en cause, avec la faculté des arts aussi coupables que les autres du retard culturel de la France, car la structure même de l'institution lui interdit de jouer le rôle qu'on attend d'elle. Les cycles du *Trivium* et du *Quadrivium* n'étant qu'une propédeutique aux facultés spécialisées (théologie, décret, médecine), l'enseignement peut difficilement dépasser le niveau post-scolaire. Aucune place n'y est faite à l'étude littéraire des chefs-d'oeuvre grecs et latins, et ceux qui veulent consacrer du temps aux « arts libéraux » doivent le faire en marge de l'Université, leurs travaux n'étant sanctionnés par aucun des diplômes qui font accéder aux postes lucratifs. Les humanistes sont ainsi condamnés à faire de leurs études une sorte d'art d'agrément[60].

Sur ce point encore les Français ont un retard sur leurs voisins. Qu'y a-t-il en France qui corresponde au collège des jeunes Grecs de Venise, ou à celui que Léon X a installé au Quirinal, sans compter le collège trilingue fondé par Busleidan à Louvain, et surtout la fondation Jiménez, la superbe université nouvelle d'Alcalá, où les disciplines humanistes se taillent la part du lion ? Lorsque François Ier, en Espagne à son corps défendant, aura l'occasion de visiter l'université rivale, il pourra prendre la mesure du retard de Paris, retard dont les universitaires parisiens n'ont nullement conscience : ils n'attribuent le déclin de leurs effectifs et de leur prestige européen qu'à leurs finances, explication qui sauvegarde leur amour-propre en détournant l'attention du spectacle de leur sclérose, et en la dirigeant sur un fait bien connu : l'appauvrissement de l'*Alma mater*.

---

59 *Annotationes*, p. 73 sq.
60 Cette thèse est insinuée à plusieurs reprises dans le *De studio litterarum* et le *De Philologia*.

L'université de Paris, avait remarqué Machiavel dans ses *Ritratti*, « vit sur les revenus des fondations des collèges, mais petitement »[61]. D'année en année, le pouvoir d'achat des rentes de collèges s'effrite sans être compensé par des donations nouvelles et, ce qui est beaucoup plus grave, l'argent des fondations est détourné de ses fins. Les donateurs avaient spécifié que les bourses de séjour et d'études dans les collèges devaient revenir à des étudiants pauvres, mais plus on se rapproche du XVIe siècle, plus la bourgeoisie citadine les accapare, comme on peut le voir par les suppléments aux règlements intérieurs des collèges qui visent ces abus, mais dont le renouvellement de décennie est un aveu d'échec[62]. Les universités qui avaient été au Moyen Âge un agent de promotion sociale vont insensiblement devenir des citadelles bourgeoises.

Ces infiltrations, précisons-le, ne concernent que les facultés qui préparent aux professions lucratives : droit, médecine, théologie. La bourgeoisie est trop réaliste pour orienter ses fils vers des études littéraires qui ne débouchent sur aucune promotion matérielle et ne tentent plus que les pauvres. L'auteur du *De Asse* le déplore : « L'étude des Lettres est devenue le monopole du peuple »[63]. La voilà réduite au statut de gagne-pain pour gagne-petit ce qui la condamne, à ses yeux, à ne pas voler bien haut, la déchéance sociale d'une discipline entraînant une chute de la qualité.

Joachim Du Bellay ne raisonne pas autrement, un demi-siècle plus tard, quand il veut justifier sociologiquement l'infériorité de la poésie française comparée à la poésie italienne : « et ne le treuve beaucoup etrange, quand je considere que voluntiers ceulx qui ecrivent en la langue toscane sont tous personnaiges de grand' erudition : voire jusques aux cardinaux mesmes et aultres seigneurs de renom, qui daignent bien prendre la peine d'enrichir leur vulgaire par infinité de beaux ecriz : usant en cela de la diligence et discretion familiere à ceulx qui legerement n'exposent leurs conceptions au publique jugement des hommes. » Le contraste n'est que plus frappant dès qu'on se tourne du côté des versificateurs français qui appartiennent à un autre monde : « Pense donques, je te prie, Lecteur, quel prix doivent avoir, en

---

[61] Machiavel, éd. citée, p. 52.
[62] Voir A. Renaudet, *Préréforme et humanisme à Paris pendant les premières guerres d'Italie*, Paris, 1916, p. 41 sq., ainsi que C. E. Bulaeus, *Historia Universitatis Parisiensis*, Paris, 1673.
[63] Budé, *De Asse*, éd. 1541, fol. 17 v°.

l'endroict de celle tant docte et ingenieuse nation italienne, les ecriz d'ung petit magister, d'un conard, d'un badault, et autres mignons de telle farine, dont les oreilles de nostre peuple sont si abreuvées, qu'elles ne veulent aujourd'huy recevoir aultre chose »[64].

Du Bellay qui ne lance pas ses flèches à l'aventure connaît fort bien la provenance de celles qu'il a reçues à la publication de *la Défense* et de *l'Olive* : les collèges de province. Marquant le coup, dans la deuxième préface, des réactions à la première, sa réponse est sommaire et tranchante : rien d'étonnant à ce que les poétaillons et les cuistres soient insensibles à la poésie nouvelle. Cela tient à leurs origines.

N'allons surtout pas croire Montaigne plus accommodant. Les lettres, pour lui, n'ont de sens que dans la gratuité : elles se dégradent entre les mains de ceux qui veulent en vivre. Écoutons-le, dans le chapitre « Du Pédantisme » remarquer aigrement : « Il ne reste plus ordinairement, pour s'engager tout à faict à l'estude, que les gens de basse fortune qui y questent des moyens à vivre. Et de ces gens là les ames, estant et par nature et par domestique institution et example du plus bas aloy, rapportent faucement le fruit de la science [...] C'est une bonne drogue que la science ; mais nulle drogue n'est assez forte pour se preserver sans alteration et corruption, selon le vice du vase qui l'estuye »[65].

D'un bout à l'autre du XVIe siècle les représentants de la nouvelle classe culturelle — mais qui ne se sait pas encore telle — sont ainsi unanimes à établir des corrélations entre le bas niveau des études littéraires et leur déclassement social.

3. *Le bouc émissaire*

Peu de gens sont prêts à dire du bien des classes populaires, au siècle de la Renaissance. Tout au plus à s'apitoyer sur elles, ce qui n'est pas même toujours le cas. Machiavel qui explique, dans les *Ritratti*, la supériorité de la cavalerie française par le fait qu'elle est entre les mains des gentilshommes, ajoute que « les fantassins qu'on lève en France ne peuvent pas être très bons parce qu'il y a longtemps qu'ils n'ont pas fait la guerre et qu'ils n'en ont donc aucune

---

64 Joachim Du Bellay, *l'Olive*, éd. Caldarini, p. 47-8.
65 Montaigne, *Essais*, liv. I, chap. XXV.

expérience »[66]. Et aussi peu d'aptitude à la faire, insinue-t-il. Car il y a une exception à cette règle : les Gascons, qui sont, eux, d'excellents fantassins — et les considérants de cette affirmation sont très révélateurs. En Gascogne, explique-t-il, on peut recruter une meilleure infanterie car « ils sont voisins de la frontière avec l'Espagne et tiennent de ce fait un peu des Espagnols ». Ainsi l'Espagne, laisse-t-il entendre, vaut-elle par son peuple, qui est un peuple de guerriers, et la France par sa noblesse, ignare et brutale, mais pourvue des qualités viriles et civiques dont le peuple, foncièrement « changeant et léger »[67], est dépourvu.

C'est déjà ce reproche que faisait au peuple de France le chevalier du *Quadrilogue invectif* qui dénonce « la petite constance de ton muable couraige, peuple seduit et legier a decevoir », en même temps que l'inconsistance de ce « fol peuple qui ne désire que mutation, quiert souvent et convoite ce qui plus lui est contraire », qui n'a de cesse que la paix soit « troublee et muee en trescruelle division »[68]. Moins de cent ans plus tard, Commynes reprenait les mêmes griefs en leur ajoutant des nuances et quelques restrictions : les classes populaires, dit-il, n'ont aucun sens du bien public, elles sont motivées par le seul profit personnel, si petit soit-il, et elles sont toujours prêtes à se soulever pour se rallier au plus fort, quitte à collaborer avec l'ennemi, comme on l'a vu à Paris pendant la guerre de Cent Ans, et, plus tard, pendant la guerre du Bien public. « Naturellement la pluspart des gens ont l'œil ou à s'accroistre ou à se soulever, qui aysément les fait tyrer au plus fors. Autres en y a qui sont si bons et si fermes qui n'ont nulz de ces regardz, mais peu »[69].

À défaut de civisme, d'aptitudes intellectuelles et militaires, ce peuple a-t-il une conscience nationale qui pourrait servir de support à un sentiment d'identité culturelle ? La question n'a cessé d'être débattue par les historiens. La conscience nationale française a-t-elle filtré à travers tout le Moyen Âge comme le veulent les uns, prend-elle naissance à la fin de la guerre de Cent Ans comme le dit Hauser, ou

---

[66] Machiavel, éd. citée, p. 45.
[67] Machiavel, *ibid.*, p. 40.
[68] Alain Chartier, *Le Quadrilogue invectif*, éd. Droz, p. 24.
[69] Commynes, liv. I, chap. IX, p. 66. Commynes généralise et étend au peuple de France des observations qui ne s'appliquent, en fait, qu'au peuple de Paris.

pas avant le XVIe siècle à en croire Federico Chabod [70] ? Faut-il y voir, avec Huizinga, le résultat de réactions instinctives des masses, ou bien avec Burckhardt, Chabod et quelques autres, une idéologie rationalisée par une élite ? Aucune de ces thèses n'étant appuyée sur une analyse systématique de faits, il est difficile de prendre parti, ou même d'accepter sans examen critique un dilemme quelque peu sommaire. La seule chose certaine c'est que la conscience nationale, au XVIe siècle comme au XVe, avait une forte composante de loyalisme dynastique, ce qui rendrait anachroniques les jeux d'équivalence avec les formes contemporaines du patriotisme.

Peut-on même parler d'un peuple français au XVe siècle, alors que sous Charles VII il est encore question des « nations du royaume », et en plein XVIe siècle des « nations de France » [71] ? La langue d'oïl commence à jouer un rôle unificateur dans la seconde moitié du XVe siècle, mais il s'agit d'un phénomène récent. En plein XIVe siècle le second pape d'Avignon, Jean XXII, natif de Cahors, devait encore se faire traduire en latin une lettre du roi de France rédigée en français, et ce n'est pas avant 1480 que la langue d'oïl commence à gagner le Limousin, le Périgord, le Bordelais, puis l'Auvergne et, de proche en proche, les villes de la vallée du Rhône. Après 1500 l'Ouest est gagné, ainsi que les anciens fiefs anglais de la Garonne et de la Gironde. De 1530 à 1550 la poussée se fait irrésistible à l'Ouest et à l'Est des positions acquises, et l'ordonnance de Villers-Cotterêts (1539) confirme une situation de fait : la langue d'oïl a désormais des positions assez fortes pour prendre la place du latin chez les hommes de loi. Les Français peuvent désormais se comprendre entre eux, à partir d'un niveau social qui exclut d'ailleurs les paysans et le menu peuple des villes, qui, eux, conservent leur parler dialectal.

N'allons pas croire pour autant qu'identité nationale et identité culturelle se superposent à la moderne. À l'internationale des clercs qui s'expriment en latin d'Église va se juxtaposer une autre internationale, celle des humanistes qui, d'un bout à l'autre de l'Europe, correspondent

---

[70] Le problème a été posé et judicieusement analysé dans un remarquable article de Bernard Guenée : « L'Histoire de l'État en France à la fin du Moyen Age vue par les historiens français depuis cent ans », *Revue historique*, 1964, p. 331 sq.

[71] Voir l'article de Bernard Guenée, « État et nation en France au Moyen Age », dans les *Actes du colloque sur la Renaissance* de la Société d'Histoire moderne, Paris, 1958.

en latin cicéronien, tiennent pour des barbares ceux qui n'écrivent que le latin médiéval, et sont prêts à placer la République des lettres au-dessus des royaumes. Quand Guillaume Budé laisse apparaître dans sa correspondance les points sensibles de son amour-propre national, Érasme hésite entre la stupeur et la réprobation : Toi surtout, écrit-il, « qui pratiques la philosophie depuis ta plus tendre enfance, tu devrais être libéré de ces sentiments vulgaires ». Et dans une autre lettre : « Il est digne d'un philosophe de se conduire à l'égard des choses et des hommes en regardant ce monde comme la patrie commune à tous — en accordant toutefois que la France est la plus belle province de la Chrétienté »[72].

Il se trouve qu'Érasme, de par sa naissance illégitime et sa province aux frontières indécises [73] a quelques raisons de se sentir furieusement apatride alors que les humanistes français et anglais, si cosmopolites soient-ils, participent aux émotions collectives et aux partis pris nationaux, tout juste dignes du bas peuple à ses yeux. Le grand Thomas More lui-même, l'Anglais le plus européen du siècle et qui paiera cher, quelques années plus tard, son allégeance à la notion de chrétienté, ne fait pas exception à la règle. Lorsque Germain de Brie, humaniste distingué, archidiacre prébendier et secrétaire d'Anne de Bretagne, brocarde les marins britanniques dans un poème latin persifleur, *Chordigerae navis conflagratio*, à la nouvelle d'un exploit de la marine française contre les Anglais en 1512, More ne se tient plus. Son amour-propre national est à vif et il décoche une série d'épigrammes sur Germain de Brie qui, à son tour, lui lance à la tête son *Antimorus*. Voici la République des lettres déchirée par une guerre civile — c'est ainsi qu'Érasme voit la situation — et il faudra qu'Érasme en personne, avec Lascaris, Budé,

---

[72] Lettres d'Érasme à Budé du 22 juin 1527 et du 28 octobre 1516, Correspondance Érasme-Budé, pp. 260 et 79.
[73] À Peter Mann qui le supplie de ne pas laisser la Gaule le revendiquer, Érasme fait une réponse évasive en disant que son pays natal est « aux confins de la Gaule et de la Germanie » et, somme toute, « plutôt tourné vers la Gaule que vers la Germanie » (lettre d'octobre 1520, *Allen*). Dans une lettre à Louis Ruzé (mars 1519), il exprime encore plus nettement son ambivalence : « sic natus ut Gallusne an Germanus sim, an ceps haberi possita » (*Allen*, t. III, p. 510).

Bérault et Deloynes s'interposent entre les combattants pour les persuader, après beaucoup d'efforts, de mettre bas les armes [74].

Pour Charles VIII, Louis XII et les rois du XVe siècle, l'Anglais n'est pourtant plus l'ennemi héréditaire, malgré les brouilles périodiques, vite suivies de réconciliations bruyantes, mais il l'est toujours pour les peuples qui, remarque Machiavel, « ne distinguent pas les temps ». En quoi ils se trompent lourdement, ajoute le Florentin : les choses ont aujourd'hui bien changé, « les Anglais ne sont pas disciplinés, car il y a si longtemps qu'ils n'ont pas fait la guerre que, de ceux qui vivent aujourd'hui, il n'en est point qui ait rencontré un ennemi » [75]. Il reste qu'une certaine morgue impériale a survécu, chez les Anglais, à leur empire continental effondré, et l'auteur du *Débat des Hérauts d'armes de France et d'Angleterre* les définit comme « grands vantoires et meprisant toutes nations fors que la leur » [76]. Le sentiment national très vif et presque agressif qui marque le *Compendium Historiae Francorum* de Gaguin est attribuable, selon Renaudet, à l'irritation qu'a provoquée chez l'auteur l'orgueil anglais au cours des missions diplomatiques qui l'avaient conduit à l'étranger [77].

Avec plus de recul et un esprit d'analyse plus subtil, Commynes a mis le doigt sur une constatation que les historiens feront longtemps après lui : la personnalité nationale des deux royaumes est née d'un corps à corps de cent ans qui a exagéré et durci les contrastes. Mais il le dit en ayant recours à l'outillage mental de son temps et à un providentialisme naïf. Pour lui les nations se distribuent en couples ennemis : « Dieu n'a créé en ce monde ny homme ny beste à qui il n'ayt fait quelque chose son contraire pour le tenir en humilité et en craincte [...]. Au royaume de France a donné pour opposite les Angloys ; aux Angloys a donné les Escossoys ; au royaume d'Espaigne Portugal [...]. Pour l'Allemaigne vous avez, et de tout temps, la maison d'Autriche et de Bavières contraires » [78]. Moyennant

---

[74] On trouvera des échos de l'incident dans les lettres de Budé à Vivès du 10 janvier 1521, *Lucubrationes variae*, pp. 327-8, et à Ger main de Brie du 28 janvier 1521, *ibid.*, p. 415.
[75] Machiavel, éd. citée, p. 48.
[76] Cité dans Ascoli, *La Grande-Bretagne devant l'opinion française*, Paris, 1930, p. 39.
[77] A. Renaudet, *Préréforme et humanisme à Paris pendant les premières guerres d'Italie*, ouvr. cité, p. 259.
[78] Commynes, l.iv. V, chap. XVIII.

quoi le peuple de France continue à voir dans l'Angleterre un symbole de la perfidie, pendant que les Anglais voient dans les Français un peuple de petites gens, pingres et mesquins, comme en témoigne le proverbe recueilli par Leroux de Lincy : les deux choses les plus introuvables au monde sont « largesse de Français et loyauté d'Anglais »[79].

L'italophobie française est un sentiment d'un autre ordre, à la fois plus ancien, car il est lié à un vieil anticléricalisme gallican inentamé depuis le Moyen Âge, et aussi plus récent par les complexes d'infériorité matérielle et culturelle d'un peuple encore à demi-paysan à l'égard du pays le plus urbanisé d'Europe et le plus raffiné. « Les Français sont hostiles au langage des Romains et à leur renommée »[80], constate Machiavel avec dépit. Il est pourtant loin du compte, Boiardo dit plus brutalement : « Les Français ne veulent ni ne peuvent voir un Italien »[81]. Il ne parle ici que des Milanais, mais Philippe de Voisins n'est pas plus tendre pour les Italiens du Sud : « On trouve plus de mauvaise et traicte gens au dict royaume de Naples et de Poille qui soict au monde, et pire que les Mores et mecreans, nonobstant qu'en Italie et Lombardie n'en y ayt guere de bons, sellon le bruyt commun »[82].

Au moment même où une lignée de rois veut gagner à la cause française des provinces d'Italie, on se heurte à un obstacle inattendu et qui n'est pas seulement le double jeu des papes ou de Venise, ni l'accueil de la population — chaleureux pourtant au début — mais une italophobie populaire qui ne fait pas relâche. Commynes qui avait assez de sens politique pour le déplorer en fait la constatation : « Il ne semblait pas aux nostres que les Ytaliens fussent hommes »[83]. L'admiration pour l'Italie du Quattrocento existait bien en France, mais limitée à une élite culturelle qui, même à l'intérieur des classes dirigeantes, était une minorité dans la minorité. Les historiens qui ont fait le bilan de l'influence italienne sur la France de la Renaissance ont méconnu le plus souvent cette présence en creux de l'Italie, et l'insistance des Français des XVe et XVIe siècles à vouloir définir leur

---

[79] Cité dans Ascoli, *loc. cit.*
[80] Machiavel, éd. citée, p. 40.
[81] Y. Labande-Maillefert, *Charles VIII*, p. 289.
[82] Ph. de Voisins, *Voyage à Jérusalem*, éd. Tami zey de Larroque, p. 41.
[83] Commynes, l.iv. VII, chap. XVII.

tempérament national par contraste avec ceux des Italiens et des Anglais.

Entre ces deux repoussoirs va s'affirmer la personnalité collective d'un peuple qui n'a pas les richesses d'Italie (qu'il convoite) ni la sécurité insulaire des Anglais (qu'il envie), mais se sent valorisé par une liturgie de l'honneur dont il est à la fois le public et le co-célébrant. Le grand cérémonial peut se déployer au-delà de son rayon d'action, il ne l'en vénère pas moins, même de loin, même sans la foi ni la pratique. Étranger aux civilisations marchandes, ce culte a sa théologie, ses dévotions, ses tabous, ses traîtres, ses martyrs, et même sa littérature et son folklore, depuis la *Chanson de Roland* jusqu'à l'*Histoire de Bayard*; il a nourri de sa substance un loyalisme dynastique sans rival dans l'Europe du XVe siècle, qui a rendu possible la reconquête de Charles VII et reste, au début du XVIe siècle, la poutre maîtresse de l'unité nationale.

Les sujets de Louis XII établissent d'ailleurs des corrélations entre ce qu'ils appellent la déloyauté anglaise et la précarité de ses monarques, dans ce terrible XVe siècle qui a inspiré à Shakespeare ses plus beaux drames historiques. Froissart avait déjà noté que les Anglais n'honorent leurs rois que quand ils sont vainqueurs. Le roi d'Angleterre est un chef de bande qu'on change à l'occasion sans excès de scrupules ni de sentiments, et cette indifférence affective jointe à l'oubli de ce que les Français considèrent comme l'obligation d'honneur de la fidélité pour le meilleur et pour le pire éveille les railleries de Gaguin :

> Vous avez bien piteux menage
> De changer et rechanger rois
> Prince n'est sur en tels detroitz.

Le menu peuple de France au contraire, assure Machiavel dans les *Ritratti*, a « une grande vénération pour son roi », au point que le monarque peut faire « peu de frais pour les garnisons de ses places fortes, parce que ses sujets lui sont très soumis, et il n'a pas coutume de faire garder les forteresses dans le royaume »[84]. Pour capter l'affection de son peuple, il n'a pas même besoin d'avoir une personnalité prestigieuse ou attachante : un Charles VI y suffit, qui aura fait verser autant de larmes à ses funérailles que le « Père du peuple » ou le romantique petit roi Charles VIII mort si jeune. Tous ont soulevé

---

[84] Machiavel, éd. citée, p. 50.

des vagues d'émotion à leur avènement comme à leur mort, Jean le Bon, le vaincu de Poitiers, n'a pas été abandonné par ses sujets, et François Ier n'aura jamais été aussi populaire qu'à son retour de captivité. Autant de témoignages révélateurs des tonalités affectives d'une collectivité autant que de ses options politiques, ou des conditionnements d'une société régie par le code féodal des rapports personnels.

Cette unité nationale si enviée, qui fait dire à Machiavel que « la couronne et les rois de France sont aujourd'hui plus forts, plus riches et plus puissants qu'ils ne le furent jamais »[85], ne doit pourtant pas faire illusion. Si on la compare à ses voisins du Nord, du Sud et de l'Est, la France de Louis XII fait figure de pays sous-développé et sous-urbanisé. Les plaies terribles de la guerre la plus longue de l'Histoire sont en voie de cicatrisation, les surfaces cultivées s'accroissent d'année en année depuis les trois derniers règnes, mais sans qu'il y ait eu, comme en Allemagne, en Pologne, en Bohème, reconstitution de vastes domaines se prêtant à l'agriculture et à la pisciculture à grande échelle, à l'association de l'industrie naissante et du commerce aux profits de l'agriculture[86]. Malgré les dimensions de certaines propriétés de noblesse et d'Église, les terres sont en grande partie morcelées en petits métayages.

Le seul très grand propriétaire est la couronne, chose qui étonnait fort Machiavel, venu de Toscane où les propriétés et intérêts privés occupaient le devant de la scène. « Les bonnes provinces de France appartiennent aujourd'hui à la Couronne, et non aux féodaux », écrit-il[87]. Ce qui sera plus vrai encore après le Concordat de 1516, qui rendra possible une semi-étatisation des propriétés ecclésiastiques et mettra entre les mains du Roi la redistribution périodique d'une grande partie des richesses du royaume, alors que dans les pays luthériens la curée des biens d'Église a profité surtout aux princes et donné une impulsion nouvelle aux forces centrifuges, aux structures féodales.

Dans ce pays de grands espaces et de petite agriculture il y a moins de grandes fortunes qu'en Italie, mais aussi moins de pauvres. Tout le

---

[85] *Ibid.*, p. 44.
[86] Cf. M. Mollat, « Y a-t-il une économie de la Renaissance ? », dans les *Actes du Colloque sur la Renaissance* de la Société d'Histoire moderne, Paris, 1958, p. 42 sq.
[87] Machiavel, éd. citée, p. 44.

monde a du grain à vendre ou des bêtes à manger, assure Machiavel non sans une pointe d'exagération. Thomas Münzer, au cours de son voyage en France, établit des corrélations entre la modération française et le bas prix de la vie. Il s'émerveille « de la sobriété du peuple qui se contente de peu, de sorte qu'il est possible d'acheter de tout à bon marché ». Machiavel pousse plus loin l'analyse en faisant intervenir à la fois les données de la production, de la propriété et de la consommation : « Ils vivent avec fort peu de frais », dit-il du menu peuple, « grâce à l'abondance des denrées ; et chacun a ses immeubles à soi. Ils s'habillent grossièrement et de draps à bon marché et ils ne font usage d'aucune espèce de soierie »[88].

Ce pays économiquement attardé, qui ne dispose ni des ressources minières de l'Europe centrale, ni d'une industrie textile de pointe à croissance accélérée comme les Pays-Bas, ni d'un réseau de circulation et d'échanges maritimes comparable à ceux de l'Espagne, du Portugal, de Venise et des villes hanséatiques, est aussi un pays sous-urbanisé. Paris, ville géante pour l'époque, est l'exception. Rien de comparable aux puissantes cités d'Allemagne et d'Italie qui donnent à ces régions leur richesse en même temps que leur inaptitude à l'unité. L'argent circule avec parcimonie et lenteur dans ce circuit d'économie désuète qui n'entrera dans la danse du grand commerce international qu'aux alentours de 1540, et bien timidement encore. Les gentilshommes, dit Machiavel, ne dépensent l'argent qui leur vient des redevances féodales que pour acheter des habits (il faudrait ajouter : rénover leurs maisons et s'équiper pour la guerre), car ils « ont quantité de bétail à manger et de la volaille à foison, des lacs et autres lieux pleins de gibier de toutes sortes ; il en est de même pour chacun en général et pour tout le pays »[89]. Quant au peuple, ajoute-t-il, il « se croit riche dès qu'il a un florin ». On croirait entendre l'auteur d'une utopie bucolique, ou bien Jean-Jacques Rousseau parlant du bon sauvage.

Telle est la France de Louis XII dont Budé raille les inhibitions, le retard culturel et le peu d'envolée, sans comprendre que l'immobilisme de ce règne correspondait aux désirs d'un peuple convalescent, plus désireux d'autosuffisance et de calme que de changements profonds. C'est la convergence entre les aspirations populaires et une politique, si passive et gauche fut-elle, qui a donné à Louis XII sa popularité en

---

[88] *Ibid.*, p. 50.
[89] *Ibid.*, p. 47.

même temps que sa réputation d'avarice. Là encore Machiavel ne s'est pas trompé : l'actuel roi de France, explique-t-il, peut entreprendre un grand nombre d'expéditions militaires sans surcharger son peuple d'impôts, simplement parce qu'une longue politique d'économies systématiques lui permet de faire face à ses énormes dépenses. Une épitaphe en vers reproduite par Montaiglon ne dit pas autre chose :

> Lui estant roy, plusieurs guerres il eut,
> Dont le sien peuple à peine s'apperçut.

Mais aux dépens de qui étaient faites des économies systématiques ? Aux dépens de tous ceux qui, à la cour, à la ville, en Touraine, vivaient des largesses royales : artistes, intellectuels, architectes, maçons. L'hostilité de tous ces gens est aussi compréhensible que l'attachement des classes populaires. Le choix de Louis XII était une option politique, comme le sera, plus tard, et dans la direction inverse, l'option de François Ier.

Mais c'est ce changement d'orientation qui donnera à la France du XVIe siècle un visage qu'on ne lui connaissait pas.

Chapitre Premier

La grande mutation

Ecrites l'année de la mort de Louis XII et de l'avènement du jeune François d'Angoulême, les digressions du *De Asse* sont à la jointure de deux époques. Ultimes pelletées de terre sur le cercueil du dernier roi du Moyen Âge accompagnées de sarcasmes pour les créatures du Père du peuple qui « se croyaient déjà presqu'aux nues et voient leurs espoirs s'effondrer », elles sont ponctuées d'observations goguenardes sur le deuil national. Etrange mascarade. On lisait sur tous les visages [1], écrit Budé avec une pointe d'humour noir, « le soulagement d'en finir avec un interminable stage dans le médiocre, et les obsèques en prenaient une allure de funérailles hilares » [2]. Tout se passe comme si les jours de deuil étaient la veillée d'armes d'une ère nouvelle.

La plus grande partie du *De Asse* est contemporaine du marasme de fin de règne, mais dans les dernières pages, écrites au son des cloches de fête de l'avènement du nouveau roi, Budé flaire l'imminence d'une *instauratio magna* telle que la France n'en avait connue de semblable depuis Clovis. Il note la compétence et l'exceptionnelle aptitude au commandement du jeune François, et il ajoute : « Pour peu qu'il reste à la hauteur de ses débuts, je gage que nous serons témoins d'une résurrection spectaculaire de la gloire des Français d'antan.

---

[1] « In universum autem is erat habitus animorum et vultuum [...] », Budé, *De Asse*, éd. Lyon, 1541, fol. 215 v°. Inutile de dire que Budé généralise outrageusement en prêtant à l'ensemble des Français les réactions des gens de son bord. On sait par d'autres témoignages l'intensité de l'émotion populaire à la mort de Louis XII.
[2] « Ut in luctu hilaria sane festiua celebrare videremur », *ibid.*

Stimulée par l'attente de grandes choses, la France reprend ses esprits qu'elle depuis quelque temps elle avait perdus dans l'épreuve »[3].

1. Les miracles du roi thaumaturge

Le plus incroyable de tout, c'est le délai. Entre la mort de Louis XII et celle de François Ier l'intervalle est de trente-deux ans : une génération a suffi pour que les Français paraissent un autre peuple à eux-mêmes et aux autres. On en prendra clairement conscience à l'occasion des bilans de fin de règne. Dans un siècle voué à la personnalisation héroïque de l'Histoire, tout le mérite du changement est départi au roi François, non seulement dans les textes et discours commémoratifs de la fin des années quarante[4], mais, même avant la mort de François Ier, dans les éloges et témoignages de reconnaissance des humanistes[5], ou bien, à la seconde moitié du siècle, dans les plaidoyers d'intellectuels soucieux de donner en exemple aux derniers Valois les largesses du grand ancêtre[6]. Partout la même thèse : le grand règne a donné au pays une promotion culturelle. Depuis que François Ier est monté sur le trône « les lettres ont commencé en France en telle sorte que la Grece ne nous surmonte »[7], on ne brocarde

---

[3] « [...] spondere ausim apocatastasim quandam insignem priscæ Francorum gloriæ extituram. Francia quidem certe tantarum rerum expectatione excitata, animos illos alacreis denuo iam sustulit, quos haud ita dudum tacta de cœlo abiecerat. », *ibid.*, fol. 223 v°.

[4] Outre les oraisons funèbres du recueil de Duchâtel : *Le Trespas, obseques et enterrement du tres hault et tres magnanime François premier de ce nom, les deux sermons funebres prononcez ez dictes obseques, l'ung a Notre-Dame de Paris, l'autre à Sainct Denys en France* (éd. Robert Estienne, Paris s. d.) ; de Jean Martin, *Les Epitaphes des Roys de France qui ont regné depuis le roy Pharamond jusques au roy François Ier de ce nom* (1550), ainsi que le *Triomphe du tres chrestien, tres puissant & invictissime Roy François Ier de ce nom*, de Jean Bouchet, Paris, 1559.

[5] Plus particulièrement *Les Gestes de Françoys de Valois, roy de France* d'Étienne Dolet (Lyon, 1540), Charles de Grassailles, *Regalium Franciae* (Lyon, 1538), et, de Guillaume Du Bellay, la première *Ogdoade* (1569), ainsi que l'*Epitomé de l'antiquité des Gaules et de France* (Paris, 1556).

[6] Guillaume Paradin, *Histoire de nostre temps* (Lyon, 1556) ; André Thevet, *Les vrais pourtraits et vies des hommes illustres* (Paris, 1584), auxquels il faudrait ajouter le chapitre consacré à François Ier par Brantôme dans ses *Vies des grands capitaines françois et etrangers*.

[7] Étienne Dolet, *loc. cit.*

plus la lourdeur française ni les *merdas gallicas*. L'œuvre prestigieuse de Guillaume Budé et l'enseignement des lecteurs royaux ont placé la France en tête du mouvement humaniste, la littérature et les arts sont en pleine croissance, et Paris est redevenue l'héritière d'Athènes et de Rome. La *translatio studii* est maintenant un fait avec lequel on doit compter.

> Mere des ars ta haulteur je salue,
> Je vous salue aussi vous tous les dieux
> Qui avez là vostre demeure elue
> Pour y semer les grans thresors des cieux :
> Pallas y est, et les Muses sacrees
> Sur Seine ont fait leurs rivaiges sacrées [8].

C'est Joachim Du Bellay qui interpelle ainsi la France. Il appartient, lui aussi, à la famille des intellectuels qui vivent dans le sillage de la cour. Autant de témoignages complices.

Mais comment récuser ceux d'un intégriste huguenot qui n'a pas eu à se louer des Valois, Théodore de Bèze ? Or Bèze ne parle pas autrement que les autres de l'action culturelle du roi, tout en prenant grand soin de la distinguer du reste de sa politique : « En peu de temps tout le royaume de France se sentit d'un tel bien ; aïant rendu la memoire du Roy François si recommandable à la postérité en cest égard, que d'un tacite consentement de tous, le surnom de Grand luy en a été attribué, plustot que pour tout autre exploict » [9].

Plus remarquable encore est la volte-face d'Érasme. Malgré sa francophobie latente, il fait chorus avec les laudateurs du roi dont il a, pourtant, décliné l'invitation. Lui qui ne voyait qu'obscurantisme et ignorance prétentieuse sur les bords de la Seine se met à crier lui aussi au miracle. En comparant le collège trilingue de Louvain qui ne bat que d'une aile avec le nouveau Collège royal au démarrage fracassant, il écrit en 1531 à un lecteur fraîchement nommé : « Vous n'aurez à engager contre l'Hydre de Lerne qu'un combat bien moins dur, car chez vous l'éclat d'une littérature plus évoluée a déjà presque dissipé les brouillards de l'ignorance vantarde, et aussi parce que vous avez, par chance, un prince éclairé, puissant et affable qui ne craint pas de

---

[8] Joachim Du Bellay, « Prosphonématique », in *Poésies françaises et latines*, éd. Courbet, t. I, p. 160 et 161.
[9] Théodore de Bèze, *Histoire ecclésiastique des églises réformées au royaume de France*, Anvers [Genève, Jean de Laon], 1580.

prendre position pour la culture, et semble avoir compris que sa gloire aussi s'enrichissait de ses apports au patrimoine commun »[10].

Il ne le prend plus de haut avec la France. Elle a recouvré son ancien prestige culturel (« priscam illam studiorum gloriam »), convient-il dans une lettre de 1530 à Germain de Brie. Elle a instauré une manière de République des lettres présidée, comme il se doit, par Guillaume Budé, elle en a fait une communauté où les disciplines s'épaulent mutuellement. Et de regretter qu'on ne puisse en dire autant des pays du Nord (« Utinam eadem mens sit Germaniae nostrae ! ») où règnent le chacun-pour-soi, l'esprit de faction et la discorde [11].

À travers ces deux lettres, postérieures de peu à la fondation du Collège royal, passent les ondes de choc de l'événement. D'un bout à l'autre de l'Europe les humanistes se sentent concernés par un précédent qu'ils sont prêts à donner en exemple à leurs princes : la matérialisation des idéaux de l'humanisme dans une institution soutenue par un roi. Et si l'on tient compte du fait que l'un des premiers lecteurs royaux, Jacques Toussain, est un disciple de Budé, qu'il aura pour disciple Jean Daurat qui lui-même, au collège Coqueret, sera le maître et l'initiateur des poètes de la Pléiade, on peut mesurer la lignée des filiations et la force des liens organiques entre la création littéraire de la Renaissance et le savoir humaniste.

Mais dans leur éloge de ce qu'ils considèrent comme l'œuvre du roi, les laudateurs mettent chacun l'accent sur des aspects distincts du mécénat royal, et cette diversification des attendus est encore plus révélatrice que l'unanimité des intentions. Les uns — ils sont nombreux — vantent la promotion d'un enseignement trilingue : il n'est mémoire, dit Guillaume Paradin, « que Prince ayt tant faict de faveur à la doctrine et aux langues latine, grecque et hebraïque »[12]. D'autres sont plus sensibles à l'aspect international et interdisciplinaire de la nouvelle institution où les lecteurs souvent assistent aux leçons les uns des autres et attirent un auditoire de

---

[10] Lettre d'Érasme à Jacques Toussain, lecteur royal, du 3 mars 1531, Érasme, *Allen*, t. IX, pp. 182-3.
[11] Lettre d'Érasme à Germain de Brie du 5 septembre 1530, *Allen*, t. IX, p. 40. Le terme « Germania » s'applique indistinctement aux pays de langue allemande, aux Pays-Bas et même, dans certains cas, à la Pologne et aux pays scandinaves, dans le latin du XVIe siècle.
[12] Guillaume Paradin, *loc. cit.*

notables qui n'aurait pas fréquenté l'université. Le roi, dit Pierre Galland, a accru « le prestige de cette Académie en y faisant affluer les étrangers et aussi, spectacle digne de louange et d'admiration, en réunissant dans un seul auditoire tous les gens que leur manière d'être, leur culture, leur nationalité, leur langue et leurs mœurs éloignaient les uns des autres »[13]. Paris redevient le confluent européen qu'il avait été au XIIIe siècle, et aussi la matrice d'une nouvelle culture fondée sur un regroupement des disciplines. Telle est l'optique de Galland, principal du collège Boncourt.

Conseiller, homme de confiance et interlocuteur favori à la table du roi, Pierre Duchâtel insiste, lui, sur l'investissement culturel à longue portée que représentent les collections de livres et d'œuvres d'art de Fontainebleau, pièces maîtresses autour desquelles s'organiseront plus tard le musée du Louvre et la Bibliothèque nationale. « Il a faict chercher les livres, qui encores se cherchent par tout le monde, et faict tous les jours ressusciter autheurs et memorables esperis qui estoyent il y a plus de mil ans ensepvelis »[14]. Et ce ne sont pas là des collections oisives, précise Duchâtel, mais une source d'inspiration pour plusieurs générations d'humanistes, de poètes et d'artistes. Ce n'est pas le hasard qui a placé Guillaume Budé à la tête de la Bibliothèque royale, qui a envoyé au loin pour apprendre les langues orientales et rechercher des manuscrits, Duchâtel en pays arabes et Postel en Turquie ; qui a chargé Pierre Belon d'aller retrouver sur place les traces de la Grèce et de l'Orient classiques et de publier, au retour, ses *Observations de plusieurs singularitez et choises memorables, trouvees en Grece, Asie, Judée, Egypte, Arabie, et autres pays estranges* (1553), source de descriptions et de données visuelles pour les amoureux de la culture antique.

Les collections royales de sculptures et de peinture n'étaient pas, elles non plus, réservées au plaisir des princes. Elles ont alimenté et stimulé la création artistique, provoqué la naissance de ce qu'on appellera plus tard « l'école de Fontainebleau ». Aussi Duchâtel affirma-t-il que François Ier, du fait d'avoir « faict mouller, acheter et chercher par tout tous les ouvrages excellens de statues antiques et images en quoy la memoire de l'antiquité se conserve,

---

[13] Petri Gallandii *oratio in funere Francisco, Francorum regi, a professoribus regis facto*, Paris, 1547.
[14] *Sermon Funebre de François Premier*, à la suite de : *Petri Castellani vita*, autore Petro Gallandio, éd. E. Baluze, Paris, F. Muguet, 1674, p.221.

toutes les exquises painctures, [...] a restitué en son royaume l'art statuaire, la sculpture et paincture » [15].

Mieux que l'acquisition d'un patrimoine culturel, les contemporains de François Ier ont le sentiment d'une promotion du français au rang de langue littéraire de niveau international. Dans sa dédicace à Du Peyrat et sa traduction du *Cortegiano* (Lyon, 1538), Jacques Colin, commensal du roi lui aussi, remercie Dieu d'appartenir à une génération qui a osé se servir du français qui « soubz le reigne du tres chrestien et tres magnanime Roy des Françoys et par sa vertu seule quasi ores prend premierement sa noblesse et sa purité » [16]. Désormais le français peut « contendre avec les autres langues, qui entre elles meritera le pris de purité et résonance ». Et Du Bellay n'est pas seul à découvrir que « nous avons commencé à voir combien peult nostre langue » [17].

D'autres ajoutent à l'actif du règne la généralisation de l'usage du vers français, qui prend la place du vers latin dans la hiérarchie des genres nobles. Et c'est le règne du roi François, dit Charles Fontaine, qui marque la coupure entre les deux époques :

> Les vers latins j'ay delaissez
> Pour ecrire en nos vers François
> Où la Muse vous ha poussez :
> C'estoit, c'estoit aux tems passez
> Paravant le grand Roy François
> Qu'on brouilloit tout en latinois [18].

Bien avant que la notion de période historique soit formulée, voilà déjà une esquisse d'organisation du temps. Le règne de François Ier est la frontière : avant lui, des siècles d'expression latine, avec lui et après lui une ère de culture française qui sera d'autant plus longue, assure

---

[15] *Ibid.*, p.122.
[16] Ce texte est d'un an antérieur à l'édition de Villers-Cotterêts (1539) qui substitue le français au latin comme langue officielle de l'administration et des tribunaux.
[17] Lettre de Jacques de Beaune publiée par E. Roy dans la *Revue d'Histoire littéraire de la France* du 15 avril 1895.
[18] Charles Fontaine, *Odes, enigmes et epigrammes*, 1557.

Du Bellay dans la *Deffense et illustration*, qu'elle a « longuement travaillé à jeter ses racines »[19].

Encore n'est-il pas certain que la langue aille toujours se perfectionnant. Autre roi, autre langue. « Chacun se fait accroire », remarque Étienne Pasquier dans la deuxième moitié du siècle, « que la langue vulgaire de son temps est la plus parfaite, et chacun est en ceci trompé ». Moins optimiste que Du Bellay il envisage la fin de l'âge d'or. La langue peut encore évoluer, mais pas nécessairement vers la perfection et Pasquier hésite à penser que « tout ce que nous avons changé de l'ancienneté soit plus poly, ores qu'il ait aujourd'huy cours »[20].

Blaise de Vigenère, lui, remonte aux causes. Si la langue d'oïl a fait la conquête du royaume, si elle a fait preuve d'une exceptionnelle aptitude au perfectionnement (ce qui n'est pas le cas des dialectes locaux, restés à ras de terre), c'est à la position centrale et au rayonnement de la cour de François Ier qu'elle le doit. Ceux qui parlent et écrivent mieux que les autres le doivent au fait « de hanter les cours des princes, où par raison on doibt tousjours mieux parler et escrire qu'ailleurs »[21]. Ayant quelque peu trempé dans l'Académie du Palais de Henri III[22], Vigenère ne parle pas de décadence, mais Pasquier, avec son franc parler de magistrat bourru et un peu xénophobe, ne mâche pas ses mots. L'italianisation de la cour par l'entourage de la Régente a pollué la langue, laisse-t-il entendre, et dans une lettre écrite sous Charles IX il affirme qu'il « n'y a lieu où nostre langue soit plus corrompue »[23]. Le cycle est à son terme. Ce que la cour a épanoui, d'autres princes l'ont laissé se dégrader, après l'apogée du bien dire le déclin des temps de guerres civiles et d'une langue de cour florentine d'acclimatation. Vue de la fin du siècle, l'ère de François Ier paraît plus que jamais l'âge d'or.

---

[19] Joachim Du Bellay, *Deffence et illustration de la langue françoise*, liv. I, chap. IX.
[20] Étienne Pasquier, *Recherches de la France*, livre VIII, chap. III.
[21] Blaise de Vigenère, Dissertation ajoutée en 1589 à ses *Notes sur les Commentaires de Jules César*.
[22] Frances Yates, *The French Academies of the XVIe Century*, Londres, 1947, p. 59 n.
[23] Liv. II, Lettre 12 au seigneur d'Ardivilliers.

2. *Courants collectifs et* translatio studii

Malgré leur goût de la personnalisation héroïque, les hommes du XVIe siècle n'étaient pas incapables de déceler des courants profonds, des tendances collectives qui échappent au contrôle des individus — et là encore les irréductibles ne sont pas les derniers à comprendre. Jean d'Auton, ce survivant du XVe siècle, retiré du monde depuis la mort de Louis XII, le roi bien-aimé à qui il avait consacré ses *Chroniques*, reste pantois devant l'esprit d'aventure de la génération du nouveau siècle. Dans une poésie de remerciement à Jean Bouchet où il joue au modeste et n'ose comparer son « rude style » et son « petit savoir », à l'éloquence de Bouchet, il n'élève la voix que pour désapprouver la génération montante, avec son avidité de tout voir et de tout comprendre. Il la compare à « l'imprudent Actéon » changé en cerf et mis en pièces par ses chiens « pour avoir voulu assister au bain d'une déesse »[24]. Cette fringale de nouveauté et d'exhumation de la culture antique a grande chance de mal finir, laisse-t-il entendre. Chacun son lot. Ni le passé ni le futur ne pourront nous guérir.

Inutile de le dire : Budé pense autrement. Ses conclusions sont différentes, mais il constate les mêmes faits. Ce qui le frappe chez les garçons de l'âge de ses fils, c'est le désir d'en faire plus que les autres, l'émulation, l'ouverture aux idées nouvelles, la curiosité pour les langues et les littératures anciennes, la disparition des obstacles aux études littéraires qui existaient dans sa jeunesse[25]. Le fameux hymne aux temps modernes qui éclate dans la lettre de Gargantua à Pantagruel, « Maintenant toutes disciplines sont restituées, les langues instaurées [...] », est une sorte de commentaire en langue française de la lettre latine envoyée par Budé à son fils Dreux en 1519 et publiée l'année suivante[26]. Entre ce texte triomphal et les digressions dévastatrices du *De Asse* il n'y a qu'un intervalle de quatre ans, ce qui permet de mesurer l'effet de décompression suscité par l'entrée en scène du jeune roi, à un stade où les réformes attendues ne sont pas

---

[24] Cité dans la « Notice sur Jean d'Auton » qui précède l'édition R. de Maulde de la Clavière des *Chroniques du règne de Louis XII*, Paris, 1889, p. XXXVIII.
[25] Lettres de Guillaume Budé à Jean Courtin du 20 novembre 1520, *Lucubrationes*, p. 347, et à Dreux Budé du 8 mai 1519, *ibid.*, p. 285-287.
[26] Budé a publié en 1520 un premier recueil de lettres, suivi par des éditions augmentées en 1522 et 1531. La première édition du *Pantagruel* est du début de 1533.

même ébauchées, où il n'y a ni lecteurs royaux, ni ordonnance de Villers-Cotterêts, ni mécénat, ni Fontainebleau. Dans l'air, de vagues promesses, l'euphorie du début de règne et un esprit d'émulation qui pousse chaque père à vouloir pour son fils une éducation supérieure à la sienne. Un circuit de progrès.

En un temps où se situer par rapport à l'Italie est devenu l'obsession des classes dirigeantes, l'émulation joue entre les pays autant qu'entre les hommes. Le Budé de 1515 proteste contre l'italomanie de ses contemporains, il affirme que « notre sel est aussi bon [que celui des Italiens] et moins cher », que les aptitudes intellectuelles des Français sont meilleures que ne le disent les *Gallomastiges* [27], mais ses exigences, comme celles de Symphorien Champier, ne vont pas au-delà d'un traitement sur pied d'égalité. Le *De Asse* se borne à prédire qu'un jour viendra où « le flambeau pourrait bien se mettre à luire de ce côté des Alpes », mais il s'agit d'un avenir indéterminé.

L'émulation, en attendant, se traduit par un corps à corps dont on ne sait s'il est guerrier ou érotique. Conquêtes culturelles et expéditions d'Italie procèdent d'une même pulsion : acquérir en dévorant. Pour faire sentir à ses contemporains de l'époque Henri II l'ampleur de la révolution culturelle du règne précédent, Guillaume Paradin recourt aux métaphores militaires et géologiques. Il semblait que le Roi, dit-il, « eust entreprins de despouiller toute l'Italie, et toute la Grece, et leur retrencher le cours de la fonteine et origine des lettres, pour la faire couler en la Gaule » [28]. Le tendre Du Bellay lui-même, dès qu'il s'agit du transfert des trésors de l'esprit, se met à parler comme un reître, et il donne à la *Deffence et illustration* un épilogue en forme de psychodrame de rapt, de pillage et de viol :

> La donq', Francoys, marchez couraigeusement vers cette superbe cité Romaine : et des serves depouilles d'elle (comme vous avez fait plus d'une fois) ornez vos temples et autelz [...] Donnez en cete Grece menteresse, et y semez encor' un coup la fameuse nation des Gallogrecz. Pillez moy sans conscience les sacrez thesors de ce temple Delphique, ainsi que vous avez fait autrefoys : et ne craignez plus ce muet Apollon, ses faulx oracles, ny ses fleches rebouchées. Vous souvienne de votre ancienne Marseille, seconde Athenes, et de votre Hercule

---

[27] Voir l'introduction p. 15.
[28] Guillaume Paradin, *Histoire de notre temps*, ouvr. cité, p. 499.

Gallique, tirant les peuples apres luy par leurs oreilles avecques une chesne attachée à sa langue [29].

Cette fanfare a suscité des enthousiasmes, comme l'essor de la Pléiade en témoigne, et les grincements de dents, les sourires goguenards qui l'ont aussi accompagnée ne doivent pas donner le change. Barthélemy Aneau et Guillaume des Autels ont beau jouer l'étonnement effarouché devant l'appétit de cette « Brigade » qui parle d'imiter les Grecs en « se transformant en eux, les devorant, et apres les avoir bien digerez, les convertissant en sang et nourriture » [30], ils ne réussiront pas à mettre les rieurs de leur côté. Des Autels demande sournoisement : « De qui ont esté imitateurs les Grecs ? », pendant qu'Aneau se gausse du poète qui veut « nous induire à gréciser et latiniser en Françoys », et l'interpelle sur « les Italiens, tes dieux en singerie » [31]. Mais ils ne peuvent rien contre un fait : l'idée de transfert des cultures est solidement enracinée dans le terroir français depuis le Moyen Âge. L'idée de la *translatio studii* qui a déplacé la capitale intellectuelle du monde d'Athènes à Rome et de Rome à Paris est un lieu commun depuis le XIIe siècle [32], et les protestations indignées de Pétrarque n'ont fait que déclencher des polémiques pendant un siècle et demi, en fortifiant les Français dans leur conviction que Rome n'est plus dans Rome mais à Paris [33].

Il est vrai que dans la *translatio studii* les hommes du Moyen Âge voyaient un changement de capitale plus qu'un transfert de substance. Mais déjà sous Louis XII, Claude de Seyssel se plaît à associer la transfusion culturelle aux modalités du pouvoir. Les Romains, dit-il, en conquérant la littérature grecque ont donné toute sa puissance à leur propre langage et en ont fait un instrument de domination univer-

---

[29] Joachim Du Bellay, *Deffence et Illustration de la langue française*, conclusion.

[30] *Ibid.*, livre I, chap. VII.

[31] *Réplique de Guillaume des Autelz aux furieuses défenses de Louis Meigret*, Lyon, 1551. Voir, sur cette controverse, Margaret Young, *Guillaume des Autels*, Genève, 1961, p. 62 sq.

[32] Voir Étienne Gilson, *Les Idées et les lettres*, Paris, 1932, p. 182 sq.

[33] Sur la notion de *translatio studii* au XVIe siècle, voir G. Gadoffre, *Du Bellay et le Sacré*, Paris, 1978, p. 103-106 et 125.

selle [34]. Il ne tarde pas à en tirer une leçon : il ne nous reste plus qu'à faire la conquête du latin et à créer une grande littérature française.

La culture n'est pas innocente. Elle se dévore, et confère un surcroît de puissance en même temps que l'*humanitas*. Entre les propos de Claude de Seyssel et le rituel cannibale suggéré par la *Deffense* il y a sans doute un écart de générations, un nouveau pas dans l'évolution d'une idée, mais il y a surtout ce qui sépare le langage d'un vieil évêque en fin de carrière de celui d'un jeune loup exalté par sa première chasse. Pour l'un comme pour l'autre on se fortifie en mangeant le cœur des ancêtres.

3. La Pentecôte des langues

La *translatio studii* n'est pas la revendication la plus surprenante des deux premières générations du siècle. À en croire les Rabelais, les Budé, les Galland, la révolution culturelle n'aurait pas affecté seulement un petit nombre de lettrés mais toutes les classes sociales : je vois, dit Rabelais, « les brigans, les boureaulx, les avanturiers, les palefreniers de maintenant plus doctes que les docteurs et prescheurs de mon temps » [35].

Il est toujours possible, avec Rabelais, de mettre ce type d'affirmation sur le compte de la truculence. Mais peut-on en dire autant de Guillaume Budé qui soutient une thèse à peu près voisine dans une lettre à son fils [36], ou de Pierre Galland qui renchérit sur Rabelais et Budé, vingt-huit ans plus tard, en assurant que tous les gens de cour sont maintenant capables de lire le grec et le latin, voire d'écrire des livres. « Il n'y avait personne à la cour royale, cependant si nombreuse, qui n'apprît les langues et les arts libéraux et ne fût capable de traduire le grec en latin, et les livres des Anciens écrits dans ces deux langues en français, ou qui ne pût rivaliser avec les Anciens en écrivant de nouveaux livres. » Et cet appétit de savoir a débordé la cour, contaminé tout le royaume : « On n'aurait pu trouver je ne dis pas une famille noble et puissante, mais même une famille vulgaire et plébéienne dans laquelle les serviteurs, les clients, les enfants

---

[34] Claude de Seyssel, *La Monarchie de France*, éd. J. Poujol, Paris, 1961, p. 65-70.

[35] Rabelais, *Pantagruel*, chap. VIII.

[36] « [...] cum Grecam linguam Latinae altricem atque adornatricem, humano generi restitutam nemo inficias ibit », Lettre de Budé à son fils Dreux du 8 mai 1519, *Lucubrationes*, p. 286.

n'eussent parlé couramment grec et latin et montré dans toutes les sciences une culture véritable »[37].

Autant d'affirmations aux outrances visibles, dira-t-on, contredites par ce que les registres, les actes notariés, les testaments nous apprennent sur l'alphabétisation de la société française à cette époque. Sans aucun doute. Encore faut-il mettre les faits en perspective. Ce ne sont pas les courtisans à la mode ancienne qui ont été touchés par la grâce des lettres, mais le Roi qui a acclimaté dans sa cour et choisi pour sa table un nouveau personnel de bien-disants et de lettrés. Que les autres s'appliquent à les suivre, que des gentilshommes rugueux, l'émulation aidant, se soient frottés de grec et de latin, rien de mieux assorti aux normes des sociétés de cour, sous un règne où la culture classique, comme le remarque Budé, est devenue un critère de promotion [38]. Le climat une fois créé tout devient possible, au niveau du fictif comme à celui du réel.

Le connétable de Montmorency qui n'était pas grand clerc et ne jouait pas au bel esprit n'en avait pas moins fait graver sur son épée une devise grecque [39]. Il ne savait pas le grec pour autant, et il ne semble pas avoir élevé ses enfants dans le culte des Muses : son fils François, dit Brantôme, dédaignait la lecture « à la mode des seigneurs du temps passé ». Mais quand il fut fait prisonnier, lors de la prise de Thérouanne, il employa sa captivité à lire et « il s'y pleust tant cestefois là, qu'il n'avoit autre affection que celle-là ; si bien qu'il y fit fort son proffict [...] dont toute sa vie il s'en est ressenty »[40]. Les trois neveux du Connétable, les frères Châtillon, dépassent leur cousin François de Montmorency. Non seulement Odet de Coligny, qui est après tout homme d'Église, mais même son frère l'Amiral qui, assure Brantôme, « entendoit et parloit fort bien latin, comme je l'ay veu ; car il avoit estudié, et lisoit et estudioit tousjours, quand il pouvoit et estoit hors d'affaires »[41].

---

[37] Petri Gallandii *Oratio in funere Francisco Francorum regi a professoribus regiis facto*, Paris, 1547.

[38] « Je me suis aperçu que nombre de gens, même issus de familles sans culture, veulent à tout prix faire du grec, à cause de l'importance que vous [le Roi] attachez à son étude. Il en va ainsi dans les royaumes : on tient à étudier ce qui tient à coeur au Prince », Budé, *Commentarii lingae graecae.*

[39] Brantôme, *Vies des hommes illustres et des grands capitaines*, éd. Lalanne, Paris, 1896, t. III, p. 367.

[40] *Ibid.*, p. 351.

[41] *Ibid.*, t. IV, p. 327.

En cette fin de siècle où il écrit, en un temps où l'enthousiasme pour les lettres a son reflux, Brantôme amasse les exemples d'hommes de guerre et de gouvernement valorisés par le savoir. Il cite pêle-mêle, après Jules César et Alphonse V d'Aragon, les frères Du Bellay, les Châtillon, Salvaison, Bellegarde, Louis d'Ars, Leydiguières, « et tant d'autres que je dirais en nombre infini »[42]. Autant de cas qui ne nous renseignent en rien sur la proportion des lettrés et des ignares dans les classes dirigeantes. Mais dans une société de cour toute de hiérarchies et fortement orientée, les tropismes comptent plus que les nombres, et l'exemple de ceux vers qui tous les yeux sont tournés valait cinquante sermons d'humanistes.

Pour les classes populaires les moyens d'évaluation sont plus simples et les faits significatifs plus difficiles à rassembler. Les affirmations de Rabelais, de Galland, de tant d'autres, ne peuvent être réduites à leurs justes proportions que si l'on a d'abord tiré au clair l'idée qu'un Français du XVe ou du XVIe siècle pouvait se faire de la vertu des langues. Commynes, grand admirateur de l'éloquence naturelle de l'ermite François de Paule, atteste qu'on eût dit que le Saint-Esprit parlait par sa bouche. Il s'en étonne : car le saint homme « estoit lectré, et si n'avoit jamais esté à l'escole ». Tel est le paradoxe qu'on veut expliquer en n'ayant recours ni à l'inspiration divine ni aux dons personnels : « Vray est que la langue italienne luy aidoit », conclut-il[43]. Ainsi l'usage d'une langue réputée culturellement supérieure est-il considéré comme pouvant tenir lieu d'école et de livres.

Quatre générations après Commynes, Montaigne nous conte une histoire assez différente mais qui a des implications semblables. Le précepteur allemand qui ne communiquait qu'en latin avec son élève et ses hôtes n'était pas seul à observer la consigne. Toute la maisonnée était complice. Ni le père du jeune Michel ni sa mère « ny valet, ny chambriere, ne parloyent en ma compagnie qu'autant de mots de Latin que chacun avoit appris pour jargonner avec moy ». Chacun ramasse des miettes de savoir. Rien qui ressemble, même de loin, à une initiation à la culture antique : un court vocabulaire, des phrases de la vie quotidienne. Les premières pages d'une méthode Assimil. La famille et les domestiques « en acquirent à suffisance pour *s'en servir à la nécessité* ». Et comme il arrive souvent, le langage du château

---

[42] *Ibid.*, t. III, p. 48.
[43] Commynes, liv. VI, chap VII.

contamine celui du village. « Nous tous latinizames tant, qu'il en regorgea jusques à nos villages tout autour, où il y a encores, et ont pris pied par l'usage plusieurs appellations latines d'artisans et d'utils »[44].

Quelques mots de latin mêlés au français, au gascon, quelques tournures, voilà peu de chose à nos yeux. Mais pour l'enthousiaste Pierre de Montaigne, pour les contemporains de Rabelais, de Galland, pour les maisons d'humanistes où les domestiques latinisaient, c'était assez pour établir une communion symbolique avec l'Antiquité. De même que la langue italienne donnait à François de Paule toute une culture qui permettait à son charisme de se matérialiser, les bribes de latin qui pleuvent autour des maisonnées latinisantes sont une manne bénie, à la fois nourriture, message et augure des temps nouveaux. Nous sommes en présence d'un système de représentation quasi magique de la culture que nous dénaturons en interposant entre nous et lui des rationalisations modernes sur le savoir et sur les langues. Pour les contemporains de François Ier et de Henri II, l'Antiquité, tout fraîchement sortie de terre, était encore si chargée de vertus secrètes qu'il suffit d'un attouchement pour en être irradié.

C'est dans cette perspective qu'il faut situer le culte des langues anciennes qui relève d'une mentalité plus archaïque et plus naïve qu'on ne le croit. Les arguments, les justifications mis en œuvre par les humanistes ne doivent pas nous égarer. L'essentiel n'est pas dans ce qui est dit mais dans ce qui est tu.

4. Le temps de l'avant

On ne prête l'oreille aux contemporains du roi François qu'avec un doute sur la fidélité du bilan. Oppositions tranchées, images en blanc et noir de l'après et de l'avant 1515, odeurs d'encens autour d'une effigie, mutations-miracles attribuées à un roi thaumaturge, autant de composantes d'un système d'explication qui veut faire d'un prince mécène un créateur *ex nihilo*, et du XVe siècle un stage dans les ténèbres.

Cette fin de siècle si honnie par Érasme et Budé a-t-elle été aussi stérile qu'on l'a dit ? Cette Sorbonne si ridiculisée n'est-elle pas le lieu où Guillaume Fichet a installé les premiers ateliers d'imprimerie français dès 1487 ? N'est-ce pas là qu'il a édité Salluste,

---

44 Montaigne, « Sur des vers de Virgile », *Essais*, liv. III, chap. V.

Valère Maxime, Laurent Valla ? N'est-ce pas sous la pression de ses étudiants que ce recteur d'université a composé sa *Rhetorica*, premier essai méthodique d'initiation aux élégances latines ?

C'est là aussi que son plus brillant disciple, Robert Gaguin, a enseigné les règles de la versification latine et fait, avec le *De Origine et gestis Francorum compendium* (1495), la première tentative d'histoire globale de la France. Devenu doyen à son tour, il a allumé et attisé la curiosité pour le néo-platonisme italien, chez des étudiants, des maîtres moins coiffés de scolastique qu'on ne l'a dit, et déjà fascinés par le personnage et les œuvres de Marsile Ficin. Écoutons en quels termes le doyen invite à Paris le philosophe de Florence :

> [...] Votre nom est aimé et glorifié dans les petites classes de nos écoles comme dans les collèges de nos savants [...]. Nous lisons et nous apprécions vos ouvrages et vos lettres familières ; la plupart de nos maîtres et de nos étudiants désirent vous connaître personnellement et contempler l'auteur de tant d'écrits pleins d'illustre doctrine [45].

Un demi-siècle avant que les vulgarisations de Symphorien Champier et de Pontus de Tyard aient fait de Ficin, désormais accessible à un plus grand public, le cadre de référence majeur des intellectuels français, les étudiants parisiens des années quatre-vingt-dix et certains de leurs maîtres se tournaient déjà vers le mage florentin et voyaient en lui le symbole de la philosophie du futur.

Ajoutons que dès le règne du moins lettré et du moins mécène des rois du XVe siècle, Louis XI, il y a un début d'osmose culturelle entre le royaume exsangue hérité de Charles VII et le riche duché de Bourgogne, tout fraîchement rattaché à la couronne et plein de sève. On voit poindre un type d'homme qui annonce les temps nouveaux : le grand seigneur mécène. Ce sont les frères Guillaume et Guy de Rochefort, comtois passés du service du Téméraire à celui de Louis XI, l'un après l'autre chanceliers de France et protecteurs des lettres — Budé fera grand cas du cadet dans le *De Asse* [46]; C'est Cato, archevêque de Vienne, un transfuge de Bourgogne lui aussi, qui encouragera Commynes à écrire ses mémoires ; ce sont les grands et

---

[45] Lettre de Gaguin à Ficin du 1er septembre 1496, citée et traduite par Renaudet, *Préréforme et humanisme à Paris pendant les premières guerres d'Italie*, p. 276.
[46] Guillaume Budé, *De Asse*, éd. 1541, p.121H, 122H, 222C.

petits seigneurs à qui de plus en plus souvent les écrivains dédient leurs recueils. « Dulcis mi Mecena », dit de Raoul de Lannoy, seigneur de Mervilliers, l'auteur d'un poème latin sur la conquête de Gênes ; Trivulce, le grand condottiere de Charles VIII, se voit dédier lui aussi un recueil de poésies, Louis de la Trémouille prend le poète Jean Bouchet à son service, Louis de Bourbon de même Joligny, Anne de Bretagne pour Germain de Brie. La qualité d'humaniste et de poète, en cette fin de siècle, est considérée par les Grands comme le signe de l'aptitude aux postes administratifs et aux prébendes. Quoi qu'en dise Budé, dès la fin du règne de Louis XII nombre de lettrés tels que Gaguin, Claude de Seyssel, Octavien de Saint-Gelais, Jean d'Auton, Lascaris, sont amplement pourvus de charges ou de bénéfices lucratifs.

On dira que la répartition est inégale. Les plus favorisés, les seuls auxquels le Roi véritablement s'intéresse, sont les historiographes, plus particulièrement ceux qui, tels Jean d'Auton et Seyssel, se vouent à son histoire ou à son éloge. C'est cet utilitarisme culturel qui répugne à Budé. Il se refuse à voir dans la *Chronique* de Louis XII de Jean d'Auton, dans l'*Éloge de Louis XII* de Seyssel ou dans *Les Illustrations des Gaules et singularités de Troye* de Lemaire de Belges, si admirées à la cour, des contributions à la nouvelle culture. Et la recherche historique telle qu'il la pratiquera lui-même n'aura rien de commun avec l'histoire des chroniqueurs.

Ce n'est d'ailleurs pas l'histoire, à ses yeux, qui doit compter le plus. Pour l'auteur du *De Asse*, la rénovation culturelle de la France qu'il pressent devrait s'annoncer par un réveil de l'éloquence et de la poésie, deux genres majeurs des Anciens, car les aptitudes des Gaulois, reconnues par les historiens hellénistiques, y prédisposent les Français d'aujourd'hui. Compte tenu du passé de la France et des dons culturels des Gaulois reconnus par Strabon, il suffirait d'un gouvernement éclairé pour surmonter les obstacles à la culture et faire en sorte que la poésie et l'éloquence s'épanouissent à nouveau dans le Royaume [47].

La poésie et l'éloquence. Les prédécesseurs de Budé au XVe siècle et Ramus dans la seconde moitié du seizième parlent plus volontiers de l'association éloquence-philosophie. Dans sa préface à la *Rhetorica* (1474), qui à sa publication a fait figure d'événement, Guillaume Fichet estime que la marge de supériorité des Anciens tenait à leurs traditions rhétoriques. Bien que Paris, assure-t-il, ne soit pas inférieur à Athènes à beaucoup d'égards, « on n'en a jamais vu

---

[47] *Ibid.*, p. 15 sqq.

sortir un homme capable, comme l'étaient Platon, Aristote, Isocrate, Théophraste et beaucoup d'autres Athéniens, de comprendre et d'enseigner la rhétorique avec toute la philosophie ». Soixante-quinze ans plus tard Ramus soutiendra une thèse semblable[48], et son élève et biographe Nicolas de Nancel portera témoignage de l'habileté de son maître à conjoindre l'éloquence et la philosophie, à interpréter en s'appuyant sur une méthode de pensée jusqu'alors inconnue à la fois les poètes, les orateurs et les philosophes[49].

Entre les propositions de Budé, de Fichet, de Ramus, un dénominateur commun : la revendication d'une place de choix pour la rhétorique. Discipline à la fois plus souple et plus omniprésente que la logique formelle, acclimatée à la jonction de la parole et de la pensée, apte à établir une communauté d'action, d'articulations, de méthode entre des disciplines jusque-là dispersées, elle flattait l'espoir jamais tout à fait mort d'un retour à l'unité du savoir. Elle menaçait aussi le monopole des professionnels de la pensée en rendant possible la communication claire et agréable à un public plus étendu que celui des universités de ce qui était resté jusque-là un domaine clos.

Changer en même temps de langage, de méthode et de public, quoi de plus dangereux pour la paix des esprits ? C'est pourtant ce que proposent les humanistes. Ramus fait le point en disant que lorsque la fusion de la philosophie et de l'éloquence sera achevée, on retrouvera les sources de la recherche socratique, et l'âge d'or d'Athènes renaîtra[50].

Les universitaires ont très vite compris le danger : de toutes leurs forces ils ont protesté contre l'introduction des poètes et des orateurs dans les programmes d'enseignement. L'un des premiers griefs contre Ramus, c'est d'avoir outrepassé cet interdit[51], et d'avoir fait sonner

---

[48] Petri Rami *Oratio de Studiis Philosophiae et Eloquentiae compingendis*, Paris, 1546.
[49] «... aut eloquentiae cum philosophia conjunctionis modum, aut poetas et oratores et philosophos exponendi novam quandam et majoribus inauditam et incognitam inassuetamque methodum » (Nicolas de Nancel, - *Petri Rami Vita*, éd. Peter Sharrat, in *Humanistica Lovaniensis*, vol. XXIV, 1975, p. 188).
[50] Péroraison de l'*Oratio de Studiis [...], op. cit.*
[51] « [...] ob id accusantibus quod poetas et oratores in scholas invexisset », Nicolas de Nancel, *op. cit.*, p. 212.

bien haut ses intentions de faire triompher le principe de la coordination des disciplines littéraires et philosophiques [52], à une époque où tant de régents, au collège Coqueret, à Boncourt, à Sainte-Barbe, faisaient la chose sans chanter victoire ni articuler la théorie de l'action.

Que Ramus, avec son tempérament irascible, ses féroces règlements de compte et ses sympathies huguenotes, ait été une cible facile, on le comprend. Mais Fichet, lui, ne donnait prise ni aux haines personnelles ni aux accusations d'hérésie. Il a dû cependant battre en retraite devant la coalition de ceux qui ne voulaient à aucun prix de la mutation littéraire des programmes. Après avoir été recteur de l'université de Paris, il devra se retirer et gagner Rome où il mourra dans l'obscurité.

On ne peut en conclure que le refus opposé au programme humaniste impliquait la disgrâce de l'éloquence et de la poésie, mais qu'on se trouvait en présence de deux conceptions d'une même discipline. Pour Fichet comme pour Ramus l'éloquence contient tous les aspects de l'art de raisonner, d'exposer, de persuader, d'où son jumelage avec la philosophie, alors que pour des intellectuels de cour comme Seyssel ou Commynes, elle se réduit aux techniques de communication orale utiles aux princes, une « qualité très requise à un chef, dont on ne tient pas de compte en France, à savoir qu'il soit éloquent », c'est-à-dire capable de donner « moult grand cœur à toute une armée, voire jusques à les faire hardis comme lions là où ils sont épouvantés comme brebis » [53]. Il n'est pas question ici de rhétorique d'école mais d'une aptitude naturelle que le travail peut améliorer, amplifier, mais non créer, qui naît, comme le précise Descartes dans le *Discours de la Méthode*, « des dons de l'esprit plutôt que des fruits de l'étude », ces dons qui conféraient une présence charismatique à Charles VIII, au grand étonnement du chroniqueur italien, ces dons qu'on retrouvera chez François Ier, à un moindre degré chez Charles IX, mais qui feront défaut à Henri II, Louis XII et Henri III.

Même ambiguïté pour l'histoire, la discipline la plus révélatrice des conversions de la conscience collective. Encore englué dans le XVe

---

52 « Ut in gymnasiis simul Graeca cum Latinis explicando jungerentur [...] », *op. cit.*, p. 212.
53 Claude de Seyssel, *De la Monarchie*, III, 9, éd. citée, p. 178-179.

siècle, Érasme n'est pas tout à fait prêt à l'accepter telle que les Italiens la conçoivent. Pour lui elle ne se justifie que comme répertoire d'exemples capables d'affermir la morale. Il n'a aucune tendresse pour Tite Live et n'hésite pas à le rayer de ses programmes pédagogiques comme trop imbu d'actions d'éclat et de morale guerrière. Dans son *Institutio Principis* il ne se décide pas même à recommander le Plutarque des *Vies parallèles* : « Un garçon batailleur et impétueux de nature pourrait être incité à la tyrannie en lisant sans précautions les histoires d'Achille, d'Alexandre le Grand, de Xerxès ou de Jules César » [54]. Machiavel, au contraire, est fasciné par Tite Live pour les raisons qui le font détester par Érasme, et il se lamente de voir les Italiens méconnaître les leçons du passé en l'ignorant. Fils de juriste, il voudrait voir l'expérience historique répertoriée, classée, codifiée, systématisée comme celle des médecins et des juristes, ce qui permettrait d'aboutir à l'établissement de lois générales applicables au présent [55].

Mais cet engouement pour l'histoire où les italianistes voient la contribution la plus originale de l'humanisme du Quattrocento aux temps modernes est, en réalité, la négation de la vision historique moderne que Jean Bodin et Guillaume Budé ont commencé à définir. L'habile enchevêtrement d'*exempla* que Machiavel — et après lui Montaigne — empruntent à Tite Live, à Plutarque, à ses contemporains ou à l'Italie du Moyen Âge implique la croyance dans la fixité de la nature et des sociétés humaines. « Si l'on considère le passé et le présent, explique Machiavel, on voit aisément que toutes les cités et tous les peuples ont les mêmes désirs et les mêmes humeurs et les ont toujours eus. Il est donc aisé, pour qui étudie attentivement le passé, de prévoir l'avenir dans toutes les républiques, et d'y apporter les remèdes que les Anciens ont employés, à cause de la similitude des événements » [56]. L'histoire ainsi conçue est un répertoire de phénomènes répétitifs qui confirment par l'anecdote l'immobilité foncière de l'espèce humaine. Elle ne laisse aucune place au relativisme historique. On a loué l'aptitude de la postérité de Pétrarque à situer les Romains à distance temporelle, dans un cadre de civilisation étranger, à une époque où les enlumineurs français costumaient les Anciens en chevaliers et en bourgeois. Mais on oublie

---

[54] Érasme, *Institutio principis*.
[55] Myron Gilmore, *Humanists and jurists*, p. 27.
[56] Machiavel, *Discours*, I, chap. XXXIX, éd. citée, p. 257.

de dire que l'Antiquité des Italiens du Quattrocento est une Antiquité globale et statique, où les siècles et les civilisations sont confondus, qui n'est pas une étape dans le devenir des sociétés humaines mais un archétype après lequel il ne peut y avoir que dégénérescence ou retour glorieux aux origines.

Budé fera scandale parmi les juristes en mettant le doigt sur le fait que le *Codex justinianus* est un agrégat composite fait de morceaux rédigés à plusieurs siècles de distance, qui ne peuvent être interprétés qu'en tenant compte de l'état politique et social de l'époque où chaque fragment a été composé. Il n'attendra pas l'ironie démystificatrice de Descartes [57] pour refuser de prendre les narrations héroïques de Tite Live pour le portrait objectif d'un peuple de surhommes. En affirmant que les Anciens étaient des gens comme nous, et qu'il leur est arrivé plus d'une fois de parler sur des sujets auxquels ils n'entendaient rien [58], en définissant Rome « un repaire de brigands qui ont mis à sac toute la terre, en même temps que le trésor commun de toutes les nations » [59], il traçait une ligne de fracture entre l'humanisme du XVe siècle et lui.

Il va prendre aussi ses distances avec la tradition pétrarquienne, inclinée à faire de l'histoire une branche de la rhétorique. Le jumelage que Ramus, après Fichet, voudra pour la philosophie, beaucoup d'humanistes italiens le désirent pour l'histoire — et ces deux choix sont assez caractéristiques de deux types d'humanisme. Après avoir répété, comme tant d'autres, que l'histoire est l'école suprême de la conduite des affaires, Coluccio Salutati, éminent humaniste et homme d'État, ajoute une précision d'importance : la démarche de l'historien

---

[57] « [...] même les histoires les plus fidèles, si elles ne changent ni n'augmentent la valeur des choses pour les rendre plus dignes d'être lues, au moins en omettent-elles presque toujours les plus basses et moins illustres circonstances, d'où vient que le reste ne paraît pas tel qu'il est, et que ceux qui règlent leurs mœurs par les exemples qu'ils en tirent sont sujets à tomber dans les extravagances des paladins de nos romans, et à concevoir des desseins qui passent leurs forces », *Discours de la Méthode*, chap. I.
[58] Guillaume Budé, *De Asse*, éd. citée, p. 124 sqq.
[59] *Ibid.*, p. 46 G: « Equidem (quod ad me attinet) cum hæc quæ in hoc opusculum congessi, animo reputarem, ea mihi species urbis Romæ animo obseruabatur, quasi arcem quandam expilatorum orbis terrarum viderem, et veluti commune gentium omnium cimeliarchium (ut verbo Iustiniani principis utar) id est sanctius conditorium rerum toto orbe eximiarum. »

est toute proche de celle de la rhétorique, car « qu'est-ce que la rhétorique sinon l'opposition et le conflit entre ce qui a été fait et ce qu'on aurait dû faire » ?

Dans cette perspective la rhétorique est la discipline suprême — *regina rerum et perfecta sapientia*, disait Laurent Valla — seule capable de donner aux autres disciplines une articulation commune. Voilà pourquoi Coluccio Salutati met l'orateur au-dessus du poète : entre l'un et l'autre il y a autant de différence qu'entre le fleuve et la haute mer [60]. De même l'éloquence est plus rare et plus difficile à acquérir que la sagesse. Elle est aussi de nature supérieure, car elle est à la sagesse ce que la forme est à la matière [61].

Elle joue le même rôle pour l'historien : pour Bruni le modèle par excellence de la structure de l'histoire est la structure du discours. Avec ses jeux de balancements et d'antithèses la rhétorique offre à la fois un principe actif d'organisation et des critères de sélection. Dans sa préface au *De Viris illustribus*, Pétrarque offre des remerciements ironiques à ses contemporains dont la médiocrité le dispense de faire l'histoire : seul est digne d'être retenu par l'historien ce qui relève de l'antagonisme *fortuna-virtus* et témoigne de la victoire de la seconde sur la première.

> Merci, princes, de m'avoir épargné un effort et d'avoir donné matière à la satire plus qu'à l'histoire. J'en connais, pourtant, qui ont remporté, ces derniers temps, des succès considérables, mais des succès dus à la Fortune ou à la maladresse de leurs ennemis, sans qu'il puisse être question de *virtus* ou de gloire.

On voit tout ce qu'une telle profession de foi dans l'histoire héroïque suppose de crédulité fabuleuse à l'égard des Anciens, et aussi tout ce qu'elle exclut. De même que les astronomes refusaient d'appliquer aux sphères célestes les lois qui régissent le monde sublunaire, Pétrarque et ses successeurs situaient l'histoire romaine et celle de leurs contemporains sur deux planètes différentes. Les humanistes du Quattrocento conserveront le principe de Pétrarque tout en élargissant ses applications. À l'antithèse *fortuna-virtus* on ajoutera liberté - tyrannie, intérêt privé - intérêt public, loyauté -

---

[60] « Quantum flumen a pelago differt, tantum carmina prosis [...] ». Sur ce passage et la doctrine de Salutati, voir Nancy S. Struever, *The Language of History in the Renaissance*, Princeton, 1970, p. 56.
[61] *Ibid.*, p. 34.

trahison, vérité - mensonge. Et ces *topoï*, comme l'a très justement souligné N. S. Struever, ne sont pas de simples ornements de style, mais les principes d'organisation d'une pensée historique impatiente de dépasser le stade de l'entassement de faits des chroniques, d'établir en se fondant sur les articulations du langage tout un réseau de relations apte à communiquer au lecteur, en fin de compte, une analyse critique des événements et des situations.

C'est dans ce cadre mental qu'il faut situer l'omniscience, l'unité de méthode, des humanistes du Quattrocento, unité qui tient aux structures binaires de l'analogie et de la rhétorique, clés universelles qui ouvrent les portes et permettent les certitudes. Mais bien que ces formes de pensée soient toujours représentées en France pendant la majeure partie du XVIe siècle, Budé puis Bodin vont saper leur crédibilité à une telle profondeur que dès le milieu du siècle elles commenceront à dépérir.

C'est là que le mot « humanisme » qui recouvre uniformément des faits de culture échelonnés sur trois siècles et plusieurs pays révèle ses ambiguïtés. Humaniste, qui pourrait l'être plus que le grand helléniste du siècle, salué dans toute l'Europe comme le restaurateur des *Litterae humaniores* à Paris ? Et cependant ses démarches critiques, comme celles de Bodin, provoqueront une ligne de fracture si profonde entre ces deux hommes et l'humanisme rhétorique tel que la postérité de Pétrarque l'a illustré, de Leonardo Bruni à Guichardin, qu'on hésite à conserver le même vocabulaire.

Ici encore on trouve à l'origine d'un changement de direction majeur dans l'histoire des idées une date : 1515, et un homme : Guillaume Budé.

Chapitre II

Une nouvelle classe culturelle

L'ascension de Guillaume Budé et celle du prestige français dans le domaine des lettres vont si visiblement de pair, dans la première moitié du siècle, qu'on doit se défendre contre la tentation des rapports de cause à effet. Et malgré une saine méfiance à l'égard des solutions trop simples, on ne peut qu'être frappé par la vitesse de propagation, l'ampleur et l'étendue de ce renom. « Le plus grand Grec d'Europe », dit Scaliger, et un autre Italien, peu bienveillant pour les Français, Guichardin, reconnaît à ce Français-là une place unique [1]. Les Anglais emboîtent le pas. Deux ans après la publication du *De Asse* Cuthbert Tunstall, oubliant pour une fois sa francophobie latente, n'hésite pas à mettre Budé au même niveau qu'Érasme dont la gloire était pourtant plus ancienne, et au-dessus des humanistes du Quattrocento italien [2].

Thomas More propose une autre échelle d'évaluation. Pour lui Érasme n'a pas d'égaux, mais il a un supérieur, un homme dont la science dépasse encore la sienne : Budé. À condition de mettre à part le domaine des études sur l'Écriture sainte, où Érasme est sans conteste le premier de son temps [3]. Érasme lui-même, si ombrageux avec les

---

[1] « Uomo nelle littere umane, cosi greche come latine, di somma e forse unica condizione tra tutti gli uomini de tempi nostri », *Storia d'Italia*, liv. XII, chap. II.

[2] « Plus ad veteram eloquentiam multis antiquatam seculis revocandam, plus ad instaurandas humaniores literas (absit invidia verbo) vos duo contulistis quam omnes Perotti, Laurentii, addo etiam Hermolai, Politiani, coeteri omnes qui ante vos fuerunt » (Lettre de Tunstall d'avril 1517, in Érasme, *Allen*, t. II, p. 538). Tunstall compare, un peu plus loin, la révolution des études juridiques par les *Annotationes* au nettoyage des écuries d'Augias par Hercule.

[3] Lettre à un moine (1520), *The Correspondence of Sir Thomas More*, éd. E. F. Rogers, Princeton, 1947, p. 173 sq.

concurrents, situe l'auteur des *Annotationes* et du *De Asse* au sommet de la hiérarchie humaniste : « Il n'est aucun Italien, de nos jours, assez impudent et imbu de lui-même pour se charger de disputer cette gloire à Budé et se mesurer avec lui. » Et de conclure : « Ô heureuse Gaule, comme elle redresserait la crête si elle connaissait ses richesses ! »[4].

Impressionné par l'aura de l'humaniste français et soucieux comme toujours de rester dans le vent, Henri VIII lui-même fait des travaux d'approche. En 1528 on le voit transmettre par voie diplomatique à Jean Du Bellay son désir d'une entrevue avec Budé pour avoir une conversation littéraire avec lui[5]. L'humaniste est alors dans sa soixantième année, au comble d'une gloire qui doit autant, comme le fait très justement remarquer un historien américain, à sa personne qu'à ses travaux[6]. Il reste que rien n'est plus difficile à définir que cette équation personnelle.

1. *Un humaniste prométhéen*

Cet intellectuel insomniaque et coléreux n'avait pas tout pour plaire. Quand on regarde son portrait on est surpris par l'abord presque hostile de cette physionomie osseuse et méfiante de notaire hystérique.

Il faut aller jusqu'à New York pour voir l'unique portrait de Guillaume Budé peint sur le vif par Jean Clouet. Un merveilleux tableau, qui a traîné longtemps dans des collections privées anglaises et

---

[4] Lettre d'Érasme à Budé du 5 février 1517, *Correspondance*, p. 104.

[5] « Mon dict seigneur le légat m'a pryé vous escripre que le roy, vostre bon frère, a le plus grand envye du monde de veoir Budé, vostre maistre des requestes, et communiquer avecques luy de choses concernant les lectres, pour la grand opinion qu'il a de luy par le rapport de plusieurs gens sçavantz et de bon jugement, et qu'il vous prie que, au plut tost que faire se pourra, luy veuillez envoyer pour, apres l'avoir eu quelques jours avec soy, le vous renvoyer. Je lui ay repondu, Sire, que par le premier le vous escriprois et qu'il pouvoyt estre seur que nul de voz serviteurs, soit grand ou petit, ne fust pour luy obeir comme à vous mesmes, mais qu'il ne se debvra esbahir si à venir ledict Budé ne usera de grand diligence, pour la vieillesse et maladie dont il est aucunement travaillé, qui le rendent un peu pesant ». Lettres de Jean Du Bellay à François Ier, Londres, 6 février 1528. *Ambassades en Angleterre de Jean Du Bellay*, éd. V. L. Bourrilly, Paris, 1905, t. I, p. 131.

[6] « [...] not only because of what he said but because of who he was », Samuel Kinser, « Ideas of temporal change and cultural process in France », in *Renaissance Studies in Honour of Hans Baron*, Dekalb, 1971.

UNE NOUVELLE CLASSE CULTURELLE 67

américaines au milieu de l'indifférence générale des Français, pour être racheté en 1946, en fin de compte, par le Metropolitan Museum où il trône en majesté aujourd'hui [7].

Un visiteur non averti risquerait de se méprendre sur l'identité de cet étrange personnage décrit avec un soin maniaque par le peintre de François Ier. Ce vieil homme vêtu de sombre, avec son regard méfiant et son bonnet noir retenu par un cordonnet noué autour du cou, est-il autre chose qu'un notaire un peu louche ? On ne le situe autrement que si l'on note que la main droite vient d'écrire avec une plume d'oie sur la page blanche d'un livre une sentence grecque. Issu d'une lignée de juristes et de hauts fonctionnaires des finances dont il porte encore la livrée, le robin helléniste veut afficher ici sa différence.

À y regarder de plus près, la physionomie est encore plus déconcertante que la silhouette. Est-ce l'asymétrie flagrante de ce visage et de ces yeux gris fer qui inquiètent, ou le contraste entre l'arrogance de l'œil droit et le désarroi de l'œil gauche que voile à demi une paupière contractée ? Est-ce la moue hostile d'une bouche large, hermétique et mince que surmonte un énorme nez ? On trouve chez ce faux notaire un mélange de sécurité insolente et d'expectative inquiète d'on ne sait quel inattendu qui, d'une minute à l'autre, pourrait surgir.

Des médecins auraient beau jeu de tout expliquer par la pathologie du personnage, en proie depuis l'âge de trente ans, à en juger par ses confidences épistolaires et le témoignage de Le Roy, son premier biographe [8], à des migraines périodiques et à des crises d'étouffement qui, de nuit, le prenaient à la gorge pour le laisser hagard au réveil. Nul doute que ces affres n'aient laissé leur empreinte sur ce visage de

---

[7] Dans les notes de travail de Budé, publiées par l'un de ses descendants genevois sous le nom d'*Adversaria* (Genève, 1896), on trouve la note : «Pictor iconicus qui me pinxit Me Genet Clouet vocatur.» Popham a été le premier à établir irréfutablement que le tableau du Metropolitan, qui faisait alors partie de la Collection Henry-Howarth, était bien celui que mentionnait Budé, et non les copies de Vienne et de Versailles (*Burlington Magazine*, t. XLII, 1923, p. 129). La démonstration a été renforcée par Ch. Sterling dans *A Catalogue of French Painting*, Metropolitan Museum, 1955.

[8] Louis Le Roy (dit Regius), *G. Budaei parisiensis viri clarissimi vita per Ludovicum Regium constantinum*, Paris, 1542. Le Roy appartient à la génération des fils de Budé, et il avait trente ans à la mort de l'humaniste.

septuagénaire usé [9], condamné à livrer bataille sur tous les fronts, contre la maladie, contre le bruit d'une maisonnée bourdonnante, contre les manœuvres de retardement qui, à la cour, ajournaient sans fin ses projets de Collège royal, tenu pendant quelques années de suivre le Roi dans des voyages qui l'épuisaient, sans jamais renoncer à se repaître de livres grecs ni à écrire des traités latins qui faisaient le tour de l'Europe, il donnait un spectacle d'énergie, d'intelligence souveraine, de ténacité créatrice qui transfigurait cet intellectuel égrotant et rageur en une sorte de héros mythique, un Prométhée que sa cage d'or ne mettait pas à l'abri du vautour.

Dans sa famille on avait une autre image : celle du travailleur de force victime du surmenage intellectuel. Maladies, plaies d'argent, tout s'expliquait par là. Renoncer aux lettres serait le seul remède : plus d'une fois la correspondance nous renvoie l'écho de cette mise en demeure. « Cette double disgrâce, maladie et pauvreté, mes amis et mes parents me la reprochent et en rendent responsable la philologie ; car j'avais eu la chance de ne connaître dans mon berceau aucune de ces deux compagnes ; or, dire adieu aux lettres (ce que famille, amis, médecins me pressent de faire, me menaçant de le payer cher si je n'obéis), je ne puis m'y résoudre » [10].

Pour un persifleur tel qu'Érasme, quelle belle occasion ! Parler de pauvreté avec un hôtel particulier à Paris et deux résidences secondaires en construction ? Pauvreté à condition de ne pas mettre en ligne de compte « les propriétés et les maisons qui sont justement le vrai signe de la richesse ! » [11]. Le paradoxe était d'autant plus corsé qu'Érasme pouvait difficilement, de loin, se rendre compte de ce que représentait la campagne pour l'humaniste parisien. Ne voulant pas plus renoncer à l'étude qu'aux fonctions publiques, ni continuer l'épreuve des cautérisations au fer rouge, Budé s'était laissé convaincre de chercher la guérison dans la vie au grand air agrémentée de promenades à pied, de travaux de jardinage et d'arboriculture [12].

---

[9] C'est au cours d'un dialogue fictif avec Deloynes que Budé fait dire à son ami : « Voilà plus de sept ans que je te vois dans cet état déplorable qui, tel les Dioscures, te fait alternativement mourir et ressusciter », *De Asse*, in éd. Lyon, 1557, p. 306.

[10] Lettre de Budé à Érasme du 7 juillet 1516, *Correspondance*, p. 69.

[11] Lettre d'Érasme à Budé du 15 février 1517, p. 205.

[12] Budé donne de précieux détails sur l'organisation de sa vie à la campagne dans sa lettre du 19 janvier 1517 à son frère Louis

Résidences secondaires, hôtel particulier de la rue Saint-Marcel reconstruit à grands frais, dix enfants à élever, leur précepteur à entretenir, autant de charges qui ont fait fondre le patrimoine et gonfler les besoins d'argent. C'est l'une des raisons — mais non la seule — de la double vie de Budé qui se partage entre ses travaux d'humaniste et les fonctions publiques dont on le comble, justifiées par les impératifs matériels que sa situation de père de famille besogneux lui interdit de négliger, et par les services que sa présence à la cour lui permet de rendre aux lettres [13].

Austère discipline pour ce solitaire ombrageux qui avouait avoir dompté toutes ses passions sauf la colère. Moins sociable que Thomas More ou Bembo, homme de réflexion plus que d'action, il ne se lassera pas de s'interroger sur les rapports entre vie contemplative et vie active tout en revendiquant pour les intellectuels le droit de se partager entre les deux et de participer aux affaires publiques. Deux sur quatre des *Moralia* de Plutarque traduits du grec en latin dès le début de sa carrière d'humaniste, le *De Placitis* et le *De Tranquillitate et securitate animi* (1505), abordent la problématique de la *vita activa* comparée à la *vita contemplativa*, et l'opuscule qui les réunit en 1505 est accompagné d'une traduction de la lettre de saint Basile sur la vie solitaire (*De vita per solitudinem transigenda*).

Dilemmes rhétoriques ? Hésitations d'un homme encore jeune au seuil d'options irréversibles ? Il y a plus, car la même problématique fait surface à tous les stades de l'œuvre et de la vie de Budé. Dans le *De Asse* on trouve deux dialogues — le second termine le livre — avec François Deloynes, ancien camarade d'études à la faculté de droit d'Orléans et, depuis, conseiller du roi, qui exhorte son ami à ne

---

(*Lucubrationes*, pp. 402-405), et sur l'insistance des médecins dans sa lettre à Vivès du 18 août 1519 (*ibid.*, p. 253).

[13] Budé présente cet argument dans deux lettres de 1521, l'une adressée à Leonicus (18 mars 1521, *Lucubrationes*, p. 333 sq.), et l'autre à Jean le Picard (24 septembre 1521, *ibid.*, p. 332). Dans une lettre du 9 août 1519 Érasme adjure Budé de conserver sa position à la cour : « J'ai trouvé très mauvais que, dans une des tes épîtres, tu aies l'air de vouloir abandonner la cause des lettres, maintenant que tu as été appelé à la cour. Je pense au contraire que c'est justement le moment de prendre sous ta protection ces lettres que toute ta vie tu as aimées passionnément, cultivées avec plus de zèle que personne et défendues avec tant de courage. Ton rang à la cour va te donner le moyen d'être plus utile aux humanités. » *Correspon-dance*, p. 205, trad. M.-M. de La Garanderie.

pas renoncer définitivement à la vie active pour s'enfouir dans l'étude. De part et d'autre tous les arguments sont pesés, mais on devine où vont les préférences dans ce final où se retrouvent entrecroisés, comme dans le stretto d'une fugue, les sujets et contre-sujets antérieurs, abrégés et haletants. Lorsque Jean Clouet, vingt ans plus tard, fera le portrait du grand homme, il lui mettra entre les mains une plume qui vient de noircir la page blanche d'un livre entr'ouvert. En regardant le détail à la loupe on peut lire une sentence grecque qu'un philosophe zen n'aurait pas désavouée, et qui peut se traduire ainsi : « Réaliser tous ses désirs peut paraître une grande chose, mais la plus grande chose, en fait, c'est de n'avoir aucun désir inaccessible. »

Cinq ans après la publication du *De Asse*, l'année même où il publie le *De Contemptu rerum fortuitarum*, qui sera réédité cinq fois en huit ans, Budé confie dans une lettre à Pierre Lamy que si la grâce d'une vocation religieuse l'avait touché, c'est la vie contemplative qu'il aurait choisie [14]. Nous sommes en 1520, l'année même où Budé figure dans la suite de François Ier à l'entrevue du Camp du drap d'or. Secrétaire du roi depuis plusieurs années, intermédiaire permanent entre Érasme et la cour, il ne va pas tarder à devenir, en 1522, conservateur de la Bibliothèque royale puis maître des requêtes et prévôt des marchands.

Très conscient des contradictions qui l'habitent, il confie à son ami Deloynes que, non content d'avoir perdu sa liberté, il s'expose encore aux reproches de ses amis, et il supplie Leonicus de prendre son parti quand il entend blâmer ses inconséquences [15]. Il se sait condamné aux compromis et ressent comme une fatalité du destin les discordances entre sa vie, ses inclinations profondes et ses écrits [16].

Mais la médecine et la fatalité ont bon dos ! car Budé n'a pas attendu la trentaine pour se situer au carrefour des ambivalences et des situations conflictuelles.

---

[14] « [...] in veritatis contemplatione de rerum aeternarum expectatione spiritum effundere ». Lettre de Budé à Pierre Lamy du 10 février (1520), *Lucubrationes*, p. 269.
[15] Lettre de Budé à François Deloynes du 22 avril 1521, *Lucubrationes*, p. 316, et lettre à Leonicus du 18 mars 1521, *ibid.*, p. 334-335.
[16] « Verum ob id meum fatum futurum esse video, ut tanquam inconstantiae ac transfugi reo tabulae mihi meae ob oculos impin-gantur : proprioque stylo identidem impetar ». Lettre à Leonicus du 18 mars 1521, *ibid.*, p. 335.

Né dans une famille de notables puissants et riches, il bâcle ses études de droit à l'université d'Orléans, dilapide deux années à la chasse et dans les plaisirs, et puis, sans crier gare, il se remet en cause, brûle ce qu'il a adoré et décide de vivre en ermite intellectuel, se consacrant à l'étude d'une langue encore inconnue en France : le grec. Cette vie d'anachorète correspondait sans doute à des tropismes de sa nature profonde. Ses lettres et quelques opuscules de jeunesse en témoignent : il n'a jamais été aussi heureux que dans sa demi-solitude avec des livres. Devenu père de famille et homme d'appareil, il ne cessera de reconstituer dans sa bibliothèque un ermitage clandestin en marge de sa vie de grand notable.

Les perturbations qui vont troubler ce plan d'existence n'en ont pas moins été introduites par Budé lui-même : le mariage, les onze enfants qui suivent, les intrigues de cour pour se faire confier des charges qui vont, en fin de compte, le contraindre à suivre le Roi dans ses déplacements et même, parfois, aux armées. La correspondance de Budé fourmille de récriminations contre les servitudes qui sabotent son travail. Car il voudrait tout à la fois poursuivre ses recherches, écrire des livres et faire aboutir à tout prix son grand dessein, la création par François Ier d'un Collège royal qui perpétuerait l'humanisme. Et il sait aussi qu'il n'a de chance de succès qu'en étant présent sur les lieux de décision, à la cour.

2. *Une classe amphibie*

Le retour obsessionnel du thème de Marthe et Marie ne traduit pas seulement l'ambiguïté d'un cas mais la situation d'une classe en pleine ascension dont l'auteur du *De Asse* est unanimement reconnu comme le porte-drapeau [17]. Quand Budé affirme que, s'il s'était dérobé aux responsabilités offertes par le Roi, il aurait fait tort à tous les humanistes trop facilement accusés d'être inaptes à la vie active, on peut le prendre au mot [18], et Érasme l'approuve. Il manifeste la

---

[17] « Conventus Philologici actor designatus omnium suffragiis » : tel est le rôle que le Roi lui assigne, dit-il dans le *De Philologia*, éd. 1536, f° XX r°.
[18] « Quem si honorem ipse [...] repudiassem, quid aliud tandem quam exemplum hoc facinore prodidissem in dedecus detrimentumque cessurum

préoccupation commune aux intellectuels français de ce début de siècle : participer au pouvoir, démontrer par la marche l'aptitude à l'action.

Avec moins de génie et plus de goût pour le siècle, Lazare de Baïf, ambassadeur et humaniste, est dans une position semblable. Il s'en ouvre au protecteur qui l'a soutenu pendant toute sa carrière, le cardinal Jean de Lorraine :

> Je ne prins jamais si grand plaisir à mes livres comme je fayz de présent à mectre peine de donner à congnoistre que les gens de lettres ne sont point tant inutiles *in rebus gerandis et administrandis* comme le commun des hommes estime [19].

La cause que lui et Budé s'acharnent à défendre est celle d'une république des lettres située au-dessus des frontières ou bien, pour reprendre la métaphore budéenne, la cause commune de « ceux qui appartiennent à la nation des hommes consacrés à Minerve » [20]. Ces hommes-là sont plus qualifiés que les autres pour l'encadrement de la société nouvelle. Si l'opinion contraire a longtemps prévalu, précise le *De Philologia*, c'est que l'ancienne culture sécrétait depuis des siècles des spécialistes bornés, immergés dans des disciplines abstraites, situées loin du réel, qui en faisaient des hommes inaptes aux choses de la vie quotidienne [21]. On en est arrivé ainsi à un quasi divorce entre la « sagesse » et la « prudence », au point que les parents soucieux de l'avenir de leurs enfants les éloignent des lettres comme d'un danger.

La nouvelle culture, au contraire, est fondée sur la réconciliation des deux vertus. La « prudence » étant un art de se diriger dans la vie [22], on ne doit pas la séparer de la « sagesse » qui l'informe et lui permet de

---

hominum literis notae nitidioris ac lautioris incumbentium ? ». Lettre à Leonicus, *Lucubrationes*, p. 334.

[19] Lucien Pinvert, *Lazare de Baïf*, Paris, 1900, p. 38.

[20] « In natione hominum Mineruæ consecratorum », *loc. cit.*, p. 334.

[21] « [...] qui aridas istas et ieiunas artes insano studio inanique prosequantur. Quippe qui sapientiae pollicitationibus et festivitate nominis capti, in rei familiaris incuria interim acquiescant », *De Philologia*, éd. citée, p. IV v°.

[22] Budé la compare à la médecine et la navigation, fondées comme la Prudence sur l'utilisation intelligente d'une expérience : « Quippe ut medecina valetudinis, navigationis gubernatio : ita vivendi ars quædam est prudentia, ut inquit Marcus Tullius » (*op. cit.*, p. IV r°). La réconciliation entre « prudence » et « sagesse » est le sujet même du *De Philologia*.

UNE NOUVELLE CLASSE CULTURELLE

tirer les leçons de l'expérience personnelle et de cette expérience collective de l'humanité qu'est l'histoire, grâce auxquelles on peut voir : « quasy comme en ung mirouer les choses passées comme les présentes, par la considération desquelles les hommes pevent grandement acquérir prudence [...] car il n'est riens qui tant face les hommes saiges que d'entendre l'estat du monde et la condicion de nature humaine » [23].

Il faut que la notion même de savoir ait été pervertie au cours des âges pour qu'on en soit venu à opposer « prudence » et « sagesse » comme si, fait remarquer le *De Asse*, « la Nature avait établi la discorde entre le cœur et la main, alors que les pouvoirs spirituels s'affermissent quand ils sont proprement formés par la doctrine et l'étude » ; comme si la puissance des Grecs et des Romains n'avait pas été « acquise et conservée autant par la culture de l'esprit que par la force » [24], comme si l'exemple des Anciens n'était pas là pour prouver qu'action et pensée peuvent très bien aller de pair [25], le savoir conduisant à la sagesse, la sagesse à la vertu, la vertu à la justice et à la prudence. Car « justice ne se peult faire sans grande cognoissance et science acquise par lettres » [26]. Le prince doit donc « acquérir prudence par doctrine » [27], dans la mesure où « prudence vient pour la plus part par expérience et par observation des exemples du temps passé dont l'histoire est le registre » [28].

Prenons-y garde : aucune de ces affirmations n'est innocente. La chaîne magique, présentée comme une évidence, qui joint par relais interposés le savoir et l'action suppose admis au préalable un amalgame de la problématique médiévale de la vertu de prudence et des postulats platoniciens sur la liaison entre le désir, la raison et la volonté. Quant au recours à la philosophie antique, aux *exempla*, à l'Histoire, il n'est pas motivé par la seule admiration des Anciens, mais aussi par l'aspiration à une société où les humanistes tiendraient

---

[23] Guillaume Budé, *l'Institution du Prince*, f°s 15 et 117 v°.
[24] *De Asse*, éd. 1532, f° XIX sq. : « quasi vero natura dissidium inter cor et manus ingenerarit. Ego vero in utranque partem vires animorum valere puto, quum recte animi ipsi formantur doctrina et institutis [...]. Argumentum huius rei validissimum afferre possem ex Garæcorum Romanorumque imperio. »
[25] Lettre à Leonicus, *op. cit.*, p. 335.
[26] Budé, *l'Institution du Prince*, p. 80.
[27] *Ibid.*, p. 84.
[28] *Ibid.*, p. 91.

dans le royaume la place qu'on attribuait aux orateurs dans la cité antique.

Présenté à l'état de manuscrit à François Ier vers 1519, écrit pour son seul usage, resté volontairement inédit jusqu'à la mort du Roi, le recueil d'*exempla* intitulé arbitrairement l'*Institution du Prince* ne propose rien de moins qu'un contrat en forme entre la classe intellectuelle et le Roi, qui sera de part et d'autre respecté jusqu'au terme d'un très long règne, et qui marquera la France pour plusieurs siècles.

3. L'ascension par les offices et l'inflation

Au moment précis où le concordat de 1516 réservait l'attribution des bénéfices ecclésiastiques à un monarque résolu à donner la part du lion à l'intergroupe social des lettrés, l'administration royale prenait un développement accéléré. Comment la classe montante et proliférante des officiers du roi n'aurait-elle pas vu d'où soufflait le vent, et quel était le meilleur moyen d'attirer sur soi l'attention royale ? On ne s'étonne pas de trouver dans ses rangs une élite cultivée dont l'influence grandit chaque jour et qui prépare ses fils au service du roi en jouant en temps voulu les trois cartes maîtresses : achat d'offices, diplômes de droit et, dans les meilleurs cas, acquisition d'une culture humaniste, celle que ne dispensent pas les facultés.

Dès que la vente des charges judiciaires, interdite par une ordonnance de juillet 1493 de Charles VIII, fut rétablie de la main gauche par Louis XII (offices de justice et de finances mêlés) pour faire face aux dépenses des expéditions d'Italie, quand le « bureau des parties casuelles » de François Ier fut mis en place pour rationaliser l'opération, la bourgeoisie marchande en profita pour s'engouffrer dans la brèche. Elle était le seul groupe social qui avait des réserves d'argent liquide, et son appétit en offices se révéla sans bornes. Elle avait compris très vite le parti qu'on pourrait en tirer pour passer à la classe supérieure.

La promotion se fait, suivant les cas, en une ou plusieurs générations. Il y a des cas d'ascension ultra-rapide : un fils de marchand pourvu par son père d'une charge d'avocat devient par la suite conseiller au parlement [29]. Pendant cette grande période de reconstruction qu'a été la seconde moitié du XVe siècle, la mobilité

---

[29] Roland Mousnier, *La vénalité des offices*, Paris, P.U.F., 1971, p. 569.

UNE NOUVELLE CLASSE CULTURELLE

sociale est plus grande qu'elle n'a jamais été. « La facilité y est telle », écrit Claude de Seyssel « que l'on voit tous les jours aucuns de l'estat populaire monter par degrés jusqu'à celuy de noblesse, et au moyen estat sans nombre »[30]. On cite le cas de Guilhem Guiran, épicier à Aix, dont le fils aîné devient président du parlement d'Aix, le deuxième éleveur de moutons, le troisième épicier comme son père, le quatrième drapier puis banquier, puis, après un mariage noble, maître d'hôtel du roi René; le cinquième finit commandeur de l'ordre de Saint-Jean de Jérusalem à Montélimar[31].

Bien que la situation soit moins fluide au XVIe siècle, les cas d'ascension rapide sont encore fréquents, mais la promotion en trois générations est le cas le plus général. Le point de départ c'est l'acquisition de la richesse par la marchandise, commerce du drap, comme pour les Beaune de Semblançay, du vin ou du poisson, comme c'était le cas pour les grands-parents de Montaigne. Le premier stade de l'ascension sociale serait marqué par l'achat, pour le compte de l'un des enfants, d'un modeste office de finances ou de justice, ce qui implique l'acquisition préalable d'un diplôme de droit et un stage d'université. La troisième génération ferait un pas de plus pour l'achat d'un office juridique important et d'une terre noble dont on porte le nom. La quatrième génération irait encore plus loin avec la charge de président de parlement et les trois signes extérieurs de l'arrivée au sommet : le mariage noble, le château et la bibliothèque.

Ces ascensions sont rarement individuelles. Elles se font par clan. C'est par tribus entières que les nouveaux messieurs s'en vont à la conquête de la propriété et du pouvoir. Au Poitou, par exemple, on peut voir une famille entière monter à l'assaut comme une horde de fourmis avec un fils dans le camp des propriétaires terriens, un père bien installé dans un office qui en a fait un « noble homme » de la bourgeoisie urbaine, avec la complicité active d'oncles et de cousins retranchés dans des bénéfices ecclésiastiques ou des offices municipaux[32]. Après le passage de la horde, il ne reste plus rien qui n'appartienne à la famille conquérante ou ne soit hypothéqué par elle.

---

[30] Cl. de Seyssel, *La Monarchie de France*, éd. J. F. Poujol, p. 125.
[31] Roland Mousnier, *op. cit.*, p. 33.
[32] Voir Paul Raveau, *L'agriculture et les classes paysannes*, Paris, 1926, p. 218.

Dans toutes ces opérations, la classe marchande, en route vers la noblesse en passant par l'université et les offices, est grandement favorisée par l'inflation qui valorise les stocks, fait monter les prix agricoles sans indexer pour autant les rentes foncières, ruine les petits gentilshommes de province qui voient souvent leur terre et leur nom rachetés par des paysans enrichis, des marchands, des officiers de justice ou de finance. C'est une véritable ruée sur la campagne. Sapés par l'inflation, combien de « gentilshommes des champs » n'ont eu que le choix entre le service du roi et le brigandage [33], avec plus de facilités pour l'un sous François Ier, pour l'autre pendant les guerres de religion dont on a fortement surestimé les motivations spirituelles.

Les hommes du XVIe siècle étaient très conscients du transfert des richesses en cours au détriment de la classe militaire qui se faisait décimer de bataille en bataille. Le plus lucide et le plus intelligent des mémorialistes huguenots, François de la Noue, déclarait :

> Il ne faut point beaucoup de langage pour faire cognoistre combien les gentilshommes françois sont decheus de ceste ancienne richesse, dont leurs maisons estoient ornees, sous les regnes de nos bons roys Louys douziesme et François premier, veu que c'est une chose que peu ignorent [...]. Et j'oserais affermier, que si tous ceux qui portent ce titre estoient mis en dix parts & qu'on fist une curieuse recherche, on trouveroit que les huit sont incommodez par les alienations de quelque portion de leurs biens, engagemens, ou autres dettes, & que les deux autres parties restent seulement accommodees, tant de suffisance que d'abondance, qui est une grande inegalité [34].

Un retour du sort — ou plutôt le simple jeu des lois économiques — a bientôt fait de pénaliser les bourgeois gentilshommes. Installés dans les manoirs des autres, avec chiens et bibliothèque, pressés de changer de nom, d'oublier leurs ancêtres et de couper les amarres avec le commerce, la finance et même la justice, soucieux de s'identifier avec les « gentilshommes des champs », de mimer leur style de vie avec une exactitude maniaque au point de réussir à mystifier parfois les

---

[33] Emmanuel Le Roy-Ladurie, « La destruction du monde plein » dans l'*Histoire économique et sociale de la France* dirigée par F. Braudel et E. Labrousse, t. I, vol. II. Voir en particulier, p. 522, l'intéressant paragraphe consacré à « la mansuétude originelle de la rente foncière ».
[34] François de la Noue, *Discours politiques et militaires*, début du discours VIII.

historiens eux-mêmes [35], ils s'aperçoivent à la fin du siècle que l'inflation qui avait enrichi leurs parents ronge progressivement leur patrimoine.

C'est ainsi que Michel Eyquem seigneur de Montaigne se rend compte assez vite, quand la mort de son père, en 1568, lui donne la responsabilité d'un double patrimoine — la moitié de l'héritage paternel et la gestion de la fortune maternelle — qu' «il y a plus de peine à garder l'argent qu'à l'acquérir» [36]. Il est bientôt hanté par la terreur d'une chute irrémédiable de son pouvoir d'achat, il se met à économiser autant qu'il peut, à faire des «réserves notables» en prévision de malheurs qui pourraient arriver. Il a même des comportements harpagonesques, les yeux fixés sur sa cassette. Est-il en voyage ? « Je ne m'assurois jamais assez si je ne l'avois devant mes yeux. Laissoy-je ma boyte chez moy ? Combien de soubçons et pensements espineux et, qui pis est, incommunicables ! J'avois tousjours l'esprit de ce costé » [37].

Où s'arrêter ? À quels critères avoir recours pour poser des limites ? « Le danger estoit, que mal aysément peut-on establir bornes certaines à ce désir et arrester un poinct à l'espargne ». Le pire, dans cette obsession, est qu'elle se déroule sur un fond de mauvaise conscience et de dissimulation :

> J'en faisoy un secret ; et moy, qui ose tant dire de moy, ne parloy de mon argent qu'en mensonge, comme font les autres, qui s'appauvrissent riches, s'enrichissent pauvres, et dispensent leur conscience de jamais tesmoigner sincerement de ce qu'ils ont [38].

S'est-il rendu compte que la thésaurisation ne peut remplacer l'accumulation ? Car le problème est là. En abandonnant la partie commerciale de la fortune paternelle, en se limitant aux seuls revenus terriens, il se met sur les rangs de ceux qui, pour survivre, doivent lutter pied à pied. Modérée entre 1530 et 1540, l'inflation accélère son

---

[35] C'est le cas du « Sire de Gouberville » dont George Huppert analyse admirablement le cas dans son beau livre sur *Les Bourgeois Gentilshommes*, Chicago university press, 1977, p. 103 sq.
[36] « Que le goust des biens et des maux dépend en bonne partie de l'opinion que nous en avons », *Essais*, liv. 1, chap. XIV.
[37] *Ibid.*
[38] *Ibid.* Ce dernier passage est un ajout de l'ultime édition, celle de 1595.

rythme entre 1540 et 1560, devient rapide après 1560 et galopante après 1570. Un setier de blé qui valait 3 livres en 1547 en valait 18 en 1574 [39].

Michel Eyquem entre donc en lice au plus mauvais moment. Avant lui on n'avait cessé, dans sa famille, d'accumuler et de réinvestir, depuis l'arrière-grand-père Ramon Eyquem, marchand de vin et de poisson salé, le grand-père Grimon, négociant en gros dans les mêmes denrées, pourvu en outre d'une charge municipale, jusqu'au père de l'écrivain, Pierre Eyquem, qui rationalise, amplifie le négoce et consolide les positions de sa famille à la municipalité de Bordeaux.

C'est à ce moment qu'un infléchissement fait dériver la firme Eyquem de la direction initiale. Pierre Eyquem fait construire pour lui et sa famille un pastiche de château féodal et il donne à son fils préféré autre chose qu'un succès matériel. Mais de ce fait, l'ascension de la firme est interrompue. Un Hollandais, un Anglais dans la même situation se serait bien gardé de réveiller son fils en musique ou de le gaver en latin. Le souci de la continuité aurait passé avant tout. Le représentant de la quatrième génération aurait profité de l'inflation galopante de cette fin de siècle pour doubler le capital initial, créer une banque ou investir dans le commerce maritime pour aboutir à une firme Eyquem & Co.

4. Culpabilisation sociale et déculpabilisation culturelle

Dans ce système, construit empiriquement au gré des circonstances, il y avait une contradiction interne difficile à réduire : l'accès du service de l'État était réservé, par la force des choses, à des individus héréditairement conditionnés par la recherche du profit personnel, à des fils de marchands, de paysans enrichis, de notaires, d'officiers fiscaux au passé douteux. Dans un pays où l'enrichissement rapide a toujours été considéré comme suspect, en un temps où il est fortement culpabilisé par l'Église, par la voix populaire, par le Roi qui aimait tourner la déchéance des grands fripons de la couronne en spectacle, la manipulation de l'argent, même honnête, est considérée comme avilissante et incompatible avec la noblesse. L'ordonnance de 1560 ne fait que confirmer une coutume ancienne en interdisant aux officiers de

---

[39] Martin Wolfe, *The Fiscal System of Renaissance France*, Yale, 1972, p. 105.

justice aussi bien qu'aux gentilshommes le commerce et l'affermage d'impôts, et l'ordonnance de 1561 réitère l'interdiction aux nobles des offices de notaire, de procureur, d'huissier, de greffier.

Tout cela n'empêche pas les transgressions, même dans les états où l'âpreté au gain est considérée comme particulièrement honteuse. On les trouve même dans l'armée. « Qui ha l'intention de tirer proffit de la guerre, écrit Brantôme, n'obtient jamais le nom de grand capitaine. » Les occasions de s'enrichir sont pourtant légion à cette époque de guerre de siège où toute place prise est pillée par le vainqueur. Mais la loi non écrite spécifie qu'il faut laisser « aux pauvres compagnons, capitaines et soldats le proffit, et à soy réserver la gloire et l'honneur »[40]. Logé dans une riche maison de Brescia au moment où la ville est pillée par la soldatesque française, Bayard rassure ses hôtes en leur disant : « N'ayez peur de moy ni des myens, car je ne me fuz oncques gendarme ny homme de guerre pour m'enrichir ne mourir riche, car c'est moult difficile en la loy chrestienne suyvre les armes et mourir riche : c'est assez vivre selon dieu et avoir suffisance »[41].

On a remarqué la stridence de la connotation chrétienne. Le gentilhomme enrichi aux armées perd en même temps son honneur et son âme. Le code militaire recoupe la théologie morale, et ce n'est pas le hasard qui a conduit Symphorien Champier à construire sa vie de Bayard sur le modèle des vies de saints. Quant à Brantôme, si peu porté sur l'hagiographie, il n'en juge pas moins les grands capitaines sur leur intégrité. En conclusion de sa notice sur Charles de Lancy-Barie, qui mourut presque pauvre après avoir rempli les plus hautes fonctions, il fait cette remarque : « aiant eu tant de belles charges, il se pouvoit bien enrichir par leur moyen, comme beaucoup d'autres que j'ay veu ; mais aussi où est leur âme ? »[42]. Leur âme a perdu ses chances de salut, comme c'est le cas de Matignon qui n'avait que 10 000 livres de rentes quand il fut nommé gouverneur de Guyenne et en laissa 100 000 à sa mort, douze ans plus tard. « C'est gratté, cela, commente Brantôme. Aussi a-t-on dict de luy apres sa mort :

---

[40] Brantôme, *Vies des grands capitaines*, Œ., t. I, p. 199.
[41] Symphorien Champier, *Les gestes ensemble la vie du preulx chevalier Bayard*, Lyon, 1525, chap. VIII.
[42] Brantôme, *op. cit.*, t. III, p. 397.

Bienheureux est le fils dont l'âme du père est damnée » [43]. Ni honneur ni salut.

Ce jumelage des deux codes est si caractéristique de la classe militaire qu'on pourrait le croire étranger aux humanistes des pays du nord, issus pour la plupart de la bourgeoisie urbaine. Or il n'en est rien. Leur aversion pour le capitalisme naissant et les situations qu'il suscite n'a rien à envier à celle des hobereaux. Érasme est toute méfiance devant les symptômes de la révolution économique, déjà perceptibles dans les villes hanséatiques et sa Hollande natale. Il se lamente sur la disparition progressive des traditions médiévales de contrôle économique : vérification des prix de vente, des poids et mesures, des marchés, des denrées et des vins, contrôle des hausses et censure des coalitions de marchands [44], toutes garanties qui sautent l'une après l'autre sous la poussée de l'économie capitaliste.

Thomas More est encore plus virulent que son ami Érasme. Il constate partout autour de lui les effets d'un vaste complot de la classe marchande pour accaparer le profit et le pouvoir :

> On voit tous les jours les riches rogner sur le salaire des pauvres, et pas seulement par la fraude mais en s'appuyant sur des lois, tant et si bien que ce qui jusque-là était considéré comme une injustice [...] devient de par la loi la justice même. C'est pourquoi plus j'observe tous ces états en pleine prospérité, plus je n'y vois, Dieu me pardonne, qu'une conspiration des riches qui manipulent le nom et l'autorité de l'État pour leur intérêt personnel [...]. Il suffit de mettre une fois ces machinations sous le couvert de l'État — c'est-à-dire de tous, y compris les pauvres — pour qu'elles prennent force de loi [45].

Thomas More comme Érasme est un moraliste, dira-t-on, sa critique du présent est imbriquée dans un réseau de postulats religieux auxquels il tient plus qu'à sa vie, comme la suite l'a montré. Quant à Érasme, clerc gyrovague et bâtard, il n'a pas d'attaches sociales, à la différence de Budé qui a derrière lui trois générations de notables alliés eux-mêmes à une dizaine de familles soudées comme des clans et très vite enrichies.

---

43 Brantôme, *op. cit.*, t. III, p. 171.
44 Érasme, lettre n° 1253, *Allen*, t. V, pp. 127 et 132.
45 Thomas More, *L'Utopie*, liv. II, chap. IX « De religionibus Utopiensium ».

UNE NOUVELLE CLASSE CULTURELLE

Non sans quelques bavures. Les deux premiers Budé qui émergent de l'anonymat au XIVe siècle, l'arrière-grand-oncle Guillaume, maître des garnisons de vin du roi, et son frère Jean, l'arrière-grand-père, contrôleur du sceau de la chancellerie, ont été soupçonnés de malversations de leur vivant dans une remontrance de l'université de Paris en date de 1412, qui accuse le premier d'avoir « acheté grans rentes et possessions et ont acquis grosses et larges substances lesquelles choses ilz ne pourroient faire des salaires de leurs offices » [46], et le second de recevoir des « épices » en différentes occasions.

Ainsi va la première génération des Budé parvenus à de hautes fonctions de l'administration centrale et abusivement enrichie.

La deuxième génération représentée par Dreux, fils de Jean, ne fait pas parler d'elle. La fonction occupée - celle de grand audiencier de la chancellerie - rend les mêmes abus faciles et plus discrets [47], mais la charge de prévôt des marchands, en 1452, confère un cachet d'honorabilité à la famille. L'héritier des offices de Dreux, Jean II, père de l'humaniste, est fils unique. Il cumule à la fois les charges lucratives et les héritages : ceux du père, du grand-père et du grand-oncle Guillaume, mort sans enfant. Étonnante concentration sur une seule tête de richesses bien et mal acquises et sans cesse grossies par le rendement d'offices d'excellent rapport. Jean II Budé pourra donc laisser à ses quinze enfants, en 1502, une fortune considérable, les seigneuries d'Yerres, de Marly-la-Ville, de Villiers-sur-Marne, des vignes près de Chablis et des maisons à Blois [48]. Le jeune Guillaume à qui ne revient qu'un douzième de l'héritage dont son frère aîné, Dreux, a légalement la moitié peut, avec ces miettes (auxquelles s'ajoute, il est vrai, le douzième de l'héritage de la mère, disparue quatre ans après le père) [49]

---

46 *Chronique* d'Enguerrand de Monstrelet, citée dans Louis Delaruelle, *Guillaume Budé, les origines, les débuts, les idées maîtresses*, Paris, 1907, p. 59.
47 Le grand audiencier était comptable des droits perçus sur les lettres de chancellerie, droits qui, dans certains cas, étaient laissés au jugement de l'audiencier (voir Hélène Michaud *La Grande Chancellerie*, Paris, 1967, p. 53).
48 Voir le catalogue de l'exposition Guillaume Budé organisée par la Bibliothèque nationale en 1968 qui détaille un certain nombre de titres de propriété.
49 « Patri copioso hæres relictus non ex solida uncia (semissem enim maximus fratrum primogeniorum iure tulerat) ex matris hæreditate eandem

faire vivre sa famille sur le train de la grande bourgeoisie parisienne, jusqu'au jour où les dépenses immobilières et le foisonnement des naissances le forceront à recourir aux pensions royales, vingt ans après la mort du père.

L'apport maternel était d'autant moins négligeable qu'il portait à l'actif de Budé, en plus d'un capital, un réseau d'alliances incomparable : Catherine Le Picard descend par sa mère des Poncher, ce qui la fait cousine de Louis Poncher, trésorier de France, de Jean Poncher, trésorier des guerres et allié aux Semblançay, d'Étienne Poncher, évêque de Paris, personnage influent qui poussera Guillaume à la cour et appuiera ses requêtes. Une de ses grand-tantes ayant épousé Étienne Chevalier, trésorier des finances et exécuteur testamentaire de Charles VII, une autre a épousé Antoine Raguier, trésorier des guerres. Ces deux lignées collatérales grossissent la liste des cousins et alliés.

Mais la lignée Le Picard - Poncher n'est pas plus irréprochable en aval que ne l'est celle des Budé en amont. La carrière de Semblançay a pris fin par une exécution, le fils de Jean Ier Poncher, Jean II, général des finances, sera pendu ; les Bohier avec qui il était allié par le mariage de sa cousine Anne Poncher avec Antoine Bohier, subiront les contrecoups du procès en restitution de fonds publics intenté *post mortem* au père, le tout-puissant Thomas Bohier, trésorier général des armées d'Italie, ce qui se traduira par une demi-ruine et la vente forcée de Chenonceaux.

La gloire de la famille est l'évêque de Paris, Étienne Poncher, garde des sceaux à la fin du règne de Louis XII, diplomate distingué, mécène, évêque réformateur, universellement respecté, même par ses adversaires, pour son intelligence et son intégrité. On ne lui fait qu'un seul reproche : son neveu, François, fils de son frère Louis Poncher, trésorier de France sous Louis XII, dont il tient à faire son successeur à l'évêché de Paris. Or le neveu ne ressemble guère à l'oncle. C'est, écrit

---

partem quadriennio posthabui : hoc fere fuit subsidium instituti mihi cursus, cum iis quæ utcunque accesserunt, ita ut interim nihil quicquam acceptum tulerim liberalitatibus aut regum aut fortunæ » (« Héritier d'un père fortuné - pour moins d'un douzième net, la moitié revenant légalement à mon frère aîné - j'ai eu, quatre ans plus tard, une part égale de l'héritage de ma mère. Tel fut l'appoint dont j'ai bénéficié outre ce qui a pu s'y ajouter bon an mal an, si bien que je n'ai pas eu à dépendre des libéralités du Roi ou de la Fortune »). Lettre de Budé à Tunstall du 19 mai 1517, *Lucubrationes*, p. 363.

Geoffroy Boussard, un contemporain peu amical, « un petit jeune homme de rien qui rit de tout et affecte de tenir en mépris les gens de bien »[50]. En fait François Poncher sera destitué pour simonie en 1526 (un an après la mort de son oncle), et il mourra en prison six ans plus tard. Il est vrai qu'il avait eu l'imprudence de se mettre en travers de la route du chancelier Duprat, ce grand rapace dont François Ier fera saisir les biens le jour même de sa mort.

Tel est le milieu d'où émerge la quatrième génération de notables chez les Budé, une génération d'hommes et de femmes irréprochables, semble-t-il, anormalement robustes et soigneusement élevés, à en juger par les résultats : sur dix-huit frères et sœurs, trois seulement sont morts en bas âge[51] à une époque où la proportion moyenne était de un sur deux. Guillaume n'est pas le seul à cultiver les lettres : Louis, son cadet, suit ses traces[52]. Il doit à leur cousin Jacques Raguier, évêque de Troyes, (dans un monde où tout se règle entre familles) un canonicat à l'église Saint-Étienne, plus l'archidiaconat d'Arcis-sur-Aube. Ces bénéfices ecclésiastiques joints aux deux douzièmes d'héritage lui permettent de se constituer une bibliothèque de plus de trois cents volumes où l'on trouve du Valla, du Pic de la Mirandole, des ouvrages de droit, des livres hébreux et grecs, parmi lesquels un Homère que les deux frères se partagent[53]. Sur les marges, couvertes d'annotations, de l'exemplaire qui se trouve actuellement dans la bibliothèque de l'université de Princeton, on peut encore lire les questions de Louis et les réponses de Guillaume.

---

[50] Préface à l'*Interpretatio in septem psalmes penitentiales*, citée dans M.-C. Garand, « La carrière religieuse et politique d'Étienne Poncher », in *Congrès scientifique du VIIIe centenaire de N.-D. de Paris*, Paris, 1967, p. 332 sq.

[51] Un article de Henri Omont « Notes sur la famille de Guillaume Budé » publié dans le *Bulletin de la Société de l'Histoire de Paris et de l'Ile-de-France* de 1885 (t. XII, p. 45 à 50) reproduit les notices biographiques manuscrites de Jean III Budé sur sa famille.

[52] Voir l'article de G. Duhem : « Deux frères de Guillaume Budé chanoines de Troyes », dans les *Mémoires de la Société de l'Aube*, 1932, t. XLV, pp. 73-87.

[53] J. H. Hanford, « An old Master restored. The Homeric Commentary of G. Budé at Princeton », *The Princeton University Library Chronicle*, 1956, t. XVIII, pp. 1-10. L'inventaire de la bibliothèque de Louis Budé est conservé aux archives départementales de l'Aube.

Installé dans une maison canoniale restaurée avec goût par ses soins et ornée d'une vingtaine de tapisseries, Louis prend très au sérieux ses fonctions en un temps où beaucoup de clercs n'y voient qu'une source de revenus. C'est lui qui dirige la restauration de l'orgue, la construction de la façade de la cathédrale, et le chapitre apprécie ses compétences juridiques autant que ses connaissances littéraires, artistiques et musicales. S'il n'était mort à quarante-sept ans, il aurait peut-être laissé des œuvres et un nom.

Les deux frères s'écrivent en grec. C'est dans ses lettres à Louis que Guillaume est le plus explicite sur son désir d'illustrer le nom qu'ils portent. La culture va les élever au-dessus des familles d'officiers de justice et de finances motivées par le goût du pouvoir et de l'argent, elle va les hausser jusqu'à une aristocratie de nouveau type qui emprunterait à l'ancienne une part de son idéologie, une certaine façon de valoriser l'exploit, la gloire, les mains pures. « Nous qui sommes parvenus à la culture, notre devoir est de pousser plus loin : le nom, la lignée que notre père a ranimés et ramenés au nombre des vivants alors qu'ils se trouvaient presque éteints [...], nous devons essayer de les dégager de la masse et de les illustrer. Dans ce combat, toi et moi serons les seuls de nos frères à lutter, semble-t-il. C'est moi que le sort a le premier engagé dans cette voie et, pour venir en aide à notre nom en train de s'affirmer, j'ai fait tout ce qui était en mon pouvoir sans aucune concession à la mollesse »[54].

Confidences fraternelles, sans doute. Mais à Thomas More, à Tunstall qu'il connaît à peine, il redit la même chose. Ce qui le soutient dans son travail, écrit-il à Thomas More, « c'est l'espoir d'illustrer le nom de Budé qui, jusqu'alors, ne devait rien de son prestige aux Lettres »[55]; et dans sa longue lettre à Cuthbert Tunstall il parle de l'aiguillon acéré qu'a été pour lui cette passion (*quaerendae gloriae cupiditas*) qui l'a, en fin de compte, sorti de sa torpeur et plongé dans l'étude[56]. Continuer dans cette voie sera, pour ses

---

[54] Lettre de Guillaume à Louis Budé du 19 janvier 1517, *Correspondance*, t.I. Lettres grecques, p. 93.
[55] « Sic nunquam ita fractus sum, quin aliquantum quidem in spe et cogitatione acquiescerem Budæorum nominid illustrandi : quod nulla re minus quam literarum peritia innotuerat.» Lettre à Thomas More du 9 septembre 1518, *Lucubrationes*, p. 247.
[56] « Hic nihi stimulus acutus fuit ad instaurandum studii mei laborem illamque animi contentionem expergiscendam, quam (ut ingenue fatear)

enfants, l'impératif majeur. Aux moments où les servitudes de la cour l'éloignent de sa famille, il ne manque pas une occasion d'écrire à son fils Dreux que pour lui le premier des devoirs est d'illustrer leur nom [57]. Il est l'aîné, c'est donc à lui que reviendra l'héritage de gloire avec l'obligation de l'amplifier [58].

Il tient des propos très semblables aux fils de son protecteur et ami Florimond Robertet, le grand commis tout-puissant et intègre qui, depuis Charles VIII jusqu'au milieu du règne de François Ier, assure la permanence de la politique française. Aux deux jeunes garçons qui s'évertuent à rédiger des lettres en latin — et même en grec, avec l'aide d'un précepteur — pour recevoir des réponses autographes du grand homme, il assure que l'excellence dans l'étude des lettres est pour eux le meilleur moyen de se distinguer, de maintenir « l'héritage d'un illustre nom » et de « le faire valoir aux yeux de la postérité » :

> Si vous gardez pour un petit nombre d'années votre entrain actuel sans en rompre le cours, je formule pour ma part la promesse suivante, que je suis comme prêt à garantir de ma réputation : quand vous quitterez cette carrière pour paraître en public, c'est la faveur et les applaudissements des hommes de premier rang qui vous accueilleront sur le champ [59].

Tout en assurant le cadet François qu'il est le plus doué des deux frères [60], il avertit Claude qu'il a, en tant qu'aîné, la charge de la gloire des Robertet : « C'est à toi que revient la première part de la renommée

---

semper aluit quaerendae gloriae cupiditas. » Lettre à Tunstall du 19 mai 1517, *ibid.*, p. 357.
[57] «... ut nomen nostrum vicissim quoque illustres, et certatim imitatione exempli domestici », Lettre à Dreux du 23 décembre 1520, *ibid.*, p. 346.
[58] Lettre à Dreux du 8 mai 1519, *ibid.*, pp. 285-7.
[59] Lettre à Claude Robertet du 2 septembre 1521, *Correspondance*, t. I. Lettres grecques, p. 308.
[60] « Depuis longtemps j'avais remarqué votre heureuse habileté à tous deux, mais aussi la supériorité personnelle de ton naturel remarquable et au-dessus de la moyenne, à plus forte raison au-dessus de la masse [...]. Ces dons de la Providence, puisses-tu en tirer profit, tête chérie ; ce qui serait possible [...] si tu persistes dans ton ardeur attachée aux belles lettres [...], si toute ta vie tu honores avec empressement l'amour de la philologie », Lettre à François Robertet du 20 octobre 1524, *ibid.*, p. 319.

familiale », lui écrit-il, « toi le détenteur des droits d'aînesse sur votre patrimoine »[61].

Le mimétisme qui porte la nouvelle classe d'intellectuels à transposer les idéaux et les normes de la noblesse traditionnelle et à les assimiler lui fait adopter non seulement le culte de l'exploit et de la gloire, la transmission par ordre de primogéniture, mais aussi le souci des mains pures, le mépris du pécule, comble de paradoxe pour des familles qui doivent leur ascension à l'argent bien ou mal gagné. À peine dégagé de sa gangue bourgeoise, l'intellectuel doit, sous peine de dérogeance, brûler ce que ses ancêtres ont adoré.

C'est ce qui arrive aux Pasquier, issus d'une famille de riches et obscurs marchands. Confortablement installé dans les biens accumulés par eux, vivant de leur héritage et des revenus d'une charge coûteuse qu'il est en mesure d'exploiter grâce à ses dons et à de brillantes études, Étienne Pasquier tient par-dessus tout à son image de grand magistrat intègre et d'historien patriote. Son fils aîné Théodore hérite de ses charges parlementaires, et son cadet Nicolas de ses livres, de ses goûts littéraires, sinon de son talent. La terre de Mainxe lui revenant, Nicolas prend le nom de Monsieur de Mainxe, épouse une fille de bonne noblesse, s'installe dans un château préalablement hypothéqué où il vivra noblement et chèrement, entre sa « librairie » et ses voisins de campagne, écrivant des livres, publiant un recueil de lettres et luttant, à force de parcimonie, contre la ruine qui menace[62].

Mais ce déclin, associé à la transfiguration par la culture et la vie noble, fait partie de l'épure. Les deux états sont liés, dans l'esprit de tous, au point qu'un humaniste prospère paraîtrait suspect, et que les repus, comme Érasme et Budé, se croient obligés de crier misère contre toute évidence, pour se conformer à l'image. Et même ceux qui ne participent à la vie des lettres que comme lecteurs et complices éprouvent un besoin de purification par des largesses de mécènes, à la manière des possédants du Moyen Âge qui croyaient sauver leur âme par des dons aux monastères et aux églises.

Rien de plus significatif, à cet égard, que l'épitaphe en vers composée par Étienne Pasquier à la mémoire de Jean de Brinon, le jeune et brillant mécène de la Pléiade mort trop tôt. Pasquier voit dans sa vie une « fable » (dans le sens de *fabula docet*) pleine de

---

[61] Lettre à Claude Robertet, du même jour, *ibid.*, p. 317.
[62] Voir Louis Audiat, *Nicolas Pasquier, lieutenant général et maître des requêtes, Étude sur sa vie et ses écrits*, Paris, 1876.

signification. Le père a amassé beaucoup d'argent, le fils le dissipe au profit des poètes et c'est très bien ainsi. Dans cette famille, beaucoup plus relevée que celle des Pasquier, Jean de Brinon représente la troisième génération de notables. Le grand-père, Guillaume Brinon, était déjà seigneur de Villènes et Guyencour, le père, Jean Ier, a été conseiller puis président du parlement de Normandie, chancelier du duc d'Alençon, chargé de missions diplomatiques par François I[er][63]. Fin négociateur, administrateur vigilant, âpre en affaires, il a laissé à son fils Jean II un patrimoine considérable.

Mais la troisième génération ne suit pas les traces des deux premières. Le jeune Brinon offre le spectacle, assez rare à l'époque, d'un conseiller au parlement menant une vie de célibataire prodigue et noceur en compagnie d'une maîtresse ravissante, dans une demeure superbe, largement ouverte aux savants et aux poètes qu'il invite à toute occasion, leur donnant des fêtes somptueuses, couvrant de cadeaux ses amis, leur offrant qui une maison, qui un bout de terre ou des chiens[64]. Il est mort encore jeune et presque ruiné, mais exalté et purifié.

Tel est le personnage dont Pasquier raconte l'histoire à la manière d'une parabole. Recourant à un artifice assez fréquent dans le genre littéraire qu'est l'épitaphe à cette époque, il fait parler le mort[65] :

> Brinon je faux, & celuy
> Qui en ce passage notable
> Des humains, me feis d'autruy
> En bien & en mal la fable.
>
> Mais toutefois que m'importe
> Si oncq' chose ne se vit
> dont on n'ait fait son profit
> En l'une et en l'autre sorte ?
>
> Mon père fichant sur moy

---

[63] M. Prévost, « Jean I de Brinon », dans *D.B.F.*
[64] Voir dans le *Ronsard et son temps* de Pierre Champion, Paris, 1925, p. 77, n. 2, quelques exemples de la générosité de Brinon.
[65] C'est faute d'avoir compris les règles du jeu de la littérature de l'épitaphe comme genre littéraire que l'auteur des *Bourgeois Gentilshommes* a utilisé ce texte à contresens en attribuant les sentiments exprimés à Pasquier lui-même. Ronsard dans son poème intitulé : « Sur le tombeau de Ian Brinon » avait ajouté : « l'ombre parle », *Œ.*, éd. Laumonier, t. VI, p. 270.

> Le tout de son espérance,
> Amoncela sans requoy
> Or, biens, argent & chevance.
>
> Mais moy, né pour ma patrie
> Voulus, n'ayant à moy rien,
> Au peuple, de tout mon bien
> Faire le plus grand'partie.
>
> Quelqu'un sans fain amassant
> Se rend bute de risée,
> Et moy plus heureux pensant
> Prendre un autre endroit visée [...],
>
> J'ay comme mortel epars
> Mes biens, un autre peut-être
> Les ravit de toutes parts
> Estimant par eux renaistre [...].
>
> Les poëtes honoray
> Attendant d'eux recompense [...] [66].

Là se trouve la suprême justification. Qu'importent la ruine et la mort puisque l'argent s'est converti en richesses culturelles. Le grand bourgeois érudit et prudent qu'est Pasquier, qui s'est toujours tenu, en ce qui le concerne, dans les limites du raisonnable, ne peut retenir un cri d'admiration pour un exploit qu'il se garderait bien d'imiter.

Pourvu d'une famille trois fois plus nombreuse que celle des Pasquier, Guillaume Budé avait ses raisons d'être prudent. Ni largesses ni gaspillage. Mais il met le doigt sur la corrélation appauvrissement-vocation littéraire. Il va jusqu'à parler de « dégradation de patrimoine » [67] et compare son niveau de vie avec ceux de son père ou de son frère aîné. Il affirme que « l'accès à la citadelle de Pallas [...] et à la gloire littéraire a comme rançon une perte de biens ou une diminution de fortune ». Il fait partie du petit nombre de ceux qui le constatent « sans tristesse » [68]. Il faut savoir choisir. On ne peut servir deux maîtres à la

---

[66] Étienne Pasquier, « Épitaphe de Ian Brinon, seigneur de Villene, autrefois Conseiller en la Cour du Parlement de Paris », dans *La Jeunesse d'Étienne Pasquier*, Paris, 1610, p. 530 sq.
[67] « Patrimoniorium internicionem », Lettre à Thomas More du 9 septembre 1518, *Lucubrationes*, p. 248.
[68] Lettre à Claude et François Robertet du 2 septembre 1521, *Correspondance*, t.I. Lettres grecques, p. 307.

fois, et Budé affirme « avoir perdu beaucoup par indifférence aux questions d'argent ». Destin inévitable, fait-il remarquer, car « la passion de la gloire ne s'allume que dans les cœurs sans bassesse », *animis non sordidis nec quæstuariis* [69].

On a remarqué le choix des adjectifs *sordidis* et *quaestuariis* qui visent deux groupes sociaux distincts mais tous deux voués à l'argent : le monde de la marchandise et celui des officiers de finance. C'est au second groupe qu'appartient sa famille, et c'est lui qu'il attaque de front dans sa lettre à Lupset, si judicieusement placée par le traducteur de Thomas More, Jean le Blond, en tête de sa version française de l'*Utopie* publiée en 1550. Tout se passe, laisse-t-il entendre, comme si l'inégalité de savoir juridique était une source d'injustice plus grave que toutes les autres formes d'inégalité. Elle permet aux experts de « fondre sur les naïfs comme vautours » par le jeu des contrats et des hypothèques, de les berner, de s'emparer de leurs biens en toute impunité, avec la loi et la force publique pour complices. Budé a pu voir comment s'y prenait son lointain parent par alliance Thomas Bohier pour faire choir dans ses rets les propriétés du seigneur de Chenonceaux et Houdes, sans compter celles des paysans du voisinage, engloutissant tout après des années de lent et patient travail. Le rusé compère les a tous fait tomber dans ce que Budé appelle « la nasse à goujons », avec la bonne conscience que donne le sentiment d'avoir le « droit naturel » de son côté, notion que l'humaniste ne manque pas une occasion de persifler.

> Ilz veulent maintenir que droict est descendu d'une naturelle et égale justice du monde qu'ilz appellent droict de nature de maniere que d'autant plus l'homme est puissant d'autant plus il ayt de biens. Et que d'autant plus il aura de biens plus aussi ilz doivent estre estimez entre les hommes. De la est que voyons comme pour choses tenues de tout le monde que ceulx qui ne sçavent art de industrie memorable dont ilz puissent aider aultruy ont autant de revenu que un millier d'aultres & souvent autant que toute une ville ou mesmes d'avantaige et sont appelez les riches et gens de bien et par honneur les magnificques acquerent pour veu qu'ilz sçavent les

---

[69] « quærendæ gloriæ cupditatas : cuius etiam ipsius igniculos ingenuisse naturam animis nec sordidis nec quæstuariis video », Lettre à Tunstall du 19 mai 1517, *Lucubrationes*, p. 357.

traficques des traictés et l'art des contractz obligatoires pour hypothequer les patrimoines des personnes [70].

C'est la condamnation implicite de la classe des légistes dans laquelle plonge pourtant toutes ses racines la classe qui a en mains déjà l'administration, les finances, la justice, et qui commence à prendre d'assaut bénéfices ecclésiastiques, terres et seigneuries [71]. Issue de ce milieu, la nouvelle classe intellectuelle dont Budé est l'orgueil prend conscience de son identité par la rupture, et convertit son infériorité matérielle en supériorité aristocratique en suivant les lignes de forces d'une tradition antérieure. Ce faisant elle critique les méthodes d'acquisition qui ont enrichi la classe ascendante, elle affirme avec les nobles que l'argent manipulé pollue tout ce qu'il touche, que les motivations d'argent avilissent leur homme et le disqualifient pour les travaux de l'esprit en même temps que pour les hautes fonctions.

Ici encore les nouveaux intellectuels se trouvent de plain-pied avec les préoccupations du Roi. Faute de mieux François Ier s'en remet aux légistes autant et plus que son prédécesseur, mais il a toujours ressenti comme une incongruité le fait que la justice se trouve entre les mains de fils de marchands, et il en veut à la noblesse française d'avoir créé cette situation. Il estimait, témoigne André Thevet, que si les gentilshommes « eussent été promeus aux estatz et dignitez, la Justice eust esté beaucoup plus droitement administrée, parce qu'ils doivent estre moins enclins à des choses reprochables que gens de petit etoffe et basse condition » [72]. Préjugés d'époque ? Sans doute. Mais pour une part aussi analyse assez réaliste des différences de motivation entre deux groupes sociaux dont l'un situe son ascension et ses réussites au niveau de l'argent, l'autre au niveau de l'honneur et d'une gloire qui ne peut s'acheter ni se commander, mais dépend d'un consensus de l'opinion.

---

[70] Je reproduis dans la traduction de Jean le Blond ce fragment de la lettre à Lupset, un des rares textes de Budé à avoir été traduit en français par un contemporain (édition de 1550 de la traduction française de l'*Utopie*).
[71] Sur ce sujet, voir le beau livre, déjà cité (ci-dessus, n.35), de George Huppert, qui n'a de français que le titre : *Les Bourgeois Gentilshommes, an Essay on the Definition of Elites in Renaissance France*, plus particulièrement les chap. V, IX et X.
[72] André Thevet, *Histoire des plus illustres sçavans hommes de ce siècle*, Paris, éd. de 1571, p. 182.

La génération de lettrés dont Budé est le porte-drapeau va faire en sorte que le Roi trouve en elle une aristocratie de rechange qui lui apporterait ce que la noblesse ancienne n'avait su lui donner : la compétence juridique jointe à la purification par la culture, le sens du service public, du désintéressement et une transposition du culte de l'honneur.

Chapitre III

Culture et pouvoir

Plus on avance dans le règne de François Ier, plus la discrimination culturelle est visible. Un fils de marchand, de greffier peut toujours amasser une fortune, acheter un office et des complices, un gentilhomme des champs pourvu de relations et d'une certaine chance peut entrer par la petite porte à la cour, mais faute de culture, ils ne seront jamais sur pied d'égalité avec les grands notables. Un financier puissant et habile peut côtoyer le roi, jouer les utilités à la cour sans cesser d'être autre chose qu'un « bonhomme ». C'est ainsi que Henri II parlait d'Olivier Lefebvre d'Ormesson qu'il aimait bien et qui lui avait rendu de grands services [1]. Il avait le statut fiscal de « noble homme », mais pour un bourgeois sans culture et sans lectures le statut fiscal ne change que peu de choses. Parti de peu, fils d'un clerc de greffe besogneux, Ormesson avait été retiré très tôt du collège par un beau-père contraint d'en faire très vite un apprenti procureur, et il n'avait jamais pu combler ses lacunes. À la cour, il ne sera qu'un « bonhomme », à la différence d'un Budé ou d'un Danès, en dépit de ses succès financiers. Il a tellement bien compris la cause de son plafonnement qu'il s'empressera de mettre ses fils dans les meilleures écoles et de veiller de près à la qualité de leurs études.

La sélection par la culture fait sentir ses effets à deux niveaux. En donnant en prime certains des postes les plus prestigieux à des lettrés notoires elle rehausse le statut des nouveaux intellectuels et, en même temps, elle provoque un tropisme vers les études littéraires au niveau de la seconde génération. Le recours aux lettrés pour certaines missions diplomatiques existait déjà, précisons-le, dès le milieu du XVe siècle, mais il n'était qu'occasionnel. Jean de Montreuil, sous Charles VI,

---

[1] Sur le cas Olivier d'Ormesson, voir *Les Bourgeois Gentilshommes* Georges Huppert, p. 50 sq.

avait été envoyé à Rome et à Florence ; Alain Chartier, poète de cour, était chargé de missions auprès de l'empereur, du pape, du doge et du roi d'Écosse ; l'humaniste Robert Gaguin a parcouru l'Europe de 1481 à 1491 (Florence, Rome, Londres, Heidelberg) pour le compte de Louis XI et de Charles VIII. Quant à Louis XII, n'en déplaise à ses détracteurs, il avait utilisé les services de l'humaniste grec Lascaris pour une ambassade à Venise, et ceux de Guillaume Budé lui-même, envoyé en Italie à deux reprises (1501 et 1503).

Mais avec le roi François ce recrutement devient la règle, au moins pour Rome, les principautés italiennes et l'Angleterre, lieux où ce qu'on commence à appeler la République des lettres représente un groupe de pression tout-puissant.

1. Un exemple de sélection par la culture : les ambassadeurs à Venise

Prenons la liste des ambassadeurs de France à Venise pendant le règne de François Ier : Jean des Pins (1516-1520), François Le Rouge (1520-1521), Louis de Canossa (1522-1526), Jean de Langeac (1527-1530), Lazare de Baïf (1531-1534), Georges de Selve (1534-1536), Georges d'Armagnac (1536-1538), Guillaume Pellicier (1539-1542), Jean de Monluc (1542-1545), Jean de Morvilliers (1546-1550). Si différents soient-ils, ces hommes ont au moins deux choses en commun : ce sont tous des lettrés (six d'entre eux sur neuf se sont même risqués à écrire ou à traduire) ; ils savent le grec et ils disposent de solides réseaux de relations en milieu humaniste. En plus de leur travail diplomatique, on leur enjoint de découvrir des manuscrits précieux pour la Bibliothèque royale, et de servir aussi de relais aux chargés de mission au Proche-Orient, préposés en même temps à la politique turque de François Ier et à la chasse aux manuscrits grecs en pays ottoman [2].

Jean des Pins est arrivé à Venise en fin de carrière, avec l'auréole de grand négociateur du concordat de 1516. Non content de trouver des livres rares pour le Roi, il se monte une bibliothèque personnelle qui le suivra dans sa retraite à l'évêché de Rieux et, après sa mort, ira grossir la Bibliothèque royale de Fontainebleau. En attendant, le diplomate-évêque coule des jours heureux pendant les quinze dernières années de sa vie, faisant les honneurs de sa bibliothèque aux lettrés du

---

[2] On trouvera un répertoire chronologique des ambassades dans Fleury Vindry, *Les ambassadeurs français au XVIe siècle*, Paris, 1903.

voisinage, avec autour de lui une petite cour de jeunes gens instruits et bien disants. Mécène à la Bembo, il se partage entre eux et ses travaux personnels, mettant sur le chantier des traductions de Dion Cassius, des vies de saints et un traité sur la vie de cour, le *De vita aulica* [3]. François Le Rouge n'a fait qu'un passage rapide à Venise où il est mort dans l'exercice de ses fonctions à peine plus de vingt mois après son arrivée. Conseiller-clerc au Parlement de Paris, juriste humaniste : Budé dit de lui qu'en « plus d'être un éminent jurisconsulte, il est épris de nos chères humanités » [4]. De son côté, Christophe de Longueil écrit de Padoue qu'il « n'a pas à Venise de plus grand ami que François Le Rouge et il ne s'y trouve plus personne qui puisse aussi bien que lui me protéger et, advenant quelque péril, garantir de son crédit mon salut intégral [...]. C'est un homme de la plus brillante distinction » [5].

Louis Canossa, son successeur, n'est pas français. Diplomate italien élevé à la cour d'Urbino et rompu aux exercices de la diplomatie pontificale, il est passé au service de la France en 1520, avec la mission de regrouper le plus grand nombre de principautés italiennes contre Charles Quint. Mais il ne néglige pas pour autant la récolte d'œuvres d'art et de livres. Très introduit dans les milieux humanistes, il est en relations suivies avec Jacques Toussain qu'il a employé, avec Érasme, avec Germain de Brie et l'entourage de Budé [6].

Jean de Langeac, considéré par Étienne Dolet comme un des hommes les plus « éloquents » de son époque, est un auvergnat besogneux et artiste qui a rempli avec efficacité des missions au Portugal, en Pologne, en Hongrie, en Suisse, à Venise, et reçu des bénéfices ecclésiastiques à chaque étape heureuse. On lui a donné en gratification de fin de carrière, l'évêché de Limoges où il termine sa vie

---

[3] Voir E. L. Charron, *Mémoires historiques pour servir à l'éloge de Jean des Pins, avec plusieurs de ses lettres*, Avignon, 1748.

[4] Lettre de Budé à Christophe de Longueil du 7 janvier 1521, *Correspondance*, t.I. Lettres grecques, p.217.

[5] Lettre de Christophe de Longueil à Budé du 5 décembre 1520, *op. cit.*, p. 210.

[6] Érasme fait mention à plusieurs reprises de ses rencontres avec Canossa (*Allen*, t. I, p. 562, t. IX, p. 105 et t. IX, p. 417). Il mentionne aussi les rapports entre Canossa et le disciple de Budé, Jacques Toussain (*ibid.*, t. IX, p. 105).

en mécène éclairé [7], dotant sa cathédrale d'un jubé nouveau style dont la décoration mettait en œuvre le double thème des vertus cardinales et des travaux d'Hercule [8]. En toutes circonstances, il se montrera mécène actif et généreux, prêt à aider et encourager artistes et lettrés. Personne, précise dans son *Commentarium* Étienne Dolet qui a été son secrétaire à Venise, « ne s'est montré plus généreux envers les gens de lettres, personne n'a déployé au profit des doctes tant de soin et de zèle » [9].

Moins célèbre que son fils Antoine mais doué de plus d'envergure, Lazare de Baïf doit sa carrière à son aura d'helléniste et à l'appui continu de son protecteur le cardinal Jean de Lorraine. Bien avant la publication de son premier livre, ce gentilhomme terrien dont la noblesse remontait au XIVe siècle était déjà traité en humaniste à part entière par les représentants de la « République des lettres », à commencer par Érasme. Rien ne prédisposait pourtant ce rejeton de petits seigneurs sarthois à devenir un savant. Mais le jeune Lazare a vite compris que l'avenir était aux lettrés. Il s'est mis, comme l'avait fait Budé, à l'école de Lascaris pour s'initier au grec, il ira jusqu'à Rome pour suivre ses cours au collège du Quirinal, ce qui le rendra capable de faire plus tard une traduction très admirée de l'*Electre* de Sophocle.

Lié avec des personnalités illustres telles que Bembo et Sadolet, ce qui ajoute à son autorité, il sait aussi choisir ses collaborateurs. À Venise il a pour secrétaire Pierre Bunel, étudiant à l'université de Padoue qui a la réputation d'écrire déjà des lettres latines d'une extrême élégance et sera qualifié par Montaigne d'« homme de grande réputation de sçavoir en son temps » [10]. Ensemble Baïf et Bunel liront beaucoup

---

[7] Mermeisse, *Notice biographique sur Jean de Langeac évêque de Limoges*, Brioude, 1861.

[8] Celui qui, en pleine époque Viollet-Le-Duc, écrivit la première grande monographie de la cathédrale de Limoges ne put retenir un étonnement réprobateur devant ce mélange de sacré et de profane (abbé F. Arbellot, *La cathédrale de Limoges, histoire et description*, Paris, 1861, p. 95 sq.).

[9] Étienne Dolet, *Commentariorum linguae latinae liber secundus*, Lyon, 1538, col. 1497.

[10] Montaigne, début de l'« Apologie de Raimond Sebond » (*Essais*, liv. II, chap. XII). La correspondance de Pierre Bunel, *Familiares aliquot epistolae*, publiée par Ch. Estienne à Paris (1551) et rééditée en 1581, mériterait à elle seule une exploration en profondeur. Sur l'intéressante personnalité de Pierre Bunel, située au carrefour de plusieurs courants de la

de grec et prendront à Venise des leçons d'hébreu avec un juif. Lazare de Baïf utilisera son secrétaire non seulement sur le plan diplomatique mais pour la documentation des livres qu'il prépare, le *De Vasculis* (1531) dédié au cardinal de Lorraine, et le *De re navali* (1536) dédié au Roi, qui fera autorité pendant plus d'un siècle sur tout ce qui concerne la navigation dans l'Antiquité. Ces deux traités, ainsi que le *De re vestiaria* publié à Bâle en 1526, cinq ans avant le départ pour Venise, ont eu un succès durable. Situés dans la ligne de recherche définie par Budé dans le *De Asse*, mais d'une lecture plus facile, ils ont retenu l'attention d'Érasme qui, à plusieurs reprises, en parle avec admiration [11].

Plus abondante et mieux prospectée que celle de ses prédécesseurs, la correspondance de Baïf permet une vision d'ensemble de la multitude des tâches secondaires qui s'ajoutaient au travail courant d'un ambassadeur à Venise : relancer l'envoyé du Roi en Turquie pour qu'il rapporte « force bons livres en grec, escriptz à la main et en parchemyn, non poinct en la Saincte Ecriture, mais en histoire, philosophie et orateurs » [12], « essayer de débaucher Michel-Ange ; trouver du drap d'or pour la duchesse de Ferrare, des chemises pour le cardinal de Lorraine et des couleurs pour les peintres du Roi » [13]. Pourvu du poste d'observation le plus important de la diplomatie française, l'ambassadeur à Venise est aussi le maître Jacques de la cour.

Nommé conseiller-clerc au Parlement avant d'être pourvu des fonctions de maître des requêtes, Baïf va céder la place au limousin Georges de Selve qui ne fera que passer, avant d'être chargé d'autres missions auprès du pape (1536) et de l'empereur (1539). Georges de Selve, dont les deux frères sont eux aussi dans le service diplomatique, est homme d'église et helléniste. Il a suivi les cours du lecteur royal Danès, le plus grand helléniste de France après Budé, et il semble que ce soit sur la suggestion du Roi qu'il s'est mis en tête de traduire des Vies de Plutarque. C'est pour réaliser son programme dans de meilleures conditions qu'il demande et obtient un congé pour Danès, qui pourra ainsi le suivre à Venise, l'aider dans ses

---

pensée du XVIe siècle, il n'existe qu'une médiocre thèse latine de A. Samouillan, *De Petro Bunello*, Paris, 1891.

[11] Sur le *De re vestiaria*, voir *Allen*, t. V, p. 514, et t. VII, p. 488 et 492 ; sur le *De vasculis*, t. IX, p. 179 ; sur le *De re navali*, t. IX, p. 414.

[12] Cité dans L. Pinvert, *Lazare de Baïf*, Paris, 1900, p. 23.

[13] *Ibid.*, p. 31 et 32.

traductions [14] et mettre au premier plan la quête des livres rares. Il mourra évêque de Lavaur avant d'avoir eu le temps de se réaliser, à trente-six ans.

Successeur de Georges de Selve nommé à Rome, Georges d'Armagnac est considéré comme un grand seigneur d'Église et de Lettres avant même d'être ambassadeur puis cardinal-mécène. Son cousin, le tout-puissant cardinal d'Amboise, avait veillé sur son éducation et lui avait choisi pour précepteur l'humaniste Pierre Gilles [15] qui lui communique très tôt son enthousiasme pour les lettres et sera plus tard son secrétaire et collaborateur en Italie. À la mort du cardinal d'Amboise, le jeune Georges d'Armagnac était passé au service du duc d'Alençon et de son épouse la princesse Marguerite, sœur du Roi, milieu culturellement riche qui avait achevé de donner une orientation au destin du futur mécène. Évêque de Rodez à 29 ans, ambassadeur à Venise à 36, ambassadeur à Rome puis cardinal quelques années plus tard, il fait partout figure de grand mécène à l'italienne, tenant table ouverte aux lettrés, encourageant les musiciens, faisant collection d'œuvres d'art, toutes choses rendues possibles par un extraordinaire cumul de bénéfices ecclésiastiques. En relations suivies avec Germain de Brie, Pierre Paschal, Androuet du Cerceau, protecteur d'Olivier de Magny, de Marc-Antoine de Buttet, de Rabelais, il entretient une correspondance volumineuse dont une petite partie seulement est publiée [16] et termine sa vie lieutenant général puis archevêque de Toulouse, entouré de beaux esprits et travaillant à faire de la maîtrise de sa cathédrale la meilleure chorale de France [17].

---

[14] Voir Mireille Forget, « Les relations et les amitiés de Pierre Danès », dans Humanisme et Renaissance, t. III, 1936, p. 365 sq. Les traductions de Georges de Selve seront publiées à Lyon chez Jean de Tournes en 1541, rééditées en 1548 et insérées dans ses *Œuvres* publiées en 1559.

[15] Il s'agit de Pierre Gilles d'Albi (1489-1555), humaniste, archéologue et père de la zoologie française, parfois confondu avec son homonyme Pierre Gilles d'Anvers (1486-1533), correcteur de l'imprimeur Martens, ami et collaborateur d'Érasme.

[16] Voir Ch. Samaran, *Lettres inédites du cardinal d'Armagnac*, Paris, 1902, ainsi que les lettres publiées dans la *Revue historique*, t. II, p. 516 sq. et t. V p. 317 sq.

[17] Léonce Couture, « Le cardinal d'Armagnac », *Revue de Gascogne*, 1875, t. XVI, p. 341 sq. Voir aussi, dans les *Mélanges Lefranc*, l'article sur « Guillaume de Boni, de Saint-Flour en Auvergne ».

Guillaume Pellicier, son successeur à Venise, est lui aussi un prébendier de haut niveau culturel. Pris en charge et solidement épaulé dans sa carrière par un oncle évêque de Maguelonne, à peine a-t-il terminé ses études de philosophie et de droit en France et en Italie que le voici chanoine de la cathédrale de son oncle, puis évêque désigné de Maguelonne avant même d'avoir été ordonné prêtre. Remarqué par François Ier, conseiller du Roi, chargé de missions à l'étranger, négociateur du traité de Cambrai et du mariage du prince Henri avec Catherine de Médicis, il a été peut-être l'ambassadeur à Venise qui a le plus contribué à l'enrichissement de la Bibliothèque royale par l'achat de nombreux manuscrits grecs, syriaques et hébreux [18]. Tenu en haute estime par Turnèbe, Sainte-Marthe, de Thou, Cujas, Ramus, il passa la fin de sa vie à Montpellier, où il avait fait transférer le siège de l'évêché de Maguelonne, très entouré et occupant ses loisirs à écrire des notes sur Tacite et sur Pline l'Ancien qu'il ne prit jamais la peine de publier [19].

Jean de Monluc qui lui succède à Venise est à la fois mieux né et moins bien doté. Issu d'une nichée de hobereaux faméliques apparentés aux Montesquiou, claudicant et subtil, n'ayant pas la robustesse et l'énergie de son frère aîné Blaise, le futur condottiere-mémorialiste qui chercha fortune à dix-sept ans dans l'armée d'Italie, il n'avait d'autre débouché que l'Église. Entré tout jeune chez les Dominicains, peut-être serait-il resté dans son couvent si Marguerite de Navarre — toujours elle — ne l'en avait sorti. De ce jeune religieux dont l'intelligence rapide l'avait frappée, elle fit un diplomate aux multiples missions, qui parcourut le monde, de Rome au Levant, de Venise à Constantinople, d'Écosse et d'Irlande en Pologne. Fin négociateur, sachant tirer le meilleur parti de ses relations dans la « République des lettres » il est, comme la reine Marguerite et son entourage, un réformiste gallican, adversaire acharné des empiétements romains. Comte-évêque de Valence, inspirateur à mainte reprise de la politique religieuse de la cour et rédacteur des instructions données aux représentants de la France auprès du Saint-Siège ou du concile de

---

[18] Voir Henri Omont, *Catalogue des manuscrits grecs de la bibliothèque de François Ier*, Paris, 1886, et *La Librairie royale au XVIe siècle*, Paris, 1908, t. I.

[19] Voir Jean Zeller, *La Diplomatie française au milieu du XVIe siècle* (Paris, 1881). Une partie de la correspondance de Pellicier (section 1540-1542) a été publiée par Alexandre Tausserat-Radel, Paris, 1899.

Trente, il a été conduit plusieurs fois vers des positions qui lui ont valu l'hostilité des congrégations romaines, des papes, des ultramontains, et l'amitié par contre, de la famille spirituelle de Marguerite de Navarre, celle de Ronsard qui lui a dédié des poèmes où il est présenté comme l'évêque tel qu'il devrait être, unissant dans sa personne la religion, le détachement et la culture [20].

De tous les ambassadeurs à Venise choisis par François Ier, le dernier en date n'est pas le plus étincelant. C'est lui pourtant qui est parvenu aux plus hautes fonctions à la faveur des guerres civiles, grâce à une personnalité un peu terne qui n'inquiétait personne. Issu d'une famille de robe installée dans les hauts postes depuis Charles IV, apparenté par le jeu des alliances aux Séguier, à François Miron, aux d'Ormesson, aux Molé, aux Neufville, Jean de Morvilliers est un grand commis de l'État, intègre, stable, et doué de plus de bon sens et de mesure que de hardiesse et d'imagination. « Honnête homme » au demeurant, sachant par cœur son Horace, toujours prêt à se démener pour obtenir du chancelier un privilège du Roi pour un savant traité du vénitien Paul Manuce, il aime la fréquentation des hommes de lettres, et il est en relation avec Amyot, Muret, Herovet, Ronsard. Son *cursus honorum* est imposant : lieutenant général du bailliage de Bourges, conseiller au grand conseil, maître des requêtes, ambassadeur à Venise, évêque d'Orléans, négociateur (médiocre) du traité de Cateau-Cambrésis, successeur de Michel de l'Hospital à la chancellerie en 1568. Il sera très vite, à ces deux derniers postes, dépassé par les événements [21]. Ses amis voulaient le persuader d'employer sa retraite à écrire l'histoire de son temps dont il avait été un témoin privilégié, et il leur répondait : « Je suis trop serviteur de nos rois pour écrire leur histoire. » Il donnait ainsi sa mesure.

---

[20] Presques un seul Monluc, esloigné d'avarice
Accomplist aujourd'huy sainement son office,
Presche, prie, admoneste, et prompt à son devoir
Aveq' la bonne vie a conjoinct le sçavoir.
Ronsard, *Œ.*, éd. Laumonier, t. III, p. 293. - L'étude de Tamisey de Larroque, *Notes pour servir à la biographie de Jean de Monluc*, Paris, 1868, reflète le point de vue et les préjugés ultramontains à l'égard de l'évêque de Valence. Une personnalité aussi complexe et ayant joué dans la coulisse un rôle aussi important mériterait une étude plus sérieuse et plus objective.

[21] Gustave Baguenault de Puchesse, *Jean de Morvilliers*, Paris, 1870.

2. Les bénéficiaires et les frustrés

Remarquons au passage l'échantillonnage social que représentaient ces neuf ambassadeurs en laissant hors de compte Canossa qui est étranger. Un seul appartient à la grande noblesse, deux sont des hobereaux de province pauvres mais lettrés, six proviennent du milieu des gens de loi, de petite et grande robe. Ils n'ont en commun que leur niveau culturel, leur connaissance du grec et leurs attaches avec la « République des lettres », à une époque où elle est encore — mais pour peu de temps — un État au dessus des états.

Notons aussi les retombées fertilisantes : sept ambassadeurs sur neuf contribuent à faire de leur lieu de retraite un foyer de culture. C'est Rieux pour Jean des Pins, Limoges avec Langeac, Lavaur avec Selves et son successeur Danès, Toulouse avec d'Armagnac, Montpellier avec Pellicier. Et n'oublions pas la maison de Baïf à Paris, véritable ruche où voisinent le disciple de Budé, Jacques Toussain, le disciple du disciple Jean Daurat, Charles Estienne et le jeune Ronsard, lieu de pèlerinage où le précepteur d'Henri de Mesmes conduit dévotement son élève pour lui montrer de grands intellectuels. C'est cette vaste maison pleine de souvenirs et de livres qui deviendra l'un des centres de regroupement de la Pléiade et le siège de l'Académie de musique.

À l'action fécondante des ambassadeurs rapatriés, il faudrait ajouter celle de leurs secrétaires. Dolet qui aimait à mordre à droite et à gauche n'a pas caché ce qu'il devait à Langeac, à Jean des Pins, et c'est l'imprimerie lyonnaise qu'il fera bénéficier de ce qu'il avait acquis auprès des imprimeurs vénitiens. Bunel, nous l'avons vu, s'est mis à l'école avec son ambassadeur, et quand il ira s'établir à Toulouse il deviendra sur place l'humaniste de référence. Danès, lecteur royal illustre, collaborateur et ami de Georges de Selve, deviendra son successeur à l'évêché de Lavaur. Quant à Pierre Gilles d'Albi, il contractera à Venise une curiosité voyageuse qui le conduira vers les pays ottomans et lui fera vivre une extraordinaire existence d'aventurier culturel digne d'un roman picaresque avant de retrouver, en se rapatriant, son mécène et ami le cardinal d'Armagnac et de consacrer, sous sa protection, les dernières années de sa vie à la rédaction des notes accumulées au cours de ses voyages, sur l'archéologie et la zoologie [22].

L'ambassade à Venise telle que la conçoit François Ier a plusieurs fonctions : canal d'adduction et démultiplicateur de richesses culturelles, elle est aussi une illustration parlante de la politique royale de sélection des hommes par la culture. Le choix ici est un programme. Il est entendu que les non-lettrés sont exclus d'un certain nombre des postes les plus prestigieux. Érasme qui, en France, admire le Roi plus que son peuple, a mis le doigt sur le secret d'une mutation culturelle qu'il avait été le dernier à prévoir. En cette époque de déchaînement d'hostilités contre l'humanisme, écrit-il dans une lettre de 1531, l'une des raisons d'espoir est ce qui se passe en France où grâce au Roi (« excellentissimi regis Francisci felicibus auspiciis ») on exclut des promotions d'Église — c'est-à-dire des commendes qui, depuis le concordat de 1516, sont la principale source de richesse pour les intellectuels — les incultes en langues anciennes [23]. Pendant plus de trente-deux ans de règne une génération entière a pris l'habitude d'associer la culture littéraire et la promotion, de par le bon plaisir du Roi qui, sur ce point, reste immuable.

Dans une lettre de 1521 adressée à son disciple Jacques Toussain, Budé notait que, dix ans après l'avènement de François de Valois, l'opinion publique — ou plus exactement celle des notables qui donnent le ton — était sensibilisée au primat du grec dans la hiérarchie des valeurs culturelles :

> La connaissance des lettres grecques s'est désormais acquis une telle estime, une telle réputation à cause des nombreuses et diverses déclarations auxquelles elle a déjà donné lieu, que presque tous sont

---

[22] Son *De Vi et natura animalium* ainsi que le *Liber unus de gallicis et latinis nominibus piscium* avait été publié par Gryphe à Lyon en 1533. Les textes rédigés au retour d'Orient seront publiés *post mortem* à Lyon également : le *De Bosphoro Thracio libri tres*, le *De Topographia Constantinopoleos* et *De illius antiquitatibus libri IV* (1561) et l'*Elephanti descriptio* (1562). Une notice a été consacrée à Pierre Gilles par E. T. Hamy, « le père de la zoologie française, Pierre Gilles d'Albi », dans les *Nouvelles archives du Musée d'histoire naturelle*, 4e série, t. II (1900), pp. 1-24.

[23] « [...] ut nemo theologorum ordine dignus habeatur qui rudis sit linguarum », Érasme, lettre à Nicolas Mallarius du 28 mars 1531, *Allen*, t. IX, pp. 225-226.

maintenant d'avis que seuls ont atteint l'authentique et louable culture ses disciples heureux [24].

Huit ans plus tard il va plus loin. Dans une préface dédiée au Roi et qui sonne comme une mise en demeure déférente mais ferme, Budé, tout en suppliant le Roi de traduire en actes ses promesses de fondation d'un Collège royal, reconnaît le chemin parcouru. J'ai remarqué, dit-il, que « beaucoup de gens se tournent vers les études grecques parce que vous les encouragez, et que d'autres sans s'y risquer eux-mêmes, n'en poussent pas moins leurs fils dans cette direction. C'est ce qui arrive dans les monarchies : on adopte les disciplines favorisées par le Prince et on les prend à cœur » [25].

En soulignant les effets mimétiques de l'exemple venu d'en haut, en laissant deviner les calculs et les options qu'il suggère, Budé a mis le doigt sur la composante, la plus visible à ses contemporains, de la contagion humaniste.

Les humanistes étaient à la fois juge et partie. Leurs applaudissements ne doivent pas faire oublier la frustration de ceux qui ont été mis hors de course par les nouveaux critères, c'est-à-dire l'immense majorité des gens de robe et d'Église qui s'étaient fait un plan de carrière fondé sur l'ancien code, et les gentilshommes qui voyaient s'envoler les prébendes. La *Deffence et illustration* de Joachim du Bellay se fait l'écho ironique des premiers, prêts à voir dans cette discrimination un outrage à la science et aux savoirs solides fondés sur la logique formelle :

> Il me souvient avoir ouy dire maintes fois à quelques uns de leur Academie, que le roy Francoys, je dy celuy Françoys à qui la France ne doit moins qu'à Auguste Romme, avoir deshonnoré les Sciences et laissé les doctes en mespris, Ô tens ! ô meurs ! ô crasse ignorance ! [26].

---

[24] Budé, lettre à Jacques Toussain du 27 janvier 1521, *Correspondance*, t. 1. Lettres grecques, p. 336.
[25] Préface de 1529 aux *Commentarii linguae graecae* intitulée : « A François, roi de France, illustrissime parmi les monarques chrétiens, Guillaume Budé, domestique en sa Maison, souhaite de connaître prospérité pendant sa vie et la félicité en la quittant ».
[26] Joachim Du Bellay, *Deffence et illustration de la langue françoyse*, livre I, chap. X, éd. Chamard, p. 68-69.

Un demi-siècle plus tard Brantôme se fait le porte-parole de la seconde catégorie de mécontents, les hobereaux de province conscients d'appartenir au seul groupe social qui, sans compter, à chaque alerte, n'hésite pas à verser son sang pour la défense du royaume :

> On baille le blasme à ce grand roy d'avoir esté si amateur des gens de lettres, et avoir eu telle confiance en eux, en leur sçavoir et suffisance, que guieres ou peu il s'est aydé de gens d'espée en ses ambassades [...] aiant opinion que l'espée ne sçeut tant bien entendre ses affaires, ny les conduire et demesler comme la plume [27].

Erreur, pense Brantôme. Les gens de plume n'ont ni la fermeté d'esprit ni la rapidité de décision dont un ambassadeur a besoin en ce siècle de guerres. Et de citer l'exemple de Jean de Morvilliers qui pécha par indécision lors de son ambassade à Rome. « Le Roy en cogneut bien la faute, mais il ne s'en corrigea guieres, car il avoit toujours en opinion ces gens sçavants. » Quelle différence avec l'empereur et le roi d'Espagne, qui presque toujours ont dépêché vers leurs ambassades des hommes d'épée ! Philippe II qui est, dit Brantôme, « l'un des sages et advisez roys et princes qui aye regné il y a cent ans en Espagne, ne se sert guières de ces robes longues en ses négociations d'ambassades : aussi s'en trouve-t-il très bien ».

Pour Brantôme la cause est entendue. Philippe II avait raison et François Ier avait tort :

> En telles charges l'espée y est plus propre que la plume : car enfin un homme de lettre, que peut-il faire de plus qu'un homme de guerre en cela, sinon de mieux faire harangue en une assemblée ? Cela sent mieux son prédicateur ou un pédant que son ambassadeur de grand roy [28].

Bref ce qui était pour Érasme et Budé la gloire du règne est, pour notre Gascon, sa faiblesse majeure. Les positions de classe, à ce niveau, sont bien tranchées.

---

[27] Brantôme, *Vies des grands capitaines françoys*, Œ., éd. Lalanne, t. III, p. 94.
[28] *Ibid.*, p. 102.

3. Les grands notables et la culture

Brantôme dit en clair et en haussant le ton ce que tant d'autres chuchotaient. Sa diatribe est d'autant plus précieuse que les gentilshommes de terroir et d'épée n'écrivaient guère, alors que les hommes de robe ont multiplié les traces écrites de leurs griefs [29]. Cette inégalité de volume et d'habileté d'expression entre les témoignages des deux parties a conduit les historiens — solidarité de classe aidant — à ne pas tenir la balance égale entre les deux et à crier haro sur le gentilhomme, eux aussi.

Or les robins jouent à la fois sur le présent et le futur. Sur le présent, puisqu'ils ont en mains les leviers de commande, sur la postérité grâce à leurs rapports privilégiés avec l'intergroupe social des lettrés issus de leurs rangs et auteurs de la majeure partie des textes qui seront la matière première de l'histoire à venir. Les grands notables ont vite compris les règles du jeu. Les intellectuels bien en cour n'avaient cessé d'ailleurs de les leur seriner, depuis Commynes jusqu'à Ronsard. S'assurer de leur bienveillance, les pousser à la cour, à la chancellerie, les épauler quand ils réclament des prébendes, ou bien les adopter comme secrétaires, se faire dédicacer par eux des livres et des poèmes, autant de préoccupations communes aux dirigeants de la classe administrative. Ils ont retenu la leçon.

Ils le font sans peine et dans un esprit de complicité quand ils ont un pied déjà dans le monde des lettres, comme c'est le cas pour Florimond Robertet, l'homme le plus influent des trois règnes, de Charles VIII à Louis XII et François Ier. Fils, frère et oncle de poète [30],

---

[29] Citons quelques textes de fin de siècle qui résument un long débat : Nicolas Pasquier, *Le gentilhomme* (Paris, éd. 1611) et *Lettre de noblesse* (Paris, éd. 1623) ; Jean des Caurres, *Œuvres morales et diversifiées* (Paris, 1584) ; le *Journal* de Le Riche (publié tardivement en 1846) ; Charles Loyseau, *Traité des Seigneuries* et *Traité des Ordres et simples dignités* (1613) ; Louis Le Caron, *Du devoir des magistrats* (Paris, 1567). Un texte anonyme résume toutes les positions : le *Discours des querelles* (Paris, 1594).

[30] Le père Jean Robertet, greffier au Parlement du Dauphiné, a écrit des rondeaux, des ballades, des épîtres et publié ses *Dicts prophétiques des Sybilles*. Le frère aîné de Florimond, François, est poète comme son père, et son fils Jean suit ses traces. L'un et l'autre écrivent dans le style des rhétoriqueurs du début du siècle. Voir M. Zsuppan, « Jean Robertet's Life and career : a reassessment », *B.H.R.*, t. XXXI (1969), p. 333 sq.

correspondant de Molinet et de Jean Marot, protecteur de Clément Marot et ami de Budé, il est aussi le seul grand notable capable de parler quatre langues étrangères. Collectionneur passionné, il répartit entre l'hôtel d'Alluye à Blois et le château de Bury — tous deux construits et décorés à l'italienne — des médailles, des monnaies antiques, des tableaux, des statues. L'inventaire dressé à sa mort énumère, outre les bijoux et médailles, plus de quarante tableaux et une quinzaine de statues [31].

Chez les hommes de cette génération, nés au cours des années 60 du XVe siècle, ces goûts étaient exceptionnels. Quand on se reporte aux témoignages écrits laissés par les Français de l'expédition de Naples, on reste sur l'impression que Charles VIII et Robertet ont été les seuls à s'intéresser à l'art italien, qui laissait indifférents leurs compagnons de guerre [32]. Et cette indifférence n'est pas le fait de l'inculture. À Venise Érasme et Dolet n'ont guère vu que les imprimeurs et les bibliothèques. Rien d'autre. Les yeux ne commencent à s'ouvrir sur la beauté qu'aux dernières expéditions de Louis XII et aux premières de François Ier avec, dès les lendemains de Marignan, l'exemple contagieux du jeune roi.

La civilisation du livre s'est plus vite imposée au monde des notables. Depuis Charles VIII jusqu'à Henri II on voit grossir le nombre des lettrés et mécènes parmi les secrétaires du Roi. Ils n'ont pas tous le niveau d'un Guillaume Bochetel, « Secrétaire du roi signant aux Finances » depuis 1530 après un stage de douze ans comme clerc-notaire à la chambre du roi [33] auteur de deux livres et d'une traduction en vers de l'*Hécube* d'Euripide longtemps attribuée à Lazare de Baïf, ce

---

[31] « Inventaire des objets composants la succession de Florimond Robertet dressé par sa veuve le 4 août 1532, publié par Duplessis dans les *Mémoires de la Société Impériale des Antiquaires de France* (3e série, t. X, p. 21 sq., année 1868) et rectifié par Mabille l'année suivante (t. IX, pp. 126-135, 1869). Pour un examen récent de l'inventaire, voir C. M. Brown « A lost painting attributed to Michelangelo in the 1532 inventory of the château de Bury », *B.H.R.*, t. XLIII (1981), p. 158 sq.

[32] Voir l'analyse de Madame Labande-Maillefert dans *Charles VIII*, ouvr. cité, p. 379.

[33] Voir Roman d'Amat, « Guillaume Bochetel » in *D.B.F.* Notons que Guillaume Bochetel représente la cinquième génération de grands notables, le plus ancien étant Jean Bochetel, contrôleur de la Chambre des deniers sous Charles VII.

qui n'est pas un mince compliment. Humaniste distingué, il a su choisir en outre pour son fils un précepteur de marque : Jacques Amyot.

Bochetel et Lazare de Baïf (devenu maître des requêtes au terme de ses missions diplomatiques) sont les exemples les plus frappants, mais non les seuls. Parmi les secrétaires du roi de la première moitié du XVIe siècle, on trouve Antoine de Macault, traducteur du *Pro Marcello*, Jacques Colin, ami de Marot et de Théocrène, poète à ses heures, traducteur du *Corteggiano* de Balthazar Castiglione et des *Métamorphoses* d'Ovide [34]. Il y a tout un groupe littéraire autour de la famille et des amis de Duthier, contrôleur des Finances, collectionneur d'œuvres d'art, ami des artistes, auteur lui-même d'une pochade à la manière d'Érasme [35], protecteur de Ronsard et de Du Bellay qui ne manquent pas de lui dédier çà et là un poème.

Ancien secrétaire d'Érasme, devenu maître d'hôtel de la Maison du roi, Jean de Morel, l'ami le plus intime de Du Bellay au point qu'à la mort du poète c'est à lui qu'on envoie les condoléances [36], fait de sa maison l'un des premiers salons littéraires de Paris. Il est très secondé par sa femme, Antoinette de Loynes, lettrée elle-même et soucieuse de faire enseigner les langues anciennes à ses filles par les meilleurs précepteurs. Nicolas de Verdun seigneur de Places, Bouju, Nicolaÿ, Troussilly, Jean Belot, Nicolas de Neufville seigneur de Villeroy, autant de personnages bien placés dans la haute administration royale, secrétaires ou maîtres des requêtes à qui Ronsard dédie des poèmes et qu'il traite en connaisseurs et en alliés.

Ils ne font, les uns et les autres, que suivre les traces de Semblançay, protecteur de Marot et de beaucoup d'autres, D'Étienne Poncher, garde des sceaux et mécène des humanistes, de Pierre Le Gendre, oncle de Neufville, grand collectionneur et mécène des artistes, de Louis Ruzé, lieutenant civil au Châtelet qui fréquentait Josse Bade, correspondait avec Budé, qui avait soutenu financièrement Christophe de Longueil pendant son séjour à Paris, et Jean Toussain

---

[34] Voir V. L. Bourrilly, *Jacques Colin, abbé de Saint-Ambroise*, Paris, 1905.
[35] *La Piazza*, publié anonymement en italien, édité en français après sa mort, en 1566 sous le titre de *Louanges de la folie*.
[36] Gilbert Gadoffre, *Du Bellay et le Sacré*, pp. 216-218.

avant sa nomination au Collège royal [37]. Et ce ne sont pas là des investissements à fonds perdus car l'auréole du mécénat qui coiffe ces administrateurs et financiers, l'appui moral qu'il reçoivent de leurs protégés en temps de crise ou de disgrâce sont autant d'appoints. Les épigrammes et les plaidoyers de Marot, de Postel, de Sadolet, pour ne pas parler des gémissements de La Fontaine sur la disgrâce de Fouquet, n'ont pu arrêter le cours des événements, mais ils ont laissé un impact sur l'opinion de ceux qui lisent, et aujourd'hui encore les historiens, solidarité bourgeoise aidant, sont influencés par eux. Sur ce plan-là aussi les nouveaux messieurs de l'appareil jouaient sur l'avenir.

Dans quelle mesure les cas que nous avons cités sont-ils représentatifs, peut-on se demander ? Les chiffres ne pourraient-ils pas nous indiquer des proportions ? On a cherché dans les inventaires après décès d'une série homogène d'officiers royaux, les secrétaires du roi, des précisions sur la richesse en livres qu'ils révèlent. Sur trente inventaires parvenus jusqu'à nous dix comportent une petite bibliothèque composée pour les deux tiers ou les trois cinquièmes, suivant les cas, d'ouvrages de Droit et d'Histoire, le reste étant voué aux humanistes, aux Italiens, de Pétrarque à Castiglione, ou à des auteurs français tels que Marot et Rabelais. Cette faible proportion (un à trois) des inventaires comportant des listes de livres a conduit Hélène Michaud, dans son érudit et importante étude sur la chancellerie de France, à « situer les secrétaires du roi, parmi les contemporains plus ou moins lettrés, dans une honnête moyenne » [38].

Pareille déduction est très révélatrice du fonctionnement des méthodes quantitatives appliquées à l'histoire culturelle. Regardons de près les dix cas d'inventaires positifs : les uns mentionnent une collection d'une ou plusieurs centaines de livres bien répartis, instruments de travail et de plaisir dignes du nom de bibliothèque, mais quelques autres ne comportent pas plus de quatre à huit livres, ouvrages de référence d'hommes de loi. Il ne s'agit là ni de collections ni de bibliothèques et force nous est de constater que le chiffre dix est

---

[37] Budé qualifie Louis Ruzé d'« ami universel des gens de qualité » dans sa lettre du 15 octobre 1518 à Christophe de Longueil (*Correspondance*, t. I. Lettres grecques, p. 191). Voir aussi la lettre de Longueil à Budé du 25 janvier 1521, où il est fait mention de la maison que le lieutenant civil au Châtelet voulait donner à Longueil pour le retenir en France.

[38] Hélène Michaud, *La Grande Chancellerie*, Paris, 1967, p. 264 sq.

obtenu en mettant côte à côte des ensembles de nature différente et qui ne peuvent s'additionner.

Examinons maintenant le cas des vingt inventaires négatifs. De l'absence d'une liste de livres peut-on conclure à l'inexistence d'une bibliothèque ? Ce serait faire trop confiance à l'acte notarié. L'inventaire *post mortem* le plus détaillé qui soit, celui de Florimont Robertet, l'un des notables les plus cultivés de son temps et collectionneur acharné, ne comporte pas un seul livre imprimé, mais en tout et pour tout un livre d'heures manuscrit et enluminé. Or il est tout à fait invraisemblable que ce juriste polyglotte, fils, frère et oncle de poètes ayant publié, protecteur d'écrivains illustres, ne possède pas l'ombre d'un livre dans une de ses demeures.

Avec le chancelier Poyet on retrouve une situation comparable. Amateur de lettres et de beaux esprits, familier de Lazare de Baïf, de Postel, de Budé qu'il a fait revenir à la cour malgré ses réticences et son grand âge et dont il protégera les fils après sa mort, il est de tous les chanceliers du roi François le premier à avoir eu véritablement une politique culturelle cohérente. Il se fait remarquer par son soutien à la création des lecteurs royaux et au projet de construction du *Mouseïon* dont rêvait Budé [39] par l'ordonnance de Villers-Cotterêts qui donne un statut de langue administrative et judiciaire au français, ordonnance si étroitement liée à la personne du chancelier qu'elle sera baptisée « La Guillelmine ». Avocat et jurisconsulte de grande réputation bien avant d'avoir exercé des fonctions administratives, il est également admiré par des humanistes tels que Sadolet pour l'extrême élégance du latin de ses lettres [40].

Or aucun livre n'est mentionné dans l'inventaire qui a été dressé lors de la saisie des biens du chancelier disgracié en 1542. Une grande quantité d'argenterie, vingt et une tapisseries, une pierre philoso-

---

[39] L'acte royal est daté du 19 septembre 1539. Guillaume Postel, resté fidèle à Poyet après sa disgrâce, insiste sur le rôle joué par le chancelier dans la décision royale qui finalement tourna court, Guillaume Postel, *De Magistratibus Atheniensium*, Paris, 1541.

[40] « Apte, ornate, graviterque explicata, tum verbis, tum sententiis [...] », précise Sadolet dans une lettre du 15 janvier 1540 qui fait l'éloge du style du chancelier in *Jacobi Sadoleti Epistolarum libri sexdecim*, Lyon, 1550, p. 873.

phale [41], mais pas l'ombre d'un imprimé, ni même d'un manuscrit. L'absence de tout ouvrage de référence étant peu vraisemblable chez un juriste qui, de surcroît, avait patronné de nombreux auteurs et s'était vu dédier la *Vita Budaei* de Louis Le Roy, le nom de Poyet s'ajoute à la liste assez longue des grands notables lettrés dont l'inventaire ne comporte aucune mention de livres. La bibliothèque de Duprat elle-même, réputée la plus importante de France, n'a pas été inventoriée, semble-t-il, du vivant du chancelier ni à sa mort. Ce n'est qu'à la mort de son fils, vers la fin du règne de Henri II, qu'un état descriptif sera dressé, sans que l'on puisse distinguer dans tous les cas les apports du père de ceux du fils [42].

On peut donc estimer qu'à cette époque la présence d'une liste de livres peut avoir une valeur indicative, alors que son absence n'en a pas. Ce qui exclut l'évaluation en pourcentage des hauts fonctionnaires lettrés par leur bibliothèque. Les données sont trop précaires et surtout trop irrégulières pour que la quantification ne se révèle pas illusoire.

Il reste que plus on avance dans le siècle, plus on trouve de secrétaires du roi, de maîtres des requêtes, de chanceliers qui se mêlent au clan humaniste et s'efforcent de s'identifier à lui. Pour les chanceliers du règne, l'évolution est significative, depuis le premier d'entre eux Antoine Duprat (1515-1535) jusqu'au dernier François Olivier (1545-1551), en passant par Du Bourg (1535-1538) et Guillaume Poyet (1538-1545).

Derrière le chancelier Duprat il y a quatre générations de marchands et d'officiers de finances auvergnats qui n'ont jamais tout à fait renoncé à pratiquer de la main gauche le prêt usuraire en marge de leur activité principale, et à accumuler [43]. Plus instruit que ses ancêtres, juriste laborieux, docteur en décrets, auteur d'un recueil de droit coutumier auvergnat remarqué, Antoine Duprat saura se servir à merveille des alliances de famille de sa lignée maternelle, les Bohier, et de l'appui inconditionnel de Louise de Savoie pour s'emparer des leviers de commande et éliminer un par un les gêneurs. On aurait pu croire que ce rapace qui n'avait de passion que pour l'argent et le pouvoir ferait

---

[41] L'inventaire précise : « un petit sac où est une pierre de cristal à trois carrés, doré par les deux boutz, à chacun desquels est escrit : Lapis philisophalis. » Cité par Ch. Porée, *Guillaume Poyet*, Paris, 1898, p. 137.

[42] R. Doucet, *Les bibliothèques parisiennes au XVIe siècle*, Paris, 1956, pp. 22 et 24.

[43] Voir Albert Buisson, *Le chancelier Duprat*, Paris, 1935, chap. I et II.

bon marché de la culture. Il n'en a rien été. Il était assez homme d'État et assez psychologue pour mesurer l'impact des goûts et des choix culturels du Roi même avant son avènement. Un étranger comme Balthazar de Castiglione avait bien prévu du vivant de Louis XII que si le jeune duc d'Angoulême montait un jour sur le trône « il saurait joindre la gloire des Lettres à celle des Armes »[44].

Duprat a si bien su mener son jeu que, l'année même de la mort de Louis XII, Budé, dans le dialogue final avec Deloynes du *De Asse*, fait crouler le nouveau chancelier sous les éloges : Duprat est l'homme qu'on attendait, amoureux des Lettres, amis des lettrés, un homme qui se présente comme le complice et le protecteur des doctes, qui sera pour le roi François ce que Mécène a été pour Auguste[45]. Et qu'a-t-il fait au juste pour mériter cette salve d'applaudissements dès son entrée en scène ? Rien de très mémorable, ou bien on le saurait, car Duprat ne l'aurait pas laissé oublier. Il s'est frotté aux intellectuels de Paris, il en a aidé quelques-uns à gravir un échelon, il a commencé à réunir les éléments d'une bibliothèque, énorme pour l'époque, mettant du miel dans la ruche pour y attirer les abeilles, à une époque où autour des bibliothèques privées et des boutiques de libraires bourdonnent des essaims de jeunes humanistes en mal de livres. Il lui arrive même d'embaucher quelques-uns d'entre eux comme secrétaires, tel Jean de la Forest, chaudement recommandé par Lascaris et Budé[46]. Cela dit, sa contribution personnelle au mécénat est assez mince et son impulsion donnée à l'action culturelle du roi limitée. Le grand projet du règne, le Collège royal, n'a pu se matérialiser qu'après treize années de manœuvres de retardement, et Budé n'aurait certainement pas réitéré à

---

[44] « Se la buena sorte vuole che Monsignor d'Angolem, come si spera, succeda alla corona, estimo che si come la gloria delle arme fiorisce e risplende preci-puamente in Francia, li debba ancor con supremo ornamento fiorire quella delle lettre », *La seconda redazione del « Corteggiano » di Balthazar Castiglione*, éd. Ghino Ghinassi, Florence, 1968, chap. XLII, p. 57.

[45] « [...] Vir non modo literarum amore captus, sed etiam literatorum amantissimus, qui cum doctis in universum et ingeniosis nimirum tantorem se prœbebit, et apud hunc nostrum Augustum, alterum Mœcenatem », Budé, *De Asse*, éd.1541, fol. 222 r°.

[46] « Souviens-toi que c'est par moi que tu côtoies l'homme qui occupe la première place dans l'administration suprême de l'État. » Lettre de Budé à J. de la Forest du 8 février 1525, *Correspondance*, t. I, Lettres grecques, p. 114.

la mort du chancelier en 1535 les éloges qu'il lui avait prodigués vingt ans plus tôt.

Le successeur, Antoine Du Bourg, mort prématurément, est passé trop vite pour pouvoir donner sa mesure, mais le chancelier suivant, Guillaume Poyet, représente un net progrès sur Duprat. Lui ne se contente pas d'utiliser la clientèle d'humanistes, il a, nous l'avons vu, une véritable politique culturelle qui s'est traduite par des réalisations, par un appui constant aux grands intellectuels et à leurs familles, par le fait que des humanistes de haut niveau tels que Sadolet ou Postel le traitent un peu comme un des leurs et lui resteront ostensiblement fidèles même après sa disgrâce de 1545.

François Olivier lui succède. C'est un autre type d'homme, moins brillant, moins carriériste, plus prudent, plus droit et encore plus soucieux que ses prédécesseurs de resserrer les liens avec les nouveaux intellectuels. Fils d'un premier président du Parlement de Paris exceptionnellement respecté [47], neveu d'un évêque modèle, Jean Olivier qui jusqu'à sa mort a résidé dans son diocèse d'Angers, s'est consacré aux visites pastorales, aux études sur l'Écriture sainte et à la poésie latine [48], François Olivier a bénéficié d'un entourage familial intellectuellement très supérieur à ceux de Duprat et de Poyet. Ajoutons qu'il a été très vite remarqué par la reine Marguerite qui ne se trompait guère dans ses choix. Elle lui a confié la chancellerie du duché d'Alençon avant son élévation à la dignité de président au Parlement de Paris (1543) puis à celle de garde des sceaux (1544) et de chancelier de France (1545).

Très vite auréolé d'une réputation de grand magistrat lettré, intègre et pieux, auteur d'un traité sur la préparation à la prière resté manuscrit, il aura comme conseiller culturel à ses côtés un disciple d'Érasme, Jean de Morel [49], qui sera l'ami intime de Joachim Du Bellay. Le poète des *Regrets* échange d'ailleurs des lettres avec le chancelier à qui il restera obstinément fidèle après sa disgrâce. Il faut voir avec quel enthousiasme il défend, dans un sonnet superbe,

---

[47] Le *Journal d'un Bourgeois de Paris*, plus souvent goguenard qu'élogieux à l'égard des hommes d'appareil, parle avec le plus grand respect du président Jacques Olivier : « Il estoit fort homme de bien et bon justicier et estimé en science et Église », p. 341.

[48] Voir l'article « Olivier » de la *Biographie universelle* de Michaud.

[49] Pierre de Nolhac, *Ronsard et l'Humanisme*, Paris, 1921, p. 171.

François Olivier écarté du pouvoir et reclus avec dignité dans ses terres, à la manière de Scipion l'Africain :

> Apres s'estre basty sus les murs de Carthage
> Un sepulchre eternel, Scipion irrité
> De voir à sa vertu ingrate sa cité
> Se banit de soymesme en un petit village [50].

À l'heure où Du Bellay écrit et publie ces vers, Henri II est encore vivant et Diane de Poitiers, auteur de la disgrâce, toute-puissante à ses côtés.

Dans une lettre de 1518, Budé faisait remarquer à Thomas More que le prestige dont commençaient à jouir les humanistes dans les cours au début du siècle n'avait pas résolu leurs problèmes d'insertion sociale ni ouvert toutes les portes, car ce qui sépare le plus profondément les hommes cultivés des incultes, précise-t-il, c'est « l'absence d'une communauté d'études, de style de vie, d'idées, qui sont le plus sûr ciment de l'amitié » [51].

S'il avait pu vivre jusqu'à la fin du règne il aurait sans doute révisé son jugement. La mutation culturelle était alors si éclatante, officialisée par le pouvoir avec une telle insistance que les classes dirigeantes, anciennes et nouvelles, ne pouvaient que pactiser avec ses représentants et établir avec eux ces liens dont Budé, en 1518, avait déploré l'absence.

---

[50] Joachim Du Bellay, *Les regrets*, sonnet 162.
[51] « [...] Doctis cum imperitis, ut studia, sic mores opinionesque non conveniunt : quae sunt amicitiae glutinum ». Budé, *Lucubrationes*, p. 247.

Chapitre IV

La revanche des seigneurs

L'assaut du pouvoir par une classe d'exécutants devenus dirigeants, la prise en main des leviers de commande financiers, administratifs, judiciaires et culturels par une bourgeoisie affamée de promotion et de puissance, autant de faits maintenant reconnus. Peut-être trop. emportés par le désir d'applaudir avant terme un Tiers-État cossu, intelligent et dynamique, en beaucoup de points conforme à l'idée que la bourgeoisie du XIXe siècle aimait à donner d'elle-même, les historiens ont quelque peu exagéré le triomphe. Si la noblesse était aussi bas qu'on le dit, si stupidement archaïque, si incapable de s'adapter aux temps nouveaux ou même de gérer ses biens, comment a-t-elle pu survivre ? Le pouvoir royal aurait-il permis à une nouvelle féodalité d'argent et d'offices de se substituer à l'ancienne ? Aurait-il renoncé à cet équilibre entre classes concurrentes sur lequel reposait l'État depuis Louis XI ?

Les historiens ne l'ont pas explicitement affirmé. Mais leur analyse de la montée des classes moyennes et du déclin de l'aristocratie pourrait le laisser croire. L'erreur d'optique tient au fait que l'unité de temps que représentent un long règne tel que celui de François Ier, ou même un siècle, est trop courte ou trop longue. Trop courte pour la recherche des phénomènes de longue durée, trop longue pour l'analyse des rapports de forces. C'est un fait qu'en début de règne, et plus encore après la volte-face du connétable de Bourbon, la priorité est à la reprise en mains d'une noblesse pétulante et toujours prête à reprendre les mutineries des commencements de règne de Louis XI et Charles VIII. Le recours aux gens de robe et aux officiers du roi s'impose. Toutes les forces morales et sociales de la bourgeoisie se trouvent mobilisées, Guillaume Budé lui-même doit se rendre aux sessions du procès Bourbon aux côtés de son ami d'enfance Deloynes, de Selves et de Brinon. Après quoi ce sera le partage des dépouilles où les robins, Duprat en tête, ne se laisseront pas oublier.

1. Le coup d'arrêt

Au lendemain de la captivité de Madrid la situation est inversée. Une série de guerres de revanche se préparent, entremêlées de négociations diplomatiques et de renversements d'alliances. La classe militaire est plus que jamais à l'honneur et au risque, en même temps que se creusent dans le trésor public des brèches difficilement colmatables.

Après sept ans de règne, François Ier s'est aperçu que l'intendance ne suivait pas. Lautrec a perdu la bataille de la Bicoque, l'argent destiné aux mercenaires suisses n'étant pas arrivé en temps voulu, les transmissions sont lentes, les prélèvements déçoivent. Et où trouver l'argent liquide et les métaux précieux pour fondre des lingots sinon là où ils sont : dans les tiroirs des marchands, dans les coffres pleins de vaisselle d'argent de la grande bourgeoisie, dans les trésors d'église ? Les tailles se renforcent, mais leur rendement n'est pas proportionnel à leur lourdeur. Tout laisse croire qu'il y a des fuites dans l'organisme financier de l'État.

Dès le début de l'année 1523, François Ier va donner le branle à une foule de mesures constructives et punitives destinées à la remise au point des mécanismes financiers. Les enquêtes de la commission dite de La Tour carrée ayant révélé avec quelle aisance pouvaient se faire les détournements, il s'agit de mettre en place un dispositif qui les rende sinon impossibles, au moins beaucoup plus difficiles. « On besongne tous les jours au Conseil pour mectre ordre au faict des finances », écrit le vieux Guillaume de Montmorency à son fils, et le Bâtard de Savoie constate à quel point le jeune François a pris les choses à cœur : « Le Roy prend luy mesmes peyne de très souvent y adviser et penser »[1].

Le résultat positif de tout ce branle-bas sera l'initiative la plus importante du siècle sur le plan financier : la création du Trésor de l'Épargne, de l'office de « trésorier de l'Épargne et receveur général des parties casuelles et inopinées des Finances »[2]. Elle mettra fin à l'ancien système qui faisait transiter l'argent par tant de mains que les responsabilités en devenaient indiscernables. Il y aura désormais un responsable unique, tenu de résider auprès du roi et de lui prêter

---

[1] Alfred Spont, *Semblançay*, Paris, 1895, p. 204.
[2] Cette institution a fait l'objet d'une étude approfondie et qui, bien que très ancienne, n'a pas été dépassée : G. Jacqueton « Le Trésor de l'épargne sous François Ier », *Revue historique*, 1894, t. LV et LVI.

serment ; les officiers des Finances petits et grands lui seront subordonnés, il établira une réserve en espèces pour subvenir à la trésorerie des dépenses extraordinaires telles que celle des guerres et il sera chargé en outre de racheter les terres du domaine royal aliénées au cours des règnes précédents.

Les enquêtes qui avaient frayé le chemin aux réformes avaient aussi ouvert les yeux sur les confusions entre finances publiques et intérêts privés, ce qui ne laissait à l'abri du soupçon aucun des grands officiers des Finances si vite et si amplement enrichis. On lit dans le *Journal* de Louise de Savoie : « L'an 1515, 1516, 1517, 1518, 1519, 1520, 1521, 1522, sans y pouvoir donner provision, mon fils et moi feusmes continuellement desrobés par les gens de finances. » La mère et le fils n'allaient pas tarder à faire rendre gorge aux coupables, pour le bénéfice du Trésor et le plaisir du menu peuple, toujours prêt à se bousculer au spectacle des grandes déchéances.

Les premiers visés, bien entendu, étaient les receveurs généraux, les contrôleurs des finances, les trésoriers de l'extraordinaire des guerres et les trésoriers du duché de Milan. L'enquête sur la gestion de Semblançay, amorcée dès 1523, n'aboutit à la condamnation suivie d'exécution capitale qu'après le retour du Roi, en 1527, et elle n'est que le point de départ d'une réaction en chaîne.

Les huit années qui suivent sont jalonnées de procès en restitution [3]. Guillaume de Beaune en fuite se voit sommé de comparaître, et on lui confisque *in absentia* toutes ses propriétés de Normandie ; Gilles Berthelot, l'un des quatre trésoriers de France, en fuite lui aussi, est dépouillé de ses offices, de son château d'Azay-le-Rideau, condamné à 16 000 livres de restitution, 20 000 livres d'amendes et 13 399 livres de dommages ; Raoul Hurault, général des Finances qui vient tout juste de mourir est condamné à 100 000 livres de restitution payables par sa veuve ; Thomas Bohier, trésorier général des armées d'Italie est condamné *post mortem* à 70 000 livres de restitution payables par son fils Antoine, qui devra laisser en gage le château de Chenonceaux, et n'en poursuivra pas moins une carrière administrative honorable puisqu'il devint trois ans plus tard maire de Tours, puis lieutenant général de Touraine [4]. Quant à Jean Poncher,

---

[3] Sur les procès des gens de Finances, voir R. Doucet, *le Gouvernement de François Ier dans ses rapports avec le Parlement*, Paris, 1926, t. II, p. 199 sq.

[4] Voir M. Prévost « Antoine Bohier » dans *D.B.F.*

général des Finances, neveu d'Étienne Poncher, évêque de Paris et cousin de Budé, il sera condamné à 250 000 livres de restitution huit ans après Semblançay, et pendu.

Chargé d'activer les opérations de nettoyage, le chancelier Duprat lui-même ne peut échapper au sort commun. La fortune colossale qu'il avait accumulée en vingt ans ne pouvait passer inaperçue. À peine était-il mort que François Ier faisait saisir ses avoirs, à la grande joie du Bourgeois de Paris : 300 000 écus dans sa maison de Paris, 800 000 au château de Nantouillet, sans compter la vaisselle d'or et d'argent, « car il avait acquis merveilleuses finances en son temps »[5].

Quelques années plus tard, c'est le tour du chancelier Poyet. Les modalités du procès, là encore, en disent long sur les arrière-pensées du Roi. Quand Poyet se voit condamné à 100 000 livres de restitution, à la confiscation de ses offices et à cinq ans de prison, François Ier trouve la peine trop mince. « On ne fait pas justice suffisante à ceux de la robe longue », estime-t-il. Pour lui, comme pour l'opinion populaire qui applaudissait la chasse aux financiers, la confiscation des biens s'imposait[6].

Dès le début de cette longue saison des procès, le Roi a senti les résistances dues à la mauvaise volonté du Parlement et à l'esprit de corps du personnel financier. Les commissaires chargés des vérifications faisaient traîner les choses en longueur, ce qui était d'autant plus inévitable que la plupart des victimes potentielles étaient des parents ou des alliés, et que certaines d'entre elles s'abritaient derrière la protection de Louise de Savoie. Semblançay lui-même, qui ne bénéficiait pas d'une aide aussi précieuse, s'en serait tiré à bon compte si l'on s'en était tenu au jugement du 27 janvier 1525. Quand le roi revint de captivité, la procédure n'avait pas avancé d'un pas, et pour aller plus loin il fallut réunir une nouvelle commission composée de premiers présidents de parlements, du lieutenant civil du Châtelet, de conseillers et de maîtres des requêtes, pour que la solidarité de caste ne l'emporte pas sur la volonté de répression.

Utiles pour des opérations ponctuelles contre des officiers de finances, les parlementaires n'étaient pas toujours sûrs. Semblançay

---

[5] *Journal d'un bourgeois de Paris*, p. 460-461. Sur Duprat, voir le livre d'A. Buisson, *Le chancelier Antoine Duprat*, Paris, 1935.

[6] Sur Poyet on peut consulter, en tenant compte de son caractère de dossier de réhabilitation, *l'Histoire du procès du Chancelier Poyet, pour servir à celle de François Ier roi de France, par l'Historiographe sans gages et sans prétentions*, Londres, 1776.

était à peine exécuté qu'une majorité se formait au Parlement pour organiser des représailles contre ceux qui avaient collaboré à son jugement : contre le conseiller Laydet, destitué en 1528 pour « faux et prévarications », contre le président Gentiez condamné à mort et pendu en 1531, contre son complice Ranyer mort en prison [7]. Au nez du Roi et de sa mère, Semblançay était bien vengé.

Pendant la captivité du Roi, l'obstruction parlementaire était moins indirecte. Deux mois seulement après la défaite de Pavie, le Parlement de Paris montrait son jeu lors de la séance du 29 avril 1525, en jetant l'anathème sur ceux « qui ont mis le Roy et le royaume en dangier où ilz sont ». Suivaient les revendications de toujours : abolition du concordat de 1516, rétablissement des libertés gallicanes assurées par la Pragmatique Sanction, halte aux ventes d'offices nouveaux dont la multiplication dévalorisait les anciens, halte aux interventions royales dans la Justice qui entravaient le libre cours des poursuites contre les hérétiques et les intellectuels suspects tels que Marot, Berquin, Étienne Dolet [8].

La cible majeure était Duprat. Au cours des derniers mois de la captivité, le Parlement avait mis en route des commissions qui fonctionnaient comme des chambres d'enquêtes sur les agissements et les pratiques du chancelier. Parmi les enquêteurs chargés de lui porter le coup de grâce, un nom inattendu : celui de Guillaume Budé. Non seulement l'enthousiasme dont avait témoigné le *De Asse* était bien mort, mais la guérilla était ouverte entre les hommes de Duprat et ceux du Parlement, secondés par le clan Budé-Poncher.

Si François Ier prend parti pour Duprat dès son retour, c'est moins par amitié pour le personnage que pour mettre le holà aux empiétements parlementaires. Laisser le chancelier aux abois reviendrait à reconnaître au Parlement le droit d'intervenir dans l'activité d'un représentant des volontés royales et de les censurer. Par l'édit du 24 juillet 1527 le Roi a répondu aux professions de foi constitutionnelles du président Guillart en affirmant la subordination du Parlement au chancelier, mandataire royal.

L'une des premières victimes d'un retour chargé de menaces pour les turbulents et les ennemis du chancelier fut le jeune évêque de Paris, François Poncher. Successeur et neveu d'Étienne Poncher, cousin de

---

[7] R. Doucet, *op. cit.*, t. II, p. 240.
[8] *Ibid.*, p. 105.

Budé, il avait eu l'imprudence de disputer à Duprat, en s'appuyant sur le Parlement, l'abbaye de Saint-Benoît dont les moines l'avaient élu abbé. Une fois l'évêque de Paris destitué et emprisonné, restait à mettre un point final à la procédure contre Semblançay, que les hommes de loi tiraient en longueur depuis six ans, et contre Charles de Bourbon dont il fallait, une fois pour toutes, confisquer et répartir les biens.

Ce dernier cas était moins difficile à régler en 1527 qu'en 1523 car entre-temps le connétable était mort. Depuis sa rébellion il avait joué de malheur. Alors qu'au moment de la brouille une partie de l'opinion publique ne lui était pas défavorable, comme en témoignent les réflexions des auteurs de « journaux » qui, sans blâmer le Roi, regrettent la rupture, la hâte de Charles de Bourbon à se mettre au service de l'ennemi, le comportement de ses troupes au moment du sac de Rome, sa mort pendant l'assaut de la ville sainte, tout contribuait à faire virer son image au noir, à faire de lui un Lucifer, l'ange déchu frappé par la colère de Dieu. Il ne fut pas difficile d'obtenir du Parlement l'accélération de la procédure à partir de juillet 1527, la condamnation *post mortem*, la suppression des armoiries et une confiscation générale des biens qui faisait l'affaire de beaucoup. Le Roi remontait donc sur la scène en foudroyant côte à côte les féodaux de l'argent et de la noblesse.

Gardons-nous de croire qu'il va tenir la balance égale entre les deux. Le dernier grand féodal étant mort et déshonoré, les hommes de finances et de robe deviennent le pouvoir concurrent le plus redoutable. François Ier en a tellement conscience qu'il va renoncer progressivement aux pays de la Loire, résidence traditionnelle des souverains depuis la guerre de Cent Ans, et se rapprocher de Paris pour tenir le Parlement à l'œil. D'où la construction de Fontainebleau, dont le devis est dressé en avril 1528, la démolition du vieux Louvre et la construction de la Cour carrée du nouveau palais, confiée à Pierre Lescot dès 1527.

C'est la même intention qui va conduire le Roi à donner dès son retour un caractère nettement aristocratique au Conseil étroit, réduit à neuf conseillers. Aux côtés de Duprat, toujours chancelier mais moins écouté, et de Florimond Robertet, toujours très respecté mais âgé et presque aveugle, il place le duc de Vendôme, prince de sang, le cardinal de Tournon, Anne de Montmorency devenu Grand Maître [9] et Chabot grand amiral, tous gens peu disposés à laisser les robins parler haut. Duprat restera chancelier jusqu'à sa mort, mais le conseiller le plus influent et le plus proche du Roi n'est plus lui mais Montmorency.

C'est aussi le moment où la noblesse d'épée, beaucoup moins sotte qu'on a voulu le croire, commence à comprendre avec quelles armes soutenir la concurrence de la classe administrative. Les plus lucides ont fort bien évalué le rôle de la culture dans les succès des robins et ils ont retenu la leçon. Dès le deuxième tiers du règne on assiste à une modification des attitudes de la noblesse d'épée à l'égard des lettres, à un respect nouveau pour les disciplines et les hommes admirés par le Roi, au désir de participer au mouvement culturel par la bienveillance et le mécénat, à un désir d'acquisition du savoir pour soi-même ou pour ses enfants.

2. *Un nouveau comportement culturel*

Autour de la personnalité impérieuse et affable de François Ier, dans un milieu aussi hiérarchisé que la société de cour, les goûts du Prince hautement proclamés devaient faire loi. Castiglione avait déjà prévu que dès l'accession au trône de François d'Angoulême les attitudes changeraient, qu'à l'ironie condescendante à l'égard de la culture et de ses représentants succéderait un comportement nouveau. Sincères ou non, une curiosité attentive et des égards prudents s'imposent, Budé l'a souligné dans la préface aux *Commentarii*. En marge de la cour cette mentalité nouvelle n'est perceptible, dans un premier temps, que chez ceux dont la carrière dépend du Prince, mais on commence très tôt à la trouver dans le milieu le plus réfractaire aux gens de lettres, celui des hommes de guerre.

Aucune famille n'est aussi typiquement militaire que celle de Bayard : un trisaïeul mort à la bataille de Poitiers, dont les deux fils ont trouvé la mort l'un à Verneuil et l'autre à Azincourt, un grand-père tué à Montlhéry, un père gravement blessé à Guinegatte. Mis en page à douze ans, dans l'armée à quatorze, le jeune Pierre du Terrail, qui a participé aux batailles des trois règnes, n'a guère eu l'occasion d'étudier. Tout au plus un oncle évêque a-t-il pu veiller à lui faire

---

[9] Le Grand Maître est chargé de la direction des services de la Maison du roi. Il est, de ce fait, le mieux placé auprès du souverain, celui qui peut le plus facilement en permettre ou interdire l'accès.

apprendre à lire et un peu (très peu) à écrire. Et pourtant c'est lui qui, à en croire son biographe et parent par alliance Symphorien Champier, répond à qui lui demande s'il y a une vraie différence entre un savant et un ignorant : « Telle différence que tu bouteroys entre le medecin et le malade. » Il ajoute que le plus grand privilège d'un seigneur c'est « d'estre familier des gens vertueulx, et le plus grand mal avoir ses familiers vicieulx et ignorans, car il n'est plus grande pestilence que audace et puissance, lesquelz sont accompaignez par ignorance, et telz sont les subjetz que les seigneurs » [10]. Ce respect à défaut du savoir était rare en début de règne. Il deviendra beaucoup plus fréquent à la génération suivante et presque courant dans la seconde moitié du siècle, au point que Brantôme, dans ses *Vies des capitaines français*, pourra dresser un inventaire des seigneurs qui étaient à la fois hommes de guerre valeureux et lettrés. C'est qu'entre-temps les plus perspicaces et les plus ambitieux pour leur lignée avaient compris qu'un nouveau type d'éducation donnerait les meilleures chances de carrière.

Pour ceux qui étaient nés sous Louis XII il était déjà trop tard. Ils pouvaient compenser leur absence de lettres par le respect de celles des autres et, quand ils étaient riches et puissants, par le mécénat. C'est ce qu'ont fait beaucoup de grands seigneurs proches du pouvoir qui suivent le mouvement et imitent les largesses royales. C'est ce que font aussi bien l'homme d'Église assez cultivé qu'est le cardinal de Tournon, qu'un militaire comme Anne de Montmorency.

Homme d'État de haute volée, Tournon se pique d'échanger des lettres avec Érasme, de s'entourer d'une petite cour de lettrés qu'il aide et protège - parmi eux Lazare de Baïf -, ce qui lui vaut de recevoir les dédicaces de nombre de livres qui ornent son imposante bibliothèque. Il veut avoir sa galerie d'œuvres d'art, il se fait apporter des statues d'Italie : et partout où ses fonctions le conduisent il fonde des collèges et des universités [11].

Anne de Montmorency est un autre type d'homme. Pour ce gentilhomme de l'ancienne école, la guerre et la chasse ont la priorité absolue, mais sans nuire au mécénat. Il embauche dans son personnel un historien, Regnier de la Planche, il fait graver sur son épée et sur ses murs une devise grecque réduite à un mot : ΑΠΛΑΝΟΣ. Pour construire et orner ses châteaux d'Écouen, de la Fère-en-Tardenois, de

---

[10] Symphorien Champier, *Les gestes ensemble la vie du preulx chevalier Bayard*, Lyon, 1525, liv. V, chap. V.
[11] Voir M. François, *le Cardinal de Tournon, homme d'État, diplomate, mécène et humaniste*, Paris, 1951.

Chantilly, il a recours aux meilleurs architectes, Chambiges, Jean Bullant, il fait venir des tapisseries des Flandres, des statues d'Italie pour meubler sa grande galerie, il fait travailler Jean Goujon, Jean Cousin, les Clouet, Bernard Palissy, Léonard Limosin. Bien que n'étant pas lui-même grand lecteur, il veut une bibliothèque de prestige et charge son trésorier Grolier, bibliophile notoire, de réunir une riche collection de livres et de manuscrits reliés à ses armes, de même qu'il tient à donner des précepteurs à ses fils. Paris n'est pas délaissé pour autant. Le connétable fait décorer la grande salle de son hôtel de la rue Saint-Avoie par Nicolas de Modène, l'un des peintres les plus cotés à la cour, et il fait traduire sur commande les œuvres de Salluste [12].

Ces grands seigneurs introduits dans le Conseil étroit se piquent de ne pas faire moins que Florimond Robertet, de le dépasser même en s'offrant une galerie d'antiques comme le Roi et une vaste bibliothèque comme Duprat. Dans cette émulation entre grands serviteurs du royaume, il faut tenir compte à la fois du mimétisme, du calcul, de l'entraînement, des goûts acquis devenus habitudes, de l'exigence des relations publiques et de la compétition entre rivaux. Les gens de finances et de justice n'ont-ils pas été les premiers à construire des châteaux dans le nouveau style ? Bury a été mis en chantier en 1514 pour Florimond Robertet, Chenonceaux en 1515 pour Thomas Bohier, Azay-le-Rideau en 1518 pour Gilles Berthelot, alors que Galiot de Genouillac n'entreprend le château d'Assier qu'en 1525, Montmorency Écouen en 1535, le maréchal de Saint-André le château de Vallery en 1548.

La Noue a fort bien vu la situation en l'analysant de la façon suivante :

> Il n'y a gueres plus de soixante ans que l'architecture a esté restablie en France, et au paravant on se logeoit assez grossierement. Mais depuis que les beaux fruits de cest art eurent esté manifestez, plusieurs s'efforcerent de le mettre en pratique. Si quelques grands ou riches eussent seulement employé l'abondance de leurs escus en tels ouvrages, cela n'eust esté à reprendre, veu que c'estoient ornemens pour les villes et pour les champs. Mais à l'exemple d'eux les mediocrement riches, voire les pauvres, ont aussi voulu mettre la main à l'œuvre, et comme sans y penser se sont contrains de faire beaucoup plus qu'ils n'avoient pensé, ce qui n'a pas esté sans repentance. Les gens de justice, et surtout les thrésoriers, ont aussi augmenté aux seigneurs l'ardeur de bastir. Car

---

[12] Voir F. Decrue, *Anne de Montmorency, grand maître et connétable de France*, Paris, 1885.

> ils disoient, comment ? ceux-cy, qui ne sont si bien fondez que nous, font des bastimens de princes, et nous, dormirons-nous ? Et à l'envi les uns des autres, multitude de belles maisons se sont faites, et souvent par la ruine du revenu, qui s'en est allé ès mains d'autruy à cause de cette vehemente passion qu'ils avoient de mettre des pierres les unes sur les autres [...]. Je cuide que quand aucuns se sont regardez si bien vestus et dorez, qu'ils ont dit : Ceste cage est trop petite pour un si bel oiseau, il luy en faut une plus magnifique. Sur ce discours, quelque flateur aura respondu, Monsieur, c'est une honte que vostre voisin, qui n'est tel que vous, soit mieux logé. Mais courage, car qui entreprend hardiment, a desja fait la moitié de l'œuvre, et moyens ne manquent à un homme de bon esprit. Luy ayant senty se grater où il lui demangeoit, a incontinent forgé en imagination un dessein, qu'il a commencé avec plaisir, continué avec peine et despens, et achevé avec douleur [13].

Les seigneurs dont parle ici La Noue sont les petits aussi bien que les grands. Quand un hobereau comme Louis de Ronsard, au retour des campagnes d'Italie, fait rénover le manoir de la Possonière au goût du jour et, inquiet de voir autour de lui des robins s'enrichir et s'installer, envoie son fils à l'université, il a des réactions tout à fait semblables à celles de Montmorency ou de Genouillac, avec leurs châteaux neufs et leurs précepteurs. Le seigneur des Pins, Jean de Baïf, fait le même calcul pour son fils Lazare. Les Baïf ne seraient jamais sortis de la solitude campagnarde où ils végétaient si Lazare, envoyé à Paris pour y étudier le droit, n'avait fait quelque peu l'école buissonnière, comme le feront à la génération suivante Ronsard et Du Bellay, en portant moins d'attention au droit qu'au grec, s'il ne s'était mis en tête de faire le voyage d'Italie pour aller sur les traces de Budé prendre des leçons de grec à Rome avec celui qui avait donné au grand homme la vocation des études helléniques, Jean Lascaris [14].

Ces cinq ans consacrés au grec ne seront pas un investissement inutile. Ils lui vaudront d'ajouter à sa qualité de disciple de Lascaris une réputation de brillant helléniste appréciée par Jean de Lorraine, qui l'attache à sa maison, par le cardinal de Tournon qui le pousse, par François 1er qui en fait un ambassadeur à Venise puis en Allemagne,

---

[13] François de la Noue, *Discours politiques et militaires*, Bâle, 1587, 8e discours.
[14] Voir Louis Froger, « J. de Baïf et la seigneurie des Pins de 1478 à 1486 », *Annales Fléchoises*, II (1903), p. 119-132, et L. Pinvert, *Lazare de Baïf*, Paris, 1900.

puis un conseiller du roi et un maître des requêtes. L'université l'avait fait sortir de son terroir, le grec lui a donné une raison de vivre et une carrière.

3. *Engagement culturel et éducation*

Lazare de Baïf appartient à la même génération que les frères Du Bellay, Mellin de Saint-Gelais et Jacques Colin qui fit fonction de conseiller culturel du roi pendant une dizaine d'années. Tous ont dû leur carrière aux lettres. Les Du Bellay appartiennent pourtant à la classe militaire depuis le XIVe siècle, et se sont distingués tout au long de la guerre de Cent Ans. Deux Du Bellay sont morts à Azincourt, un autre à Verneuil, et sous François Ier les deux plus jeunes frères du grand Langeais sont morts l'épée à la main : Jacques Du Bellay, colonel d'infanterie, au siège de Sassari, et Nicolas, chevalier de Malte, tué devant Naples.

Le père, Louis Du Bellay, n'est que troisième fils d'une famille de six enfants – lui-même en aura huit – et il n'aurait eu que de piètres ressources si son aîné Eustache, dont il était le frère préféré, ne s'était dessaisi en sa faveur d'une partie de ce qui lui revenait de droit. Louis Du Bellay ne s'enrichit pas pour autant. Son idée fixe est de donner à ses fils la meilleure éducation possible, quitte à vendre des terres pour couvrir les dépenses [15]. Il se retrouve à la fin de sa vie avec un patrimoine sérieusement ébréché et un grand dessein accompli. Ses fils avaient une formation qui les mettait sur pied d'égalité avec les fils de grands parlementaires, la naissance et le prestige des armes en plus, et deux d'entre eux étaient en passe de devenir des personnages de premier plan.

Louis Du Bellay a des précepteurs à domicile, mais quand ses fils ont quatorze ans il les envoie à l'université d'Angers. Le plus doué, Guillaume, se retrouve à quinze ans à l'université de Paris, au collège Coqueret où il devient l'élève de l'humaniste Denys Lefebvre qui enseigne le grec et commente Théodore Gaza [16]. Au bout de trois ans il se montre capable de faire une improvisation en vers à la fin d'un repas et d'écrire un long poème latin, la *Peregrinatio humana*, allégorie

---

[15] Voir V. L. Bourilly, *Guillaume Du Bellay, seigneur de Langeais*, Paris, 1904, chap. I.
[16] *Ibid.*, p. 7.

du cheminement de l'âme vers le salut [17]. Il a dix-huit ans, tout joyeux d'avoir ses vers publiés, et prêt à conquérir sa place au soleil.

Au sortir de l'université il est, pour un temps, assidu à la cour où il a été présenté par le comte de Vendôme, il fait ses armes aux guerres d'Italie puis en Picardie. Il ne se contente pas de s'y battre. Il utilise habilement son capital intellectuel en établissant des relations avec les humanistes des universités de Pavie, Padoue, Bologne, et des complicités avec Christophe de Longueil et Simon de Villanova. À une époque où la République des lettres est un État au-dessus des États, un groupe de pression international presque aussi puissant que l'Église, le réseau Du Bellay est si bien constitué et se révèle si utile à l'heure de la captivité du Roi, qu'on fait appel à Guillaume pour des missions secrètes en Savoie et en Italie.

Lancé dans la nature loin de son port d'attache, avec des moyens de communication irréguliers et une marge d'initiative considérable, il n'hésitera pas à contracter un gros emprunt à son nom sur la place de Rome pour lever des troupes contre le vice-roi de Naples, et une seconde fois pour permettre l'expédition de Sardaigne. Deux de ses jeunes frères trouveront la mort dans ces expéditions.

D'Italie Guillaume est envoyé en Allemagne et en Angleterre pour des missions liées aux principaux événements politiques et religieux du deuxième quart de siècle. Après quoi, envoyé au Milanais, on en fait une sorte de vice-roi de France en Gaule cisalpine. C'est là qu'il pourra déployer ses extraordinaires talents d'administrateur et d'animateur, flanqué d'un triple état-major militaire, politique et culturel, passant de l'un à l'autre, contrôlant l'administration, veillant aux distributions de vivres, donnant une impulsion à la vie économique, faisant construire un système de fortifications, envoyant des dépêches à Paris plusieurs fois par semaine, ce qui ne l'empêchait pas d'écrire ses *Ogdoades* et son *Épitomé de l'Antiquité des Gaules* ainsi qu'un traité militaire perdu après sa mort : les *Stratagèmes* [18].

Au cours de ces différentes missions, le seigneur de Langeais ne cesse de faire des avances de trésorerie et des emprunts pour couvrir les dépenses, et il aura les plus grandes difficultés à se faire rembourser par Duprat. Si son mariage avec Anne de Créqui et des concessions royales

---

[17] Publié en 1509.
[18] Sur les multiples activités de Guillaume Du Bellay au Piémont, voir l'intéressante analyse de Richard Cooper, « Rabelais et l'occupation française du Piémont », dans Franco Simone, *Culture et politique en France à l'époque de l'humanisme et de la Renaissance*, Turin, 1974, p. 325-340.

(droits de péage de ponts, autorisations de marchés hebdomadaires et de foires trimestrielles sur certaines de ses terres) n'avaient fait rentrer quelques fonds, il aurait dû, comme il l'avait déjà fait une première fois, emprunter à des amis pour éviter de vendre le château paternel. Cela ne l'empêchera d'ailleurs pas de mourir couvert de dettes accumulées pour le service public. Le contraste avec la fin de Duprat n'en est que plus frappant.

Le travail d'un Guillaume Du Bellay, il faut le dire, était d'une complexité qui défie les grilles d'évaluation. Entre ces activités gyrovagues il y a un fil directeur qu'on lit en filigrane : le renseignement. Langeais est le cerveau des services de renseignement de François Ier qui couvrent toute l'Europe et ne partie du proche Orient. « Il depensoit fort en espions », dit Brantôme, qui précise : « Il en avoit de tres bons et vrays, jusques à sçavoir des plus privez secrets de l'empereur et et ses généraux, voire de tous les princes de l'Europe ; dont on s'estonnait si fort que l'on pensoit qu'il eust un esprit familier qui le servit en cela, mais c'estoit son argent de sa bourse et sa curiosité & diligence, n'espargnant rien du sien quand il vouloit une fois sçavoir quelque chose » [19].

Ajoutons que Guillaume Du Bellay veut établir des relations étroites entre le renseignement et la propagande. Beaucoup de ses informateurs sont des lettrés choisis pour leurs relations autant que pour leur savoir. C'est le cas de Jean de Morel, qui suit Langeais comme son ombre. Ce gentilhomme d'Embrun, ancien disciple d'Érasme, est resté très lié avec les Amerbach, Grynée, Oporin. Ayant passé une partie de sa jeunesse en Allemagne et à Bâle, il est dans les meilleurs termes avec les imprimeurs de Bâle et de Venise, excellentes filières de diffusion qu'il a su très bien utiliser pour répandre un peu partout les apologies et épîtres qui justifient la politique du roi de France et dénigrent celle de l'Empereur, ainsi que les *Exemplaria* publiés par Robert Estienne, recueil de lettres qui remplit un peu la fonction de livre blanc [20]. On comprend la boutade de Charles Quint à

---

[19] Brantôme, *Vies des grands capitaines français*, p. 213-214.
[20] *Exemplaria literarum quibus et christianissimus Galliarum rex Franciscus ab adversariorum maledictis defenditur et controversiarum causae ex quibus bella hodie inter ipsum et Carolum quintum imperatorem emerserunt, explicantur auctore Guilielmo Bellaio*, éd. Robert Estienne, Paris, 1537. L'année précédente il avait fait circuler sans nom d'auteur un pamphlet imprimé à Paris, lui aussi, et intitulé *Double d'une lettre escripte par ung serviteur du Roy tres chrestien à ung secretaire allemant, son amy,*

la mort de Guillaume Du Bellay : « La plume de Langeais m'a trop plus fait la guerre que toute lance bardée de la France », et la conclusion de Brantôme à sa notice biographique : « M. de Langeais, certes, a esté un grand, sage et tres politicq capitaine ; aussi avoit-il les deux, et l'espée et la plume, qui ayde fort à parfaire un grand capitaine »[21].

Le quatrième et dernier fils Du Bellay, Jean, est en même temps homme d'Église et évêque guerrier. Ses études, comme celles de son frère, ont commencé à l'université d'Angers, continué à Paris au collège de Navarre et sont couronnées à l'université d'Orléans par la licence en droit. Il était, dit Brantôme, « prompt, soudain et haut à la main autant qu'un homme de guerre, un des grands personnages en tout, et de lettres et d'armes ». Quand la France est envahie par le Nord en 1536 et que le Roi part en campagne, c'est Jean Du Bellay qui est nommé lieutenant général de l'Ile-de-France avec mission de mobiliser tous les moyens de défense en hommes et en armes pour la protection de Paris. Un an plus tard, il entre au Conseil étroit. S'il reçoit de Paul III le chapeau de cardinal en 1535, c'est en tant que prélat humaniste, au même titre que Reginald Pole, Sadolet, Morone, Bembo, Contarini. De la part d'un pape qui aurait voulu faire d'Érasme un cardinal, ce choix était à lui seul une reconnaissance de statut, celui d'humaniste d'Église.

Appuyé sur un cumul de bénéfices ecclésiastiques (évêchés de Bayonne, Paris, Limoges, Le Mans, Bordeaux) qui lui donnent un support matériel considérable, le cardinal peut suivre les traces de son frère aîné en matière de mécénat. Lui aussi a protégé Rabelais qu'il prend comme secrétaire et médecin à la cour et, pour retenir Macrin, il

---

auquel il respond à sa demande sur les querelles et differens entre l'empereur et ledict seigneur Roy. Au bout d'icelle est adjoustee une arbre de consanguinité d'entre les maisons de France, Autriche, Bourgogne, Milan et Savoye, Paris, 1536, éd. suivie de sept réimpressions sans dates, dont l'une imprimée à Lyon et une autre en caractères gothiques. C'est en 1536 également qu'est imprimée en latin puis en français *La Responce du Roy de France à nostre Sainct pere sur les propos tenus par l'Empereur à sa Saincteté*, Anvers, 1536.

Il n'est pas certain que les tracts et pamphlets de Guillaume Du Bellay aient été répertoriés dans leur totalité.

21 Brantôme, *loc. cit.*, p. 249 sq.

va jusqu'à lui offrir une maison à Saint-Cloud [22]. À la fin de sa vie, il fera un homme de confiance de son petit cousin Joachim [23] et il a profité d'un entre-deux-séjours à Rome un peu plus long que les autres pour se faire construire à Saint-Maur un palais abbatial dans le style nouveau. Pendant ses séjours en France, c'est là qu'il tiendra une petite cour d'écrivains et d'artistes parmi lesquels Rabelais, Macrin, Joachim Du Bellay, et le maître d'œuvre, Philibert Delorme. Lui-même écrit des vers latins qu'il ne dédaignera pas de publier en appendice de l'édition de 1546 des *Odarum libri III* de Macrin [24]. C'est dans un de ses poèmes qu'on peut trouver cette sentence très typique des hiérarchies de valeur de l'humanisme :

> Il y a au monde une dignité plus grande que la royauté : celle de la pensée. Les hommes ont bien pu faire d'Ausone un consul, les dieux seuls peuvent en faire un poète [25].

Des quatre frères Du Bellay, le second, René, est celui dont on a le moins parlé. Il n'a pas essayé de faire carrière. Il a choisi l'existence d'évêque de province résident dans son diocèse, à l'écart de la cour et de Paris. Licencié en droit comme son frère Jean, titulaire d'un office de conseiller de parlement, il aurait pu mener une autre vie. Il a fait, en connaissance de cause, le choix de la province, et renoncé à son office pour un évêché où il se montre soucieux de ses diocésains, passionné par les choses de la campagne, et plus particulièrement par la botanique et l'élevage rationnel. Bonaventure des Périers précise qu'il « se tenoit sus son evesché, studieux des choses de la nature, et singulierement de l'agriculture, des herbes et du jardinage. Il avoit en sa maison de Tonnoye *[sic]* un haraz de jumens et prenoit plaisir à avoir des poullains de belle race » [26]. C'est ce qui le met en relations avec le naturaliste Pierre Belon qui organise pour lui à Touvoye l'un

---

[22] Macrin mentionne cette offre dans son recueil de 1546; voir *Le livre des Epithalames et les odes*, éd. Soubeille, Toulouse, 1978, p. 112 et n° 539.
[23] Sur la complexité des relations entre le cardinal et le cousin pauvre, voir Gilbert Gadoffre, *Du Bellay et le Sacré*, Paris, 1978, p. 211- 215.
[24] Cette section comprend 48 élégies, épigrammes et odes présentées sous le titre de *Io. Bellaii cardinalis ampliss. aliquot elegantissima poemata.*
[25] « Illum homines, faciunt hunc nisi Dei », *loc. cit.*, p. 103.
[26] Bonaventure Des Periers, *Nouvelles récréations et joyeux devis*, début de la XXVIIe nouvelle. Voir la notice sur René Du Bellay de Roman d'Amat dans le *D.B.F.* et celle d'Hauréau dans la *Biographie générale*.

des plus savants jardins botaniques d'Europe, en un temps où jardin botanique et Faculté de médecine étaient interdépendants. René Du Bellay a protégé aussi l'humaniste Guillaume Bigot, et pris pour secrétaire Peletier du Mans, qu'il aidera, par la suite, à être nommé principal du collège de Bayeux.

Des quatre frères Du Bellay, Martin, le troisième, peut sembler à première vue le plus séculier, le moins orienté vers la culture. Il a bien suivi les mêmes filières d'enseignement que ses trois frères, précepteurs, universités d'Angers puis de Paris, mais il n'est pas allé jusqu'à la licence de droit, soucieux de ne pas s'attarder et de rejoindre vite la cour et l'armée. Il participe aux principaux événements diplomatiques du début du règne : Marignan, le Camp du drap d'or, la campagne de Picardie avec le comte de Vendôme, le siège de Thérouanne, la campagne de Lautrec, l'invasion de la Savoie, l'occupation de Turin auprès de son frère Guillaume dont il est l'assistant et l'héritier [27]. À sa mort il se trouve en possession de ses papiers, de ses projets de livres et de mémoires, avec mission de les achever, mission qui occupera toute sa fin de vie.

Le plus militaire, le moins homme de lettres des Du Bellay va donc vivre plus que les autres dans les papiers, dans sa bibliothèque qui était considérable, précise son gendre éditeur des *Mémoires*, pleine de livres « cottéz de marques et d'additions pour le secours de sa mémoire ». En fait Martin cherche à imiter Commynes sans parvenir à son niveau, mais tels qu'ils sont les *Mémoires* de cet écrivain du dimanche sont l'un des témoignages les plus importants qui nous restent sur l'histoire du siècle.

Peut-être trouvera-t-on atypique l'histoire de cette famille qui, de par la décision d'un homme, Louis Du Bellay, a donné en une génération un exemple éclatant, et d'ailleurs très imité, de promotion culturelle. Mais il ne serait pas difficile de citer d'autres familles de grande tradition militaire qui ont compris l'intérêt d'une éducation humaniste pour la carrière de leurs enfants. Ainsi les Genouillac. Grand maître de l'artillerie royale, Galiot de Genouillac est l'homme qui a su mettre au point la technique et l'utilisation tactique de son arme, avec un sens aigu du rôle du calcul et du raisonnement dans les opérations militaires. François Ier aurait été plus heureux dans ses

---

[27] Sur Martin Du Bellay, voir la notice de Roman d'Amat dans *D.B.F.*

guerres s'il lui avait laissé les mains libres au lieu de vouloir jouer, comme Charles VIII, au paladin de roman de chevalerie.

Comme la plupart des hommes de sa génération et de sa classe, il est entré tout jeune dans le dispositif militaire. D'abord « mis en page » puis écuyer du roi, il devient l'un des compagnons inséparables de Charles VIII, figure parmi les neuf preux de Fornoue, et se portera volontaire, à la mort du jeune roi, pour être de ceux qui porteront le cercueil de Paris à Saint-Denis. Comme Bayard, peut-être un peu mieux que lui, il sait lire et écrire. Les formules finales et la signature au bas des lettres sont de sa main [28], ce qui n'est pas si fréquent chez les gentilshommes nés sous Louis XI. Il ne semble pas être allé beaucoup plus loin. Mais il faut tenir compte de la culture orale. Il a beaucoup fréquenté la cour de Marguerite de Navarre, ce qui est déjà une indication, et il figure dans le 49ᵉ conte de l'*Heptaméron* sous le nom de Durassier.

Genouillac attache la plus haute importance à ce que son fils François reçoive l'éducation humaniste que, lui, n'a pu avoir. Il choisit un précepteur au plus haut niveau, celui-là même à qui Budé avait confié ses propres enfants, Guillaume Dumaine. Il veut aussi que François, dès qu'il en aura l'âge, suive les cours du collège de Navarre, tout particulièrement ceux de Pierre Saliat qu'on lui a recommandés. Il le loge dans le voisinage du collège en compagnie du précepteur et d'un camarade d'études du même âge. Quand une épidémie de peste fait courir la menace du « mauvais air », Genouillac les retire tous les trois du quartier latin surpeuplé pour les installer dans son hôtel parisien, et il en profite pour assister de temps à autre aux leçons. Particulièrement intéressé par la récitation et l'interprétation des textes classiques, il va jusqu'à réclamer parfois après dîner des déclamations de textes d'Aristophane et de Térence, et il y va de son grain de sel en donnant des indications de metteur en scène sur le ton et le maintien [29].

À seize ans François savait par cœur une partie de l'*Énéide*, et il conservera plus tard, même aux camps, l'habitude de lire tous les soirs du Virgile avant de s'endormir. À dix-huit ans, il pouvait prendre la parole en public avec une aisance qui étonnait les robins, et il gardera pendant sa courte vie le goût des longues conversations avec des humanistes tels que Nicolas Bourbon. Quand la formation militaire succède à l'éducation humaniste, il conserve ses habitudes de lecture à

---

[28] François de Vaux de Foletier, *Galiot de Genouillac, maître de l'artillerie de France*, Paris, 1925, p. 25 et 30.
[29] *Ibid.*, p. 106.

travers les stages aux armées et les commandements, jusqu'au jour où il prend la succession de son père au poste de grand maître de l'artillerie. Pas pour longtemps. Il sera tué à la bataille de Cérisoles à vingt-huit ans. Son père, dont il était la raison de vivre et la fierté, ne lui survécut que quelques mois dans le château d'Assier qu'il avait fait construire dans le style nouveau et orner de magnifiques bas-reliefs [30].

François était le seul garçon mais il avait une sœur, Jeanne, qui, mariée très jeune à Charles de Crussol, vicomte d'Uzès, grand panetier de France, lui donna six fils. Sa curiosité culturelle, éveillée déjà par son frère et son précepteur, sans parler de la fréquentation de la cour de Marguerite de Navarre, se donna libre cours après la mort de Charles de Crussol, disparu prématurément lui aussi. Jeanne décida alors de se consacrer entièrement à l'éducation de ses fils avec l'aide d'un précepteur de classe : Raymond de Vieilcastel [31]. Il se trouva que quatre sur six d'entre eux n'eurent guère le temps de faire leurs preuves autrement qu'à la guerre, puisque le troisième fut tué en 1563, le quatrième dix ans plus tard, le cinquième au siège du Havre et le dernier au siège de Metz. Tel était le sort de ces familles d'épée dont financiers et robins contestaient si fort les privilèges.

Le cas de Jeanne de Genouillac, grande dame capable de prendre en mains l'éducation de ses fils, n'est pas aussi isolé qu'on pourrait le croire. Gabrielle de Bourbon, fille du comte de Montpensier et épouse de Louis de la Trémoille, est dans une situation comparable. Elle était, écrit l'auteur du *Panegyric*, « pleine de bon sçavoir et élégante en composicion prosaïque ». Et l'auteur d'en conclure : « Les enfants nourriz avec telles meres sont voluntiers plus eloquens, mieulx parlans, plus saiges et mieulx disans que les nourris avec les rusticques, parce qu'ilz retiennent tousjours des condicions de leurs meres ou nourrices ». C'est elle qui « donna ung naturel instruict a monsieur Charles son filz, prince de Thalemont, de aymer les livres et les bonnes lettres, et sçay que oultre les condicions de vraye noblesse et de discipline militaire ou monsieur son pere l'avoit

---

[30] Du superbe château d'Assier il ne reste qu'une aile, mais Gaignières a laissé dans sa collection une gravure représentant le bâtiment original et qu'on trouvera reproduite dans *Les châteaux de France disparus* de Ph. de Cossé-Brissac, Paris, 1947, p. 41.
[31] Vaux de Foletier, ouvr cité, p. 103.

songneusement fait instruyre, estoit grant historien, et composoit tres elegamment en espistres et rondeaux » [32].

Entre l'éducation du père et celle du fils le contraste est frappant. Nés presque à l'avènement de Louis XI, Louis II de La Trémoille et ses frères avaient passé leur jeunesse à jouer à la petite guerre et à la chasse avec d'autres « nobles enfans de leurs ages, que leur pere avoit prins en sa maison, et les entretenoit pour leur tenir compaignie ». Tout ce qui pouvait préparer à la vie de soldat était bon, le jeu, l'effort physique, et même des privations « et jusques à passer des jours sans boyre et manger depuis plus matin jusques à la nuyt, combien qu'il n'eust lors que l'age de douze ans ou environ ». Ils réunissaient dans leurs jeux « tous passetemps approchans des armes, monstrant que plus y avoient leur cueurs que aux grans lettres » [33]. Les efforts combinés de Gabrielle de Montpensier et du précepteur humaniste feront un tout autre homme de Charles de Talemont, qui saura « aymer les livres et les bonnes lettres » jusqu'à sa mort prématurée sur le champ de bataille, percé de soixante-deux blessures.

Louise de Montmorency, sœur du connétable, semble avoir joué auprès de ses fils un rôle comparable à celui de Gabrielle de Montpensier et elle a de plus l'avantage d'avoir un mari, le maréchal de Châtillon, exceptionnellement ouvert à la culture. Budé s'en porte garant dans une lettre de mai 1521 : « Châtillon se fait aimer par l'incomparable douceur de son caractère, il sait attirer la sympathie et il est un des rares lettrés que la noblesse militaire compte dans ses rangs » [34]. Il meurt, encore jeune, en 1522 - son fils aîné, Pierre, douze ans plus tard -, et sa veuve tient à veiller de près à l'éducation de trois fils exceptionnellement doués qui lui restent. Elle met toutes les chances de son côté en leur donnant pour précepteur un humaniste réputé, Nicole Bérault, protégé de l'évêque Étienne Poncher puis de l'archevêque de Toulouse.

---

[32] Jean Bouchet, *Panegyric du chevalier sans reproche Louis de La Tremoille*, éd. Michaud et Paujoulat, p. 444.
[33] *Ibid.*, p. 412.
[34] Lettre de Guillaume Budé à Thomas More du 23 mai 1523, *Lucubrationes*, p. 315 : « Is est Catillonius eximia morum suauitate gratiosus, hominumque beneuolentiæ lactator, atque inter paucos nobilium martialium literatus. »

Il n'est pas certain, quoi qu'on en ait dit, que Nicole Bérault ait été l'initiateur de l'infléchissement vers la Réforme de la famille Châtillon. Louise de Montmorency y suffisait. Elle entre dans la catégorie des femmes de notables attirées par les lettres, qui de livre en livre en arrivent à la Bible, aux pamphlets luthériens, et voient dans la Réforme une levée d'écrou. Leurs convictions mûrissent à l'ombre, du vivant de leurs maris, et apparaissent au grand jour après leur mort. C'est le chemin qu'ont suivi les épouses de Châtillon, de Michel de l'Hospital, de Budé, de Jean de Morel et de tant d'autres. C'est à elles que faisait allusion Jean Bouchet dans sa louange des grandes dames qui emploient leur esprit et leur temps « à vacquer aux bonnes et honnestes lectres concernant les choses morales ou historialles [...], mais se doivent garder d'applicquer leurs espritz aux curieuses questions de théologie concernans les choses secretes de la Divinité, dont le sçavoir appartient seulement aux prélatz, recteurs et docteurs »[35].

Le calvinisme ne paraît pas avoir joué un rôle dans la formation des deux aînés. François d'Andelot, le plus jeune et le plus bouillant des trois a été atteint de plein fouet par ce qu'on commençait à appeler « la religion nouvelle », alors que ses deux aînés ne l'ont rejoint que plus tard, pas avant 1558, semble-t-il. Mais tous les trois ont fortement subi l'influence intellectuelle de Nicole Bérault, humaniste notoire dont les leçons de grec et les cours publics sur l'institution oratoire étaient très appréciés dans le cercle Budé[36].

Il semait en terrain fertile car l'un des trois fils, Odet, avait un tempérament d'intellectuel. Devenu aîné de famille après la mort de son frère Pierre, il est dirigé très jeune vers l'Église. Cardinal à dix-sept ans, comte-évêque de Beauvais, titulaire d'un nombre considérable de bénéfices ecclésiastiques qu'il cumule à la manière des grands seigneurs d'Église depuis le concordat de François Ier, il est aussi membre influent du Conseil privé. Homme d'appareil, il devient aussi le mécène le plus recherché, avec Tournon et le cardinal de Lorraine, car il s'est fait une petite cour d'intellectuels qu'il sait choisir en connaisseur. Il sait aussi les aider à obtenir des pensions, des

---

[35] Jean Bouchet, *Panegyric*, p. 444.
[36] Sur Nicole Bérault, voir les études de Delaruelle : « Notes bibliographiques sur Nicole Béraud », *Revue des Bibliothèques*, p. 420 sq. « Études sur l'humaniste français Nicole Bérauld », *le Musée belge*, XIII (1909), p. 253 sq., et « Notes complémentaires sur deux humanistes », *Revue du XVIe siècle*, 1928, p. 311-323.

bénéfices, des privilèges, et les défendre contre leurs ennemis et les corps constitués s'il le fallait. Il était, écrit Brantôme, homme à faire plaisir à tout le monde, et « jamais ne les abusa ny vendit des fumées de la court »[37]. L'admiration et l'affection qu'il sut gagner ne lui firent pas défaut au moment où il se mit lui-même au ban de la société de cour en jetant la pourpre aux orties pour passer à la Réforme. Ronsard qui avait été son obligé, comme autrefois Rabelais et beaucoup d'autres, n'hésita pas à écrire en pleine guerre civile qu'il lui restait fidèle envers et contre tout :

> Je cognois un Seigneur, las ! qui les va suivant,
> (Duquel jusqu'à la mort je demourray servant :)
> Je sçay que le Soleil ne voit çà-bas personne
> Qui ait le cœur si bon, la nature si bonne,
> Plus amy de vertu, et tel je l'ay trouvé,
> L'ayant en mon besoin mille fois esprouvé :
> En larmes et soupirs Seigneur Dieu, je te prie
> De conserver son bien, son honneur et sa vie [38].

Ce prince de la Renaissance, amateur d'art, de poésie et de commodités, s'est d'ailleurs bien gardé de partir pour Genève. Jusqu'au dernier moment il a essayé de conserver son statut de conseiller, les revenus de ses bénéfices ecclésiastiques et sa concubine. Il a fallu l'excommunication et des mises en demeure pour qu'il fasse un choix, traverse la Manche, épouse sa concubine et s'installe confortablement en Angleterre, où la cour fit le meilleur accueil au transfuge. On lui fit même l'honneur, à sa mort, d'une sépulture à la cathédrale de Canterbury.

Son frère puîné Gaspard est un autre type d'homme, tout aussi orienté vers la culture mais moins extraverti, plus taciturne. Dans la vie des camps, pour laquelle il était si peu fait, il conserve sa gravité, ses habitudes de lecture de grand seigneur lettré. « Il entendoit et parloit fort bien le latin », précise Brantôme, « car il avoit estudié et lisoit et estudioit toujours quand il pouvoit et estoit hors d'affaires ». L'éducation de Nicole Bérault avait porté ses fruits. Non content de lire les classiques à livre ouvert, il avait entrepris d'écrire ses mémoires. Après sa mort on trouva, dit Brantôme « un tres beau livre qu'il avoit

---

[37] Brantôme, *Vie des capitaines français*, Œ, t.III, p. 188-189.
[38] Ronsard, « Remonstrance au peuple de France », v. 625-632, Œ., Gallimard, Bibliothèque de la Pléiade, t. II, p.1035.

luy mesme composé, de choses plus memorables de son temps, et mesmes des guerres civiles »[39]. Emporté par la tempête, le livre comme son auteur figurent parmi les pertes irréparables dues à la Saint-Barthélemy.

Le troisième et dernier Châtillon est le moins intellectuel, le plus religieux, le plus militaire des trois. C'est lui qui, semble-t-il, a persuadé ses frères de franchir le Rubicon en se déclarant pour la « religion nouvelle », ce qui lui valut une entrevue orageuse avec Henri II suivie d'un temps de prison[40]. Mais comment laisser longtemps sous les verrous l'inspecteur général de l'infanterie, neveu de connétable, un brave entre les braves armé chevalier sur le champ de bataille de Cérisoles, héros de la bataille de Calais ? Un semblant de rétractation arraché par sa femme permit à Montmorency, dont il était le neveu préféré, de le faire sortir de prison en le faisant rétablir dans ses charges. Pour un temps. Car la disparition de Henri II puis de François II et l'effacement provisoire des Guises va faire basculer ceux qui hésitent dans le camp des huguenots militants. D'Andelot y restera jusqu'à sa mort, non sans avoir activement travaillé, dans l'intervalle de ses campagnes, à l'établissement de communautés protestantes en Normandie, en Bretagne, et à la diffusion des livres et pamphlets de Calvin. Entre ses mains de militant la culture et les relations intellectuelles qu'il avait soigneusement entretenues devenaient des instruments de combat.

Face aux Châtillon, la famille ennemie, les Guises. Ennemis, ils ne l'ont pas toujours été. François de Guise et Gaspard de Coligny ont grandi dans la même cour, sous l'aile de François Ier. Ils ont été camarades de jeux, familiers du prince Henri, assez bons amis jusque vers 1554, et leur rupture est de plusieurs années antérieure aux options religieuses de Gaspard. Ce qui frappe le plus, chez ces deux grandes familles d'épée, c'est la symétrie des situations. De part et d'autre une brochette de fils valeureux, beaux, intelligents, capables de tirer parti d'une éducation soignée suivie de près par une mère intelligente et pieuse, pour les Guise Antoinette de Bourbon qui a joué, semble-t-il, un rôle déterminant dans la formation religieuse et morale

---

[39] Brantôme, *loc. cit.*, t. IV, p. 377 sq.
[40] Voir J. Balteau, « François d'Andelot », *D.B.F.*

de ses fils [41]. Dans les deux familles le cadet est d'Église, l'accumulation des bénéfices ecclésiastiques permettant de venir en aide aux frères moins avantagés. C'est le cas d'Odet de Châtillon qui ouvre largement sa bourse à son frère Gaspard, le moins fortuné des trois - D'Andelot a fait, lui, un riche mariage -, et le cardinal Jean de Lorraine a subventionné et appuyé de toute son influence son frère Claude, premier duc de Guise et père de François. Quand François devient duc à la mort de son père, il est constamment aidé et poussé par son frère Charles, devenu lui aussi cardinal et multiprébendier. Cette division du travail dans les familles françaises du XVIe siècle est un fait de société dont on retrouve la formule à des niveaux beaucoup plus modestes. Ainsi Raoul Hurault, mort devant Naples en 1528, précisait-il dans son testament : « Quant aux cinq fils que j'ai, je désirerais, s'il était possible, qu'il y en eût trois d'Église, pour ce que je n'ai tant de biens en ce monde qu'il y en puisse avoir trop pour en entretenir deux » [42].

Malgré ces similitudes de structure, les princes lorrains et la famille des Châtillon sont loin d'être sur un plan d'égalité, ce qui dans une société fortement hiérarchisée compte beaucoup. Si ancienne que soit la noblesse des Châtillon, elle n'est pas du même ordre que celle d'une famille souveraine, si souveraine que Charles Quint, pour ôter deux atouts à François Ier et régler ses problèmes en famille, avait pensé offrir à François le trône de Naples et à Charles le Milanais. Quand Coligny écrit à son ami d'enfance François de Guise, à l'époque de leur bonne entente, il lui donne du « Monseigneur » [43].

Ajoutons que les querelles de préséance entre les Lorraine et les Bourbons ne sont pas dues exclusivement à l'ambition effrénée du clan lorrain, contrairement à ce qui est si souvent répété, mais à un fait situé au-dessous du rayon visuel des historiens, habitués à sous-estimer ce qui relève de l'imaginaire collectif. Ce fait, c'est la primauté

---

[41] L'historien anglais H. O. Evenett, auteur de la seule étude, déjà ancienne, sur Charles de Lorraine, est formel sur ce point. Il montre Antoinette de Bourbon « instilling into her children a simple piety and a sense of religious and moral seriousness that remained with them throughout their lives », *The Cardinal of Lorraine and the Council of Trent. A study in the Conuter-Reformation*, Cambridge, 1930, p. 3.

[42] H. de Vibraye, *Le Chancelier de Cheverny*, Paris, 1931, p. 8.

[43] Le fonds français de la Bibliothèque nationale possède une liasse de lettres de Coligny à François de Guise (cote : F.F. 20 461) qui remontent au deuxième tiers du règne de Henri II. Elles ne se départent jamais d'un ton d'amitié déférente.

des pairs de France, premiers après le roi, affirmation de la prééminence du héros sur le parent. Tombée en désuétude dès le milieu du Moyen Âge, cette notion a été restaurée avec éclat par Charles VIII, comme en témoignent les douze pairs de Fornoue habillés comme leur roi, et la fréquence du thème de Charlemagne entouré de ses preux dans l'iconographie de la fin du XVe siècle et du premier tiers du XVIe. Elle a été réaffirmée par François Ier, de Marignan à Cérisoles, et l'un des premiers actes du règne de Henri II sera de faire accéder François de Guise à la pairie. Quant à son frère Charles, il est premier pair de France ès qualité en tant qu'archevêque de Reims et abbé de Saint-Rémy, le roi de France étant son oint.

Sur le plan militaire Guise et Châtillon ne sont pas plus égaux que sur le plan social, quoi qu'en dise Brantôme toujours soucieux de tenir la balance égale entre deux hommes qui ont été amis. Le vainqueur de Saint-Dizier, Bologne, Metz, Thionville et Calais est universellement considéré, dès la trentaine, comme le plus grand stratège français du siècle. Gaspard I et Gaspard II de Châtillon sont respectés pour leur valeur et leur intelligence, mais ils n'ont ni l'un ni l'autre les capacités d'attaque foudroyante de Claude de Guise ni le génie stratégique de François. Par réflexion et par tempérament ils préfèrent les opérations défensives. Le maréchal de Châtillon a toujours été blâmé d'avoir fait manquer au Roi une occasion qui ne se représentera plus jamais d'écraser l'armée de Charles Quint, en difficulté lors de la campagne de Picardie de 1521. Quant à l'amiral il est surtout admiré pour l'habileté de ses retraites. Il a bien livré des batailles, écrit son ami Brantôme, « tant qu'il en a donné il les a toutes perdues ; mais c'estoit le capitaine du monde qui se sçavoit aussi bien relever de ses cheuttes et pertes ». La ruse et l'ingéniosité compensaient. « Là où il ne pouvoit faire venir la peau du lion », conclut Brantôme, « il y appliquoit tres bien celle du renard »[44]. Au niveau de l'opinion publique et du prestige on devine les avantages du lion sur le renard.

L'inégalité entre les deux frères ennemis est encore accentuée par les différences de tempérament. La nature introvertie, solitaire et grave de l'amiral attirait l'admiration et le respect plus que l'enthousiasme, alors que la personnalité charismatique de « Monsieur de Guise le grand » galvanisait et offrait le spectacle, dit Monluc, d'un « prince si

---

[44] Brantôme, *op. cit.*, t. IV, p. 319. La Noue confirme ce jugement par cette remarque : « Aux adversitez on l'a remarqué plein de magnanimité et d'invention pour en sortir », *Discours civils et militaires du seigneur de la Noue nouvellement recueillis et mis en lumière*, Bâle, 1587.

saige, si familier et courtois, qu'il n'y avoit homme en son armée qui ne se feust volontiers mis à tout hazard pour son commandement, tant il savait gaigner le cœur »[45].

C'est après la bataille de Renty, en 1554, que le ressentiment qui couvait depuis longtemps éclata. Coligny n'a pu supporter de voir attribuer la victoire à François de Guise[46]. Toutes les frustrations nées de ce compagnonnage inégal font alors surface et transforment l'ancienne camaraderie en une haine inexpiable qui, plus tard, trouvera dans les querelles religieuses un alibi et une justification.

Entre ces deux familles ennemies, un point commun : l'importance attachée à l'éducation des fils. À Charles de Lorraine on a donné pour précepteur Claude d'Espence, le plus doué et le plus respecté des humanistes gallicans de sa génération, celui qui sera plus tard l'un des points de mire du colloque de Poissy[47]. Après quoi on l'enverra au collège de Navarre. Quant à François, malgré son précoce engagement dans l'armée, il a reçu dès l'enfance une formation classique aux effets durables : Tacite restera sa lecture favorite, un maître de l'interprétation de l'événement, et comme Coligny, il se prépare à rédiger des Mémoires qui couvrent la période de 1547-1561[48]. Il tient, comme César, à être spectateur autant qu'acteur de la tranche d'Histoire qu'il a vécue.

Il ne se contente pas de conserver ses notes, les copies de ses lettres et de ses rapports, qui seront la matière première de ses mémoires tels qu'ils nous sont parvenus. Il tient à mettre par écrit ses ordres et à les rédiger lui-même au lieu d'en laisser le soin à ses secrétaires comme

---

[45] Monluc, *op. cit.*, II, p. 260.

[46] « C'est une chose certaine et publicque que M. de Guyse fut le principal autheur de la victoire », Brantôme, *op. cit.*, t. IV, p. 195. Affirmation appuyée par de Thou (*Historia sui temporis*, liv. XIII, p. 241 sq.) dans son Histoire mise à l'index romain pour complaisance à l'égard des religionnaires.

[47] Voir H. O. Evenett, « Claude d'Espence et son discours au colloque de Poissy », *Revue Historique*, CLXIV (mai 1930), p. 40-78.

[48] *Collection des Mémoires pour servir à l'Histoire de France* de Michaud et Paujoulat, t. VI. Dans l'état où ils nous sont parvenus, ces mémoires se présentent comme une collection de documents d'étapes, lettres, exposés, instructions d'ambassadeurs, insérés dans des relations de batailles et de négociations.

on le faisait à l'époque. Monluc en est scandalisé. Son instruction première de hobereau de campagne avait été si piètre qu'il ne manque pas une occasion de soupirer : « Si j'en eusse eu, j'en eusse faict mon profict. » Il est prêt à saluer au passage l'amateur de Tacite, mais non l'application de la culture à la vie professionnelle chez un Grand.

Au cours du siège de Thionville, il cherche à voir François de Guise et se voit répondre par l'aide de camp qu'il est en train de rédiger des dépêches. « Au diable des escriptures ! », s'écrie Monluc. « Il semble qu'il veuille espargner ses secrétaires. Domaige qu'il n'est greffier du parlement de Paris, car il gaigneroit plus que Du Tillet ni tous les autres »[49]. En un mot, c'est déroger, pense-t-il tout bas. Et puis c'est une perte de temps : « Cela le tenoit un peu en longueur. » Pour expliquer ce qu'il nomme une « imperfection », il veut bien admettre que le duc « craignoit estre trompé, car ceste maniere de gens [les secrétaires] nous faict bien du mal », mais pas un instant il ne soupçonne qu'un des secrets de ce général toujours victorieux, c'est qu'il a compris avant tout le monde que la qualité de l'exécution dépend en grande partie de l'extrême précision des ordres.

Autre caractéristique de François de Guise liée, elle aussi, à un certain type de culture, c'est l'aptitude à donner un parfait calibrage à l'exposé d'une situation. Le faire-savoir après le savoir-faire. Brantôme décrit François de Guise racontant à la Régente la bataille de Dreux qu'il venait de gagner, « et la représenta si bien et si au vif que vous eussiez dict que l'on y estoit encor, de quoy la reyne prit un tres grand plaisir [...] ; il disoit si bien qu'il n'y eust nul qui n'en fust ravy, car c'estoit le prince qui disoit le mieux [...] et en eust faict honte à M. le cardinal, son éloquent frere, s'il y fust esté »[50].

La référence à Charles de Lorraine s'imposait. Car les deux frères, si différents par ailleurs, ont en commun des facilités d'expression et une maîtrise de la parole qui les ont depuis toujours fait remarquer. Au sortir du collège de Navarre, la soutenance de thèse du futur cardinal, en présence du Roi, avait fait sensation, et il sera plus tard un des rares cardinaux-évêques à monter en chaire dans sa cathédrale pour y prêcher un carême[51]. Contemporain de Ramus au collège de Navarre, il le protégera aussi longtemps que la chose sera possible et lui conseillera

---

[49] Monluc, *Commentaires*, liv. IV, éd. de la Société d'Histoire de France, t. II, pp. 258-259.
[50] Brantôme, *op. cit.*
[51] H. O. Evenett, *op. cit.*, p. 18 sq.

de fuir quand il le sentira en danger[52]. C'est lui qui avait tenu à le mettre à la tête du collège de Presles, puis à faire de lui un « lecteur royal » ; c'est lui qui a fait lever en 1551 l'interdiction d'enseigner dont l'avait frappé le Parlement en représailles de ses attaques contre l'aristotélisme averroïste. C'est encore lui qui a fait casser, en 1557, l'arrêt du Parlement qui suspendait les cours des lecteurs royaux et expulsait les étudiants étrangers. Après avoir fondé une université à Reims en 1547 il obtiendra quelques années plus tard une bulle pontificale (1563) pour la fondation d'un collège théologique qui sera le premier grand séminaire français issu du concile de Trente[53].

Personnage complexe et polyvalent, prélat, ministre, théologien, orateur, chef de service de renseignements comme l'avait été Guillaume Du Bellay, le chef de faction qu'il est devenu après l'assassinat de son frère a fait oublier le mécène, l'homme qui a soutenu Daurat, Ronsard, Du Bellay, Turnèbe, Danès, Michel de l'Hospital, Jodelle, Pasquier, et même des personnages aussi inquiétants pour un cardinal que Ramus et Des Masures. Brantôme, qui le détestait autant qu'il aimait le duc et Coligny, déclare, en comparant François et Charles de Guise que le second « n'avoit pas l'âme si pure, mais fort barbouillée »[54]. Ce jugement de valeur sur la pureté de l'un et la noirceur de l'autre mériterait quelques tempéraments, mais ne l'empêche pas de conclure : « Le Cardinal a esté un tres grand personnage en tout. »

Avec les Guises, les Châtillon, les Du Bellay, les Genouillac, les La Trémoille, les Montmorencys, les Tournon, nous avons passé en revue les familles les plus illustres parmi celles qui occupent le devant de la scène pendant un demi-siècle. Conditionnées par le climat de cour, elles ont participé, chacune à leur manière, à la mutation culturelle. Elles n'ont généralement pas bénéficié, comme les Du Bellay, d'un ancêtre capable de devancer les événements et de faire en sorte que ses fils arrivent à la cour juste à temps pour bénéficier des critères de sélection du jeune roi. Les contemporains et camarades de

---

[52] Nicolas de Nancel, *Petri Rami vita*, éd. Sharratt, Louvain, 1975, p. 178, 182, 254.
[53] Jean Leflon, *Le cardinal de Lorraine et la fondation du séminaire de Reims*, Reims, 1965.
[54] Brantôme, *op. cit.*, p. 229.

jeu de François Ier doivent se contenter d'ambitions pour leurs fils, mais la plupart d'entre eux ont très bien compris l'importance que pourrait jouer l'éducation de type humaniste dans les carrières futures. Ils se sont voulu des successeurs capables de parler haut devant les robins et de leur donner la répartie à armes égales. Les jeunes seigneurs de la génération de François Ier ont su préparer bel et bien pour leurs fils une revanche.

Chapitre V

Des précepteurs aux universités

Les familles que nous avons énumérées, dira-t-on, avaient de grands moyens, même si elles les épuisaient en jouant le tout pour le tout, comme l'avait fait Louis Du Bellay. L'investissement à long terme était un sage calcul et une sécurité pour l'avenir, mais qu'arrivait-il à ceux qui n'avaient rien à investir ? Les hobereaux de campagne, les cadets poussés vers l'armée à treize ans, les petits gentilshommes qui gravitaient autour des grands et que l'inflation galopante rendait d'année en année plus dépendants ? Étaient-ils condamnés à croupir dans ce snobisme de l'ignorance qui caractérisait leurs ancêtres au siècle précédent ? La Noue se pose la question dans un chapitre de ses remarquables *Discours*[1]. Ce gentilhomme breton, qui a été le témoin huguenot le plus lucide et le plus intelligent de la deuxième moitié du siècle, après avoir noté l'appauvrissement de la noblesse française depuis le milieu du siècle, fait l'inventaire des possibilités d'éducation accessibles aux gens de son milieu.

La plus simple et la moins coûteuse est la « mise en page » pratiquée depuis le Moyen Âge. Les jeunes garçons, envoyés à l'âge de dix ou douze ans chez un plus haut seigneur, ne peuvent guère apprendre qu'à « s'habiller proprement, à parler selon la qualité des personnes, et à composer leurs gestes », sous la direction des « maistres et escuyers ». Encore faut-il bien choisir la maison et préférer celle « d'un seigneur ou d'un gentilhomme qui sera soigneux qu'ils apprennent toute honnesteté », plutôt que de se laisser « esblouir à une veine opinion de grandeur » et de vouloir à tout prix « mettre leurs enfans au service d'un prince où la regle ne sera bonne ». Il faut se garder, poursuit La Noue, de laisser les garçons plus de quatre ou cinq ans dans un milieu où ils ne peuvent recevoir qu'une formation mondaine et sportive. Ronsard n'a pas débuté autrement dans la vie, et Montaigne approuve ce « bel usage à notre nation ».

Dans la plupart des cas, être « mis hors de page » revient à passer d'une petite cour à l'armée, d'abord aux régiments d'infanterie, « à quinze, seize et dix-sept ans ils y vont ». Sous François Ier on les met ensuite « archers ès compagnies d'ordonnance, estant un peu plus aagez ». C'était le bon vieux temps, soupire La Noue, quand il « n'y avoit que noblesse ès compagnies, et les capitaines estoyent diligens d'y faire entretenir bon ordre », alors que depuis les guerres de religion les mercenaires côtoient les gentilshommes et « la discipline est renversee », l'armée n'est plus l'école de formation du caractère qu'elle était au début du siècle, les jeunes gens « au lieu de se façonner, ils se desfaçonnent du tout ». À moins que les parents ne prennent la précaution de choisir « quelques vieux regimens, et vieilles garnisons, qui vivent avecques meilleure discipline », comme au temps de François Ier, cadre de référence implicite des évaluations fin de siècle.

Le stage aux armées n'implique aucune décision d'engagement continu. Beaucoup de jeunes gens font un séjour plus ou moins long, avant ou après un stage militaire, ou même entre deux stages, dans ces « fameuses universitez ou plusieurs gentilshommes envoient leurs enfans pour s'instituer aux lettres ». La Noue expose sans détours les motivations des parents : « Ils se persuadent (et non sans raison) que les sciences servent d'un grand ornement aux nobles, et les rendent plus dignes d'administrer toutes charges publiques ; pour ceste occasion veulent-ils qu'en leur premier age il soient abruvez d'une si bonne liqueur ». Si la seconde motivation (l'aptitude aux charges publiques) est capitale pour un cadet besogneux, comme dans le cas de Louis Du Bellay qui a fait de la promotion de ses fils l'œuvre de toute une vie, la première (l'ornement) est la plus importante pour un Genouillac ou un La Tremoille qui ne souhaitent autre chose pour leurs fils que leur propre destin de chefs militaires. Mais ils attendent de la nouvelle culture — et nous verrons ce qu'elle représente pour un Français du XVIe siècle — qu'elle élève leurs dons naturels à leur plus haut niveau [1].

Quand le jeune Guillaume Du Bellay arrive au collège Coqueret pour y suivre les cours de grec de Denis Lefebvre, il a peu de chances d'y trouver des étudiants de son milieu. Une génération plus tard son petit cousin Joachim retrouve dans le même collège Pierre de Ronsard,

---

[1] Le mot *ornement*, qu'utilise ici La Noue, doit être interprété en tenant compte du sens plus fort que l'usage de l'époque donne au verbe *orner*, encore très proche du latin *ornare*. Ainsi Rabelais parlait-il des « bons princes et grands rois ornateurs des peuples ».

gentilhomme vendômois, René d'Urvoy, gentilhomme breton, Antoine de Baïf, fils du seigneur Des Pins. En même temps que Ronsard il fraternisera avec les deux fils d'un ancien élève de Daurat, Louis Chasteigner de La Rocheposay, seigneur d'Abain et futur ambassadeur à Rome.

Ajoutons que Daurat « tient académie », certains de ses cours étant ouverts à un plus grand public. Ces jours-là, les étudiants côtoient des régents venus d'autres collèges, des courtisans, des gens du monde, des personnalités telles que François de Carnavalet, une vieille connaissance de Ronsard, écuyer des écuries du roi et plus tard gouverneur des fils de Henri II. La composition sociale et l'atmosphère de l'université ont complètement changé depuis le début du siècle. Les collèges parisiens ont cessé d'être des ghettos de clercs. Ils le redeviendront un peu plus tard quand la concurrence victorieuse des collèges jésuites, devenus éducateurs des classes dirigeantes, les rendra à leur situation primitive.

1. Le désenclavement des universités

Daurat, selon la tradition, prend possession du collège Coqueret à une date symbolique : 1547, la dernière année du règne de François Ier. Mais l'infiltration de l'université de Paris par la noblesse avait commencé avant lui, dès le milieu du règne, et Paris avait été devancé par plusieurs universités de province. En Avignon, ville privilégiée il est vrai, et intermédiaire naturel entre la France et l'Italie [2], il y avait déjà un noble sur trente-six étudiants dès la fin du XVe siècle, et une proportion plus forte encore au début du XVIe [3]. À mesure qu'on avance dans le siècle, on trouve même dans le corps des enseignants des rejetons de familles aristocratiques, et il semble bien que l'université, dans cette ville, avait réussi à intégrer les deux groupes dirigeants de la société locale.

Philippe de Commynes se lamentait de n'avoir pas appris le latin dans sa jeunesse alors qu'il pouvait voir, à la fin de sa vie, de jeunes

---

[2] Sur ce sujet, voir le beau livre de Franco Simone, *Il Rinascimento francese*, Turin, 1961. Le chapitre I est entièrement consacré au rôle d'Avignon dans l'histoire culturelle.

[3] Jacques Verger, « Le rôle social de l'université d'Avignon », *B.H.R.*, 1971, p. 479 sq.

gentilshommes faire leurs études à Louvain, à Padoue, à Cologne [4]. Ce n'était pas une parole en l'air : l'examen des registres des trente premières années d'inscription de l'université de Louvain permet de le vérifier. On y trouve les noms des De Croy, Du Lannoy, Brederode, De Dynter [5]. Dans une université récente et précaire, Dole, on trouve parmi les étudiants des Grammont, des Coligny, des Vergy, des La Tour, des La Marche, des d'Andelot, des Gorrevod, des Grandmont. Pas pour longtemps d'ailleurs, car dès leur troisième année ils vont poursuivre leurs études à Heidelberg, à Louvain ou dans une université italienne [6].

Au collège de Guyenne, bouture provinciale du collège Sainte-Barbe de Paris, on trouve des étudiants d'aussi haute lignée que les descendants du plus illustre guerrier des expéditions italiennes de Louis XII : Gaston de Foix. En 1543, Frédéric de Foix, comte de Candale, était en retard de trois cents écus soleil sur le règlement des frais de pension de ses jeunes frères Charles et Christophe. Ne disposant pas des liquidités nécessaires, il a recours à un marchand de Bordeaux qui se charge de payer la dette, moyennant quoi le comte lui cède une maison adossée aux murs de la ville [7]. Ce détail permet de mettre le doigt sur des obstacles rencontrés par les nobles qui avaient compris l'intérêt de l'investissement culturel. Ils ont pour eux le prestige, des privilèges, une fortune immobilière assortie de rentes en espèces et en nature, mais, une fois payé un train de vie coûteux, assez peu d'argent liquide. Le chef d'une famille aussi illustre que celle des comtes de Foix ne pouvait disposer de trois cents écus à échéance sans ébrécher son patrimoine.

Or, non seulement les gentilshommes se font de plus en plus nombreux dans le monde étudiant, mais on en trouve aussi — plus rarement il est vrai — parmi les enseignants. C'est le cas de Nicolas de Grouchy, gentilhomme normand, fils de Jean de Grouchy, seigneur de la Cauchie et de la Rivière. Après avoir fait ses études au collège de Guyenne puis à Paris, le voici régent au collège Sainte-Barbe. Ce cadet de famille, entré à l'université comme on devient

---

[4] Kervyn de Lettenhove, *Lettres et négociations de Philippe de Commynes*, t. I, 1867, p. 49 sq.

[5] J. H. Hexter, *Reappraisals in History*, New York, 1961, p. 59 sq.

[6] Lucien Febvre, *Philippe II et la Franche-Comté*, éd. de 1970, p. 70 et 230.

[7] Ernest Gaullieur, *Histoire du collège de Guyenne*, 1874, p. 89.

homme d'Église, suit à Bordeaux Gouvéa, nommé principal du collège de Guyenne, et entraîne avec lui son camarade Guillaume de Guérente, gentilhomme normand lui aussi, qui composera des tragédies latines dans lesquelles le jeune Montaigne tiendra un rôle [8]. Quant à Grouchy, pourvu d'une chaire de dialectique, il laissera le souvenir d'avoir été le premier à s'être servi du grec pour commenter Aristote [9]. À son retour du Portugal où il avait, encore une fois, suivi Gouvéa à Coïmbre, il occupera ses loisirs de retraité replié sur sa Normandie natale en traduisant du portugais l'*Histoire des Indes* de Lopez de Castanedo, sur l'insistance de son voisin admirateur et ami, le vicomte de Longueville.

L'université de Paris restera plus longtemps que les autres à l'écart de ces choix. Jusqu'au début du XVIe siècle elle était restée une fédération d'écoles professionnelles de théologie, de droit et de médecine dont le souci majeur était de former les cadres de la bureaucratie ecclésiastique, juridique et administrative. Ceux qui voulaient faire du droit civil allaient plutôt à Orléans, à Poitiers, ou mieux encore à Bologne et Padoue, dont les diplômes avaient un poids exceptionnel à une époque où le prestige des juristes italiens était à son plus haut niveau.

Dès qu'ils ont commencé à suivre le mouvement, les gentilshommes se sont mis à envoyer eux aussi leurs fils à l'étranger, d'une part « pour une certaine opinion que les drogues d'autruy sont meilleures que celles de leur pays », remarque ironiquement La Noue, d'autre part « pour l'apprentissage des langues vulgaires qui servent pour la communication avec les estrangers » [10]. À mesure qu'on avance dans le siècle ce mouvement s'accélère au point, précise La Noue, « qu'il n'est année qu'il ne sorte de France trois ou quatre cens jeunes gentilshommes, et la pluspart de bonne maison, qui vont ès païs estranges, pour y voir et apprendre », ces pays étant essentiellement l'Allemagne et l'Italie. Ce qui donne à La Noue l'occasion de comparer avantages et inconvénients de chacun des séjours, et de multiplier les conseils sur les dangers à éviter, sur l'art de choisir un pays en fonction du tempérament du garçon. De toute manière cette aspiration au voyage, dit-il encore, procède « de la gentillesse du cœur et d'un désir véhément de savoir ».

---

[8] Montaigne, *Essais*, liv. I, fin du chap. XXVI.
[9] Sur Grouchy et Guérente, voir Gaullieur, *op. cit.*, p. 89 sq.
[10] La Noue, *loc. cit.*

2. *Familles de hobereaux sauvées par la culture*

Ce désir de savoir, on le trouve aussi chez les hobereaux de moindre volée qui n'ont pas les moyens de financer de coûteux séjours hors de France ni même la pension dans le collège d'une université voisine. Quelques livres de raison, parvenus jusqu'à nous permettent d'entrevoir les arrangements qui rendaient possible l'accès à l'université aux moindres frais. Ainsi les Perotte de Cairon, gentilshommes normands qui pendant cent cinquante ans n'ont pas quitté leurs terres et n'ont eu d'autre objectif que de chercher à les agrandir [11]. Maintenant ils pensent à l'instruction. Pas de précepteur à domicile : c'est au-dessus de leurs moyens. Ils se contentent d'envoyer leur fils à l'école la plus proche, celle de Bretteville, tenue par un prêtre, puis ils le logent chez un oncle de Caen, pour lui permettre de suivre les cours de l'université sans avoir à payer de pension [12].

Noël Du Fail, dernier né de François Du Fail, seigneur de Château-Letard et de La Hérissaye, appartient à une famille bretonne rurale et militaire qui occupe le manoir de Château-Letard depuis le XIVe siècle mais dont les revenus s'amenuisent. Il reçoit les premiers rudiments à l'école la plus proche, celle de Vern, puis on l'envoie vers 1540 à Paris, au collège Sainte-Barbe, sous la surveillance du fils d'un voisin de campagne un peu plus âgé que lui, et qui veut faire des études de droit. On ne sait trop en quoi consiste la scolarité du jeune Noël que l'on retrouve trois ans plus tard fantassin-mercenaire aux armées d'Italie. Il se bat à Cérisoles et, au retour, il prend la décision de se remettre au travail et de reprendre ses études aux universités de Poitiers et d'Angers, de Bourges et d'Avignon. Après quoi, il retourne à Rennes et fait un riche mariage qui lui permet d'acheter un office et d'en vivre [13].

Un cadet turbulent et un peu aventurier qui fait une fin en prenant la robe tout en restant écrivain du dimanche, voilà un paradoxe pour qui se souvient des barrières qui séparent la robe et l'épée au XVIIe siècle et même au XVe. Dans les deux premiers tiers du XVIe siècle, les cloisons sont plus poreuses. Dès les années 40

---

[11] J. H. Hexter, *Reappraisals in History*, ouvr. cité, p. 57.

[12] Aubert, « Notes extraites de trois livres de raison » dans le *Bulletin philologique et historique,* 1898, pp. 445-499.

[13] Emmanuel Philippot, *La vie et l'œuvre littéraire de Noël Du Fail*, Paris, 1914, chap. I.

l'inflation se déclenche, accélère son rythme et ruine progressivement les hobereaux propriétaires terriens à rentes fixes, les pousse à vendre des terres — dont le prix a monté — pour acheter à leur fils un office de bon rapport et dont la valeur est, pratiquement, indexée à la revente. On se souvient de la harangue de Louis de Ronsard, ancien combattant des guerres d'Italie, à son fils Pierre pour le convaincre de faire des études de droit ou de médecine qui lui donneraient un gagne-pain :

> Hante-moy les Palais, caresse-moy Bartolle,
> Et d'une voix dorée au milieu d'un parquet
> Aux despens d'un pauvre homme exerce ton caquet,
> Et fumeux et sueux d'une bouche tonnante
> Devant un Président mets-moy ta langue en vente :
> On peut par ce moyen aux richesses monter,
> Et se faire du peuple en tous lieux bonneter.
> Ou bien embrasse-moy l'argenteuse science
> Dont le sage Hippocras eut tant d'experience,
> Grand honneur de son isle : encor que son mestier
> Soit venu d'Apollon, il s'est fait heritier
> Des biens et des honneurs, et à la Poësie
> Sa sœur n'a rien laissé qu'une lyre moisie.
> Ne sois donq paresseux d'apprendre ce que peut
> La Nature en nos corps, tout cela qu'elle veut,
> Tout cela qu'elle fuit : par si gentille adresse
> En secourant autruy on gaigne la richesse [14].

Dans cette invitation paternelle à déroger, toutes les transgressions sont réunies. Le droit, passe encore, mais la médecine ? Dans une optique de gentilhomme n'était-elle pas encore au-dessous des professions juridiques ? On voit pourtant des fils de bonne maison s'orienter vers la médecine, faute de mieux, et cela non seulement dans une ville italianisée comme Avignon, mais dans la France du Nord de la Seine. C'est ainsi que Jean Hucher, fils cadet d'un seigneur picard, Hucher d'Ancueil tué au siège de Saint-Quentin, s'est fait immatriculer à la faculté de médecine trois ans après la mort de son père, après avoir bien réfléchi sur les débouchés qui s'offraient à lui. Reçu docteur sept ans plus tard, il est nommé très vite professeur à l'école de médecine de Montpellier, puis doyen, puis chancelier de l'université [15]. Il se trouve que son nom et son cas ne sont pas tombés dans l'oubli

---

[14] Ronsard, « Discours à Pierre l'Escot », *Œ.*, Paris, Gallimard, Bibliothèque de la Pléiade, t. II, p. 794.
[15] Louis Dulieu, « Le chancelier Jean Hucher », *B.H.R.*, XXX (1971), p. 167 sq.

puisqu'il a terminé sa vie en notable. Mais combien de fils de nobles, dans une pareille situation de départ, se sont enfoncés lentement dans l'anonymat sans laisser trace de leur naufrage.

Il faudrait suivre l'histoire d'une famille sur plusieurs siècles pour pouvoir vraiment prendre conscience de l'instabilité des situations acquises dans cette société d'ordres, des innombrables possibilités de bifurcation qui se présentent et des perturbations introduites par les tropismes culturels qui bouleversent les circuits sociaux approuvés.

Les familles de hobereaux de province n'ont pas toutes la chance d'avoir dans leurs rangs un maréchal de France, un garde des sceaux, un archevêque célèbre et une sainte comme c'est le cas pour les Marillac dont le profil de famille peut être reconstitué grâce aux recoupements des notices biographiques dont ces personnages ont fait l'objet. Cette famille de petits seigneurs auvergnats sort de l'obscurité au XIVe siècle à l'occasion d'un désastre : la captivité de Bertrand, seigneur de Marillac et de La Vastrie, après une bataille malheureuse de la guerre de Cent Ans. Pour recouvrer sa liberté et payer sa rançon, il doit faire vendre la plus grande partie de ses terres. Son fils Sébastien, ruiné par la rançon de son père, doit se mettre sous la protection du seigneur de Lastie dont il devient maître d'hôtel [16].

Mais voici que la guerre reprend. Sébastien suit son nouveau maître, se bat comme un lion, il est adoubé chevalier sur le champ de bataille, après quoi il épouse la fille du marquis de Beaufort. Il meurt assez jeune en laissant un fils, Pierre, qui hérite de la charge de maître d'hôtel chez les Lastie, mais qui, par son mariage avec Marguerite de la Richardière, devient seigneur de Saint-Genest, fief qui relève du duc de Bourbon. Gilbert, le fils de Pierre, devient secrétaire de Claire de Gonzague, mère de Charles de Bourbon, et bientôt administrateur des domaines ducaux. Il meurt en 1511 et son fils, Guillaume, élevé par un oncle ecclésiastique, a grandi sous François Ier. Il ne fait pas de mystère de ses goûts : il préfère les études aux armes [17]. Mais il faut

---

[16] Charles de Vaissière, *Charles de Marillac*, Paris, 1896, p. 4 sq. Les Lastie sont la famille la plus puissante de la région, et Bertrand de Marillac avait épousé une Lastie, ce qui indique l'importance locale de sa propre famille au moment du désastre.

[17] Notons que Pierre n'est que le second fils, l'aîné Hughes lui ayant cédé son droit d'aînesse pour entrer dans les ordres. Les motivations de Guillaume sont explicitées dans la supplique en restitution de privilège

vivre, et les débouchés pour un studieux provincial ne sont pas encore très nombreux. Il devient donc contrôleur des finances, ce qui lui fait perdre la face. Malgré ses ancêtres guerriers, il est classé parmi ceux qui dérogent et est condamné à payer la taille comme un roturier. Il ne se tire d'affaire qu'à l'occasion d'un événement inattendu : le passage à l'ennemi du connétable de Bourbon. Il opte pour le Roi, ce qui lui vaut à la fois une réhabilitation nobiliaire et le poste de conseiller des comptes à Moulins. Son mariage avec la fille de l'agent général du duc de Montpensier n'en accentue pas moins l'orientation de la famille vers l'administration financière [18].

Ce sont ses onze enfants qui vont rendre son lustre à la famille. Beaucoup d'entre eux ont sauvé l'honneur en mourant les armes à la main, et parmi ceux qui survivent aux guerres, deux se distinguent particulièrement, ceux qui ont bénéficié de la meilleure formation : Guillaume le jeune, devenu maître de la Chambre des comptes, se révèle aussi un guerrier hors pair à la bataille de Montcontour où il est fait chevalier sur place par le duc d'Anjou. Son frère Charles, entré dans les ordres, est devenu non seulement un archevêque de Vienne érudit et influent, mais un des orateurs les plus écoutés de l'assemblée de Fontainebleau et des États généraux, le défenseur de l'Église gallicane contre les prétentions ultramontaines, l'adversaire déclaré de la politique de répression. Dans ses discours très remarqués, il fait preuve d'une grande culture historique en appuyant ses thèses sur des précédents de l'histoire romaine, de l'histoire de l'Église, et plus particulièrement de l'histoire des conciles [19]. Il est de ceux qui ont réussi à convaincre les notables qu'il était vain d'attendre du bon vouloir de Rome la convocation d'un concile véritablement œcuménique, où les chrétiens dissidents seraient représentés, puisque les papes refusaient l'affrontement et le dialogue. Il fallait donc se résoudre à imiter l'exemple des empereurs chrétiens des premiers siècles — et de Charles Quint lui-même —, faire en sorte que le Roi mette le pape devant le fait accompli en convoquant toutes les confessions à un concile national de la dernière chance, qui devait se matérialiser dans le colloque de Poissy.

---

adressée par Julien de Marillac à Henri III en 1577 : « Il avoit préféré aux armes la plume et les lettres ». *Op. cit.*, p. 6.
[18] *Ibid.*, p. 5 sq.
[19] *Ibid.*, p. 435 sq.

Après tant de fluctuations, l'histoire des Marillac ne devait pas s'arrêter au milieu du siècle [20]. Guillaume a deux enfants qui lui feront honneur : Michel qui deviendra garde des sceaux, et Louis qui sera maréchal de France. Leur nièce, Louise, co-fondatrice des Filles de la Charité avec saint Vincent, sera canonisée.

Le refus des armes et l'infléchissement vers les études d'un Guillaume de Marillac ou d'un Nicolas de Grouchy est le résultat d'un choix rendu possible par l'atmosphère d'un règne. Mais il arrive qu'il soit imposé par des conditions physiques. Inapte à l'armée, le garçon n'a plus que le choix entre la théologie et le droit, quitte à faire l'école buissonnière pour étudier le grec en cachette à la manière de Lazare de Baïf, de Rabelais, de Ronsard, de Du Bellay. La surdité de Ronsard, très ostensiblement exagérée, semble avoir été un alibi plus qu'une motivation.

En revanche, Jean-Jacques de Mesmes, enfant prématuré durablement fragile, doit à ses frêles moyens physiques d'être le seul survivant d'une vieille famille béarnaise de dix garçons, presque tous morts aux armées [21]. On le fait passer des mains du précepteur à l'université où il se distingue au point qu'on le charge à vingt ans d'enseigner le droit. Il l'enseigne pendant quinze ans, puis devient juriste de la reine de Navarre avant de passer au service de François Ier qui fera de lui un maître des requêtes. Entre-temps, son mariage avec une Hennequin, issue d'une des grandes familles de la bourgeoisie parisienne, l'ancre encore plus dans un milieu étranger à ses origines, mais cossu.

Son fils Henri, né en 1532, est filleul de Henri II. On le confie à un précepteur de choix, le limousin Maludan, disciple de Daurat, qui lui donne une très sérieuse formation humaniste avant de le suivre au collège de Bourgogne puis à l'université de Toulouse où le précepteur et l'élève poursuivent ensemble leurs études, l'un précédant l'autre. Il avança, écrira Henri de Mesmes dans ses *Mémoires*, « tellement ses estudes, par veilles et travaux incroyables, qu'il alla tousjours aussi avant devant moy, comme il estoit requis pour m'enseigner et ne sortit de sa charge que lorsque j'entroy en office » [22].

---

[20] Le rôle de Charles de Marillac est souligné par Victor Martin dans *Le Gallicanisme et la Réforme catholique*, Paris, 1929.

[21] « Mon pere à sa naissance n'avoit que sept moys, et pour ce qu'il ne promettoit pas grande force, il fut dédié aux lettres, estant fort delié en sa jeunesse ». Henri de Mesmes, *Mémoires*, éd. Frémy, p. 130.

[22] Henri de Mesmes, *ibid.*, p. 136.

Henri de Mesmes arrive à Bordeaux flanqué de son frère ruiné, de son précepteur limousin, et aussi, précise-t-il dans ses *Mémoires*, d'un domestique bourguignon et de son oncle, un vieux gentilhomme nommé M. de Gude qui vient superviser l'ensemble. Le fils, dont l'éducation humaniste et juridique est entourée de tant de soins, poursuivra, en l'amplifiant, l'activité culturelle de son père, et va donner à cette famille une orientation qui se maintiendra jusqu'au XVIIIe siècle. Jean-Jacques de Mesmes faisait copier des manuscrits grecs par Vergèce et avait commencé une collection de livres et de manuscrits [23], Henri va en faire la bibliothèque privée la plus importante de Paris et la mettra libéralement à la disposition des lettrés. Jean-Jacques fréquentait les humanistes les plus notoires et n'hésitait pas à apporter sa contribution, sous la forme d'une poésie latine, à l'hommage collectif rendu en 1563 à Michel de l'Hospital, poète latiniseur [24]. Le fils sera le familier de ceux qui gravitent autour des lecteurs royaux, de Turnèbe, de Daurat et de la bande du collège Coqueret. On trouve partout des hommages à sa haute culture, à sa générosité, à son aptitude à réunir les beaux esprits : on les trouve dans la dédicace du premier livre du *Lucrèce* de Denis Lambin, dans une épître des *Epigrammata* de Forcadel, dans la préface de la deuxième partie des *Adversaria* de Turnèbe, dans les vers grecs de Daurat en tête du *Cicéron* de Lambin. Quand Ronsard imagine dans ses « Iles Fortunées » le départ fictif d'une élite de quelques amis qui veulent fuir l'ancien monde, et s'embarquer pour l'Amérique en restant entre eux, il met Henri de Mesmes dans le convoi :

> Je voy Baïf, Denizot, Tahureau,
> Mesmes, du Parc, Bellai, Dorat, et celle
> Troupe de gens que devance Jodelle [25].

Ajoutons qu'Henri de Mesmes est un homme d'appareil en même temps qu'un grand lettré, prêt à faire de l'un le bras séculier de l'autre. Quand les lecteurs royaux restent trop longtemps sans être payés, ce qui arrive périodiquement, c'est à lui que l'on a recours pour intervenir

---

[23] Pierre de Nolhac, *Ronsard et l'humanisme*, p. 40 n.
[24] *Ibid.*, p. 178 n.
[25] Ronsard, *Œ.*, éd. Laumonier, S.T.F.M., t. V, p.178-179. - Le nom de Henri de Mesmes figure dans la première édition de 1553. Comme toujours chez Ronsard, les noms des passagers changent à chaque édition.

auprès de la trésorerie [26]. Il a pris le relais de Jean Du Bellay qui, jusqu'à son départ pour Rome, avait joué ce rôle d'intercesseur.

3. Le préceptorat humaniste

On a remarqué la multiplicité des rôles que le précepteur pouvait jouer. On pourrait imaginer, à la suite de Montaigne et même de La Noue, que les pères avaient à choisir entre deux solutions bien tranchées : le collège universitaire ou le préceptorat à domicile. Nous avons vu, en étudiant des séries de cas, que les deux solutions étaient souvent combinées, l'une précédant l'autre et évitant à une famille aisée le recours à l'école de campagne.

La Noue insiste beaucoup sur la portée du choix. Le père ne devra pas lésiner sur les dépenses, ne pas se contenter de « maistres de peu de valeur, cerchans ignorance à bon marché ». Car la mutation culturelle de la première moitié du siècle a bouleversé les rapports entre l'offre et la demande. Les précepteurs humanistes disponibles au début du règne de François Ier sont assez peu nombreux, très recherchés et choyés par les grands. Mais la demande va créer l'offre. Quinze ou vingt ans plus tard, les progrès de l'enseignement humaniste aidant, Paris fourmille de jeunes gradués d'université de valeur inégale qui offrent leurs services, saturant le marché, faisant baisser les prix, écartant ainsi les meilleurs et les plus exigeants, rendant les pères plus perplexes. Comment choisir ?

Plusieurs critères peuvent jouer : la notoriété littéraire, la réputation pédagogique, la moralité, les tendances religieuses. Ainsi le jeune Agrippa d'Aubigné quitte-t-il sa famille et son premier précepteur Jean Cottin pour être confié à l'âge de dix ans à Mathieu Béroald, un huguenot de Paris, neveu de Vatable, avant d'être envoyé à Genève. Béroald assume l'un des rôles du précepteur, qui n'est pas toujours pensionnaire d'un château ou mentor en ville d'un ancien élève. Il peut être aussi un régent qui loge dans sa maison un ou plusieurs étudiants externes d'un collège, et s'engage à surveiller leurs études. Le journal de Thomas Platter l'Ancien montre bien les

---

[26] Pierre de Nahlac, *op. cit.*, p. 338, n. 4, se réfère aux remerciements à Henri de Mesmes qui figurent dans un discours de Denis Lambin, in *Duae orationes D. Lambini*, Paris, 1563.

préoccupations de l'étudiant étranger à Paris à la recherche d'un logeur-instructeur, et délibérant sur le meilleur rapport qualité-prix [27].

Mais il faut dire que les réussites sociales les plus spectaculaires reviennent à ceux qui, par habileté ou par chance, ont su le mieux utiliser la structure hiérarchique de la société féodale pour se faire la courte échelle. On commence par une famille bourgeoise, on continue par un seigneur ou un grand notable et on finit à la cour, sommet des carrières et source des prébendes. Quand ils veulent donner à leurs fils un précepteur de qualité, les Grands n'ont qu'à regarder où ils se trouvent : chez de grands bourgeois qui les ont détectés. Le grand maître René de Savoie offre à ses deux fils le poète latiniseur Salmon Macrin qui était au service d'Antoine Bohier ; François Ier trouve Théocrène chez Florimond Robertet, dont il instruisait les fils. Devenu précepteur des « fils de France », il les suivra en Espagne dans leur prison d'otages de Charles Quint, et quand il prendra en 1533 une retraite confortable avec maison à Paris et évêché à Grasse [28], il sera remplacé par Guillaume du Maine, précepteur des enfants de Budé. Henri II choisira pour ses enfants, les futurs Charles IX et Henri III, Jacques Amyot qu'il a trouvé chez Bochetel, humaniste distingué lui-même. Quant au dauphin François, il a pour maître le grand Danès, lecteur royal et helléniste illustre.

Le clan Budé, à lui seul, possède une pépinière de jeunes intellectuels prêts à saisir les perches qu'on leur tend. Les cousins Le Picard ont choisi pour précepteur Tixier de Ravisi (Ravisius Textor) [29], le cousin Étienne Poncher fait instruire son neveu et futur successeur François Poncher par Parrusio, et il a pour secrétaire Nicole Bérauld qui deviendra plus tard précepteur des fils Châtillon. Le cousin Thomas Bohier met ses fils François et Antoine entre les mains de l'humaniste Rémy Roussel (Rufus) et Budé, lui-même, envoie son disciple Jacques Toussain comme précepteur chez Josse Bade.

---

[27] Thomas Platter l'Ancien, *Autobiographie*, *Cahiers des Annales* n° 22, Paris, 1964.

[28] Sur Benedetto Tagliacarne réfugié, après la chute de Gênes, en France où il fit carrière sous le nom de Théocrène, voir l'article de Jourda « Un humaniste italien en France, Theochrenus », *Revue du XVIe siècle*, 1928, p. 40-57, et celui de J. Plattard, « L'humaniste Théocrène en Espagne », *ibid.*, p. 68 sq.

[29] Auteur d'un *Specimen Epithetorum* (1518), recueil de références puisées dans les œuvres de poètes latins et néo-latins.

Mais Budé, qui a consacré sa vie à la communication écrite, reste étranger lui-même, ou hostile, à la communication orale, lui qui a imaginé l'institution des lecteurs royaux, ne parle jamais en public, et il a offensé mortellement le jeune Christophe de Longueil, qu'il estime et défend par ailleurs, en refusant de lui donner des leçons de grec. Chez Danès au contraire, le plus grand helléniste français après Budé, le goût de la communication orale est aussi évident qu'exclusif. Sa famille, comme celle de Budé, appartient à la grande bourgeoisie parisienne riche et considérée, peut-être un peu moins ancienne, plus proche de la marchandise. Mais Danès possède ce qui manquera à l'auteur du *De Asse* : un physique engageant, de grandes manières, la parole facile, une séduction oratoire qui feront de ses cours un des premiers grands succès du Collège royal. « C'est un Seigneur », dit André Thevet qui l'a bien connu [30].

La culture est pour lui un désir comblé, une joie qui s'épanche dans l'acte gratuit de la communication et se matérialise dans des relations privilégiées avec un petit nombre. Peu d'enseignants ont eu l'occasion d'avoir dans leur auditoire l'équivalent d'Amyot, Toussain, Barnabé Brisson, Daurat, Calvin, Loyola ; mais au bout de cinq ans de lectorat royal, Danès prend congé de sa chaire pour se consacrer à un échange plus personnalisé, quand le jeune évêque Georges de Selves, qu'il a initié à la littérature grecque, lui demande de le suivre à Venise puis dans son évêché de Lavaur, pour l'aider à traduire Plutarque.

Georges de Selves n'est ni un débutant ni un amateur. Son père, quand il était gouverneur du Milanais, lui avait donné pour précepteur un humaniste italien, Stéphane Negri, qui l'avait initié au grec et dédiera plus tard ses commentaires sur les *Aurea carmina* pythagoriciens à ses anciens élèves Lazare et Georges de Selves. Mais Danès ne dédaigne pas non plus d'initier un enfant au grec pour son plaisir, quand il s'agit du fils d'un ami et d'un enfant qu'il aime, ce qui était le cas du jeune Henri Estienne. « Il entourait mon père d'une affection particulière », témoigne Estienne dans sa préface à l'édition de 1585 du *Songe de Scipion*. « Il voulait que fût particulier à sa famille le bienfait de l'éducation [...]. Personne n'a jamais dû autant à son précepteur que j'avoue lui devoir : son affection pour moi, alors que j'étais encore

---

30 Une grande partie des témoignages sur Danès ont été réunis au XVIIIe siècle dans un recueil intitulé : *Vie, éloges, opuscules de Pierre Danès*, Paris, 1731. La monographie qu'André Thevet lui a consacrée est reproduite intégralement dans le recueil (pp. 59-96), ainsi que celle de Scévole de Sainte-Marthe.

enfant, était telle et si jalouse qu'il ne souffrait pas, à cette époque, que je fusse enseigné par un autre que lui, et aucun argument ne pouvait l'amener à en enseigner un autre que moi »[31].

Dès la fin du XVIe siècle ce type de situation paraissait inhabituel et peu compréhensible, au point que, pour l'expliquer à ses contemporains, Scévole de Sainte-Marthe devait faire un retour en arrière et montrer ce qu'était la Renaissance au stade des pionniers : « En ces temps où les doctes étaient rares, des personnages éminents n'hésitaient pas à assumer la charge du pieux office de l'enseignement quand il s'agissait de jeunes garçons prometteurs et bien nés »[32]. Mais Danès, toujours prêt à communiquer son savoir de bouche à oreille comme autrefois les druides, éprouve une sorte d'aversion pour la communication écrite. « Il aimait à faire paraître ses ouvrages sous le nom d'autrui »[33], dit son biographe, et les traductions de Plutarque amorcées à Venise, qui sont en grande partie son œuvre, seront, sur son désir, signées par Georges de Selves qui, cependant, précise : « L'honneur de ce travail doit être référé à Pierre Danès, lequel par son industrie a mis à chef cette entreprise que beaucoup avoient tenté sans avoir pu réussir »[34]. On ne compte plus les ouvrages qui lui sont ainsi attribués : éditions critiques, pamphlets contre Charles Quint, commentaires sur Aristote, traité sur les rites. Quand il vint à bout de son entreprise majeure, l'édition critique de Pline l'Ancien, il la fit publier sous le nom de son domestique[35]. Le contraste avec Budé est frappant.

Lorsque le précepteur a pour élève un grand seigneur, il n'exerce pas seul son magistère, l'instruction devant être accompagnée d'un type d'éducation que seul un gentilhomme est censé pouvoir donner. C'est ce que souligne Tahureau dans ses *Dialogues* : la situation de servitude ne permet pas au précepteur d'avoir l'autorité qui lui permettrait de forger un caractère, ni de donner la formation physique et paramilitaire dont un gentilhomme a besoin. Ce qui n'empêche en rien le jeune seigneur de recevoir en même temps une formation

---

[31] Cité par M. Forget, « Les relations et les amitiés de Pierre Danès », *Humanisme et Renaissance*, III (1936), p. 368.
[32] « In illa doctorum penuria illustres adeo viri, juvenibus egregiis et magna de se pollicentibus, pium docendi officium interim praestare gravabantur », *Gallorum doctrina illustrium Elogia*, éd. 1630, p. 12.
[33] *Abrégé de la vie du célèbre Danès*, Paris, 1731, p. 8.
[34] Cité *ibid.*, p. 6.
[35] Texte de la préface reproduit *ibid.*, p. 117 sq.

humaniste. Rien ne s'oppose, dit Tahureau, à ce que « les grands seigneurs ne soyent aussi bien prouveus de la doctrine comme les pauvres, entendu mesmement que ce sont eus qui ont les gens bien conditionnez doctes et sçavans à leurs gages pour instruyre leurs enfans en meurs vertueuses et cognoissance de bonnes lettres, et ainsi il est bien difficile, ayant pris un tant bon pli de leur jeune aage, qu'apres ils se puissent aucunement destourner ou corrompre »[36].

On voit se répartir les tâches : le précepteur prend en charge la formation intellectuelle qui est aussi une formation morale dans la mesure où il est entendu que les *bonæ litteræ* élèvent le cœur en même temps que l'esprit et éveillent, par les *exempla*, le discernement et le sens politique. Le gouverneur de son côté supervise l'ensemble — il est le délégué du père et de la caste —, veille à l'éducation virile du jeune garçon, à sa préparation à la vie de guerrier. À côté de leur précepteur, les enfants royaux ont un gouverneur, René de Cossé-Brissac, qui, pour que son propre fils Charles, futur maréchal de France, en sache plus que lui, le fait bénéficier de l'enseignement de Théocrène. Son petit-fils Timoléon ira encore plus loin : élevé en latin jusqu'à l'âge de sept ans, il aura pour gouverneur René de Beauxonde et pour précepteur le plus brillant humaniste écossais du jour, Buchanan, ce qui ne l'empêchera pas de mener une existence belliqueuse et de se faire tuer à la bataille de Jarnac.

4. Le temps des récoltes

C'est dans la seconde moitié du siècle que les résultats deviendront perceptibles. En parlant du mépris pour les lettres qu'affectaient les gentilshommes avant François Ier, Brantôme y va de son commentaire historique : « C'estoient des resveries qui s'estoient mises parmi la noblesse de ce temps là, car je voudrois bien sçavoir si les lettres firent si grand mal à Cæsar, à ce grand Alphonse de Naples, de nos tems à M. de Langey, à Salvizon, à feu M. l'Amiral, et à tant d'autres que je dirois en nombre infini »[37].

Tout au long de ses *Vies des grands capitaines* Brantôme ne manque pas une occasion de noter au passage les guerriers fameux qui illustrent sa thèse. Jean de Salvaison est un de ses exemples de choix. Quand il avait des responsabilités militaires à déléguer, il choisissait

---

36 Tahureau, *Dialogues*, éd. Conscience, p. 67.
37 Brantôme, *Œ.*, t. III, p. 45.

de préférence des jeunes gens qui avaient « un peu riblé sur le pavé des universitez, mais pourtant qu'ilz n'eussent rien délaissé de leurs estudes ; car il disoit qu'il n'y avoit au monde si bon esmery pour bien faire reluyre les armes que les lettres. Il en parloit par l'expérience qu'il en faisoit en luy, et non en autruy »[38].

Brantôme est intarissable sur Du Gast, qui avait « les armes et les lettres si communes ensemble avec luy, que tous ceux à l'envy le rendoient admirable »[39], et aussi sur Lesdiguières. Il dit de ce dernier qu'il poussa si loin le goût et l'étude des lettres qu'on le compare à « ce grand empereur Severus, duquel on dit que s'il eust continué les lettres, dont il avoyt si beau, il fust esté aussi grand homme comm'il fust sur la fin homme de guerre ». Il le félicite sans doute d'avoir fait le bon choix, les armes étant « la meilleure et la plus illustre voye ». Mais cette ambiguïté l'a servi « car il n'y a rien qui face plus luyre la noblesse que les armes, et les lettres et sciences aprez ». Compte tenu des hiérarchies nécessaires qui, à ses yeux, correspondent à la nature des choses plus qu'à la structure sociale d'un moment, « les lettres et les armes maryees ensemble font un beau lict de noces »[40].

Comment justifier cet accouplement, accepté dès le milieu du siècle, après avoir semblé monstrueux ou dérisoire ? Pour Brantôme la réponse est simple : l'histoire est le précepteur des rois et des gentilshommes à qui elle enseigne une éthique du succès et des précédents à toutes les situations possibles, qui sont en nombre limité. La culture est avant tout pour lui une réflexion sur Tite-Live et Plutarque. Ainsi le maréchal de Bellegarde était-il aussi redoutable parce qu'il avait à la fois « la valeur très grande et l'esprit très bon et un grand sçavoir ; et ces gens sçavans, qui ont leu, tirent des lettres et histoires des exemples à ce qu'ilz s'estudient imiter, selon leurs passions, affections et voluntez »[41]. Et quand il raconte sa vie pleine de bruit et de fureurs, Michel de Castelnau-Mauvissière, rejeton de la branche cadette des Castelnau-Laloubère, ne cesse de se référer aux précédents de l'histoire grecque et romaine — dont une éducation très poussée lui a meublé la mémoire — pour justifier des comportements inspirés par les modèles de l'Antiquité.

---

[38] *Ibid.*, t. IV, p. 115.
[39] *Ibid.*, t. V, p. 355.
[40] *Ibid.*, t. V, pp. 187-188.
[41] *Ibid.*, t. V, p. 212.

Un autre type de justification filtre à travers les témoignages sans jamais être explicité ni même clairement perçu. Tout au plus peut-on lire son énoncé en transparence : la formation littéraire développe l'esprit d'analyse, utile auxiliaire à l'exercice du commandement. Et ce que le mémorialiste laisse entendre, un italien de la cour en France, Matteo Bandello le dit en clair : « L'homme cultivé sera plus habile à discuter ce que l'on prépare, donnera les raisons pour lesquelles on doit opérer de telle façon et pas autrement, il le fera mieux que ne saurait le faire un ignorant »[42]. C'était le cas de François de Guise, et aussi du maréchal de Gontaut-Biron qui « avoit fort aymé la lecture, et la continuoit quand il avoit loysir, et retenoit bien ». La fréquentation de la cour de Marguerite de Navarre avait contribué à l'éveil d'un « fort gentil et vif esprit » et ce qui frappait Brantôme dans son comportement, c'était l'avidité à « s'enquérir et sçavoir tout, si bien qu'ordinairement il portoit dans sa poche des tablettes, et tout ce qu'il voyoit et oyoit de bon, aussitost il le mettoit et escrivoit dans les dictes tablettes [...]. Tant y a que toutes ces belles et curieuses observations, avec son esprit et braves expériences et valeurs, l'ont rendu un des grandz capitaines de la chrestienté, je ne dis pas seulement de France »[43].

Celui qui a su le mieux illustrer par une image cette croyance dans l'efficacité de l'esprit appliqué aux choses de la guerre, c'est l'homme dont on a dit qu'il ne lui avait manqué qu'un Loyal Serviteur pour avoir la renommée d'un Bayard : Louis d'Ars[44]. Pour cela, ni discours ni phrases, mais un moyen d'expression médiéval encore intelligible, celui des armes parlantes, en l'occurrence l'arbalète à poulie avec la devise : *Ingenium superat vires*, ce qui veut dire, commente Brantôme, « qu'il n'y a si belle force que l'esprit et l'industrie de l'homme surpasse ; comme le vray, il n'y a homme, si fort soit-il, ny geant, qui peust de la main bander ceste arbulleste ; mais avec cette engin fort aisément elle se bande »[45]. C'est toute une conception technologique de la guerre qui est ainsi suggérée, en même temps qu'une des quatre ou cinq définitions possibles de la culture : ce qui donne à l'esprit le pouvoir de décupler une force, de dominer les choses et d'infléchir les événements.

---

[42] Bandello, *Novelle*, trad. D. Jaspard, 1961, p. 153.
[43] Brantôme, t. V, pp. 123 et 149.
[44] J. Balteau, « Louis d'Ars », *D.B.F.*
[45] Brantôme, op. cit., t. I, p. 132.

DES PRÉCEPTEURS AUX UNIVERSITÉS

Faut-il conclure de tout cela que l'ensemble de la classe noble a été converti à l'humaniste ? Certes non. Une grande partie d'entre elle vivait trop loin des centres du pouvoir et de l'information pour regarder au delà d'un horizon de campagne ou de régiment. Parmi ceux que la brutalité de l'inflation a poussés dans leurs retranchements, seuls les plus ingénieux ont pu survivre. L'histoire n'a retenu que les noms des vainqueurs sans tenir compte de ceux qui, après avoir végété de père en fils, ont fini par sombrer dans l'anonymat de la roture. L'histoire des familles célèbres nous montre qu'à aucun moment elles n'ont été à l'abri des menaces de déchéance qui rôdaient autour d'elles.

Il faut aussi compter avec les jeunes seigneurs formés par de bons maîtres, familiers de la cour de France, mais qui n'en avaient pas moins conservé la morgue des ancêtres à l'égard des lettres, des livres et des lettrés. Eux n'avaient pas besoin de promotion. Mais même ainsi, le bon grain semé par les précepteurs n'est pas toujours perdu, il n'attend qu'une occasion pour germer. C'est ce qui arrive à un cadet particulièrement arrogant, François de Montmorency, quatrième fils du connétable. Sa captivité, après le siège de Thérouanne, lui laisse l'occasion de lire, et le voilà converti aux livres. « Luy qui, auparavant, ainsy que je luy ay ouy dire, avoit desdaigné bien fort la lecture, à la mode des seigneurs et nobles du temps passé, s'y pleust tant ceste fois qu'il y fit fort son proffict ; car outre qu'il eust de soy l'esprit et entendement tres bon et tres solide, il le façonna encore mieux par ceste lecture, dont toute sa vie il s'en est ressenty »[46].

Ne sous-estimons pas non plus la duplicité d'une foule de courtisans victimes d'une conversion forcée à la culture. Le Roi impose le respect des lettres par ses paroles, son comportement, ses décisions, certains le suivent, se laissent prendre au jeu, conditionnent leurs enfants. Mais les autres ? Il y a les irréductibles qui ne lui donnent qu'un assentiment grimacé. À la table royale où l'on voit défiler des beaux esprits et des savants à qui le Roi donne la réplique, ils jouent les spectateurs courtois, voire passionnés. Mais revenus chez eux, hors de la présence royale et du rituel de cour, la nature va reprendre ses droits, et ils brocardent le soir ce qu'ils ont admiré l'après-midi. C'est à cette situation que pensait Du Bellay, dans le sonnet CXLV des *Regrets* :

> La science à la table est des seigneurs prisee,
> Mais en chambre (Belleau) elle sert de risee :

---

[46] Brantôme, *ibid.*, t. III, p. 351.

> Garde, si tu m'en crois, d'en acquerir le bruit.

Mais l'hypocrisie est ici hommage rendu à la culture. Dans une société d'ordres où le pouvoir et le prestige se diffusent de haut en bas, l'assentiment requis pour un consensus n'est pas celui du plus grand nombre ni même des plus puissants, mais celui des personnalités symboliques vers qui tous les yeux sont tournés.

Dans l'adhésion des contemporains de François Ier au nouvel ordre culturel, il est souvent difficile de distinguer ce qui relève de l'opportunisme, de la contagion, du snobisme, du calcul à long terme et du goût, mais pour la génération suivante les motivations sont moins complexes. Les fils ont grandi en même temps que s'imposait une image, celle du jeune gentilhomme vaillant et lettré, l'image que Marguerite de Navarre met en exergue d'une de ses nouvelles, du « seigneur de bonne maison, qui estoit aux escolles, desirant parvenir au sçavoir par qui la vertu et l'honneur se doibvent acquerir entre les vertueux hommes »[47].

Sous cette image il faudrait mettre une légende, celle qu'un protégé de Marguerite de Navarre, l'Italien exilé Matteo Bandello insère dans une de ses nouvelles : « Les parents qui désirent ardemment élever leurs enfants avec l'espoir qu'ils réussiront dans n'importe quelle profession devraient, avant toute chose, leur faire étudier la littérature et les laisser ensuite s'exercer dans le métier qu'ils préfèrent, : un enfant réussira mieux dans une voie où ses pas le portent naturellement que dans une imposée par la contrainte »[48].

Au niveau inférieur, le petit hobereau campagnard commence à voir que l'ignorance du droit risque de le faire tomber dans la « nasse à goujons » dont parlait Guillaume Budé, tendue par des robins cauteleux, que l'ignorance des lettres et de l'histoire peut le précipiter dans la roture à la prochaine révision des listes fiscales, s'il se montre incapable de reconstituer un arbre généalogique ou de tenir des archives de famille[49]. Mais ceux qui ne se bornent pas à maintenir des positions acquises visent plus loin. Ils ont compris que parmi les nobles une petite élite cultivée s'annonce et qu'elle est le vivier où l'on puise pour attribuer les postes diplomatiques et certains

---

[47] Marguerite de Navarre, *l'Heptaméron*, début de la XIIIe nouvelle.

[48] Matteo Bandello, *Novelle*, éd. citée, p. 154.

[49] Ces deux points sont développés par François de l'Alouëtte dans son *Traité des nobles et des vertus dont ils sont formés*, Paris, 1577, p. 170 sq

commandements de province et d'armée, le jugement du gentilhomme lettré étant estimé plus sûr.

Nous avons vu que les ambassadeurs à Venise choisis par François Ier provenaient en grande partie de familles de robins érudits. Sous Henri II le niveau culturel de leurs successeurs reste élevé, bien que moins spectaculaire, mais l'origine sociale des ambassadeurs est nettement plus aristocratique. Le successeur du bon Morvilliers est Odet de Selve, quatrième fils de Jean de Selve seigneur de Marignan et petit-fils de Fabien de Selve, lieutenant de la compagnie d'ordonnance du comte de la Marche gouverneur d'Auvergne. Jean de Selve a quitté les armes pour la robe [50], mutation beaucoup plus fréquente qu'on ne le dit dans les familles de hobereaux besogneux. Devenu avocat, il réussit très vite, devient conseiller de Parlement, président, chancelier du Milanais. Après s'être battu à Pavie, il est chargé par la Régente de missions pour la délivrance du Roi et finit sa carrière comme premier président du Parlement de Paris. Entre-temps il s'était occupé activement de la publication de l'édition de 1524 des *Mémoires* de Commynes, et il avait donné à ses fils des précepteurs humanistes renommés. Ils deviendront tous les trois ambassadeurs : Georges a précédé son frère à Venise, Jean-Paul sera ambassadeur à Rome en 1557 et Odet, membre du conseil du roi, mènera des négociations particulièrement délicates avec l'Angleterre en 1547 avant d'être nommé ambassadeur à Venise en 1550 puis à Rome et en Espagne. La copie des dépêches des négociations d'Angleterre, considérées comme des chefs-d'œuvre du genre, fut conservée après sa mort à l'abbaye de Saint-Germain-des-Prés.

Son successeur en 1554, Dominique du Gabre [51], comte de Montbrun, est de noblesse très récente, mais il a été formé et poussé par la petite cour politique et culturelle qui gravitait autour du cardinal de Tournon. Ancien secrétaire du cardinal, il a été nommé ambassadeur à Venise après le succès d'une mission à la cour de France en 1553. Il est remplacé en 1557 par François de Noailles, issu d'une vieille famille limousine qui remonte au-delà du XIe siècle, présente à toutes les croisades, à toutes les batailles de la guerre de Cent Ans. Il est l'un des dix-neuf enfants de Louis de Noailles, armé chevalier à la bataille

---

50 Voir *Biographie universelle*, notice sur Jean de Selve.

51 Voir Fleury Vindry, *Les ambassadeurs de France permanents au XVIe siècle*, Paris, 1903, p. 37 ; la notice de R. Limouzin-Lamothe, « Dominique du Gabre », dans *D.B.F.* ; et M. François, *Le cardinal de Tournon, homme d'État, diplomate, mécène et humaniste*, Paris, 1951.

d'Agnadel [52], et frère cadet d'Antoine de Noailles, considéré comme l'un des grands diplomates du siècle, chargé de missions particulièrement délicates telles que le remariage de François Ier avec Eléonore, les fiançailles du dauphin François avec Marie Stuart, les négociations avec Henry VIII et occupant finalement, après plusieurs missions militaires et le commandement de la flotte, le poste de gouverneur des fils du Roi.

La carrière de son cadet est moins également distribuée entre la diplomatie et la guerre. François de Noailles est le plus lettré de la famille, le plus subtil, et Brantôme n'hésite pas à faire de lui et de Jean Du Bellay les deux meilleurs diplomates français du siècle, ce qu'il explique par le fait qu'ils « se fussent aidés autant de leur épée que de leur langue, bien disante et diserte ». René Aubert de Vertot, qui a fait précéder sa publication de la correspondance diplomatique des deux frères d'une longue introduction, y précise que François avait « employé avec succès les premières années de sa vie à l'étude des belles lettres ». Et il ajoute : « La raison, la piété et une profonde érudition, surtout dans l'un et l'autre droit, furent les fondements d'une vie illustre, et qui firent connaître ce qu'on devoit attendre d'une si heureuse éducation » [53].

Ce diplomate redoutable, dont on fera l'un des représentants de la couronne au colloque de Poissy, révèle, une fois dans le feu de l'action, une intelligence extraordinairement polyvalente. Envoyé très jeune en Angleterre comme adjoint de son frère, il trouve le moyen, lors de son voyage de retour, de détecter les points faibles des dernières places anglaises de France et de communiquer les renseignements à Paris, facilitant ainsi la reconquête de Calais, de Boulogne, de Guines par François de Guise. Dans ses missions en Italie il est à la hauteur de tous les rôles, à la fois « ambassadeur, surintendant des finances, négociateur continuel » [54], un négociateur tout en finesse qui reçoit de Charles de Lorraine cette appréciation : « Le Roi a trouvé vos dépêches si justes qu'en cela vous pouvez dire avoir deviné le fonds de son

---

52 Voir Notice « Famille de Noailles » de la *Biographie universelle*.

53 René Aubert de Vertot, *Ambassades de messieurs de Noailles en Angleterre*, Leyde, 1763 (5 vol.) ; Introduction, t. I, p. 27.

54 *Ibid.*, p. 36-37.

intention, laquelle vous ne sçauriez mieux avoir ensuivie si lui-même vous l'avait déclarée »[55].

S'il est vrai que Henri II attribue le plus souvent à des aristocrates des postes que François Ier réservait aux robins, cela ne tient pas seulement, comme le croyait Brantôme, à la différence d'humeur entre les deux rois, mais au fait que la noblesse française du milieu du siècle n'est plus celle du début. Entre-temps la mutation culturelle a joué.

---

[55] Lettre de Charles de Lorraine à François de Noailles du 7 avril 1557, citée par Vertot, *ibid.*, p. 38.

Chapitre VI

Le phénomène royal

On aimerait rendre compte de la mutation culturelle qui a bouleversé en trente ans la physionomie d'un pays et ce qu'il est convenu d'appeler un caractère national en renonçant aux personnalisations, aux figures symboliques, à tout ce qui pour nos grands-pères était « l'Histoire ». Mais plus on entre dans les faits, mieux on se rend compte qu'un tel tabou fausserait les données. Évaluer les phénomènes culturels d'une société d'ordres en se limitant aux méthodes utilisées pour l'analyse économique des sociétés de masse reviendrait à s'enfoncer avec bonne conscience dans l'anachronisme et les résultats mystifiants. Rien ne peut empêcher qu'à chaque tournant de notre enquête on se trouve en présence d'une décision royale, ou même d'une attitude, d'une préférence exprimée qui donnent une orientation à un mouvement. Louis XIV lui-même n'a pas laissé de marques aussi durables sur la vie culturelle du pays. La personnalité de François de Valois ne peut donc rester hors de jeu.

1. Le roi de Marignan

Aucun avènement n'a été accueilli avec de tels transports. Le 1er janvier 1515 François Ier succède à un roi populaire mais égrotant et prématurément vieilli. Lui a vingt ans, une prestance de chef, une nature affable, une beauté juvénile devant laquelle on s'extasie. Nous avons quelque peine, il faut le dire, à comprendre l'enthousiasme des contemporains quand nous regardons ses portraits, et pas seulement ceux du quadragénaire empâté au sourire un peu trivial, mais même les portraits de jeunesse qui ne nous font pas grâce du cou de taureau ni de l'interminable nez. Faisons leur part à la stylisation des portraitistes de l'époque qui accentue les nez, ainsi qu'aux modes de beauté qui passent, ne prêtons pas une importance excessive aux ferveurs d'une sœur adorante qui voit dans son frère bien-aimé le prince « le plus beau et de la meilleure grace qui ayt esté devant, ne qui, je croy, sera après lui en ce royaume »[1]. Allons jusqu'à mettre sur le compte de la fierté nationale comblée les exclamations de l'auteur anonyme de la *Chronique du roy Françoys* qui s'extasie sur le jeune prince tout « en formosité corporelle, éloquence, force, hardiesse »[2], faisons la part de la flatterie dans le portrait de l'Institution du Prince de Budé : « Stature belle et au vray héroicque, et maintien avenant de tout le corps, grace et majesté de face et pareillement de visaige, ensemble natifve et diserte facilité de langaige, lesquelles choses font les princes plus vénérables à ceulx qui gectent leur vue sur eulx »[3].

Mais c'est un fait que les étrangers, même ennemis, ne le voient pas autrement. Dans les notations de son *Journal autobiographique* Aléandre parle du nouveau roi comme d'un « successor pulcherrimus et, speramus, optimus et liberalissimus »[4]. Guichardin qui est loin d'être un ami de la France ne fait pas mystère de son admiration pour ce prince « gli conciliava somma gratia, il fiore dell'età, ch'era di venti anni, la belleza e grazia del corpo, la liberalità grandissima, la umanità somma con tutti, e la notitia piena di molte cose »[5]. Quant à Gattinara, ambassadeur d'une princesse qui avait de bonnes raisons d'être solidement francophobe, Marguerite d'Autriche, il assure sa souveraine que le jeune François peut être avantageusement comparé à Philibert le Beau, considéré de son vivant comme le plus beau prince de la chrétienté.

Les Anglais sont les seuls à faire quelques réserves. Toujours à l'affût de ce qui pourrait jeter un froid sur les satisfactions d'amour propre des continentaux, ils vont droit au détail dénigrant qu'ils sont les seuls à voir : le nez du Roi ? trop grand, bien sûr, les pieds aussi, et les lèvres un peu épaisses. Ses jambes ? grêles, et contrastant avec la belle carrure[6], et même un peu arquées. Sa nuque ? trop large. Ses

---

[1] Marguerite de Navarre, *Heptaméron*, XXVe nouvelle.
[2] *Chronique du roy Françoys, premier de ce nom*, éd. Guiffrey, Paris, 1880, p. 4.
[3] Guillaume Budé, *l'Institution du Prince*, éd. Bontems, p. 84.
[4] Jérôme Aléandre, *Journal autobiographique*, éd. H. Omont, Paris, 1895 (à la date de janvier 1515).
[5] Guichardin, *Storie d'Italia*, liv. XII, chap. III.
[6] « Great eyes, high nosed, bigge lipped, large breast and shoulders, small legges and long fete », Edward Hall, *The Triomphant Reign of Henry VIII* (éd. 1548), rééd. Ch. Whibley, Londres, 1904, t. I, p. 200.

yeux, grands et mordorés, mais de petites taches rouges sur la cornée, sans parler d'un tic qui lui fait couler les yeux. Le teint ? blanc, certes, mais d'un blanc-bleu incertain « comme le babeurre dans lequel il y a très peu de lait et beaucoup d'eau »[7].

Cela dit, ils sont prêts à reconnaître au jeune souverain ce mélange de prestance imposante et de charme jovial[8] qui a frappé tous ses contemporains et qui survivra à la jeunesse. À cinquante-deux ans, quelques mois seulement avant sa mort, il impressionne encore l'ambassadeur de Venise par son élégance royale de géant civilisé et par sa vigueur :

> Son aspect est tout à fait royal, en sorte que sans avoir jamais vu sa figure ni son portrait, à le regarder seulement on dirait aussitôt : c'est le Roi. Tous ses mouvements sont si nobles et si majestueux que nul prince ne saurait l'égaler. Son tempérament est robuste, malgré les fatigues excessives qu'il a toujours endurées et qu'il endure encore de tant d'expéditions et de voyages. Il y a bien peu d'hommes qui eussent supporté de si grandes adversités [...]. Il mange et boit beaucoup, il dort encore mieux[9].

La façade est trompeuse. Le souverain en majesté qui, à plus de cinquante ans, conserve un rythme de vie de jeune homme, doit à son incroyable vitalité de pouvoir faire encore illusion. Marino Cavalli ne se doute pas qu'il est en présence d'un condamné à mort à court terme. L'autopsie, quelques mois plus tard, révélera deux reins complètement nécrosés, la vessie et le poumon droit très atteints. Une seule de ces affections aurait suffi à tuer son homme.

Le jouvenceau de l'année du sacre n'a pas l'aura de mécène qui sera son plus grand titre de gloire, mais déjà il impressionne par sa force de présence, sa stature de géant[10], son charme juvénile, son éloquence,

---

[7] « Dans la conversation il changea d'expression et regarda souvent en haut montrant le blanc des yeux, ce qu'il fit plus souvent qu'il ne lui fallut » (Elis Gruffud, « Rapport sur le Camp du drap d'or », extraits traduits du Gallois par P. Morgan, in *Revue du Nord*, XLVII (1965), p. 198-9).

[8] « A goodly Prince, stalely of countenance, mery of chere », Edward Hall, *loc. cit.*

[9] *Relations des Ambassadeurs vénitiens sur les affaires de France au XVIe siècle*, éd. et trad. Tommaseo, t. I, p. 279, rapport de 1546 de Marino Cavalli.

[10] L'armure royale conservée aux Invalides permet de mesurer sa taille : 1 m 96. Je dois cette précision à l'obligeance de M. Reverseau, conservateur en chef du Musée de l'Armée.

son pouvoir de fascination de chef charismatique. À Marignan on a vu ce jeune roi de vingt ans courir d'une unité à l'autre pour entretenir l'enthousiasme, parler à ses troupes et, dit l'auteur de la *Chronique du Roy François*, « donnant toujours couraige à ses gens, en sorte que sans luy et sa présence les Françoys estoyent en grand danger d'avoir du pire »[11], jugement confirmé par une lettre de Contarini qui fait du charisme royal le vrai vainqueur de la journée[12].

Cette version romanesque des événements est partagée par la plupart des contemporains. Elle est mystifiante dans la mesure où elle occulte le rôle déterminant des préparations d'artillerie de Galiot de Genouillac qui ont, à deux reprises, créé les conditions de succès, et elle entretient les confusions sur les réalités de la technologie militaire du siècle. À Marignan François d'Angoulême a gagné son pari après avoir joué le tout pour le tout. Il a été porté par la foi en son étoile et sa fougue juvénile plus que par un examen sérieux de la situation, comme le lui fait remarquer après la bataille le connétable de Bourbon qui, à cette heure, est encore loyal. Que serait-il arrivé en cas d'échec ? Le jeune François n'est pas embarrassé le moins du monde par l'objection, et sa réponse est très révélatrice : « Encore faut-il, mon oncle, qu'un roy tel que je suis fasse paraistre au monde ce qu'il doit estre. » Si son armée ne l'avait pas suivi, il se serait battu seul « avec une ferme espérance en Dieu que par la terreur de mon nom, de ma présence et de l'équité de ma cause, je les eusse fait agenouiller devant moy »[13].

C'est cette conception à la fois ludique et magique de la fonction royale qu'il rend contagieuse et, pour un temps, crédible. Il faut voir quels accents napoléoniens il donne à sa harangue aux soldats de Marignan :

> Je suis vostre Roy et vostre prince, je suis jeune, vous m'avez tous promis fidélité et juré d'estre bons et loyaux ; je ne vous habandonneroy poinct et suis délibéré vivre et mourir avec vous.

---

[11] *Chronique du roy Françoys*, p. 6.
[12] « La Maestà del Re oggi ha dimostrato tal valor di la persona soa, che mille Cesari haria superato », lettre de Contarini datée du 14 septembre 1515, reproduite dans les *Diarii* di Marino Sanudo, Venise, 1887, t. XXI, col. 104.
[13] Propos rapportés dans les *Mémoires* du Maréchal de Vieilleville, éd. Michaud et Paujoulat, p. 43.

Nous sommes venuz par deça à grand travail ; voici la fin de vostre voiage, car tout sera gaigné ou perdu [14].

Le chancelier Duprat qui a les pieds sur terre et ne s'en laisse pas conter n'en fait pas moins, dans un discours, une analyse très précise des deux composantes de la fonction royale : charisme et commandement. À Marignan, explique-t-il, le Roy faisait à la fois « office d'Empereur [dans le sens d'*Imperator*] par la majesté qui estoyt en luy, qui consoloit toute l'armée ; office de capitaine par la grande conduite et admonestement qu'il faisoit à son armée, à cause de quoy prenaient hardiesse en eulx » [15].

Sur les intellectuels, le charisme agit aussi. Budé finit par y succomber, après cinq ans d'hésitation. Il avait beaucoup attendu du nouveau règne et sans rien voir venir. Sa déception est très sensible dans sa correspondance avec les Anglais Thomas More, Tunstall, Lupset, Pace, entre 1515 et 1519 : il les félicite d'avoir un souverain ami des lettres [16], une cour ornée d'humanistes à qui sont confiés des postes majeurs [17]. Tout se passe comme si François Ier faisait pâle figure comparé à Henry VIII. C'est le temps des désillusions. Les grands espoirs de l'avènement, les projets de Collège royal lancés en l'air en 1517 ? De la fumée. Les dépenses militaires ont la priorité absolue. Comme autrefois. Aucun projet culturel ne s'est matérialisé.

Et voici qu'en 1520 tout change. Budé passe dans le champ visuel du Roi. Convoqué au Camp du drap d'or pour faire pendant à Thomas More que Henry VIII avait dans ses bagages, en même temps que Richard Pace et le poète Alexander Barclay, il est sans illusions sur le rôle purement décoratif qu'on lui a fait jouer. Mais avant ou après la rencontre historique il y a eu contact personnel. Un parent de Budé bien en cour — presque certainement l'évêque Étienne Poncher — avait éveillé l'attention du Roi sur l'existence d'un monstre sacré un peu sauvage, un autodidacte de génie devenu le premier helléniste d'Europe. Il aménage une entrevue. Le Roi reçoit Budé avec son

---

[14] *Journal* de Jean Barillon, t. I, p. 117-118. Dans son *Histoire de nostre temps* Guillaume Paradin parle, lui aussi, du vainqueur de Marignan comme d'un prince auquel « n'estoit rien inaccessible, clos ou insuperable », éd. Lyon, 1550, p. 3.

[15] *Journal* de Jean Barillon, p. 319 n.

[16] Lettres de Budé à Richard Pace du 27 avril 1518, *Lucubrationes*, p. 242-243.

[17] Lettre de Budé à Tunstall du 19 mai 1517, *ibid.*, p. 356.

affabilité coutumière, il lui fait raconter sa vie, sa vocation d'humaniste pour laquelle il a tout quitté [18]. De part et d'autre c'est la fascination. Le choix est fait, il est entendu que Budé va être attaché à la cour, la suivre dans ses pérégrinations continuelles, avec ses livres et ses migraines. Il le fait non sans geindre ni regretter la paix de sa bibliothèque, mais il sait que la cour est le lieu des grandes décisions et il veut, coûte que coûte, faire aboutir le projet de Collège royal.

Ce qui achève de l'attacher, c'est un certain tête-à-tête avec le Roi, au camp de Romorantin, dont nous connaissons l'existence par les remarques de Germain de Brie sur une lettre perdue de Budé à Deloynes [19]. Le Roi, écrit Germain de Brie, « t'a en fait reçu un jour et une nuit dans sa propre chambre et ses appartements les plus intimes (honneur rare que peu ont connu) de sorte que tu as été jugé digne du soleil de nuit comme de jour ».

Cette fois l'humaniste est définitivement conquis. Il a beau collectionner les déceptions sur les promesses de pension et de Collège royal pendant les deux années suivantes, il reste sous le charme. C'est le charme, au sens fort du mot, qu'il invoque dans une lettre à Christophe de Longueil pour expliquer sa décision de rester à la cour malgré son âge, ses dix enfants, sa mauvaise santé, la fatigue des voyages, sa foncière inaptitude à la vie sociale en général et à la société de cour en particulier. Mais que faire ? Comment résister à une bienveillance vraiment royale et à cette *humanitas* de François Ier qui le captivent [20] ? Il est l'otage du Roi et ne peut s'évader.

---

[18] Dans le *De Philologia* qui se présente comme un dialogue fictif entre Budé et François Ier il y a une sorte de dialogue à l'intérieur du dialogue qui permet de reconstituer les propos échangés au cours des premières entrevues, les avertissements du père de Budé à son fils pour le détourner de la carrière des lettres. Il se compare à Hippolyte tué par la malédiction paternelle et ressuscité par un dieu (« ut Virbius alter esse nonnullisque videar »), éd. 1536, fol. V v°.

[19] Lettre de Germain de Brie à Guillaume Budé du 31 janvier 1521, *Correspondance*, t.I. Lettres grecques, p. 72.

[20] « Verum quid facerem tandem potius ? Quum singularis humanitas Principis ingenio et facundia orisque dignitate visendi, & benignitas plane regia, validum retinaculum animi mei fuerit. » Lettre à Longueil du 6 janvier 1521, *Lucubrationes*, p. 308. Le mot *humanitas* est pris ici, comme c'est le cas le plus souvent chez les humanistes, dans le sens cicéronien de culture simultanée de l'esprit et du cœur.

2. L'avant et l'après Pavie

Le plus fort est que le charisme survit à la jeunesse, aux défaites, à l'humiliation de la captivité. On aurait pu croire qu'après le désastre de Pavie, dont il était en grande partie responsable pour avoir refusé le premier rôle à sa magnifique artillerie, François Ier sortirait de sa prison madrilène avec une autorité amoindrie. Un roi d'Angleterre y aurait perdu sa couronne, alors que lui, à peine libéré, reprend tout en mains. Il commence par faire une large délégation de pouvoirs en nommant de nouveaux titulaires aux grands offices, il fait traîner des mois son voyage de retour à Paris, avec des stations à Bayonne, à Bordeaux, à Cognac, à Angoulême, à Tours, à Saint-Germain, pour se montrer partout et aussi pour gagner du temps, préparer les contre-feux à ses engagements de Madrid, et s'abriter derrière le Conseil, le Parlement, les provinces, les États de Bourgogne.

Dans ces manœuvres dilatoires et complexes les ambassadeurs étrangers n'ont vu qu'une année de vacances et de festivités que s'octroyait un viveur trop heureux de regoûter la vie. Le Roi n'avait aucun intérêt à les détromper, et les historiens, même les plus sérieux, sont tombés dans le piège faute de distinguer la politique et le style, la politique naïvement retorse, et le style gargantuesque en toutes circonstances. Il suffit de suivre dans la correspondance, le jeu des émissaires envoyés dans toutes les directions, les feintes, les dérobades, pour suivre les fils d'une toile filée avec ruse.

Une fois de retour, le joyeux viveur tombe le masque, et la grogne parlementaire doit baisser le ton. Un lit de justice, un arrêt du Conseil du Roi, l'arrestation de quelques contribuables en colère, la mise à l'écart de quatre robins acrimonieux, et la partie de bras de fer est gagnée. La contestation qui avait sévi pendant la régence de Louise de Savoie n'est bientôt plus qu'un souvenir. Le Roi est là.

L'opération la plus difficile semble avoir été le sauvetage des humanistes et réformistes religieux poursuivis par le Parlement. Il a fallu les grands moyens. Avant même d'arriver à Paris François Ier a envoyé des messages comminatoires au Parlement pour lui interdire de toucher à Berquin, mais il dut s'y prendre à trois fois pour faire sortir de prison l'imprudent humaniste. Il fait aussi libérer Pierre Toussaint qui se réfugiera au château de Malesherbes [21], Lefèvre d'Étaples a son

---

[21] Les détails de la libération de Berquin sont relatés dans la lettre de Toussaint à Œcolampade du 26 juillet 1526 intégralement reproduite dans

procès annulé et reçoit ostensiblement la charge de précepteur du fils préféré du Roi, le prince Charles, en même temps que la commande d'une traduction des homélies de saint Jean Chrysostome et des Actes des Apôtres ; Michel d'Arande est pourvu d'un petit évêché, Gérard Roussel est nommé aumônier de Marguerite d'Angoulême qu'il ne va plus quitter d'un pas. Quant au grand persécuteur intégriste Noël Béda, syndic de la faculté de théologie, faute de pouvoir le neutraliser, le Roi l'exile à vingt lieues de Paris et n'hésite pas à le faire poursuivre pour hérésie. On pouvait difficilement pousser plus loin le défi aux corps intermédiaires. Mais la noblesse et le peuple font assaut de loyalisme, l'Université grince des dents, la bourgeoisie sort en rechignant ses écus mais elle paye, et chacun obéit.

Le François d'après Pavie est d'ailleurs bien différent de l'autre. Il a mûri. La défaite et la captivité lui ont donné pour une fois le temps de réfléchir, et quand on sait l'étroitesse de ses rapports avec Babou de la Bourdaisière qui tient les cordons de la bourse avec toute sa confiance, on n'en est que plus frappé par l'aveu public des erreurs de jeunesse accompagné de résolutions sur l'avenir. Le Roi, déclare Babou à une séance du Conseil, a compris « des choses qu'il n'avoit jamais entendues [...]. Et combien qu'il n'y ait celluy qui ne saiche que ledit seigneur a fait d'aussi grandes jeunesses que prince feit oncques et qu'il est certain qu'il fault estre jeune, néanmoins il est à ceste heure tout résolu de faire toutes choses bonnes, grandes, honnestes et magnifiques pour la conservation de son estat » [22].

Il faut bien que jeunesse se passe, mais quand le peuple de Paris et de Reims s'était attendri au spectacle du prince charmant qui prenait la suite d'une lignée de Valois malingres, il oubliait les contreparties. Le jouvenceau royal de 1515 est un adolescent prolongé qui joue avec ses camarades comme au temps de son enfance à Amboise. Les tapages nocturnes de la petite bande qui traverse Paris à grand fracas et avec masques font scandale chez les bourgeois de la ville [23], les jeux de « petite guerre » au camp de Romorantin mettent la vie du jeune roi en

---

l'appendice VIII du *Gérard Roussel* de Ch. Schmidt, Strasbourg, 1845, p. 193 sq.

[22] Déclarations de Babou de la Bourdaisière à la séance du conseil du 18 décembre 1525, reproduites par R. Doucet, *Études sur le gouvernement de François Ier*, t.II, p.205.

[23] Le Bourgeois de Paris qui relate ces faits (p. 43) spécifie que le public le « prenoit mal à gré ».

danger le jour où il reçoit un tison en feu sur la tête au cours d'une partie trop cascadeuse [24]. Quant à ses frasques et à ses galanteries elles amusent plus qu'elles ne choquent, mais elles alimentent la verve des auteurs de farces populaires et de collèges [25]. Rien de très grave dans tout cela, mais les fredaines du godelureau turbulent attisent chez les barbons la nostalgie du bon vieux temps de Louis XII et d'Anne de Bretagne dont la légende commence à prendre corps.

À cela s'ajoutent les dépenses de guerre qui, après les largesses du joyeux avènement, les magnificences du Camp du drap d'or et d'une politique de prestige, se traduisent par une montée de l'impôt à partir de 1522 [26] et des résultats, en fin de compte, décevants. La grisante victoire de Marignan est restée sans lendemain, et suivie de nombreux échecs, les fastes du Camp du drap d'or se sont révélés la plus mauvaise méthode pour convaincre un roi d'Angleterre de respecter ses engagements. Quinze jours après les embrassades emphatiques, Henry VIII rencontre un Charles d'Autriche qui joue habilement au jeune prince modeste, respectueux envers ses aînés, et qui demande conseil au lieu de vouloir éblouir. Il y gagna le traité de Calais qui réduit à néant la portée du traité franco-anglais.

Jeté à corps perdu dans l'élection impériale, le jeune étourdi ne réussit pas mieux. Sa campagne électorale est un mélange de cynisme naïf dans la conception et de gaucherie dans la réalisation. Persuadé, comme on l'était souvent à cette époque, que les différences de langue ne nuisaient en rien à l'unité d'un royaume, que la généalogie franque de la monarchie française et de la population du Nord de la Seine

---

[24] *Journal* de Jean Barillon, t. II, p. 179.

[25] Le Bourgeois de Paris décrit les avatars de Monsieur Cruche et de sa farce (p. 13-14). À la suite des incidents de ce genre l'édit du 19 novembre 1515 interdit « à ceux des collèges de Paris de jouer aucune farce contre l'honneur du roi et de ceux à l'entour de sa personne ».

[26] Dès 1521, Nicolas Versoris multiplie les notations acerbes ; « En ce temps là le Roy fict une exaction indue sur les Parisiens » (*Livre de Raison de Nicolas Versoris*, § 57), au sujet des prélèvements sur les vaisselles d'argent. Un peu plus tard il spécifie : « En ce temps le peuple de Paris n'estoyt guières contant du Roy au moyen des gros deniers qu'il se efforçoit exiger sur la ville (§ 93). En 1522 le Bourgeois de Paris est scandalisé par les prélèvements en métaux précieux sur les trésors des églises (p. 16 sq.) et Nicolas Versoris, de son côté, proteste contre la fiscalité du roi qui « cherchoit tous les moyens de trouver et avoir argent [...] pour l'entretenement de ses batailles » (§ 91).

établissait des liens irrécusables avec les principaux germaniques [27], il se persuada qu'il suffirait de distribuer des sacs d'écus aux princes électeurs pour les faire voter pour lui [28]. Ce qu'il n'a pas prévu, c'est que les princes empocheraient l'argent de François et voteraient pour Charles qui, plus méfiant, signait seulement des traites à valoir après l'élection, et garanties par les banquiers Fugger. Le papier à terme s'est révélé cent fois plus efficace que l'or au comptant.

Même étourderie dans la conduite de la guerre. François Ier traîne plusieurs mois le long des murailles de la puissante place de Pavie au lieu de commencer par Lodi, relativement facile à prendre, il laisse aux Impériaux le temps de se regrouper, il disperse ses forces en envoyant vers une improbable conquête de Naples le contingent franco-écossais de John Stuart d'Aubigny. Le jour de l'attaque il tombe dans le piège, part en flèche à la tête de sa cavalerie, laissant l'infanterie loin derrière, paralysant l'artillerie qui ne peut plus intervenir sans toucher les siens dans la mêlée. Quant la trappe se referme, la chevalerie française se retrouve à plus de cent ans de distance dans la situation de Poitiers et d'Azincourt et chaque fois pour la même raison : la persistance d'un imaginaire médiéval, reflet des expériences de la chevalerie du XIIe siècle, transmis par la tradition orale de la caste militaire et les compilations en prose de romans de chevalerie qui meublaient la bibliothèque d'Amboise.

Malgré ses défauts de jeunesse amplifiés par les responsabilités précoces, François de Valois n'est pas de ces esprits obtus qui se cramponnent à une image ou à une doctrine. Dans sa prison espagnole il a fait son autocritique et le changement se fait vite sentir : décisions moins improvisées, précédées de préparations plus longues, réforme radicale de l'organisation financière, mise en place d'un réseau diplomatique remarquablement calibré, manipulation plus habile des tensions entre les groupes sociaux. Une fois liquidé le contentieux féodal, avec la clôture du procès Bourbon, le Roi fait rendre gorge aux financiers et fait porter le poids des suppléments d'impôts par la

---

[27] Voir ci-dessous chapitre XII, p. 381.
[28] Le *Journal* de Jean Barillon consacre presque un chapitre entier (t. I, chap. V) aux démarches de François Ier auprès des électeurs allemands (p. 116 sq.) et aux créations d'offices et emprunts forcés destinés à couvrir les frais (p. 124 sq).

bourgeoisie d'offices [29], tout en poussant à fond les projets culturels à peine ébauchés jusque là.

Dix ans après Pavie l'ambassadeur de Venise Giustiniano pouvait écrire à ses supérieurs que la puissance du roi de France était « beaucoup plus considérable que celle de ses devanciers ». François Ier a pu entre temps gommer les effets négatifs de la défaite, conserver ses provinces, réunir le Bourbonnais au domaine royal, transformer à son avantage l'équilibre des alliances. Il a pu en outre reconstruire et restructurer une armée nouvelle qui est, assure Giustiniano, « d'après ce que j'ai vu et d'après ce qu'on dit, une armée excellente et fort bien organisée » [30]. Il ajoute : « Non seulement il est fort par les armes, mais par l'argent aussi et par le dévouement de son peuple. » Onze ans plus tard, son successeur Marino Cavalli concluait : « Les Français honorent le Roi avec un sentiment si profond qu'ils lui ont donné non seulement leurs biens et leurs vies mais leur honneur et leurs âmes » [31].

Pour envoyer à la Signoria de Venise un portrait nuancé du monarque en fin de règne, Mario Cavalli doit multiplier les touches et les retouches. Le royaume de France n'a jamais été plus puissant, dit-il, mais la personnalité du Roi est tellement exceptionnelle qu'on aurait pu imaginer des résultats moins inégaux, une avance plus marquée de la France sur les autres pays. Cavalli n'est pas impressionné seulement par l'apparence du roi, mais par sa vitalité, sa force de caractère et son intelligence qui est à la hauteur du reste : « Ce prince est d'un jugement très sain, d'une érudition très étendue ; il n'est chose ni étude ni art sur lequel il ne puisse raisonner très

---

29 François Ier se plaît à mettre l'accent sur son rôle de justicier. C'est ainsi que le présente Brantôme, qui traduit les rumeurs de la génération suivante : « surtout il fut très grand justicier [...] et disoit souvent que son épée tranchoit autant pour la justice que pour la guerre » (Brantôme, Œ., t. III, p. 87). De son côté, le *Journal d'un Bourgeois de Paris* (année 1527) précise que les contributions vont peser sur les officiers royaux « affin que le menu peuple ne fust foullé, et fut dit que tous officiers aians gaiges du Roy bailleroient une année au Roy de leurs dictz gaiges et ceulx qui avoient offices sans gaiges paieroient le huitième de la valeur de l'achapt de leurs dictz offices » (p. 319).
30 *Relations des Ambassadeurs de Venise*, rapport Giustiniano, année 1535, t. I, p. 91 et 93.
31 Rapport Marino Cavalli, année 1546, *ibid.*, t. I, p. 269.

pertinemment et qu'il ne juge d'une manière aussi mesurée que ceux-là même qui y sont spécialement adonnés »[32].

Avec un tel ensemble de dons, les atouts militaires et économiques dont il dispose, comment s'expliquer les alternances de succès et de revers qui le font périodiquement revenir à la case de départ ? « Lorsqu'on voit que malgré son savoir et ses beaux discours tous ses exploits de guerre lui ont mal réussi, on se dit que toute sa sagesse est sur les lèvres et non pas dans l'esprit. » Une autre explication lui vient alors : « Mais je pense que les adversités de ce roi viennent du manque d'hommes capables d'exécuter ses desseins. » Nous verrons ce qu'il faut penser de cette hypothèse.

Un autre ambassadeur vénitien, Giovanni Soranzo faisait en 1565, du règne de Charles Quint, un bilan beaucoup plus négatif que celui de Marino Cavalli et dépourvu de tout regard admiratif sur la personnalité de l'Empereur. Il a, dit Soranzo, « dépensé tant d'argent, engagé ses États, répandu tant de sang, ruiné tant d'honorables familles et finalement détruit des pays et des peuples, sans porter plus loin les limites de son empire ni satisfait son ambition »[33]. L'historien espagnol qui cite ce texte constate que les contemporains, quelle que soit leur nationalité, ont le plus souvent placé François Ier au-dessus de Charles Quint, alors que les historiens, plus particulièrement ceux du XIXe siècle, font le choix inverse.

Il va sans dire qu'une présence charismatique ne se transmet pas par les livres, que la mutation culturelle de la France a été beaucoup plus fortement ressentie par les hommes du XVIe siècle que par les héritiers de leurs héritiers, trop enclins à voir dans la culture française une donnée permanente. Mais les contemporains étaient frappés aussi par une chose : faire partie nulle avec une telle inégalité de forces était déjà un exploit, les armées de l'Empereur et Roi pouvant attaquer la France par les Pyrénées, par la Provence, par la Franche-Comté, la Lorraine, la Champagne ou l'Artois, pendant que Henry VIII est à l'affût des occasions de coups de poignard dans le dos.

C'est la disproportion entre les partenaires qui a donné aux spectateurs l'impression d'un combat épique de David contre Goliath, et le maréchal de Vieilleville traduit leurs réactions quand il dit que François Ier ne peut se comparer à aucun de ses prédécesseurs, excepté Charlemagne, et avec plus de mérite que lui, puisqu'il ne disposait pas

---

[32] *Ibid.*, p. 251.
[33] Cité par Oreste Ferrara, *Le XVIe siècle vu par les Ambassadeurs de Venise*, éd. française, Paris, 1954, p. 111.

de la dixième partie des territoires carolingiens. « Toutefois avec ce peu il fit de grandes et admirables choses, se défendant contre si grands ennemys, et quelquefois les assaillant; car il semblait que toute la chrétienté eut contribué à sa ruine »[34].

Il n'empêche que les remarques de Cavalli méritent de retenir l'attention. François Ier a-t-il été bien secondé? A-t-il fait les bons choix? Gardait-il la tête assez froide pour évaluer les hommes et les conjonctures? Autant de questions auxquelles on ne peut répondre sans un regard sur ses premiers pas dans la vie.

3. Nature et nourriture

Remarquons d'abord qu'il n'est pas né fils de roi, ni même sur les marches du Trône. Cousin des derniers Valois, Valois de lignée directe, il n'entre dans le circuit de succession royale que dans la mesure où deux rois l'un après l'autre meurent sans postérité masculine, à partir du moment où les efforts d'Anne de Bretagne pour avoir un héritier mâle sont définitivement forclos, après la naissance d'un dernier garçon mort né. François a déjà dix-huit ans. La naissance d'un héritier viable lui aurait laissé tout au plus l'espoir d'une régence. Et voici qu'Anne de Bretagne une fois disparue, la menace rebondit, Louis XII s'étant mis en tête de se remarier avec une jeunesse de seize ans, avec la ferme intention de mieux réussir avec l'anglaise qu'avec la bretonne. La mort seule de celui qu'on appelait à cinquante-trois ans « le vieux roi » vint mettre fin aux incertitudes. L'héritier a vingt ans[35].

Avec son enfance de gentilhomme bien né sous Charles VIII, sa jeunesse de prince de sang au destin non tracé sous Louis XII, « Monsieur d'Angoulême » a donc eu d'autres conditionnements que ses prédécesseurs. De Charles V à Louis XII on ne peut rattacher aucun des derniers rois à une classe sociale particulière, sauf peut-être Louis XI à qui personne, même dans le menu peuple, n'a jamais su gré de ses affinités roturières ni de ses fagotages plébéiens. Monsieur d'Angoulême au contraire a grandi au milieu d'une petite bande de

---

[34] *Mémoires* du Maréchal de Vieilleville, éd. Michaud et Paujoulat, p. 43.
[35] Les Français ont toujours fabulé sur la mort de leurs rois, régulièrement attribuée à leur vie sexuelle. Il était facile d'expliquer la fin de Louis XII par ses efforts pour satisfaire une jeune épousée. On oublie que le « Père du peuple » depuis dix ans était périodiquement mourant après des hémorragies intestinales qu'on attribuerait de nos jours au cancer du colon.

jeunes seigneurs de son âge qui resteront longtemps conseillers, confidents, complices, son seul horizon social. Il n'a pas le recul qui a fait de ses prédécesseurs, même moins doués que lui, des arbitres.

Un observateur étranger comme Guichardin ne s'y trompe pas. Il voit tout de suite que le jeune François Ier était « surtout adoré de la noblesse dont il embrassait les intérêts avec chaleur ». Il s'écarte d'autant du modèle capétien. Et il élargit cet écart en s'acharnant à reproduire indéfiniment autour de lui l'image de la micro-société de son enfance d'Amboise, devenue cour ambulante, et en se faisant de plus en plus servir par des nobles, même au niveau d'emplois presque serviles. C'est l'ébauche d'une société de cour qui dessine une ligne de partage nouvelle entre le groupe charismatique et le reste du pays, toutes classes confondues.

L'éducation de Monsieur d'Angoulême a un autre aspect atypique : l'ampleur et la profondeur des influences féminines, à une époque où tout est fait pour soustraire les jeunes seigneurs aux femmes dès leur septième année. Jusque là ils ont droit au gynécée et à une existence toute végétative, la femme étant assimilée à la nature par l'idéologie dominante. Mais après sept ans le garçon ne vit plus qu'en milieu masculin, il est mis entre les mains d'un gouverneur, et tout se passe désormais entre le gouverneur, les précepteurs, les camarades. Au stade « nature » succède celui de « nourriture » sous l'œil implacable du père.

Mais François n'a plus de père depuis l'âge de deux ans et c'est à son cousin et tuteur, le futur Louis XII, que revient le choix du gouverneur. Il désigne l'arrière-petit-fils de Du Guesclin, Pierre de Rohan, maréchal de Gié, un vieux brave qui a derrière lui un grand passé militaire, et qui prend à cœur les intérêts de son élève au point d'avoir inspiré son mariage avec la princesse Claude et sa promotion au rang de duc de Valois. Pour Louise de Savoie, pas question de respecter les règles, de perdre le contact avec son fils ou de le séparer de sa sœur Marguerite. Quand le maréchal s'aperçoit, horrifié, que son élève partage sa chambre avec sa demi-sœur, Jeanne de Polignac, fille bâtarde du sémillant Charles d'Angoulême, il exige la séparation, un grand garçon de cinq ans ne devant pas avoir une fille pour voisine. Qu'à cela ne tienne ! Louise de Savoie en profite pour faire dresser le lit du fils dans sa propre chambre et s'y barricader. Le jour où un lieutenant du gouverneur se permit de forcer la porte pour reprendre le prince, Louise fit un tel tapage que Gié dut battre en retraite [36]. Comme il avait commis en outre l'imprudence de se mettre aussi en mauvais termes avec Anne de Bretagne, les deux femmes qui se détestaient cordialement saisirent au vol cette occasion unique d'allier leurs forces pour se débarrasser du Maréchal.

Il fut remplacé par Artus Gouffier seigneur de Boisy, jeune gentilhomme de petite noblesse mais de grandes alliances (les Montmorency, les d'Amboise), plein d'entrain, intelligent, souple. Il sut veiller à l'entraînement sportif de François sans s'aliéner les femmes. Louise de Savoie avait gagné. Et Marguerite qui avait refusé de devenir reine d'Angleterre pour ne pas habiter trop loin de son frère adoré, resta l'amie, la confidente qu'à tout prix elle voulait être.

Dans le portrait caricatural et, disons-le, globalement faux que Michelet a laissé de François Ier, il y a au moins une remarque juste. Il est né, dit-il, « entre deux femmes prosternées, sa mère et sa sœur, et telles elles restèrent, dans cette extase de culte et de dévotion ». Nature dominatrice et ardente, Louise de Savoie projette toute sa tendresse de femme frustrée sur celui qu'elle nomme dans son *Journal*: « ce que j'aime plus que moi-même, mon glorieux et triomphant César », celui qui la fait mourir d'angoisse à chaque accident, chaque bataille, « car s'il en feust mort j'estois femme perdue »[37].

Louise n'a pas devant elle un fils ingrat. Aucun roi de France, pas même Saint Louis, ne s'est montré plus affectueux, plus respectueux, plus confiant avec sa mère. Quand elle tombe malade en 1522, ce souverain de vingt-sept ans passe la nuit à la veiller; quand elle se déplace de Cognac à Jarnac il tient à lui montrer son respect en accompagnant à pied sa litière [38]. Ostensiblement il a fait de sa mère le second personnage du royaume, et la régente en toute occasion.

L'attachement de la sœur est encore plus passionné que celui de la mère, avec des nuances d'humilité en plus. Marguerite termine parfois ses lettres par la formule « Votre très humble sujette et sœur »; elle écrit: « Mon unique bonheur en ce monde c'est de me trouver auprès de vous. Ne me refusez pas, à côté de votre litière, une petite place de laquais. » Elle n'évite pas même les connotations de fétichisme amoureux en faisant d'un billet écrit de la main du Roi un objet sacré

---

[36] R. de Maulde La Clavière, *Louise de Savoie et François Ier : trente ans de jeunesse (1485-1515)*, Paris, 1895, p. 62.
[37] *Journal* de Louise de Savoie, éd. Michaud et Paujoulat, p. 398 et 404. aux dates du 15 octobre 1522 et du 11 janvier 1514.
[38] *Ibid.*, aux dates du 15 octobre 1522 et du 11 janvier 1514.

qui « ne bougera jamais de dessus moi, et je le porterai comme reliques » [39]. La sublimation religieuse de cette ardeur achèvera de lui donner une sorte de pérennité farouche.

Entouré depuis l'enfance de femmes adorantes dont le nombre n'a fait que croître depuis la puberté, ce beau garçon aimable n'a jamais vu que des sourires autour de lui, et il est entré dans la vie comme dans un domaine magique où chaque désir a ses chances de matérialisation. Il doit à sa jeunesse exceptionnellement euphorique un optimisme aimable, un manque d'âpreté, de persévérance dans l'effort ainsi qu'une totale absence de méchanceté, même dans la conversation et dans la plaisanterie, comme le remarque Brantôme, à la différence de beaucoup de rois dont il dit qu' « en riant ils pincent, et en faisant beau semblant ils mordent ». Ce fonds de bienveillance a frappé souvent les étrangers et Mateo Dandolo, dans un rapport de 1542, précise que le Roi «traite tout le monde avec bonté au point qu'on a jamais entendu dire que quelqu'un l'ait quitté avec quelque mécontentement ».

Il doit aussi à ce trait de caractère d'être si peu méfiant à ses débuts. C'est l'âge adulte qui lui révélera peu à peu l'univers du soupçon. Il est resté longtemps convaincu qu'un peu de bonne volonté et un climat de générosité suffiraient à assainir les rapports entre princes. Il était, dit Florange, « fort marry de quoy on ne adjoustoit poinct plus grande foy les ungs aulx aultres ». Et il ajoute que, de tempérament, il « n'estoit poinct homme souspectionneux » [40]. L'entrevue du Camp du drap d'or a voulu créer un climat de confiance entre vieux ennemis. Pour prouver le mouvement par la marche, François prend les devants : il chevauche sans escorte jusqu'au camp anglais pour réveiller lui-même Henry VIII qui n'en croit pas ses yeux en voyant ce grand jeune homme se pencher sur son lit en éclatant de rire, ravi d'avoir fait une bonne farce et de donner à une preuve de confiance la forme d'un défi. Car les Anglais, dit Florange, « n'eussent jamais pensé que le roy de France leur eult faict ung tel tour, ni qu'il se voullut mettre entre ses mains ». Ce coup de dé n'a d'ailleurs pas l'approbation de la petite bande, prise de panique devant le risque de voir son roi retenu en otage par l'ennemi héréditaire. Et Florange de le sermonner au retour : « Mon Maître, vous estes ung fol d'avoir faict ce que vous avès faict, et suis

---

[39] *Lettres de Marguerite de Navarre au roi François Ier*, éd. Génin, p. 49, et *Nouvelles lettres de la reine Marguerite de Navarre à François Ier*, éd. Génin, pp. 377-378.
[40] *Mémoires* du Maréchal de Florange, éd. Grouaux et Lemoine, t. I, p. 266 et 268.

bien ayse de vous veoir icy ; et je donne au dyable cestuy qui vous a conseilliez »[41]. Mais personne n'a conseillé François, persuadé qu'en jouant la confiance il a liquidé cent cinquante ans de contentieux franco-anglais.

Il a les mêmes illusions quand il se trouve, après Pavie, entre les mains des Impériaux. Il croit, comme toujours, que les problèmes les plus graves peuvent se résoudre entre hommes, en tête à tête, et au charme. Lorsque la décision est prise de son transfert par bateau de Gênes au Castel Nuovo de Naples, une idée lui était venue. Pourquoi ne pas sauter sur une telle occasion d'enlèvement en mer, les galères espagnoles étant très inférieures en nombre aux navires français appuyés par la flotte d'Andrea Doria ? Le scénario était au point quand le Roi changea brusquement d'avis. Plutôt que de pousser à bout l'Empereur et de décevoir le vice-roi Lannoy, qui n'avait cessé de le protéger contre la vindicte du connétable félon, mieux valait se laisser conduire en Espagne pour y rencontrer Charles Quint, loin des conseillers impériaux, et, là, négocier un compromis acceptable, le charme aidant.

Le voilà donc parti pour une prison espagnole et, pour comble, escorté sur son ordre par une escadre française. Méfiant de l'enjôleur, Charles Quint n'est pas au rendez-vous. Sa méfiance n'était pas sans objet car lorsqu'il se verra obligé de courir au chevet de François Ier, gravement malade, le prisonnier parvient à lui tirer des larmes, exploit que peu de gens ont réussi. François croit la partie gagnée. Il n'a pas deviné que cet homme à tête froide ne pouvait avoir d'émotions que furtives, et qu'une fois revenu à lui il reprendrait le rôle de Shylock exigeant sa livre de chair.

La personnalité du séducteur impénitent sinon toujours heureux, présente une autre face. Comme le sont souvent les hommes à femmes, il est aussi un homme à copains. Les femmes sont pour le lit, l'ornement de la cour, les camarades pour le travail, le jeu et la bataille. Jusqu'à Pavie la petite bande d'Amboise reste dans son entourage et se fait attribuer les plus hauts offices : Artus Gouffier, son ancien gouverneur, deviendra Grand-Maître de la Maison du Roi et le restera jusqu'à sa mort prématurée ; Odet de Foix, sieur de Lautrec, son premier initiateur à la vie militaire quand il était encore Monsieur

---

[41] Florange, *ibid.*, t. I, p. 270.

d'Angoulême, devient maréchal ainsi que Robert III de la Marck dit Florange ; de Chabot de Brion il fera un amiral, de Montmorency, un peu plus tard, un connétable, et de Monchenu son premier maître d'hôtel.

Pour le jouvenceau couronné la petite bande est à la fois son support affectif, l'illusion de l'enfance prolongée, un écran protecteur, un rempart contre les hommes d'expérience du règne précédent dont les jeunes chefs se méfient toujours. Dans son parallèle entre les deux rivaux, l'ambassadeur vénitien Giustiniano oppose l'Empereur, qui « se conduit d'après son propre avis plutôt que d'après celui des gens qui l'entourent », au roi très chrétien qui délègue souvent ses pouvoirs et se montre « docile à l'avis de ses conseillers »[42]. Entêtements et obsessions ayant fait commettre à Charles Quint autant d'erreurs que les conseils à François Ier, on ne peut situer ici la ligne de clivage ni critiquer le principe de la délégation de pouvoirs. On doit plutôt s'interroger sur les critères de sélection des conseillers et des conseils.

Là encore il faut distinguer les domaines. Dans celui de la culture les choix de François Ier ont toujours été excellents, dans ceux de l'administration et des finances ils ont été le plus souvent heureux, qu'il s'agisse de la nomination des chefs de file ou des réformes de structure. Peu de règnes ont été aussi constructifs. Les choix contestables sont à peu près tous localisés dans le domaine militaire, celui qui lui tenait le plus à cœur et où il se croyait le plus compétent. Mais c'est dans ce secteur privilégié que la petite bande et lui ne font qu'un. Chaque fois qu'il faut choisir entre un homme d'expérience et un vieux camarade, il opte pour le second. En quittant l'Italie après Marignan, au lieu de déléguer le commandement de l'armée d'Italie à Charles de Bourbon qui le désirait fort, il le confie à son ancien instructeur Lautrec, brutal et maladroit, qui laissa la situation se dégrader en sept ans, jusqu'au désastre de La Bicoque. À celui qu'il avait pourtant nommé connétable et qui avait fait ses preuves à Marignan et sous Louis XII, il ne confia que l'armée de Champagne.

Au cours de la campagne de Picardie, en 1521, il s'agit de faire un choix entre des conseils divergents. De vieux guerriers tels que Louis de la Trémoille, Bourbon, La Palice, lui conseillent de profiter du désarroi de l'armée de Charles Quint qui recule en désordre pour l'écraser une fois pour toutes. Il laisse passer l'occasion — qui ne reviendra jamais — en se ralliant aux conseils de temporisation et de

---

[42] *Relations des Ambassadeurs Vénitiens*, rapport de Francesco Giustiniano de 1537, t. I, p. 175.

retraite donnés par Gaspard de Châtillon, gentilhomme de commerce agréable et exceptionnellement cultivé.

La campagne de 1525 présente une situation inverse. Cette fois Louis de la Trémoille et La Palice préconisent l'attaque de Lodi, la place la plus facile à prendre, ne fût-ce que pour empêcher les Impériaux de s'y installer, alors que Bonnivet voudrait concentrer tous les efforts sur Pavie, et conseille de refuser la trêve de cinq ans proposée par la médiation pontificale, acceptée par l'adversaire à la veille de la bataille. Un peu plus tard, en 1528, François Ier ne tiendra pas compte des avertissements de Guillaume Du Bellay, venu d'Italie pour supplier le Conseil de prendre en considération les doléances d'Andrea Doria au sujet de Savone, et de conserver à tout prix la force de frappe de sa flotte. Il laisse Montmorency, appuyé par le conseiller culturel du Roi, Jacques Colin, opposer un refus cassant à Doria qui, de dépit, passe dans l'autre camp, faisant ainsi de Charles Quint le seigneur de la mer.

À ces options liées à des choix plus affectifs que rationnels répondent des rejets du même ordre, dès que le roi a le sentiment que sa confiance et son amitié ont été déçues. Quand Montmorency est disgracié pour des raisons obscures, c'est sans remède. François ne le reverra plus jamais. Si Chabot, devenu amiral prévaricateur, est à demi toléré à la cour après un an de prison, c'est que le procès a jeté un éclairage trop cru sur ses trafics pour que ce gentilhomme déshonoré puisse espérer plus que la pitié.

Dans sa propre famille [43] François a les mêmes problèmes, et il faut dire qu'il a été mal servi par le sort. Le dauphin François meurt à dix-huit ans. Perte irréparable pour le père qui avait une tendresse nuancée de respect pour ce jeune homme réfléchi et lucide qui impressionnait le public par sa maîtrise de soi [44]. Puis c'est le turbulent Charles, créature de vif-argent dans lequel le père se reconnaît, qui

---

[43] Pour plus de détails, voir ci-dessous chapitre XII, p. 394-395.

[44] « Il tenoit son humeur toute contraire à celle de messieurs ses autres frères, car il estoit fort froid, tempéré et posé, [...]. Tous ces estrangers tant grandz que petitz jettoient fort l'œil sur luy : car il participoit de leur température ; et est ce de quoy ils l'en aymoient et admiroient davantage, car il estoit doux et gratieux, très sage & modeste », Brantôme, Œ., t. III, p. 174. (Par les étrangers, Brantôme se réfère aux pays qui comptaient le plus sur le plan international : les Espagnols, les « Impériaux » et les Vénitiens.)

meurt de la peste [45]. Reste le prince Henri, le moins brillant. Il est très sérieux, et loin d'être sot, remarquent les observateurs étrangers, mais il n'a pas la vivacité de son père. Dans son rapport de 1546, Mario Cavalli note qu'il « n'est pas beau diseur dans ses réparties », tout en convenant que « ce sont ces hommes-là qui réussissent le mieux : c'est comme les fruits d'automne qui mûrissent les derniers ». Et d'affirmer que « ses qualités promettent à la France le plus digne roi qu'elle ait eu depuis deux cents ans » [46].

Mais ces qualités-là ne sont pas celles qui en imposent au roi François, et surtout pas la continence, vertu qui, à vrai dire, n'a jamais servi la popularité d'un jeune prince [47]. La lenteur d'esprit et les entêtements de l'héritier énervent le père, et le fils réagit avec la gaucherie hargneuse des mal-aimés. Quand le traité de Crépy-en-Valois marque un temps d'arrêt dans la lutte franco-impériale, le prince ne cesse de rager, son cadet rival et ennemi intime le sémillant Charles, le préféré du père, ayant été l'un des négociateurs. Il ne fait pas mystère de ses rancœurs et, poussant jusqu'au bout la bravade, il réunit sa petite bande à lui, joue au roi, se fait appeler sire et distribue par anticipation les grands offices.

Quand le Roi est averti de cette mascarade qui s'ajoute à la campagne de rumeurs contre le traité, il entre dans une violente colère. Avec quarante archers et le capitaine des gardes écossaises il court chez le Dauphin qui, averti à temps, a décampé avec ses camarades. Il passa, dit Vieilleville, « son courroux sur ce qu'il trouva de valets de chambre, de pages, de laquais et de poursuivants, faisant sauter ce qu'il en pust attraper à coups de halebarde par les fenestres, semblablement les lits, coffres, tables, chaises, tapisseries et tout ce qui estoit dans l'anti-chambre, chambre ou garderobbe, jusques à faire effacer l'écriture

---

[45] Le roi, précise l'ambassadeur Marino Cavalli « aimait cet enfant plus que tout autre, à cause de la conformité de leur caractère et de leurs manières » (*Relations des Ambassadeurs Vénitiens*, t. I, p. 345).

[46] *Ibid.*, t. I, p. 285 et 287.

[47] Mario Cavalli précise que le prince Henri « n'est guère adonné aux femmes, la sienne lui suffit » (*ibid.*, p. 287). Brantôme précise bien la raison de l'attachement de François pour le prince Charles : il était vif, « et telle humeur active lui plaisoit fort en ses enfants, et aux gentilshommes françois aussi, ne les estimant point s'ils estoient songeards et soudauts et endormis », Brantôme, *Œ.*, t. III, p. 180.

des fourriers qui estoient sur les portes »[48]. Il fallut trois semaines de calme et des intermédiaires officieux pour négocier la réconciliation.

Avec ses fils comme avec ses généraux et ses camarades, François Ier obéit ainsi aux pulsions affectives plus qu'à une lucide évaluation des hommes et des conjonctures. Car les choses étant ce qu'elles sont en 1546, c'est le prince Henri qui est destiné à la succession royale. Entre le fils et le père il y a un grief informulé mais inexpiable : il est vivant alors que les deux préférés sont morts. Rien n'est fait pour préparer la transition, et un ambassadeur vénitien disait de Henri II au début de son règne : « La cause pour laquelle malgré son intelligence il ne sait pas encore plus que n'en savait son père est due à ce que celui-ci ne l'aimait pas »[49].

4. Nourriture et culture

Dans le domaine de la culture mieux que dans les autres, François Ier a été bien servi par ses pulsions. Car il s'agit bien, à l'origine, d'attirances, de pulsions et de jeu. La légende attribue à François d'Angoulême une éducation plus soignée que celle de ses prédécesseurs. Tel n'est pas l'avis de Budé. En décrivant le jeune souverain à peine monté sur le trône dans une lettre à Érasme, il le dit « non dépourvu de lettres » (*non nescius*) s'il faut en croire les premières éditions de la correspondance établies par Érasme lui-même[50]. Coquille, ou courtoisie d'Érasme pour un souverain étranger ? Pour peu qu'on se reporte à l'édition de Paris établie par Budé lui-même, on lit que le Roi est « sans lettres » (*nescius*), version rendue d'ailleurs plus vraisemblable par la phrase qui suit, identique dans les deux éditions : « C'est là un fait que je regrette, et qui n'est que trop fréquent chez nos rois. » Budé ne manque d'ailleurs pas

---

[48] *Mémoires du Maréchal de Vieilleville*, p. 23.
[49] « La causa perché, avendo buono intelletto, non ne sappia anco molto più del padre, è perche questo non lo amava. » (Rapport de 1551 de Lorenzo Contarini, *Le Rolazioni degli ambasciatori veneti al senato*, Florence, 1860, série I, vol. IV, p. 64).
[50] Érasme, *Aliquot epistolæ sane quam elegantes*, Louvain, 1517, fol. i 3 v°, et Bâle, 1518, p. 109, lettre du 5 février 1517.

d'ajouter en contrepartie : « Mais il a l'éloquence naturelle, de l'esprit, du tact, de la souplesse, un abord facile et affable » [51].

En un temps où la culture se définit essentiellement par la connaissance des langues anciennes, c'est le latin du Roi qui est en cause. Et François Ier confirme lui-même ses lacunes dans le dialogue du *De Philologia* où on lui fait dire :

> Dans mon enfance je ne suis guère allé plus loin que les rudiments, je devrais plutôt dire le stade élémentaire de l'étude de la langue latine. J'ajouterai que quand il m'arrive de discuter en français de toutes ces choses avec toi et avec beaucoup d'autres, je ne le fais pas en expert ni en m'en rapportant à moi [52].

La formation première de François Ier est donc bien inférieure à celle de Henry VIII capable, lui, de lire et d'écrire en latin. On s'étonnera moins de la différence en ayant en mémoire les circonstances de son éducation d'orphelin de père ballotté d'un château à l'autre, aux mains de gouverneurs successifs qui ont pour seul point commun d'être des gentilshommes d'épée à l'ancienne, mettant au premier plan la formation sportive, les jeux violents, l'équitation, les exercices paramilitaires.

Sur les précepteurs à proprement parler, peu de précisions. On a bien parlé de l'humaniste italien Francesco Conti, mais sur un seul témoignage non recoupé et peu crédible. L'humaniste Christophe de Longueil ? À supposer qu'il ait donné des leçons au prince héritier, il n'a pu le faire que peu de temps si l'on tient compte des dates de ses déplacements et de ses séjours à Poitiers, à Bourges et à Paris [53]. Dans son introduction au *Panégyrique de Saint Louis*,

---

[51] *Lucubrationes*, p. 377 : « Idem literarum nescius, quod tamen more parum mihi probato solenne est nostris regibus, sed idiomate facundus, ingeniosus, decens, mollis atque obuii acessus et gratuiti. »
[52] Budé, *De Philologia*, éd. Paris, 1536, f° xviii r° : « [...] latinæ linguæ tantum rudimenta, vel elementa potius puer attigi. Et quidem quod vernaculo sermone tecum una nonnunquam et cum multis, hisce de rebus dissero, non quasi meo iure id facio, non ea fiducia fretus sum. »
[53] Ph. Aug. Becker, *Christophe de Longueil, sein Leben und sein Briefwechsel*, Leipzig, 1924, p. 10, souligne très justement que le préceptorat de Longueil est une hypothèse qui n'est fondée sur aucun texte. La seule chose certaine est que Longueil a été invité à la table du duc d'Angoulême, il le dit expressément dans la préface du *Panégyrique*.

Christophe de Longueil ne cesse de s'émerveiller de la précoce intelligence de ce jeune duc, de sa curiosité d'esprit à l'égard des pays étrangers, de la perspicacité de ses questions, de sa puissance d'assimilation. Il promet d'être, conclut-il, un roi conforme à l'idéal des Égyptiens : l'association de la sagesse et du pouvoir [54].

On suit mieux la trace d'un précepteur en titre, François du Moulin de Rochefort, celui dont la présence a été la plus longue puisque jusqu'à sa mort en 1526, il restera auprès de son ancien élève à titre de conseiller et de Grand Aumônier [55]. Budé le signale dans une lettre de 1517 comme l'un des personnages influents de l'entourage royal. Il le donne pour celui qui a « enseigné (au Roi) quand il était enfant les rudiments de la grammaire » [56]. En fait il lui a enseigné beaucoup plus. Pour son élève il a traduit le premier livre de la *Cyropédie* de Xénophon, rédigé un petit traité de morale sous forme de dialogues rehaussés d'anecdotes et de fables qui sont là pour montrer que tout ce qu'il y a de plus beau dans le monde, même les jeux et la chasse, est un héritage des Anciens [57].

Les cahiers d'Histoire sur lesquels on a fait travailler l'élève royal ont été conservés [58], et la sélection des repères temporels est à elle seule révélatrice. On passe vite d'Adam et des premiers personnages de la Genèse à cette figure des civilisations raffinées qu'est Sémiramis, reine des jardins suspendus de Babylone, puis à Sardanapale, symbole de la décadence tapageuse, de là aux Perses, à Alexandre, à une vue cavalière de l'histoire romaine jusqu'à Constantin, puis aux Mérovingiens et à Charlemagne. Suit une liste des rois capétiens et, comme couronnement du tout, les instructions de Saint Louis à son fils.

---

[54] « Secundum Aegyptiorum morem summa potentia cum maxima sapientia », Christophe de Longueil, *Oratio de Laudibus divi Ludovici atque Francorum*, Poitiers, 1510, fol. a ii v° et a iii r°.
[55] « François du Moulin de Rochefort », *D.B.F.* L'auteur de cette notice biographique émet un doute sur la date de la mort du personnage, mais sans s'appuyer sur un texte, ni pour son doute, ni pour ses hypothèses de remplacement. Quant à l'historien anglais R. J. Knecht, auteur d'un beau livre sur François Ier (Cambridge, 1982), il prend Du Moulin et Rochefort pour deux personnages différents.
[56] Lettre de Budé à Érasme du 5 avril 1517, *Correspondance*, p. 123.
[57] R. de Maulde La Clavière, *Louise de Savoie et François Ier : trente ans de jeunesse (1485-1515)*, Paris, 1895, p. 238.
[58] Bibliothèque nationale, manuscrits, fonds français n° 5719.

Dans son *Panégyrique de Saint Louis*, Longueil avait déjà noté l'intérêt de l'adolescent princier pour la géographie et l'Histoire [59], observation recoupée à deux reprises par des remarques de Budé sur la curiosité d'esprit du jeune roi à l'égard des « anciens princes — ceux du moins qui se sont signalés par l'élévation de leur esprit et par leurs exploits » [60]. De tous les enseignements reçus, c'est l'Histoire, avec le culte de l'Antiquité et de ses splendeurs, qui a laissé les traces les plus durables dans l'esprit du jeune duc, c'est elle qui le met en joie [61].

Le rôle de François de Rochefort a de beaucoup dépassé le stade de l'enseignement élémentaire. Grand Aumônier de France, pourvu de bénéfices ecclésiastiques de bon rapport tels que l'évêché de Condom et l'abbaye de Saint-Mesmin, près d'Orléans, il reste un conseiller culturel influent. Grand admirateur d'Érasme qui lui a dédié son traité *De modo confitendi*, il a peut-être été de ceux qui ont, avec le dominicain humaniste, Guillaume Petit, confesseur du Roi, lancé en l'air vers 1517 une idée reprise au vol par François Ier, puis laissée treize ans au rancart, l'idée d'un Collège royal des trois langues dans lequel Érasme jouerait un rôle éminent. Il est certain qu'il a présenté Budé au Roi en 1517 [62], sans doute sur la demande du puissant cousin l'évêque Étienne Poncher. Ainsi dès les premières années du règne, quand les jeux ne sont pas encore faits, on voit déjà le groupe de pression humaniste encercler progressivement le jeune souverain et sa sœur.

Quant à Louise de Savoie, comment n'aurait-elle pas joué un rôle dans l'éducation de deux enfants si exceptionnellement doués ? Elle leur a appris l'italien, un peu d'espagnol, les règles de la versification, elle leur a lu, puis fait lire quelques-uns de ses livres [63]. Car le brillant et volage Charles d'Angoulême était déjà un prince de la Renaissance

---

[59] « Qui etiam num ephebus ac vix pubertatem suggressus, in cosmographia omnimodaque historia tantum perfecisti, ut immensum sit quod a te Gallia tota expectat », Longueil, *loc. cit.*

[60] Lettre de Budé à Érasme du 5 février 1517, *Correspondance*, p. 99. Voir aussi une phrase de l'*Institution du Prince* (fol. 4 r°) sur le témoignage de « ceulx qui vous oyent parler d'histoires et autres choses émanées de littérature ».

[61] « [...] tam multiplici historiarum narratione exilaratus », Longueil, *loc. cit.*

[62] Lettre de Budé à Érasme du 5 avril 1517 : « C'est celui qui m'a introduit auprès du Roi », *Correspondance*, p. 123.

[63] D. M. Mayer, *The Great Regent*, Londres, 1966.

au petit pied, avec sa mini-cour de musiciens, de poètes, de peintres, de bibliothécaires. Sa veuve a conservé quelques restes : un enlumineur, un rimeur, une bibliothèque, et dans cette bibliothèque beaucoup de poésie. Elle avait sous la main les grands classiques d'Italie, Dante, Pétrarque, Boccace, un recueil de ballades et chants royaux, une traduction des *Héroïdes* d'Ovide dédiée à Charles VIII par Octavien de Saint-Gelais[64]. Il est facile de voir comment les *Héroïdes*, ce recueil d'élégies de femmes délaissées, pouvait toucher la sensibilité de la jeune veuve.

Il y avait aussi des romans d'aventure et d'histoire romancée que le jeune garçon a probablement dévorés, depuis le recueil des *Histoires de Troie* jusqu'à l'*Histoire de Totila* de Jean de Lenoncourt et à la collection de romans de la Table ronde, littérature qui paraissait aux moralistes le comble du dévergondage : « je m'esbahys comment les jeunes gens perdent le temps à lire tant de follyes », s'exclamait dans l'*Heptaméron* la mère d'un jeune prince en voyant un exemplaire de roman breton sur la table de son fils. Mais le valet qui la suit s'émerveille encore plus, à son tour, « de ce que les gens estimez bien saiges et aagéz y estoient plus affectionnez que les jeunes »[65]. Artus Gouffier, qui n'avait que trente-quatre ans lorsqu'on lui confia la succession du Maréchal de Gié, ne pouvait être qualifié d'âgé, même à l'époque, mais on ne lui a jamais contesté la sagesse ni un solide bon sens. Il n'en est pas moins très amateur de romans de chevalerie[66] et tout laisse croire que gouverneur et disciple se sont confortés mutuellement dans leurs goûts, amplifiant ainsi la teneur en imaginaire du climat de cour, et éloignant encore un peu plus le jeune prince de la discipline austère et des efforts gradués, inséparables de la pratique d'une langue morte.

---

[64] D'après l'inventaire établi par Paulin Paris dans ses *Études sur François I*er, Paris, 1845, p. 38 sq. Trois manuscrits de la traduction de Saint-Gelais se trouvent au Département des manuscrits de la Bibliothèque nationale (ms. 873, 876 et 884) sous le titre de « Les Épîtres d'Ovide translatées du latin en français ». Ils s'ouvrent sur « l'épître de Pénélope à Ulysse » et se terminent par « l'épître de Sapho à Phaon ». Dans le ms. 884 chaque épître est précédée d'une introduction explicative.
[65] Marguerite de Navarre, *Heptaméron*, XXIe nouvelle.
[66] Voir Y. Bercé, « Artus Gouffier », dans Roland Mousnier, *Le Conseil du Roi*, p. 207-259.

Les gens d'Église et les doctes aimaient opposer le sérieux de l'Histoire aux billevesées de l'imaginaire arthurien, l'un pouvant servir de contrepoison à l'autre. En comparant les livres familiers du jeune roi à ceux de la bibliothèque maternelle, on reste sous l'impression que le rétablissement a été fait dès les premières années du règne. Il y a, dans l'inventaire de 1518 de la bibliothèque royale, une précieuse rubrique intitulée : « Livres que le Roy porte communément ». On peut constater à sa lecture que, mis à part les Pétrarque, *Le Roman de la Rose*, *Le livre des déduits*, *Le chevalier délibéré* et un traité de fauconnerie, tout le reste est fait de livres d'Histoire et de traductions françaises d'historiens de l'Antiquité [67]. Nous verrons qu'il n'est pas impossible d'établir des corrélations entre la curiosité de François Ier pour l'Histoire, ses faibles connaissances en latin, et l'impulsion donnée aux traducteurs, et plus particulièrement aux traducteurs d'historiens.

5. La culture de conversation

L'essentiel de la culture que François Ier a progressivement acquise, n'est pourtant pas le fait des livres mais des conversations. Budé a fort bien défini le royal autodidacte en disant que s'il avait des lumières sur beaucoup de choses il le devait à la fois à ses dons naturels et à ses habitudes de discussion fréquente avec les doctes [68]. C'est à table que se tenaient les entretiens, le plus souvent, et Brantôme n'est pas le seul à avoir parlé, dans une page célèbre, de la table du Roi comme « d'une vraie école ». C'est là que se développa le goût de François Ier pour les lettres, ou plus précisément pour une certaine littérature, comme le précise Budé, « celle qui est à la fois élevée et élégante », sans négliger ce que Brantôme appelle « les sciences hautes et basses » [69].

Les témoins de ce rite s'émerveillent toujours du plaisir visible que prend le Roi à la compagnie des « gens sçavants aux discours desquels il se baignait », comme le dit joliment André Thevet. Et il ne se

---

[67] Henri Omont, *La Librairie royale à Blois, Fontainebleau et Paris au XVIe siècle*, p. 115 sq.
[68] « [...] partim informatam naturae mira benignitate, partim frequentibus et assiduis doctis cum viris disputationibus », Budé, *De Philologia*, éd. 1536, fol. XVIII r°.
[69] Brantôme, *Œ.*, t. III, p. 93.

contentait pas de présider et d'écouter, il y allait de son mot. Toujours gêné par sa connaissance imparfaite du latin, il tient à se renseigner sur le contenu des livres qu'il reçoit en chargeant un de ses familiers de les lire pour lui. Dans une lettre de novembre 1531 Germain de Brie nous met en présence d'un épisode de ces dîners-colloques. La conversation était tombée sur Marco-Girolamo Vida, l'un des poètes latiniseurs les plus en vue, dont les œuvres avaient été publiées à Rome quatre ans plus tôt et devaient être rééditées à Lyon cinq ans plus tard.

Au cours de la conversation le Roi se tourne vers moi et me demande : connaissez-vous Vida ? Êtes-vous amis ? Avez-vous lu ses poésies, en particulier ses Églogues ? Comme j'avouai avoir lu et relu divers poèmes de vous, mais non pas les Églogues, il indique à Colin que l'ouvrage se trouve dans je ne sais quel recueil de vers que vous lui aviez envoyé et lui ordonne de me les communiquer à l'issue du dîner, à la condition toutefois que je lui donne mon avis après lecture [70].

Si l'on met bout à bout les différents témoignages sur la table du Roi, on est frappé par l'extrême diversité des sujets traités, et aussi par l'habileté avec laquelle François Ier laisse chacun de ses interlocuteurs sur l'impression que sa discipline occupe une place de choix dans l'encyclopédie orale qui se fait à la cour. Les informateurs de Brantôme, hommes d'épée de la génération de son père, mettent l'accent sur les récits de bataille [71], Germain de Brie sur la littérature humaniste, André Thevet, grand voyageur et explorateur, sur les récits de voyages [72] ; Duchâtel, l'un de ceux qui ont soutenu à la cour avec le plus de zèle le projet de Collège royal, insiste sur « les plus interieures choses et plus difficiles de l'erudition Grecque, Latine et Hebraï-

---

[70] Lettre manuscrite de Germain de Brie à Jérôme Vida citée et traduite par V. L. Bourrilly, *Jacques Colin*, Paris, 1905, p. 40.
[71] « Il y avait tousjours les grands capitaines qui en sçavaient bien discourir avec lui [de la guerre] et ramentaivoir toujours les combats et guerres passées », Brantôme, Œ., t. III, p. 93.
[72] « Ainsi prenait-il un merveilleux plaisir d'estre accompagné de gens sçavants qui avaient veu voyagé aux païs estrangers », André Thevet, *Histoire des plus illustres sçavants hommes*, éd. 1571, p. 189.

que »[73]. Quant au rhénan luthérien Sleidan, il met l'accent sur la curiosité du Roi pour les problèmes scientifiques et théologiques :

> Par long usage et recit ordinaire il entendoit et sçavoit tout ce que Aristote, Theophraste, Pline et semblables ont escrit des plantes, herbes, animaux, metaux et pierres precieuses. Souvent aussi il conferait des mathématiques et choses divines[74].

Pour absorber et utiliser une telle masse d'informations il fallait une mémoire hors du commun — Duchâtel doute « qu'en ce monde n'en y ait une telle pour le present »[75] — et une puissance d'assimilation, déjà remarquée par Longueil, qui avec l'âge est devenue voracité chez un roi qui ne cesse de « faire lire [...], faire translater, faire disputer continuellement à sa table, en beuvant et mangeant, à son lever, à son coucher »[76].

Cet athlète de 1 m 96 qui chevauche, voyage et se bat sans fatigue, fait l'amour comme pas un, qui dévore, boit, parle et rit avec une fougue et une allégresse que l'âge ni la maladie n'ont atténuées[77], se révèle plus proche des géants de Rabelais que de l'image frivole et mièvre léguée par le XIXe siècle. Compte tenu des distorsions introduites par le langage de l'épopée burlesque et par l'humour, Gargantua et l'abbaye de Thélème restituent la vérité du personnage et de ses rêves infiniment mieux que ne pouvait le faire le meilleur historiographe.

Ici le recours à Rabelais n'est pas gratuit. Le « Père des Lettres » et le plus grand écrivain de son règne ont des comportements ludiques très semblables à l'égard des personnes, des opinions, des événements, des choses. Si soucieux qu'il soit de découvrir et de retenir, l'acquisition des connaissances lui importe moins que le choc des esprits, le

---

[73] Duchâtel, *Le Trespas, obsèques et enterrement de François Ier*, réédité par E. Baluze, à la suite de la *Vita Castellani* de Pierre Galand, 1674, p. 223-224.

[74] Sleidan, *Commentaires touchant l'estat de la Religion et Republique, sous l'Empereur Charles V*, livre XIX, Genève, 1557, p. 324.

[75] Duchâtel, *op. cit.*, p. 224.

[76] *Ibid.*, p.223.

[77] « Il mange et boit beaucoup, il dort encore mieux, et qui plus est il ne songe qu'à mener joyeuse vie », rapport de Marino Cavalli rédigé quelques mois seulement avant la mort de François Ier, *Relations des Ambassadeurs de Venise*, t. I, p. 279. Dans le texte original : « [...] la via di farlo vivere assai ancora ».

rebondissement des idées. Sa table est largement ouverte — beaucoup plus largement que ne l'est celle d'un simple ministre aujourd'hui — mais on ne retient que les plus diserts, les discuteurs les plus habiles. Pas de place pour la gaucherie ou la lourdeur pédante, Brantôme le précise :

> Etoit reçu qui venoit, mais il ne fallait qu'il fust asne ni qu'il bronchast, car il estoit bientost relevé de lui mesme [78].

La table du Roi se présente ainsi comme une étape dans l'évolution de l'art de la discussion de groupe, un art qui a connu des métamorphoses multiples depuis Socrate jusqu'à la *disputatio* des universités médiévales. Les « disputes » de la table de François Iᵉʳ et les entretiens de l'Académie du Palais de Henri III en sont les premiers et les derniers avatars au XVIᵉ siècle. Entre la « dispute » de palais et la *disputatio* scolastique les contrastes les plus importants ne sont pas toujours les plus visibles. Le cadre est certes différent dans les deux cas, les échanges sont formalisés chez les uns, à peine codés chez les autres, mais les rapports d'âge surtout sont bouleversés. Les invités de la table du Roi ne sont plus des étudiants mais des intellectuels consacrés, parfois illustres, les Budé, les Germain de Brie, les Lazare de Baïf, les Sleidan, auxquels se joignent de grands seigneurs tels que le cardinal de Tournon, Georges d'Armagnac, ainsi que des hommes d'appareil hautement cultivés comme Jacques Colin ou Pierre Duchâtel.

Le Roi ne se contente pas de présider les débats, il les oriente, donnant « la plupart du temps les sujets et les thèmes » [79], prenant la parole, participant à la discussion générale, précise André Thevet :

> De fois à autre luy-mesme entroit en conference avec eux, adjoutoit à leurs raisons les siennes, si pertinentes que la plûpart s'estonnoient de la beauté et subtilité d'esprit de ce prince [80].

Avec sa présence d'esprit et son intelligence analytique, il sait comme pas un relier un problème général à un cas particulier. Un jour, raconte Pierre de Saint-Julien, où la conversation était tombée sur les

---

[78] Brantôme, *Œ.*, t. III, p. 92.
[79] Brantôme, *ibid.*
[80] André Thevet, *loc. cit.* : témoignage recoupé par ceux de Marino Cavalli (*loc. cit.*), de Sleidan (*loc. cit.*) et de Budé (*De Philologia*, éd. 1536, fol. XVIII r°).

appellations honorifiques attribuées aux grands personnages selon les pays et les époques, il saute sur l'occasion de mettre à profit la compétence des experts pour résoudre une question de protocole. Doit-on appeler le Dauphin Monsieur ou Monseigneur ? Il penche pour Monsieur mais ne saurait dire pourquoi. Il se tourne alors vers Lazare de Baïf, « grand préservateur des antiquitez, de la propriété des mots, et homme qui avoit beaucoup veu ». Et Baïf de répondre avec une précision de juriste philologue que « le mot sieur estoit en France nom d'honneur et celuy de Seigneur estoit de propriété ». Et il conclut : « De vray, Monsieur estoit terme plus important d'honneur que n'est Monseigneur, qui est mot estrangier et hautain »[81]. Mais il est assez réaliste pour ajouter que la logique et la tradition française sont en recul devant l'usage italien qui semble prévaloir. Et que peut un roi contre l'usage ?

Les rares témoignages qui survivent, si incomplets soient-ils, font amèrement regretter l'absence d'un historiographe de la table du Roi qui aurait tout noté, jour après jour, et nous en aurait plus appris sur la vie culturelle de l'époque, dont nous ne connaissons que la façade, que plusieurs recueils de Mémoires. En un temps où la civilisation de cour se généralise, aussi bien en France qu'en Italie, en Espagne, en Angleterre, où chaque cour princière devient un univers parallèle avec ses lois propres, un théâtre avec ses acteurs, la table de François Ier fait figure de théâtre dans le théâtre avec tout ce que cela suppose de gestes symboliques et de jeux de miroirs.

Car le caractère ludique de la situation ne se traduit pas seulement par les échanges de balles, les affrontements d'idées, l'animation progressive des esprits, mais par le passage continuel de l'objet à sa représentation fictive, par les sauts périlleux de l'un à l'autre de ces trois théâtres concentriques : le monde, la cour, la table du Roi. Les règles du jeu que Brantôme et Duchâtel laissent entrevoir (émulation sportive, sélection des sujets, observance d'un code, élimination des balourds, des pédants, des mal disants), tout cela nous rapproche du cérémonial des autres divertissements royaux (tournois, fêtes de cour, chasses, guerres chevaleresques). Dans toutes ces activités, la compétition est associée à la recherche du plaisir, à la perfection du psychodrame, à l'élégance du jeu.

Sans cette perspective on comprendrait mal les interminables guerres entre Charles Quint et François Ier en les réduisant aux calculs

---

[81] Pierre de Saint-Julien, *Meslanges historiques*, éd. Lyon, 1588, pp. 17, 40-41.

d'intérêt, à l'orgueil ou aux rapports de force. Comment rendre compte des actes manqués des deux souverains qui, à tour de rôle, laissent passer les occasions d'anéantir l'adversaire chaque fois qu'elle se présente ? Ou bien le démon qui les pousse à se remettre en lice avec de faibles chances, quitte à revenir indéfiniment à la case départ, ou à se provoquer en duel ?

C'est à de tels détails qu'on peut mesurer les limites des interprétations classiques, incapables de comprendre dans leur système plus qu'un petit nombre de corrélations, généralement les plus visibles et les plus rationalisables. Le jour où Charles Quint, arrivé à Rome depuis peu, en avril 1536, fait irruption comme une furie au Consistoire, flanqué de deux ambassadeurs français convoqués par lui sans explications préalables, il les prend à témoin, eux, le Pape, les cardinaux, il relève le défi du roi de France qu'il vitupère en le sommant de se battre avec lui en combat singulier dans une île, sur un bateau ou sur un pont. Ce jour-là les spectateurs comprennent que les frontières qui séparent le politique de l'imaginaire et la raison de la démence ont été allègrement franchies [82].

Pour qui veut dresser un bilan culturel du règne, il est toujours possible de modifier ou de gommer un trait ou l'autre de l'image traditionnelle du « Père des Lettres ». Mais une chose reste hors de question : François d'Angoulême a soufflé sur la nouvelle culture un esprit ludique étranger aux intellectuels d'Église et d'universités, un esprit venu en rafales d'une civilisation de cour animée par un maître de jeu singulièrement artiste.

Cette osmose entre la création, le jeu et le climat de cour a été souvent mal perçue, mise entre parenthèses, interprétée à contresens par les héritiers de deux siècles de société bourgeoise habitués à réduire le sérieux au fonctionnel et à ne voir dans le jeu que frivolité, comme si le jeu ne pouvait être parfois sérieux, comme si les civilisations de la Renaissance, même celles qui avaient dépassé le stade précapitaliste, n'étaient pas foncièrement ludiques. L'imitation de l'Antiquité était dans une certaine mesure un déguisement, un jeu codé,

---

[82] Voir le récit d'un témoin oculaire dans la *Correspondance* de Jean Du Bellay, t. II, p. 322. « Pensez si c'estoit bien dict à l'Empereur qu'il parla en sa proposition de vouloir combattre le Roy de dire qu'il luy osteroit la vie et le royaume de France ou qu'il perdroit la sienne et l'Empire. Cela procède bien d'une racine tant avant en son cueur qu'il est bien vraysemblable qu'il est alliéné et du tout hors de bonne voulenté » (lettre de Nicolas Raince à Jean Du Bellay du 24 avril 1536).

mais pour les partenaires ce n'en était pas moins, remarque justement Huizinga, « une œuvre de sainte gravité », comme l'étaient aussi les références aux modèles chevaleresque ou bucolique. Autant d'identifications fictives où le jeu n'excluait nullement le sérieux, même dans les rituels de divertissement des fêtes de cour, même dans les parodies burlesques, comme la fête des fous dans les églises ne mettait pas en cause la foi des hommes du Moyen Âge. Le jeu introduisait ainsi dans l'art de vivre un ordre spécifique à l'intérieur de l'insécurité, une mise à l'épreuve dans le cadre d'une cérémonie, le sérieux associé au frivole et la sagesse à la folie.

Fermer les yeux sur l'omniprésence de cet esprit ludique, c'est s'aveugler sur l'essentiel des œuvres de Rabelais, de Ronsard, de Montaigne et même d'Érasme, œuvres dont la désinvolture a mystifié des générations d'interprètes sans sourire, incapables de faire la différence entre l'agression et l'humour. Dans le milieu à la fois charismatique et fermé de la civilisation de cour où la nouvelle culture plonge ses racines, civilisation et culture synchronisent leur rythme et vibrent aux mêmes pulsations. L'un des mémorialistes les plus clairvoyants et les plus méconnus du siècle, Arnould Du Ferron, définissait ainsi l'apport de François Ier:

> [...] Ainsi meslait-il tellement la sévérité de la Philosophie avec les jeux amoureux qu'il pouvoit sembler, que ceux-ci empruntassent de l'autorité de celle-là, et tirast réciproquement de la gaillardise de ceux-ci [83].

En élargissant la notion de « jeux amoureux », en lui donnant les connotations freudiennes que Du Ferron n'avait certes pas prévues, on peut trouver dans cette phrase une présentation paradigmatique du personnage joué par le souverain qui, par sa personnalité médiatrice autant que par ses grands desseins culturels, a su porter un art de vivre et une culture jusqu'à leur température de fusion.

---

[83] La version française des *Mémoires* d'Arnould Du Ferron a été publiée dans l'*Histoire générale des rois de France* de Du Haillan, éd. de 1629. Ce passage se trouve dans le tome II, p. 305. La version latine originale du *De rebus gestis Gallorum* avait été publiée en 1554, rééditée en 1555 à Paris et en 1559 à Bâle.

Chapitre VII

Le grand projet

Malgré l'accueil enthousiaste des lettrés d'ici et d'ailleurs à son avènement, le jeune François ne s'est pas empressé de leur donner des gages. Précédé d'une réputation flatteuse de mécène futur, il l'a entretenue quelques années par un gracieux accueil, des promesses et des bonnes paroles. Guère plus. Le projet de Collège royal suggéré par François Dumoulin de Rochefort et Guillaume Petit, appuyé vigoureusement par Budé, reste treize ans dans les limbes ; le projet de remplacement, le Collège des jeunes Grecs, prévu tantôt pour Milan, tantôt pour Paris avec Lascaris à sa tête, est abandonné dès 1523, faute d'argent ; le projet d'Académies de jeunes nobles, qui correspondait à un besoin évident et à l'une des préoccupations personnelles de François Ier ne se matérialise pas, lui non plus. Les campagnes d'Italie et la coûteuse candidature à l'élection impériale, puis les guerres contre Charles Quint sont autant d'urgences qui font remettre au lendemain les grands projets culturels. Dans ce domaine comme dans beaucoup d'autres, c'est la catastrophe de Pavie suivie de la captivité de Madrid qui feront de l'enfant gâté de Louise de Savoie un réalisateur et un grand souverain.

1. Lenteurs d'un démarrage

Trois ans après les festivités de Reims ceux qui attendaient tant du Duc d'Angoulême commencent à se lasser. Ce grand charmeur, cet allumeur d'espoirs va-t-il répéter le scénario de Charles VIII et de Louis XII ? Budé lui-même ne cache pas sa déception. Entre 1517 et 1519 il ne cesse, dans sa correspondance, d'envier les Anglais d'avoir un souverain mécène entouré d'humanistes comblés d'honneurs, d'ambassades et de postes de responsabilité. Les Anglais ont beaucoup de chance, écrit-il dans une lettre d'avril 1518, « d'avoir un prince ami des Lettres ». Et il ajoute mélancoliquement :

> En France le roi actuel, malgré ses heureuses qualités, n'est pas véritablement un lettré et s'occupe peu de hâter les progrès des études humanistes, absorbé qu'il est par d'autres préoccupations [1].

Sur ce point il y a une manière de consensus. Érasme aussi clame son admiration pour la cour d'Angleterre et pour son roi dans des termes plus enthousiastes encore ; il écrit à Richard Pace au même moment :

> Mes félicitations pour un tel Prince, et mes félicitations au Prince lui-même, dont le règne est éclairé par tant d'hommes de talent [...]. Aucun autre pays n'est comparable à l'Angleterre. Ah ! qu'il ferait bon à l'heure qu'il est de passer sa vie chez les Anglais, dans un pays où, grâce à ses princes, règne une culture authentique et où les études humanistes peuvent s'affirmer [2].

Budé se fait peu d'illusions. Il sait très bien, on l'a dit, que, si François Ier l'a fait venir au Camp du drap d'or, c'est pour faire bonne figure face à Henri VIII. Il sait aussi que le roi d'Angleterre ne se déplace qu'avec une suite d'humanistes tels que Tunstall, Latimer, Linacre, Lupset [3], et que les diplomates français étaient toujours stupéfaits, en arrivant à la cour d'Angleterre, de constater l'importance qu'on y donnait aux savants et aux lettrés [4].

Il savait peut-être moins bien que cette avance culturelle de l'Angleterre n'était pas récente. Depuis la fin du XVe siècle l'habitude est prise, dans les grandes familles anglaises, d'envoyer les fils à Oxford. La tradition s'établira si bien que moins d'un siècle plus tard, parmi les grands officiers de cour de la Reine Élisabeth, on en aurait

---

[1] Budé, lettre à Richard Pace du 27 avril 1518, *Lucubrationes*, p. 242-243 : « [...] non tantum propensi in literatos viros animi, sed etiam literis non leuiter imbuti. [...] Huius qui nunc regnat, ut natura felicior et uberior, omnesque corporis animique dotes multo locupletiores atque instructiores, ita studia et benignitas aliorsum detorta sunt sinistro quodam fato. »

[2] Lettre d'Érasme à Richard Pace du 22 avril 1518, *Allen*, n° 821.

[3] «...veluti cohortem quandam palladiam in praetorio semper habeat » (lettre de Budé à Richard Pace du 27 avril 1518, *loc. cit.*); Budé insiste sur le contraste avec la France où les doctes renoncent à fréquenter les cours, rebutés par le mépris où les Grands tiennent le savoir.

[4] Lettre de Budé à Richard Pace du 5 novembre 1518, *ibid.*, p. 244.

difficilement trouvé un seul qui n'ait pas fréquenté une université dans sa jeunesse [5]. Les lettrés anglais ont donc un auditoire, des disciples qui leur succéderont, et des étudiants qui, une fois entrés dans la vie active, conservent des liens avec leurs maîtres. Ils ont aussi pour la plupart, bénéficié d'une solide formation italienne, bien plus souvent à milieu égal que les Français de la même génération. Richard Pace, après avoir travaillé avec Érasme, a fait des études à Padoue, Ferrare, Bologne ; Tunstall a appris le grec et l'hébreu et le droit civil à Padoue ; Thomas Linacre a passé plus de dix ans en Italie à Venise, à Padoue, à Vicence, il est resté un an à Rome pour étudier des manuscrits de textes de Platon à la Bibliothèque Vaticane, il a travaillé avec Manuce, Leonicus, Politien, il a aidé Ermolao Barbaro à traduire des textes d'Aristote du grec en latin ; Grocyn et Latimer ont appris le grec à Florence ; William Lily, ce pionnier des études de philologie classique à la mode italienne, a achevé ses études à Rome sous la direction de Pomponius Lætus. Quant à John Colet, fondateur de la Saint Paul's school, il a fait trois ans d'études en France et en Italie. En ce début de siècle, l'Angleterre, sur le plan culturel, est le pays le moins insulaire d'Europe.

La formation italienne, avec les relations qu'elle donnait dans la République des lettres sur tout le continent, avait en outre l'avantage de faire de ces lettrés un personnel parfaitement qualifié pour le service diplomatique et le renseignement. Henri VIII n'a pas manqué de s'en servir. Érasme remarquait déjà qu'il y avait plus de lettrés de classe à la cour d'Angleterre que dans une académie [6], et Budé est frappé surtout par l'habileté avec laquelle Henri VIII sait utiliser la compétence des doctes :

> Son principal titre de gloire sera d'avoir su choisir pour les missions diplomatiques des hommes distingués par leur savoir et leur discernement [7].

La France, par contraste, fait figure de pays des occasions manquées. Chaque fois que l'avènement d'un nouveau prince éveille

---

[5] J. H. Hexter, *Reappraisals in History*, Aberdeen, 1961, p. 50.
[6] Érasme, *Allen*, lettre n° 970.
[7] « [...] Quem ego ipsum hoc præcipue nomine olim fore illustrissimum duco, quod obeundis legationibus suis viros deligere novit doctrina judicioque præstanti », Lettre de Budé à Tunstall du 19 mai 1517, *Lucubrationes*, p. 356-357.

des espoirs, l'entourage royal et les services neutralisent les bonnes intentions, s'interposent et détournent vers d'autres destinations les crédits ou les postes prévus. Budé ne craint pas de le dire dans une lettre de 1520 à son ami Louis Ruzé [8] avant de situer le problème dans une perspective historique au cours des dialogues du *De Philologia*. S'adressant à François Ier, il déclare que ses deux prédécesseurs sont passés l'un et l'autre à côté des occasions. Il atténue quelque peu la brutalité du verdict en ajoutant :

> La faute en est, me semble-t-il, aux temps plus qu'aux hommes, et j'ai quelque scrupule à aller jusqu'au bout de ma pensée en la livrant sans réserves et sans fard. J'ai bien connu vos deux prédécesseurs d'heureuse mémoire, Charles VIII et Louis XII, que Dieu absolve. J'ai été appelé à la Cour du roi Charles l'année même de sa mort soudaine, et le bruit qui courait déjà sur les études que je venais tout juste d'entreprendre était allé jusqu'à ses oreilles. Je n'y étais pour rien, n'étant alors qu'un petit jeune homme effacé tombé amoureux d'une philologie encore impubère, à peine sortie de l'enfance [...]. Le roi Charles était un homme singulièrement ouvert et généreux, passionné par les grandes actions. Il s'était fait une certaine idée de l'Humanisme dont il avait eu des échos en Italie et qu'il percevait comme à travers un grillage. C'est ce qui m'a valu d'être invité à la Cour, surtout à cause des études grecques, alors ignorées en France. J'avais pourtant à peine dépassé le niveau étudiant dans les deux langues, à cette époque, j'étais là sans relations, ne représentant que moi, n'ayant avec le clan familial que des rapports furtifs et limités [...]. Aussi ne faisais-je pas figure, parmi les nôtres, de notable mais de curiosité. Ayant choisi le commerce des Muses qui, en ce temps, avait peu ou pas d'adeptes, j'étais dans la situation d'un voyageur qui s'en va loger dans une auberge vide, sombre, et marquée par aucune enseigne [9].

---

[8] Lettre de Budé à Louis Ruzé du 6 mars 1520, *ibid.*, p. 275 sq.
[9] Budé, *De Philologia*, éd. 1536, fol. XVII : « Quod per me quidem licet ut temporum magis quam hominum fuerit vitium. Vereor autem, ut explanate et apte dicere possim quod animo concepi. Reges duos consecrandæ memoriæ vidi, quibus tute successiti, Carolum octauum, et Ludouicum duodecimum socerum tuum, quorum manes recte conditos esse diuina benignitate, utinam non falso cum multis, ipsorum merito sperauerim. A Carolo ego commodum in aulam accersitus fueram, cum ille repentino casu sublatus est. Et exierat iam rumusculus quidam studiorum meorum, qui ad eum permanauerat, nihil minus me agente qui clancularius tum eram amator impuberis adhuc Philologiæ, et pene etiam infantis. [...] Tametsi Rex Carolus humanitate singulari liberalitateque memorabili præditus, et literarum elegantium opinione quadam imbutus, quarum nomen tantum in Italia raptim quasique per transennam audierat, earum me gratia, et

Là-dessus le jeune roi meurt subitement sans avoir eu le temps d'honorer des promesses que son successeur Louis XII est peu disposé à prendre à son compte. Et pourtant il y a un intermède lumineux dans ce règne que Budé peint toujours en gris et noir : c'est la brève période pendant laquelle Guy de Rochefort est chancelier [10]. Mais voilà que lui aussi meurt très vite, après lui tout part en fumée. La France est-elle donc condamnée aux projets culturels hautement personnalisés et inaptes à survivre à leurs auteurs ? Pourquoi le grain semé ne germe-t-il jamais ? Budé tâche ici de tirer les leçons de l'Histoire, et de conduire le Roi vers la conclusion qu'il propose : seule une institution nouvelle pourrait créer une situation irréversible :

> Si le niveau des Lettres était tombé si bas, peut-être serait-il difficile d'en disculper tout à fait les souverains. Mais la responsabilité majeure en revient aux hommes qui sont les yeux et les oreilles des rois, qui les enserrent dans leurs funestes cabales. Le monde est ainsi fait que les monarques aussi bien que les peuples, les Grands, les sénateurs eux-mêmes aussi nombreux soient-ils, les membres du Conseil, tous peuvent se faire circonvenir par l'intrigue et les groupes de pression, et par dessus tout par ceux qui ont entre les mains le filtrage des audiences [11].

Les choses n'en sont plus là quand Budé écrit ces lignes, en 1532. Bien qu'il reste beaucoup de choses à faire, l'interlocuteur de François Iᵉʳ dans le *De Phildologia* reconnaît que le départ a été pris ! Le Roi a su donner l'exemple des hommages à rendre à la culture, à ceux

---

Græcarum præcipue, quæ tum in Francia pene erant inauditæ, euocandum mandarat, ut supra dixi. Eram etiam tum plus minus quadriennium in rudimentis utriusque linguæ, nullo cum sodali, sed mecum ipse tantum et cum lare familiari clam et verecunde versatus. Quod ad eum fando (ut fit) permanauerat. Namque eam ob rem, non clarus ipse quidem apud nostros, sed spectandus tamen et monstrabilis eram : utpote qui ad musarum contubernium tunc infrequens atque inane, sic viam affectassem ut qui ad desertum diuersorium, nulloque insigni notum obscurumque diuertunt. »
[10] *Ibid.*, fol. XVII v°.
[11] *Ibid.*, fol. XVII v°-XVIII r° : « Cæterum quod Philologia nostra eorum regum tempore sic iacuit, culpa fortasse nonnulla fuit ipsorum. Sed crimen et scelus penes oculos auresque regales fuit, a quibus ipsi Reges cicunuenti sunt capitali coitione. Ita enim more hominum comparatum est ut monarchi, ut populi, ut optimates, ut Senatus etiam frequentes interdum et curiæ, dolo et decuratione paucorum circunueniantur, eorum præcipue qui super admissiones præpositi sunt. »

qui s'y adonnent, et de la préférence aux lettrés pour l'attribution de certains postes. Il est en train de faire de la bibliothèque de Fontainebleau la première bibliothèque de l'Europe du Nord, il a une politique du livre, il suscite l'émulation dans la création artistique, il a posé les premiers fondements du futur Collège royal, pépinière de savants. Et Budé de lui dire : « J'ai obtenu de vous ce que j'en attendais »[12].

2. *Les deux avant-projets*

C'est le grand projet du règne. Mais que de temps il a fallu pour passer aux actes ! Car tout a commencé par des paroles en l'air dans une conversation de cour, sans doute à la table du roi. Un jour de janvier 1517 François Ier lance une idée qui ne passera pas inaperçue : « il faudrait attirer dans le royaume par des faveurs substantielles des hommes de très grand talent et instituer en France une sorte de séminaire de savants. » Rien de plus, à en croire Budé, qui tient l'information de Guillaume Petit, confesseur du roi, rencontré par hasard dans une boutique de libraire[13]. Peut-être ces paroles n'auraient-elles pas eu de suite s'il n'y avait eu des témoins bavards, et parmi eux deux personnages qui jouent un rôle important auprès de ce roi de vingt-deux ans. Le premier, François Du Moulin de Rochefort, n'est autre que son ancien précepteur[14]. L'autre est Guillaume Petit, ancien prieur des Dominicains de Blois, nommé confesseur du roi par Louis XII, confirmé dans ses fonctions par le jeune François qui va bientôt nommer conservateur de la Bibliothèque royale et Grand Inquisiteur cet humaniste distingué.

Or ces deux hommes d'Église ont un point commun : ils sont l'un et l'autre grands admirateurs d'Érasme, défenseurs de l'Humanisme et des humanistes contre les intégristes. C'est ainsi que Rochefort, qui a présenté Budé à la cour, sera en toute occasion le protecteur de Lefèvre d'Étaples, et Guillaume Petit l'avocat des livres de Marguerite

---

[12] « A te tuli quod optabam », *De Philologia*, fol. XVIII r°. Budé ajoute qu'il reste encore un dernier pas à franchir pour que l'opération soit complète : donner aux lettrés l'accès aux conseils et aux postes de responsabilité.
[13] Lettre de Budé à Érasme du 5 février 1517, *Correspondance*, t.I. Lettres grecques, p.97-98.
[14] Voir ci-dessus, chapitre VI, p. 213-215.

de Navarre, si violemment attaqués par la Sorbonne. On comprend comment ils vont saisir la balle au bond et demander au Roi, au nom de la déclaration qu'il a faite, d'appeler Érasme à Paris pour cristalliser l'institution à venir autour de sa personne. Proposition acceptée. À partir de ce moment Rochefort, Petit et Budé vont se comporter comme trois compères qui se donnent la réplique sur la lancée d'un scénario préétabli.

Deux mois plus tard, François part pour la chasse du côté de Saint-Maur, tout près de l'endroit où Budé surveillait la construction de sa deuxième résidence secondaire. Autre hasard, tout aussi bien organisé, Budé se trouve devant l'église de Saint-Maur juste au moment où le Roi s'apprête à y entrer. Dès qu'il aperçoit Budé, Guillaume Petit se précipite et évoque le cas Érasme. La lettre qu'il vient d'envoyer est bien ambiguë, remarque le Roi en sortant de l'église. Que penser de ses intentions ? Guillaume Petit passe alors la parole à Rochefort, qui, en montrant du doigt Budé, dit à François Ier : - Si Votre Majesté trouve bon de faire venir Érasme dans le royaume, cet homme-là y réussira mieux que personne. - Qu'en pensez-vous, dit le Roi en se tournant vers Budé ? - Sire, répond Budé, si vous me donnez carte blanche j'en fais mon affaire. - Dans ce cas, c'est un ordre, répond François Ier [15].

Voici donc Budé en charge d'une mission qui va se révéler très frustrante : Érasme est de ces intellectuels retors qui savent à propos ne dire ni oui ni non, en prenant soin de bien ménager leurs arrières. Pendant neuf années de négociation, que la correspondance de Budé permet de suivre pas à pas, impossible d'obtenir une réponse claire, pas même un non. Est-ce indécision naturelle, ou prudence, ou loyalisme à l'égard du futur Charles Quint, rival de François Ier pour l'élection à la couronne impériale en 1519 ? Est-ce méfiance à l'égard de ce godelureau de vingt-deux ans, beau parleur sympathique, mais peut-être pas encore assez bien assis sur son trône pour pouvoir tenir ses promesses ? Ou bien, comme le suggèrent des historiens sans bienveillance, voulait-il tout simplement faire monter les enchères ? Rien ne permet de retenir l'une de ces hypothèses à l'exclusion des autres. Il n'en est pas moins vrai que la politique d'Érasme, qui consistait à refuser les contraintes tout en acceptant les prébendes et les cadeaux venus d'un peu partout, a porté les fruits du calcul que les

---

[15] Tout ce dialogue est rapporté littéralement dans la lettre du 3 avril 1517 de Budé à Érasme, *Allen*, n° 568.

malveillants lui attribuent. Le rusé Hollandais a réussi à garder son indépendance, son statut de vedette internationale au-dessus des nations, et à mourir âgé et riche tout en criant misère.

Et pourtant, avec ou sans Érasme, il fallait aboutir. Il en allait du prestige de la couronne. Pendant les dix années qui suivent les engagements de 1517, pas l'ombre d'une réalisation, alors que les initiatives qui se multiplient à l'étranger risquent de rendre manifeste que le royaume de François Ier comme celui de Louis XII est toujours la lanterne rouge de l'Europe en matière d'innovations culturelles. Une année à peine après Marignan, en 1516, le pape Léon X fondait à Rome avec Lascaris, le plus illustre helléniste du temps, le « Collège des Grecs » destiné à faire de jeunes garçons émigrés de Constantinople des hommes capables de se servir de leur langue parlée pour approfondir leurs connaissances en grec ancien et, plus tard, l'enseigner aux autres.

Mieux encore, dès le début du siècle, le cardinal Ximenez avait fondé en Espagne l'université d'Alcalá, où il a su attirer les meilleurs hellénistes et une équipe d'hébraïsants (presque tous des juifs convertis), qui réalisent, en travail d'équipe, l'extraordinaire Bible polyglotte d'Alcalá, une bible qui présente sur plusieurs colonnes les versions comparées grecque, latine, hébraïque et araméenne du Pentateuque. Vingt ans avant la Bible de Luther, plus de dix ans avant la création des lecteurs royaux, les pères de la Bible d'Alcalá pouvaient être fiers de leur œuvre. Conformément à l'esprit du temps ils ne se présentaient d'ailleurs pas en novateurs mais en exécutants du concile de Vienne (1312) qui avait prescrit aux grandes facultés de théologie, dans son onzième Canon, de s'adjoindre des chaires d'hébreu, de grec, d'arabe et de chaldéen, programme qu'explicitera plus tard Gargantua dans ses recommandations à Pantagruel.

Quelques années plus tard, en 1518, c'est le fondation du collège trilingue de Louvain par testament d'un chanoine de Malines Jérôme Busleiden, fondation soutenue, mais de loin, par Érasme, et d'encore plus loin par l'Empereur, ce qui ne lui en confère pas moins un grand prestige. Les revenus du capital dont disposait cette fondation privée ne permettaient sans doute pas d'aller très loin, mais on espérait qu'une fois le succès venu les donations et les legs afflueraient.

Quand François Ier prend conscience de la vague d'espoirs soulevée dans les milieux humanistes par ses propos de 1517, il se rend très bien compte qu'il n'arrivera pas le premier, que le Saint-Siège, l'Espagne, l'Empire l'ont devancé, et que l'Angleterre elle-même, avec les hellénistes d'Oxford et l'entourage humaniste de Henry VIII, est beaucoup plus avancée que la France. Pour ne pas rester à la traîne, il fallait frapper un grand coup. C'est cet élément de compétition européenne qu'il faut toujours avoir présent à l'esprit pour situer la genèse du Collège de France.

Mais pour frapper un grand coup et matérialiser le projet auquel Guillaume Petit, Du Moulin de Rochefort et Budé ont habilement donné une publicité gênante qui devient pour le Roi une contrainte, il fallait avoir l'esprit libre et des moyens d'action. Or entre 1517 et 1519 l'esprit et les moyens d'action sont entièrement mobilisés par une cause : la campagne menée à prix d'or pour l'élection impériale de 1519. Après cet effort diplomatique et financier aussi considérable que totalement infructueux, Budé annonce une seconde offensive. L'heure est peut-être venue, pense-t-il. Et il va entreprendre une sorte de préparation de terrain en présentant au Roi le manuscrit qui, sept ans après sa mort, sera publié sous le titre d'*Institution du Prince*. Écrit à l'intention du roi, c'est une sorte de message personnel qui cherche, en accumulant les exemples historiques, à convaincre le souverain que le soin de sa gloire comme le souci de la justice lui font un devoir de donner suite au projet humaniste [16].

Ce message n'est pas resté lettre morte. Dès 1520 la correspondance de Budé révèle un optimisme inhabituel : le Roi a de nouveau parlé de la fondation d'un nouveau collège à Paris, il s'est même publiquement et solennellement engagé à le réaliser [17], et il a chargé Budé d'écrire une note sur la question [18]. Budé croit déjà la place conquise et il envoie des lettres enthousiastes à Toussain et à Longueil. Mais il faut bientôt déchanter. Entre le roi et le nouvel empereur commence dès 1521 une épreuve de force, et le léger avantage remporté de justesse par François Ier lors de la campagne de Picardie en 1521 n'a fait qu'encourager une escalade des défis et des combats qui va conduire le roi chevalier au désastre de Pavie. Beaucoup

---

[16] Ce texte passionnant sera plus longuement analysé ci-dessous, au chapitre IX, p. 290 sq.
[17] « Jam iterum palam multis hoc verbum non dico ore excidisse, sed mature atque consulte prononciatum esse pernotuit », lettre de Budé à Longueil de janvier 1521, *Lucubrationes*, p. 309.
[18] « Super eo enim commentari nos Princeps jussit », lettre de Budé à Toussain du 20 novembre 1520, *ibid.*, p. 319. Budé revient sur ce sujet avec le même correspondant le 27 janvier 1521, *ibid.*, p. 416-417.

penseront alors que tout est fini, non seulement pour le roi prisonnier, mais pour la dynastie, peut-être aussi pour la France.

Inutile de dire que les projets culturels sont dès lors touchés de plein fouet. Que faire avec des caisses vides et un roi captif ? Au cours des cinq années qui suivent le désastre il n'est plus question de Collège royal, projet auquel Budé avait donné une dimension telle que l'on comprend un peu les hésitations du souverain, si bien disposé fût-il. Pour Budé, il s'agissait d'une institution de plein exercice pourvue de vastes bâtiments construits face au Louvre, sur l'emplacement de la tour de Nesle, dotée d'une prestigieuse bibliothèque, d'un aréopage de savants recrutés dans toute l'Europe, et de plusieurs centaines de boursiers qui bourdonneraient autour de la ruche pour y faire leur miel. C'est ce projet, beaucoup plus ambitieux que le projet de 1517, que Budé a mis en forme [19], et il rappelle au Roi, dans la préface aux *Commentarii linguæ graecæ*, qu'il n'a pas dit non à l'exposé du plan :

> Vous établiriez, disiez-vous, un temple splendide pour la science par excellence et les lettres d'humanité, vous construiriez un pensionnat immense où il serait possible pour les adeptes des Lettres de suivre le parcours encyclopédique et, pour qui le désirerait, de franchir le long stade ; on y trouverait en abondance tous les instruments propres à faciliter l'étude ; on admettrait dans ce pensionnat un grand nombre d'étudiants qui sembleraient voués au culte d'Athéna et des Muses [20].

Pour définir cette institution de rêve, Budé ne se sert même plus du terme de « Collège royal », il dit en grec : un temple des Muses, le *Mouseïon* [21]. Et il ne s'agit pas, dans son esprit, d'une opération ponctuelle, mais d'une remise en cause de la place de la culture dans la société, l'emplacement du *Mouseïon* face au Louvre étant déjà significatif. La France ne retrouvera son rang de grande puissance culturelle, pense Budé, que dans la mesure où une élite de jeunes Français se tournera d'elle-même vers les études humanistes. Or, comment le feraient-ils puisqu'elles ne peuvent offrir aucune perspective de carrière [22] ? Les études de droit donnent accès aux offices et au pouvoir, la théologie aux bénéfices ecclésiastiques, la médecine à

---

[19] Dès 1520, semble-t-il, quand le Roi l'a chargé d'un rapport sur le projet (voir la note précédente).
[20] Budé, *Correspondance*, t. I. Lettres grecques, p. 349.
[21] Budé, *De Philologia*, éd. 1536, fol. XXI v°.
[22] *Ibid.*

LE GRAND PROJET

la clientèle, alors que les humanistes n'ont rien. Le *Mouseïon* aurait le double avantage de faire vivre honorablement une poignée de savants sur qui tous les yeux seraient fixés, et en même temps de mobiliser un certain nombre de jeunes gens doués autour d'un enseignement d'élite, avec l'espoir de succéder un jour à leurs maîtres ou d'accéder à de hautes fonctions réservées par le Roi aux lettrés.

Lorsque Budé parle d'études humanistes il ne faudrait d'ailleurs pas croire que les disciplines que nous nommons aujourd'hui littéraires soient seules en jeu. On a remarqué l'allusion au « parcours encyclopédique » et au « stade long ». Si, quelques mois seulement après la nomination des quatre premiers lecteurs de grec et d'hébreu, Budé insiste pour qu'on ajoute un lecteur de mathématique, Oronce Finé, ce n'est pas par hasard. Dans son projet, le *Mouseïon* devait jouer un rôle essentiel dans la réunification des éléments dispersés de la culture, dans la reconstitution de l'*orbis litterarum*, de ce que Budé appelle « ce cercle des disciplines qui les soudait entre elles jadis » et qui « est maintenant fragmenté et brisé ». Les Muses qui dansent en se tenant la main sont le symbole de la consanguinité des disciplines, tellement forte que jadis « on estimait même qu'une ou deux d'entre elles, isolées des autres, étaient infirmes, privées de leurs nécessaires appuis »[23]. Quand la ronde des Muses aura repris, pense-t-il, rien n'empêchera plus les lettres et les arts de refleurir comme à Rome et Athènes, les mêmes causes devant produire les mêmes effets. Et qui nous interdit de penser, dit-il à François Ier dans le dialogue du *De Philologia*, que nous ne verrons pas alors surgir de nouveaux Platon, des Thucydide, des Cicéron, des Tite Live, et qui seront « moins des imitateurs des anciens modèles que leurs concurrents ? Ainsi la France retrouvera-t-elle son ancien rayonnement »[24]. Pour résumer en un mot cette situation nouvelle, il se sert d'un terme astronomique grec repris par les Latins et qui désigne le retour d'une étoile à sa position première, le mot *apocatastasis*, « Apocatastasis antiquæ sapientiæ ».

---

[23] Budé, *De Studio litterarum*, éd. et trad. M.-M. de La Garanderie, Paris, Les Belles Lettres, 1988, p.52 : « circulus ille disciplinarum qui olim coaluerat, nunc in partes solutus est et concisus »; « [...] adeo unam et alteram sine reliquis mancas esse censebant, et destitutas necessariis adminiculis »)..

[24] Budé, *De Philologia*, éd. 1536, fol. XLI r° : « [...] non imitatores tantum illorum antiquorum, sed etiam æmulos ? [...] ut prisca literarum claritas in Francia rediuiva videatur. »

François Ier était-il convaincu de la crédibilité d'une *apocatastasis*, d'une Antiquité ressuscitée par la volonté du Prince et d'une institution *ad hoc* ? Sur ce point il y a une sorte d'unanimité chez les historiens. Il est d'usage de n'attribuer le retard qu'aux atermoiements d'Érasme, au resserrement de la trésorerie, aux guerres, voire à la légèreté du jeune souverain.

Disons-le tout de suite, je m'écarterai ici de l'interprétation générale en disant que je ne crois pas à l'adhésion totale et inconditionnelle du roi François au projet Budé, du moins pendant les dix premières années de son règne. Ce qui m'a donné cette conviction négative, c'est la lecture des dialogues du *De Philologia*, un texte rarement lu. Voici la réponse de François Ier à l'exposé de Budé sur le projet de *Mouseïon* et de résurrection de la culture antique :

> Je suis en complet désaccord avec toi, Budé. La divine Providence agit à la manière d'un maître d'œuvre qui disposerait des affaires humaines de manière qu'en chaque siècle elle prescrive et commande un programme différent aux ouvriers de l'art comme à ceux de la nature, car de même que la vie prolifère d'un jour à l'autre, d'une époque à l'autre tout change. Mais il y a des déluges pour les civilisations comme pour la Nature, qui engloutissent pêle-mêle tout ce qui avait été inventé pour l'usage des hommes et pour leurs échanges, et en même temps on voit surgir des profondeurs secrètes de la nature des choses qui y étaient enfouies jusque là par le Destin. C'est ainsi que les modernes ont mis à jour des créations inouïes dont les anciens eux-mêmes, pourtant si inventifs, n'avaient jamais imaginé la possibilité : les armes à feu, l'extraordinaire officine du sinistre Vulcain, ruine des vertus guerrières et du combat chevaleresque, [...] et aussi l'imprimerie, qui a contribué efficacement, si je comprends bien, à relever le prestige de vos lettres depuis si longtemps exsangue et moribond. J'ajouterai qu'il y a bien d'autres forces latentes qui gisent encore dans les cryptes de la nature et n'attendent que le temps prescrit pour remonter à la lumière.
> Mais il y a une chose que nous ne verrons pas : c'est la remontée à la surface et la résurrection de ce que les déluges ont englouti, même si nos contemporains retournaient toutes les pierres, même s'ils ne reculaient devant aucun obstacle, même s'ils fouillaient les mers pour en extraire ce qui a été enseveli [25].

---

[25] *Ibid.*, fol. XLI v° : « De hac re vero tecum Budæe (Rex inquit) si ex animi sententia loqueris, dissentio : diuinam enim prouidentiam rerum huiuscemodi architectam sic cum mortalibus agere reor, ut naturæ et artis suis fabris atque opificibus, una et eodem incumbentibus, per singula ferme sæcula, aliquid noui designandum præscribat et imperet, quasi quo et ætates

Voilà un texte qui en dit long. On répondra peut-être qu'un dialogue de la Renaissance n'est pas l'équivalent d'une interview de journaliste, que rien ne garantit la stricte exactitude des propos. Mais si cette argumentation — la plus forte et la plus gênante que l'on puisse opposer au projet humaniste et à la notion même de Renaissance — n'avait pas été déployée à un moment quelconque par François Ier, on voit mal quel instinct suicidaire aurait conduit Budé à la parer du prestige royal. Il va sans dire que François Ier croyait toujours au projet de pépinière de savants, mais sans aller jusqu'à celui de *Mouseïon* dont il mesurait le coût et dont la finalité, surtout, lui semblait utopique. L'histoire ne recommence jamais, veut-il faire entendre à Budé. Notre civilisation de l'arme à feu et de l'imprimerie ne répond pas aux mêmes normes que les sociétés antiques et ne pourra reproduire la même culture. À la foi, presque mystique, dans l'*apocatastasis* et le changement, il répond par une analyse historico-sociologique. Les rôles de l'intellectuel et de l'homme d'action sont ainsi inversés.

3. *Des projets au compromis*

On peut se demander ce qui a conduit le vainqueur de Marignan à faire volte-face. Pour le comprendre il faut quitter un instant le terrain de l'histoire culturelle pour recourir à l'histoire politique et à la

---

ipsæ insigniantur, et vita uberius instruatur velut in dies, sic in ætates. Sed quædam sunt fatalia tum naturæ tum artis operum veluti diluuia, quibus res inuentæ interdum usui hominum commercioque auferuntur, cum interim aliæ quædam existant, quæ ordine fatali adhuc in imo erant naturæ arcanorum. Recentia autem sæcula res inauditas pepererunt, et quas antiquitas quamlibet ingeniosa, nunquam (ut opinor) suspicata est, ut machinas belli igniarias, inauditamque illam antiquis officinam stygii Mulciberi, strenuæ virtutis internicionem, et Martis ingenui deletricem [...]. Contra autem ætates recentiores artem librariorum formulariam ediderunt : validum ut mihi videtur adminiculum ad exuscitandum et erigendum literarum vestrarum nomen : quod tam diu iacuit ut exanimum et emortuum. Multa etiam et alia, in utranque partem valitura adhuc in altis naturæ cryptis condita esse censeo, quæ suo quæque sæculo in lucem depromenda sint. Nec vero omnia, quæ diluuiis illis rerum obruta fuerant, adhuc emersa videmus, aut quadamtenus existentia : etiam si ætas nostra omnem (ut aiunt) lapidem mouet, nihilque non audet ipsa, moliturque ad summersa tollenda et euersa. »

biographie. Pour ce jeune roi surdoué, beau, brillant, à qui tout avait réussi, le désastre de Pavie et la captivité de Madrid ont été d'effrayants traumatismes. Qu'il ait pu surmonter le choc et sortir plus fort que jamais de ces épreuves a révélé une force de caractère dont il n'avait jamais eu l'occasion de donner la preuve, et aussi une aptitude à l'autocritique et aux corrections de tir que de brillants hommes politiques n'ont pas toujours. En fait c'est après la captivité de Madrid que viendront les décisions, les créations et les réformes qui font de son règne l'un des plus constructifs de l'histoire de France.

Il suffit de consulter la correspondance de François Ier à sa sortie de prison madrilène pour voir où se trouvent les priorités : en première ligne, bien entendu, les affaires étrangères et les retombées du traité de Madrid, mais, tout de suite après, la défense des humanistes, fort malmenés en l'absence du Roi par un Parlement désireux de profiter de l'aubaine. De loin François lance l'interdiction d'exécuter des sentences avant son retour, il menace les juges de leur demander des comptes, il ordonne de relâcher Berquin, prend Lefèvre d'Étaples sous sa protection, et une fois à Paris il le nommera précepteur de son fils préféré, le prince Charles. Une fois sur place il fera sortir de prison Pierre Toussaint, le cabaliste Cornelius Agrippa, et il veille à la sécurité de suspects tels que Roussel et Michel d'Arande. Jamais sa politique de protection des humanistes évangéliques n'avait été menée avec une telle vigueur, accompagnée d'agressivité à l'égard des corps intermédiaires tels que les cours de justice, le Parlement et la Sorbonne. Pour évaluer l'enjeu, il faut tenir compte de l'extrême puissance de ces grands corps capables de réduire à peu de chose, dans certaines circonstances, les pouvoirs d'un roi autoritaire appuyé sur les institutions d'une monarchie théoriquement absolue. Le cas Berquin est à lui seul un test.

C'est à titre de fervent d'Érasme et de traducteur de ses œuvres sur l'ordre de François que le chevalier Louis de Berquin est *persona grata* à la cour. Budé précise dans une lettre à Érasme : « Le Roi t'est très favorable ; il a même fait traduire certaines de tes œuvres dans notre langue, et les lit et relit : il me l'a dit lui-même récemment » [26]. Cinq mois plus tard Berquin est l'objet d'une perquisition, le 13 mai 1523, et on trouve chez lui des livres de Luther. Excellent point de départ pour un procès qui est un coup de semonce adressé à l'entourage royal. C'est aussi une opération préventive capable de désamorcer le projet

---

[26] Lettre de Budé à Érasme du 14 décembre 1522, *Correspondance*, t. I. Lettres grecques, p. 235.

LE GRAND PROJET 213

d'installation d'Érasme à Paris. Le premier coup est suivi de deux autres : condamnation des œuvres d'Érasme par la faculté de théologie le 26 juin, et le 5 août arrestation de Berquin. C'est alors que le Roi se fâche, ordonne la relaxe et, par l'intermédiaire d'un maître des requêtes, fait savoir aux autorités civiles et religieuses qu'il interdit de prendre des mesures contre des livres qui n'auraient pas été préalablement examinés par des experts choisis par lui.

Peine perdue. L'ordonnance ne sera pas appliquée car, peu de temps après, le Roi part pour la chevauchée malheureuse qui va le conduire à Pavie. Voilà les humanistes privés du bouclier royal, ce qui n'empêche pas l'imprudent Berquin de choisir l'année 1525 pour publier sa traduction française de *La Déclaration des louanges de mariage* d'Érasme dont le Roi s'était délecté. Mais le Roi, à cette date, est un captif aux abois, et les deux auxiliaires les plus précieux de sa politique culturelle, Marguerite de Navarre et le Président de Selves sont loin de Paris pour négocier sa libération. L'occasion était bonne. Le 8 janvier 1526 le Parlement fait arrêter Berquin une seconde fois, l'envoie à la Conciergerie, et menace Lefèvre d'Étaples, Briçonnet et le groupe de Meaux.

De sa prison madrilène François Ier a eu vent de cette chasse aux sorcières et, à peine libéré, il envoie un message au Parlement dès avril 1526, interdisant tout procès de doctrine en son absence, menaçant les juges de leur faire rendre des comptes dès son retour. En juillet il envoie une lettre aux membres du Conseil, leur enjoignant de faire relâcher Berquin, ou tout au moins de lui laisser accès au préau de la Conciergerie. Les juges font la sourde oreille, et quand, le 5 octobre, le Roi fait envoyer un détachement d'archers de sa garde pour transférer Berquin au Louvre, le capitaine des archers se voit opposer un refus catégorique : l'ordre d'élargissement n'a été ni fait ni transmis dans les formes. Il faudra que le Roi vienne à Paris en personne, à la fin d'octobre, pour que l'ordre formel d'élargissement, accompagné de menaces, soit pris en considération. Berquin est enfin libre, et ceux qui lui veulent du bien soufflent deux conseils : se faire oublier dans la capitale et chercher refuge auprès de Marguerite de Navarre.

Pour parer au retour offensif des forces conservatrices du Parlement et de l'Université conjuguées, et aussi pour profiter de l'effet de choc produit par ces interventions sur le cours de la justice, le Roi a voulu remplacer, dès janvier 1527, les « juges-délégués » institués en 1525 en son absence pour établir une liaison permanente entre le Parlement et la faculté de théologie, par une commission épiscopale qui comprendrait trois théologiens nommés non par la Faculté mais par l'Université tout entière. On a fait en sorte que deux théologiens sur trois soient des érasmiens [27].

Les choses en seraient peut-être restées là si Berquin avait été, comme Gaguin et Lefèvre d'Étaples, un clerc paisible ou un homme de Dieu. Mais le chevalier de Berquin est un gentilhomme d'une fierté intraitable qui s'accommode mal d'être brimé par un quarteron de robins du Parlement et de cuistres d'université. Fort de l'appui royal qui l'a sorti de prison à deux reprises, il se retourne contre ses accusateurs, leur intente un procès, passe aux menaces contre le plus virulent d'entre eux et tombe ainsi sous le coup de la loi. Le Bourgeois de Paris tire la morale de l'histoire en disant : « Porquoy Dieu le voulant punir, luy fist enfler le coeur ; car luy estant en pleine délivrance dit et maintint que les juges luy avaient fait tort et les menassa. Si les mist en procès en la cour de Parlement, disant qu'il en voulait avoir réparation, et depuis sollicita tres asprement en la dicte cour de Parlement contre eux. »

Entre-temps la Sorbonne avait repris son offensive contre Érasme, censurant coup sur coup ses *Paraphrases in Novum Testamentum*, l'*Enchiridion* dès décembre 1527 et les *Colloquia* en juillet 1528 [28], alors que la publication de son *Traité du libre arbitre*, quatre ans plus tôt, rendait toute confusion avec les doctrines de Luther impossible [29]. Ce qui était visé chez Érasme, c'était moins l'hérésie que l'étude critique des textes et une approche élitiste de la culture qui excluait le tout venant : autrement dit, l'humanisme.

L'imprudente diversion de Berquin menaçant l'un des juges fut une excellente occasion de remettre la répression en marche. Non content de le condamner à la prison perpétuelle avec interdiction de lire et d'écrire, on le fait tomber dans un piège en lui demandant s'il tient à faire appel. Comme il répond oui sans broncher, on réunit tout de suite la cour de justice. L'occasion est bonne : François Ier est à Blois, et il s'agit de faire vite pour qu'un messager envoyé de Paris n'ait pas le temps de revenir porteur de la grâce royale. Les juges s'assemblent

---

[27] Sur cette institution, et d'une manière générale sur le fonctionnement de la censure, voir l'intéressant ouvrage de Francis Higman, *Censorship and the Sorbonne*, Genève, 1979, p. 29.

[28] Francis Higman, *loc. cit.* Voir aussi *Index de l'université de Paris*, éd. J.M. De Bujanda, Francis M. Higman et James K. Farge, Univ. de Sherbrooke et Librairie Droz, 1985, p. 88.

[29] Ajoutons que six ans plus tard le pape Paul III offrira le chapeau de cardinal à Érasme.

sur le champ, ils rejettent l'appel, transforment la peine de prison perpétuelle en condamnation à mort et font exécuter incontinent la sentence pour mettre le Roi devant le fait accompli. Le soir même Berquin montait sur le bûcher. Ainsi se terminait une longue partie d'échecs de sept ans entre la couronne et les pouvoirs civils et religieux. L'issue tient en trois mots : échec au roi.

C'est dans ce cadre qu'il faut situer la création des Lecteurs royaux, décidée à quelques mois seulement de cette sinistre affaire. Cette fois François d'Angoulême n'hésitera plus à s'en prendre aux citadelles de résistance passive qu'il n'avait attaquées jusque-là que de biais : le Parlement et l'Université.

Parmi les circonstances qui ont poussé le Roi à passer aux actes et à matérialiser sa politique culturelle par une institution il faut donner une importance particulière à la visite de l'université d'Alcalá, au cours de sa captivité d'Espagne. Alcalá n'était pas seulement une université nouvelle mais un ensemble complexe : immeubles universitaires, imprimerie, édition de livres pour les maîtres et les étudiants, ateliers de foulons, de textile, teintureries, artisanats, emplacements de petits commerces, entreprises de maçonnerie pour la construction de logements destinés aux professeurs, aux étudiants, aux imprimeurs, aux ouvriers, aux artisans : c'est une véritable ville nouvelle sortie de terre de par la volonté et l'acharnement de l'extraordinaire cardinal Ximenez de Cisneros, un véritable campus à l'américaine en plein XVIe siècle [30].

C'est aussi un type d'enseignement tout à fait novateur, tellement différent de celui des universités traditionnelles qu'il n'aurait pu se développer en terre espagnole s'il n'avait été imposé par un cardinal doublé d'un grand seigneur. Non seulement la théologie est associée à l'étude de la Bible lue dans les textes originaux, mais, en ce début de siècle où les querelles d'écoles théologiques rivales battent leur plein, où l'enseignement du nominalisme est suspect un peu partout et interdit à Séville, de par les statuts de l'université, Ximenez introduit dans sa fondation la *triplex via*. Il institutionnalise un enseignement de théologie comparée en créant trois chaires de théologie côte à côte et égales en droits : l'une de théologie thomiste, l'autre de théologie scotiste, la troisième de théologie nominaliste.

---

[30] Sur Alcalá et l'importance de l'humanisme espagnol au début du siècle on ne peut que renvoyer au magnifique ouvrage de Marcel Bataillon : *Érasme et l'Espagne*, Paris, 1937 ; rééd. Genève, Droz, 1991.

Le premier biographe de Ximenez, Alvar Gomez, rapporte que François Ier, après avoir très attentivement examiné les constructions et s'être renseigné sur l'organisation des études, se serait écrié : « Votre Ximenez de Cisneros a conçu et réalisé ce que je n'aurais jamais tenté par crainte de l'échec. L'université de Paris, orgueil de mon royaume, est l'œuvre de plusieurs rois, tandis que tout cela est exclusivement celle de Cisneros ! »[31] En montrant au roi prisonnier leur réalisation culturelle majeure, les Espagnols lui ont présenté un défi plus impressionnant encore que celui de Pavie, la démonstration non équivoque de leur avance et du retard culturel français.

Quand le Roi parle des risques d'échec qui l'avaient jusque là inhibé, à quel obstacle pense-t-il ? Aux manœuvres d'obstruction, aux blocages provoqués par l'Université, complice du Parlement. On simplifie singulièrement le problème en le réduisant aux soupçons des théologiens. La crainte de l'utilisation hérétique des interprétations de la Bible à partir des traductions nouvelles a été, certes, l'une des composantes des réactions de rejet, la plus visible, la plus efficace, mais pas la seule. Elle est souvent un alibi, un procédé facile pour mobiliser en même temps le grand nombre et l'Église, mais elle sublime et elle masque autre chose : la phobie de la concurrence, aussi forte chez les juristes et les médecins que chez les théologiens, l'exigence du monopole de l'enseignement de haut niveau. Aussi avait-on conseillé à François Ier de ne pas créer de chaire de latin dans le futur Collège royal. Les préoccupations d'orthodoxie n'étaient pour rien dans cette histoire, mais contester à l'université son monopole de l'enseignement supérieur du latin aurait été reçu comme une provocation. Le pouvoir ne s'y risque pas. On attendra quatre ans, le temps de calmer les effets du premier choc, avant de créer une chaire d'éloquence latine accueillie par une tempête d'indignation chez les gens de justice et d'université : on avait porté atteinte aux domaines réservés, et pour comble on avait nommé un étranger, Latomus, originaire du Luxembourg. Cette nomination du septième lecteur royal a fait plus de remous à elle seule que les quatre premières réunies.

Quarante ans plus tard quand Charles IX voudra passer outre aux obstacles dressés par l'Université et le Parlement contre l'officialisation de l'Académie de poésie et de musique de Baïf, la Sorbonne tentera une ultime démarche en envoyant une délégation auprès de son

---

[31] Voir J. I. Tellechea, dans *Pédagogues et juristes du XVIe siècle*, Paris, 1963, p. 140.

protecteur statutaire, l'évêque de Paris, le suppliant de protéger sa fille l'université contre « les atteintes à ses anciens droits et privilèges ». Les mots étaient fort bien choisis et rien ne pouvait mieux définir l'esprit des manœuvres retardatrices de l'ayant-droit. La défense du monopole est la préoccupation essentielle, avec le désir de préserver les enseignements traditionnels. Même en Angleterre où les théologiens étaient beaucoup moins puissants, et surtout moins centralisés qu'en France, on a vu naître aussi un parti « troyen » capable d'attaquer vigoureusement l'envahissement du « parti grec ». Et en Espagne, le cardinal Ximenez, dont l'orthodoxie était au-dessus de tout soupçon, n'en a pas moins dû mener jusqu'à sa mort une partie de bras-de-fer contre la coalition des traditionalistes des vieilles universités de Salamanque et de Séville. Partout c'est le combat des anciens et des modernes avec des armes et des uniformes différents.

Dans ce combat qui se poursuit depuis quinze ans contre l'obscurantisme Budé pouvait compter, au début du règne, sur des alliés qui entre temps ont quitté la scène. Ses deux compères Du Moulin et Petit sont hors de course, le premier mort depuis longtemps, le second évêque résident en province ; le cousin puissant et respecté Étienne Poncher, chef incontesté du clan familial Budé-Lelieur-Bohier, est mort en 1525, et son successeur à l'évêché de Paris, le jeune François Poncher, n'a ni la classe ni l'autorité ni l'influence politique de son oncle. Pour comble il a eu l'imprudence de se mettre en travers de la route du chancelier Duprat en lui disputant le titre et les revenus d'abbé commendataire de l'abbaye de Saint-Benoît, ce qui lui vaut de se faire envoyer par le vindicatif Auvergnat en 1526 dans la prison où sept ans plus tard il mourra.

Entre les deux clans de cette féodalité bourgeoise, les ponts sont donc coupés. Budé n'est pas plus innocent que les autres de la guerre froide menée par une coalition de robins contre un des leurs. Pendant la régence de Louise de Savoie, Budé n'a-t-il pas été l'un des cinq conseillers chargés d'enquêter sur les actes illégaux du chancelier, et de convoquer les pairs de France invités à le faire passer en jugement en l'absence du Roi [32] ? Inutile de dire qu'une fois le Roi revenu, le chancelier remis en selle s'est empressé de régler ses comptes avec les représentants les plus vulnérables du clan ennemi, quitte à mettre en

---

[32] Ordonnances des 27 juillet et 5 septembre 1527. Voir R. Doucet, *Étude sur le gouvernement de François I*er *dans ses rapports avec le Parlement*, t. II, p. 141 et 147.

quarantaine des intouchables comme Guillaume Budé qui se gardera bien, désormais, d'avoir recours à ses bons offices.

Pendant plusieurs années, en fait, Budé reste à l'écart. Il précise dans une lettre de 1527 que depuis trois ans il n'a pas fréquenté la cour, sauf quand le Roi reste quelques jours à Paris, ce qui est rare [33]. Est-ce à l'obstruction de Duprat, aux protestations de l'Université ou aux péripéties du procès Berquin qu'il faut attribuer les dernières hésitations de François Ier dont la politique culturelle est attaquée sur tous les fronts ? Toujours est-il qu'entre septembre et décembre 1529, Budé va sans cesse de l'optimisme au désespoir. En septembre il est en pleine euphorie. Il écrit à Alciat qu'il a revu le Roi [34] et, en confrontant la lettre avec une allusion contenue dans la préface aux *Commentarii linguæ graecæ*, on peut conclure qu'il a reçu de lui en public de nouvelles promesses. Mais, bien qu'il le nie, Budé donne à sa préface l'allure d'une mise en demeure. Il s'en défend, bien sûr : « Une mise en demeure, il n'en est pas question. Je ne suis pas aveugle à ce point. » Mais il manie tour à tour l'appât de la gloire historique et les menaces voilées pour l'immédiat. Il sait très bien faire comprendre qu'au lendemain de Pavie, il faut une revanche. Ce qui a été perdu sur un terrain peut se transformer en triomphe sur un autre, et François de Valois est assez habile pour savoir « muer un destin contraire en gloire ». Dès que l'occasion favorable se présentera, il faudra la saisir au vol, faute de quoi on l'accuserait de légèreté pour n'avoir pas su tenir des promesses faites devant témoins.

> Car tu ne craindray point a lheure te reduyre a memoire celle tienne excellente promesse qui a tous les hommes vertueux de ce temps est tres cogneue et par eulx singulierement actendue laquelle a ma voulente Roy tres puissant se puysse veoir une foys acomplie et conduite a perfection [...]. Doncques je dy Sire tres clement qu'il te souvient en premier lieu de ton bon gre et par parolles tres ouvertes et comme apres te vertisse a demander et stipuler douaire a commune Philologie ainsi que a une fille a marier depourveue de biens avoir quasi par les mesmes parolles conferme de vouloir fonder ung college et comme une pepiniere de qui deviendroient a l'advenir par doctrine recommendables [...]
> Or les hommes impaciens de lactente et du retardement vont criant que le terme de ceste promesse est ja escheu Et pour ce que de mon bon gre je me suis offert a eulx respondant ilz ne cessent de me presser instamment et me somment que je me desoblige par incomplissement de ce dont jay respondu ou que pour admende te

---

[33] Lettre de Budé à Sadolet du 21 décembre 1527, *Lucubrationes*, p. 393.
[34] Lettre de Budé à Alciat du 24 septembre 1527, *ibid.*, p. 399.

> passe condamnation dencourir reputation dune certaine honteuse legerete qui ma este cause en partie de penser devoir desdier les presents commentaires a ta majeste Tant afin quilz te resueillassent la memoire de celle noble ta promesse que par les propoz de tout le monde solennise et que tu as aussi parsnaguieres renouvelle [35].

Toute la gamme des arguments est mobilisée pour la cause, depuis l'appel à la postérité, la fascination de la gloire jusqu'au chantage à l'honneur. Quoi qu'en dise Budé, il s'agit bien de mettre le roi-mécène au pied du mur.

En cette année 1529 Budé aura connu jusqu'au dernier moment l'alternance du chaud et du froid. En septembre il est optimiste, au début de décembre le voici au bord du désespoir. Il croit savoir que tout est remis en question, écrit-il à Jacques Colin, qui fait alors fonction de conseiller culturel. Il croyait pourtant l'affaire conclue, il avait multiplié les voyages à la cour pour les dernières démarches et obtenu, en fin de compte, l'accord verbal du Roi sur la nomination des quatre premiers lecteurs. Que s'est-il passé depuis ? Il n'arrive pas à croire que ceux qui ont été désignés par le Souverain lui-même puissent être laissés pour compte [36]. La cour est loin (sans doute à Blois), il ne peut intervenir lui-même, mais si Colin veut bien le faire à sa place et débloquer la situation, lui, Budé, est prêt à céder à Colin son parrainage, et à lui en abandonner le bénéfice moral.

Curieuse coïncidence : l'ordonnancement des sommes destinées aux traitements des futurs lecteurs est signé quelques jours plus tard, en fin décembre, et dès janvier on connaît les noms des quatre titulaires, Danès et Toussain pour le grec, Vatable et Guidaceri pour l'hébreu. Encore quelques mois, et une cinquième chaire sera créée pour le mathématicien Oronce Finé, et une sixième en 1531 pour un juif vénitien naturalisé sous le nom de Paradis et protégé par Marguerite de

---

[35] Dans ce paragraphe nous reproduisons littéralement la version française de l'introduction de Budé aux *Commentarii* telle que la présente un manuscrit de la Bibliothèque nationale (fonds français n° 25445). Ce manuscrit très soigné, calligraphié sur velin avec initiales enluminées, passe pour être l'original ou la copie du texte français remis au Roi par Budé en même temps que le texte imprimé latin et grec du livre. Il comporte 30 pages de petit format sans pagination, sans alinéas, ni accents, ni apostrophes, ni ponctuation.

[36] «...Principis etiam ipsius voce designati sunt atque renunciati ? », lettre de Budé à Jacques Colin du 6 décembre 1529, *Lucubrationes*, p. 401.

Navarre qui tenait à ce qu'une chaire d'hébreu fût attribuée à un juif authentique ayant bénéficié d'une formation rabbinique traditionnelle.

4. Les premiers temps d'une institution marginale

Un enseignement à la fois public et gratuit était une nouveauté à une époque où les étudiants rétribuaient directement leurs maîtres, et on aimerait en savoir plus sur les auditeurs. Faute de registre de présence on doit se contenter de témoignages ponctuels laissés par certains d'entre eux ou établis par leurs biographes. Il est difficile d'attribuer au seul hasard le fait que la plus grande partie d'entre eux portent sur le seul Danès, que l'opinion publique situait presque aussi haut que Budé à cette époque.

Ce patricien bourgeois [37], issu, comme Budé, d'une vieille famille parisienne, avait en plus de sa profonde connaissance du grec une sensibilité, une bonne grâce, une prestance et des facilités de parole dont l'auteur du *De Asse* était dépourvu. André Thevet, qui, on l'a vu, le définit comme « un seigneur », ajoute qu' « au contraire de plusieurs qui ne cherchent que d'être seuls bien vus par leur Prince, il se baignoit quand il pouvoit employer la faveur et crédit qu'il avoit envers son Prince pour l'avancement de ceux lesquels il connaissait être de mise » [38].

Gilbert Génébrard, qui fit son oraison funèbre, cite parmi ceux qui ont été assidus à ses cours de grec Amyot, Guillaume Postel, Jean Daurat, Jean de Maumont, Léger du Chesne, Quinquarbre, le conseiller du roi Chamus, l'avocat du Roi Brisson [39] et le lecteur royal de mathématiques Oronce Finé. Mais il ne mentionne pas les noms de quelques jeunes gens alors inconnus mais qui devaient faire parler d'eux par la suite, et dont nous savons par ailleurs qu'ils ont suivi les cours de Danès : Jean Calvin, François Rabelais, Ignace de Loyola, François Xavier, sans compter Henri Estienne à qui Danès avait déjà enseigné les premiers rudiments de la langue grecque.

---

[37] Voir ci-dessus, chapitre V, p. 175-176.
[38] André Thevet, *Les vrais pourtraits et vies des hommes illustres*, 1584, in-fol., f° 61.
[39] L'oraison funèbre de Génébrard a été reproduite, ainsi qu'un certain nombre de documents relatifs à Danès, dans l'*Abrégé de la vie du célèbre Danès*, Paris, 1731, p. 78-95.

Une découverte récente permet une vision plus précise des premiers cours de l'institution royale, M. Olivier Reverdin ayant trouvé à Genève un ensemble d'opuscules grecs, imprimés à Paris aux alentours de 1530, dont les marges étaient couvertes d'annotations manuscrites griffonnées par un auditeur de Danès [40]. On s'aperçoit en les lisant qu'avant d'entreprendre un commentaire le maître commençait par procéder à l'établissement d'un texte correct en apportant des modifications à la version établie par Reuchlin en 1522, souvent fautive. Après avoir proposé une version nouvelle des fascicules de Démosthène et d'Eschine il les commente en s'aidant de textes historiques d'Hérodote, de Thucydide, de Xénophon, de Diodore, de Strabon, de Plutarque pour déchiffrer des allusions ; il identifie au passage les procédés rhétoriques, les figures de style, les tropes, les jeux de l'ironie et ceux des formes grammaticales ; il recourt fréquemment à l'enseignement des *Commentarii* de Budé en s'écartant des interprétations traditionnelles transmises aux Italiens et aux Allemands par les hellénistes byzantins.

L'activité de la nouvelle institution ne se limitait pas aux cours des « lisants du roi ». Il y avait place pour les étrangers de passage et les suppléants qui « lisent » sous la responsabilité des lecteurs et sur leur initiative. C'est ainsi que Jean Sturm a donné une série de cours qui ont laissé des traces sur Ramus, que Danès a désigné Strazel pour le remplacer pendant ses voyages, que Latomus a fait de même pour Galland. Cette osmose continuelle avec l'extérieur a préservé l'institution royale contre la sclérose, contre le corporatisme universitaire, et a maintenu intacte son ouverture sur le monde extérieur.

Équilibre à base de compromis, dira-t-on. Mais même les compromis boiteux auxquels François Ier a eu recours pour désarmer l'opposition des notables, se révéleront, en fin de compte, bénéfiques. Le Roi a voulu épargner le statut de collège à la nouvelle institution pour la mettre hors de portée de l'administration universitaire dont les tentacules sont longs. Bien qu'on prononce çà et là les mots de « Collège royal » ou même de « Gymnase royal », la terminologie officielle ne mentionne pas encore d'institution mais des individus : les « lisants du roi », qui ne figurent sur aucun autre budget que celui de la cassette royale. Ils sont nommés directement par le Roi, sur les conseils de Budé, l'appui de Marguerite de Navarre, et accessoirement

---

[40] Olivier Reverdin, *les premiers cours de grec au Collège de France, ou l'enseignement de Pierre Danès d'après un document inédit*, P.U.F., Paris, 1984.

ceux d'Érasme, des frères Du Bellay et surtout de celui qui fait fonction de conseiller culturel de la couronne, Jacques Colin jusqu'en 1534, et, depuis cette date jusqu'à la fin du règne, un homme très remarquable, Pierre Duchâtel, ancien familier d'Érasme et grand connaisseur en langues orientales [41]. C'est lui qui sera chargé de s'occuper du fonctionnement de la nouvelle institution, et on peut le considérer comme le premier administrateur du Collège de France.

Nous sommes ici en présence d'une solution de compromis, mais qui a l'avantage d'offrir la plus petite surface aux agressions. Pas d'immeuble, pas d'administration, pas même de personne morale autonome, sauf celle de la Maison du roi dans laquelle les lecteurs se fondent et qu'il faudrait attaquer pour pouvoir leur nuire. Ils sont hors de portée des coups sinon des intrigues.

On a pu vérifier les avantages de cette structure souple lors du premier procès. En 1534, sur la requête de la Sorbonne les lecteurs de grec et d'hébreu sont convoqués devant le Parlement de Paris qui veut leur interdire de traduire et d'interpréter un texte de l'Écriture sainte sans autorisation préalable de la faculté de théologie. Les lecteurs ont pris pour avocat Gabriel de Marillac dont le plaidoyer est très révélateur. Il soutient les thèses suivantes :

1. Les lecteurs n'ont jamais professé de fausses doctrines, car s'ils l'avaient fait leurs accusateurs n'auraient pas manqué d'en faire état.
2. On ne peut faire appel, en justice, que d'une instance inférieure à une instance supérieure. Or l'instance royale est supérieure à l'instance de Faculté. L'opération proposée est donc légalement absurde.
3. Attaquer les lecteurs revient à mettre en cause l'autorité qui leur a conféré leurs pouvoirs, ce qui relève du délit de lèse-majesté [42].

L'avocat fait ainsi plus qu'une demande reconventionnelle. Il fait de l'accusé un accusateur, et il faut croire que la menace opère, car le procureur général Montholon ébauche un recul stratégique, abandonnant les exigences de l'autorisation préalable, se bornant à faire demander au Roi s'il estimait les accusés capables d'interpréter l'Écriture sainte. On

---

[41] Sur ce personnage, voir ci-dessus, chapitre I, p. 47-48, et chapitre VI, p. 218-219.
[42] Sur tout ce procès, voir l'article d'Abel Lefranc dans *Le Collège de France (1530-1930). Livre jubilaire composé à l'occasion de son IVe centenaire*, Paris, 1932, pp. 46-48.

lui demande officiellement de prendre ses responsabilités vis-à-vis de l'Église.

Et il les prend. Il tranche le procès en ordonnant de mettre fin aux poursuites, il exige de l'Université la réforme des programmes et des règlements intérieurs, il exile le syndic de la faculté de théologie, Noël Béda, avec deux de ses collaborateurs, Le Clerc et Picard, en les faisant poursuivre pour lèse-majesté. Pour les lecteurs, la partie est gagnée.

Mais gagnée par qui ? Et à quoi ce collège fantôme devait-il sa survie ? à sa non-existence administrative ? au bouclier royal ? Que reste-t-il du projet Budé, du magnifique palais sur les bords de la Seine, de la vaste bibliothèque, des centaines de boursiers ? À peu près rien, car le projet réalisé en 1530 n'est pas le *Mouseïon* de Budé mais l'ébauche de 1517, le projet royal de pépinière de savants à l'ombre du trône. Non que François Ier ne veuille aller plus loin. Duchâtel, l'homme qui l'a approché de plus près pendant la seconde moitié du règne et qui était le plus au courant de sa politique culturelle, affirme dans son oraison funèbre de mai 1547 que,

> s'il ne fust mort si tost, il eust fait comme il avait designé, un college de toutes disciplines et langues, fondé de cent mil livres de rente, pour six cens boursiers povres escolliers [43].

Le roi François a donc opté pour une réalisation en deux temps : le premier permettrait de mesurer les effets d'une implantation d'hommes nouveaux dans un milieu hostile ; le second achèverait l'édifice quand le moment serait venu, mais seules des circonstances favorables le fixeraient, quitte à laisser le provisoire s'installer en état de fait. L'institution, certes, va évoluer, elle sera bientôt pourvue de chaires de médecine et de langues orientales, mais cette évolution se fait dans le cadre du projet de 1517. La fonction pédagogique est abandonnée, et le problème du logement va rester sans réponse pendant plusieurs générations.

Dieu sait pourtant si cette situation était gênante pour les lecteurs, condamnés au travail en ordre dispersé. Les lecteurs de grec parlent aux collèges de Cambrai et de Tréguier, les lecteurs d'hébreu dans leurs collèges de résidence respectifs — le collège des Lombards pour

---

[43] *Sermon Funebre de François Premier*, à la suite de : *Petri Castellani vita*, autore Petro Gallandio, éd. E. Baluze, Paris, F. Muguet, 1674, p.221.

Guidaceri et le collège du cardinal Lemoine pour Vatable. Les lecteurs sont partout, mais leur collège est invisible.

Certes la construction d'un bâtiment pour « le Collège trilingue » — le mot de « Collège » est prononcé — fut projetée puisque les Actes du règne de François Ier en font état [44]. On envoya même un nommé Fondulus à Venise acheter des livres et des manuscrits grecs pour la future bibliothèque [45]. Et pourtant ni collège ni *Mouseïon* ne sont sortis de terre en 1539. L'acte de décembre 1539 a été un coup d'épée dans l'eau. Budé est mort six mois plus tard avec le sentiment, peut-être, que son projet serait enterré avant lui.

5. Un essai de retour aux sources : le projet Baïf

Est-ce à dire que le projet Budé est oublié ? Pas même. Il se comporte comme un canard à qui on a coupé le cou et qui continue à courir. Deux éléments du projet avaient été sacrifiés : le rayonnement pédagogique des lecteurs sur les boursiers et la collaboration active de plusieurs disciplines à une œuvre commune. Avec son Académie de musique, Antoine de Baïf va essayer de donner corps à une institution qui comblerait ces deux lacunes.

Mais quels rapports, dira-t-on, peut-il exister entre le projet de Collège royal et un groupement de poètes et de musiciens ? Aucun, en apparence. Et d'autant plus que l'Académie de Baïf, faute d'informations suffisantes et d'intérêt, a été reléguée au second plan de l'histoire littéraire jusqu'à ces dernières années. Pour rouvrir le dossier, il a fallu l'intervention de celle qui a été la plus grande seiziémiste anglaise du demi-siècle, Frances Yates. Dans un livre retentissant publié en 1947, *The French Academies of the Sixteenth Century*, elle a puisé l'information là où personne ne s'attendait à la trouver, dans un traité latin du XVIIe siècle, les *Quæstiones in Genesim* de Mersenne. Car il se trouve que Mersenne a eu pour très proche collaborateur et informateur, pour ses publications sur la théorie musicale, Jacques Mauduit, homme charnière entre les deux siècles, un des jeunes musiciens qui avaient entouré la vieillesse de Ronsard. Chargé d'écrire à 28 ans le requiem chanté aux funérailles du maître, assidu à l'Académie de musique, il a été le plus proche collaborateur de Baïf après la mort de

---

[44] Voir ci-dessous, chapitre VIII, p. 265.
[45] Lettre de Guillaume Pellicier à Rincon de décembre 1539.

LE GRAND PROJET

Thibaud de Courville, avant de devenir son successeur, puis, dans sa vieillesse, et jusqu'à sa mort en 1627, l'associé du savant Mersenne.

C'est sur ce témoin oculaire que se fonde la description de l'Académie de musique et de poésie par Mersenne. Et que nous montre-t-il ? Une institution éducative dans laquelle des jeunes gens, dont on ne précise pas le nombre, sont pourvus de maîtres de musique, de grammaire, de géographie, d'arithmétique, de géométrie, et il y a aussi des instructeurs militaires, dit Mersenne d'après Mauduit, qui enseigneront « toutes les choses utiles pour l'armée et pour les exercices sportifs ».

Ces dernières précisions permettent de situer le projet. À l'encyclopédie du « circuit long » prévu par Budé pour les boursiers du Collège royal, on a ajouté ce qui est indispensable à la formation de jeunes nobles, et on comprendra l'irritation de l'Université, atteinte dans ses « anciens droits et privilèges » comme elle l'avait été par les lecteurs royaux, par les collèges jésuites et les académies protestantes. Dans les cauchemars des universitaires Baïf va rejoindre Calvin, Budé et Loyola. Quand il sera requis de faire enregistrer par le Parlement les statuts octroyés par lettres patentes de Charles IX, le Premier Président se contentera d'envoyer la requête aux Facultés pour avis préalable, bien décidé à faire traîner les choses en longueur, et les Facultés faisant de même, tant et si bien que Charles IX perdant patience envoie une deuxième lettre patente interdisant toute opposition à la nouvelle académie, et menaçant de faire enregistrer les statuts par le Conseil privé. C'est là-dessus que le recteur de l'Université parle de délégation auprès de l'évêque de Paris.

Tout cela se passait en 1571. L'année suivante c'était la Saint-Barthélemy, puis la mort lente d'un jeune roi miné par la tuberculose, et une interminable série de réconciliations et de ruptures. Dans cette fin de siècle, il n'y aura guère de place pour les entreprises culturelles à long terme.

Si j'ai insisté sur l'aspect éducatif de l'Académie de Baïf, c'est qu'on avait voulu combler la lacune la plus voyante, le vide créé par l'absence des six cents boursiers qui auraient bénéficié de l'éducation humaniste prévue par Budé. Mais pourquoi, dira-t-on, donner ainsi une telle place à la musique ? Cela tient à plusieurs raisons. La première est facile à comprendre : ce titre est un rideau de fumée destiné à rendre moins voyantes les intentions du fondateur, ruse d'ailleurs moins efficace que ne le croyait Baïf, à en juger par les résultats. Mersenne a mis le doigt sur le point sensible en écrivant que, si les programmes n'avaient pas été élaborés dans le détail, « c'est à cause des envieux ».

La seconde raison tient aux théories néo-platoniciennes de la musique, déjà très présentes en Europe au début du siècle [46], et qui prennent de plus en plus d'importance au moment des guerres civiles, musique et harmonie étant opposées à discorde et désordre. On en trouve des traces dans les lettres patentes de Charles IX : « Là où la Musique est ordonnée, là sont les hommes bien morigénés » ; et les statuts précisent un des effets de la musique sur ceux qui la pratiquent et qui l'écoutent :

> Ils seront capables de plus haute connaissance après qu'ils seront repurgés de ce qui pourrait leur rester de barbarie [47].

Ajoutons que la musique, dans la tradition du *quadrivium* des universités médiévales, est alliée aux mathématiques et à l'astronomie. Pour peu qu'on ajoute la poésie, surtout si elle est mesurée à l'antique, on se trouve en présence d'un ensemble de disciplines interconnectées qui permettaient de faire ensemble la démonstration de l'interdisciplinarité féconde préconisée par Budé. Et pour démontrer qu'il faut créer. C'est à quoi s'est employé Baïf assisté de trois musiciens, Thibaud de Courville, Claude le Jeune et Jacques Mauduit, qui ne sont pas choisis au hasard : les deux derniers sont les plus grands musiciens français de la fin du siècle. À la mort de Baïf, Mauduit a transporté l'Académie et ses archives dans sa propre maison, une maison héritée de son père en même temps qu'une charge d'officier royal qui le faisait vivre. Les études de lettres, de philosophie et de mathématique faites dans sa jeunesse, la fréquentation des mathéma-ticiens, tout avait préparé cet artiste de vaste culture à devenir le collaborateur de l'homme le plus universel du siècle, celui qu'on a appelé le « secrétaire de l'Europe savante », l'homme qui a le plus aidé la physique mécaniste du XVIIe siècle à prendre conscience d'elle-même.

---

[46] Voir W. Mönch, *Die italienische Platon-Renaissance und ihre Bedeutung für Frankreichs Literatur und Geistesgeschichte*, Berlin, 1936.

[47] Les textes des Lettres patentes et des statuts sont reproduits dans Frances Yates, *op. cit.*, append. I, p. 319-322, ansi que le texte des *Quæstiones celeberrimae in Genesim*, append. III, pp. 325 sq. - Voir aussi *Ronsard et ses amis* (Documents du Minutier central des notaires de Paris, réunis par Madeleine Jurgens), Paris, Archives nationales, 1985, p. 35 sqq.

LE GRAND PROJET

Or Mersenne a consacré une partie importante de ses recherches à la théorie musicale dans son monumental ouvrage sur l'*Harmonie universelle* et une partie des *Quæstiones in Genesim*, comme si elle était à l'épicentre des problèmes soulevés par le reclassement des sciences et du système du monde en gestation en ce début de siècle. Et Mersenne n'est pas le seul. Kepler avec ses *Harmonices mundi*, Glaréan avant lui, Galilée, et même Descartes avec son *Compendium musicæ*, tous se sont crus obligés de payer leur tribut à la théorie musicale. Mersenne est mort une douzaine d'années avant la fondation de l'Académie des Sciences, et il est généralement considéré comme le précurseur par excellence, celui qui pendant des années a entretenu l'esprit de communication parmi les scientifiques, et a rendu possible l'institutionnalisation de leur société.

Entre les dates de naissance de Budé et de Mersenne il y a 121 ans, soit quatre générations, mais entre le premier et le dernier il y a continuité absolue de la transmission orale. Car Jacques Toussain, disciple favori de Budé et premier lecteur royal de grec avec Danès, a eu lui-même pour disciple Jean Daurat, éducateur et maître à penser de la Pléiade, et premier professeur de l'université de Paris à « tenir académie » dans son collège. C'est de la Pléiade qu'est née l'Académie de musique et de poésie de Baïf, qui a elle-même formé Mauduit, lui-même devenu associé de Mersenne à qui il a transmis le flambeau. Aussi peut-on dire que le projet Budé, qui a été à l'origine d'une institution illustre, le Collège de France, a lancé aussi une idée force qui, à travers mille péripéties, a survécu aux accidents de l'Histoire : l'idée de la collaboration active entre les disciplines, ou, comme le dit Budé dans son langage métaphysique : la remise en marche de la ronde des muses.

Chapitre VIII

Les retombées du mécénat royal

1. Retentissement international de la fondation du Collège royal

Le projet de Budé étant connu dans toute l'Europe humaniste par les déclarations des *Commentarii* (1529), celles du *De Philologia* et du *De Studio litterarum* (1532), chacun pouvait mesurer l'écart entre conception et réalisation. On n'en est que plus stupéfait devant la vague d'enthousiasme soulevée par la décision royale. Les lettrés français savourent leur triomphe, les étrangers, même les plus hostiles, crient au miracle. Chez Érasme, c'est la fin de ses éternels ricanements sur Paris et la France. En ces temps où les lettres refleurissent partout en Europe, reconnaît-il dans une lettre au cardinal Agostino Trivulzio, « elles ne le font nulle part mieux qu'en France sous les auspices d'un roi d'élite ». Si seulement les pays d'Empire pouvaient faire de même, surmonter la fièvre de fanatisme religieux qui les secoue, « ce serait une sorte d'âge d'or et cela vaudrait la peine de redevenir jeune »[1].

Avec ses correspondants français Érasme est encore plus explicite. Pour situer le redressement culturel du royaume dans une perspective historique, il se sert d'une expression de Droit romain, *postliminium vindicare* (réclamer le droit de retour dans le pays natal après l'exil). C'est ce « droit de retour à son ancienne gloire des lettres » que la France revendique, et elle marque le coup en instituant « une sorte de

---

[1] « Feliciter ubique reflorescunt bonæ litteræ, licet nusquam felicius quam in Gallia, optimi regis felicibus auspiciis. Si Germania febrim hoc possit executere, sperarem aureum quoddam seculum, mihi luberet, si liceret, etiam repubescere ». Lettre d'Érasme à Trivulzio du 30 janvier 1531, *Allen*, t. IX, p. 110.

République des lettres avec, non sans raison, Budé pour prince »[2]. Toutes ces choses ont été possibles parce que

> l'éclat d'une érudition supérieure[3] a balayé les nuages d'un obscurantisme prétentieux (*gloriosæ inscienciæ*), et aussi parce que vous avez un guide déclaré dans la personne d'un prince qui est à la fois puissant, cultivé, bienveillant et qui semble avoir parfaitement compris que ce qui est gain pour son prestige est aussi un bénéfice pour tous[4].

Quel contraste, gémit Érasme, entre cette République des lettres si vivante sous la houlette d'un roi-mécène, et les pays d'Empire (*Germania nostra*) où « chacun écrit pour soi seul »[5]. Cet hommage rendu à la sociabilité culturelle de la France de 1530 le conduit bien loin du « merdier gaulois » du temps de Louis XII.

La volte-face d'Érasme et l'enthousiasme soulevé par le compromis de 1530 un peu partout se comprendraient mal si l'on ne tenait compte, ici encore, de la situation européenne. De même que les projets italien, espagnol et néerlandais avaient joué le rôle de défis à relever, leur déclin ne pouvait que mettre en valeur l'innovation française. En 1531 le Collège romain des jeunes Grecs n'est plus qu'un souvenir. Dès la fin de leur stage auprès de maîtres prestigieux tels que Lascaris et Musurus, ils s'empressaient de retourner dans leur pays natal au lieu de se consacrer à l'enseignement du grec en Italie[6]. Les missions de Lascaris à Venise, à Fontainebleau, à Milan, à Paris, la mort prématurée de Musurus, autant de facteurs de déstabilisation du Collège dont le recrutement finit par tarir. Les projets de bouture à Florence et à Milan ont tous les deux échoué. Les activités d'édition de

---

[2] « [...] quod priscam illam studiorum gloriam sibi postliminio vindicarit ; deinde quod ceu rempublicam quandam litterariam instituerit, cui principem optimo jure dedit Budaeum ». Lettre d'Érasme à Germain de Brie du 5 septembre 1530, *Allen*, t. IX, p. 40.
[3] « [...] melioris literaturæ splendor [...] ». Lettre d'Érasme à Toussain du 13 mars 1531, *ibid.*, p. 683.
[4] « [...] quantum hoc veræ gloriæ suis ornamentis, quantum utilitatis universæ ditioni sit accessurum », *ibid.*
[5] Lettre d'Érasme à Germain de Brie du 5 septembre 1530, *Allen*, t. IX, p. 40.
[6] Börje Knöss, *Janus Lascaris*, Upsaal, 1945, p. 149.

textes anciens ont survécu quelque temps à la pédagogie, avant de s'ensabler définitivement à l'époque du sac de Rome.

L'Alcalá, pourvu de fondements plus solides et de protecteurs moins provisoires, a mieux résisté à l'érosion. Il n'en a pas moins beaucoup souffert de la disparition de son prestigieux fondateur Ximenes de Cisneros. Après sa mort, les tendances divergentes que sa seule autorité personnelle pouvait harmoniser, vont se donner libre cours, le relâchement de la discipline et des mœurs, les difficultés financières dues aux dépenses inconsidérées, forcent les autorités supérieures à déléguer un inspecteur chargé de redresser la situation et pourvu du droit de révocation [7]. Les enseignants irrités vont alors se tourner contre le Recteur en l'accusant de n'avoir accepté le contrôle que pour mieux se débarrasser des gêneurs. Au terme des années 20 la crise de l'Alcalá est à son comble, l'activité universitaire en déclin, et Charles Quint toujours absent d'Espagne, n'est pas là pour arbitrer des conflits qui d'ailleurs, l'intéressent médiocrement.

Pour d'autres raisons le collège trilingue de Louvain est en perte de vitesse lui aussi. Le capital légué par Busleydan permettait une opération de lancement, non une percée triomphale. Il aurait fallu pour aller plus loin une aide financière massive qui n'arrivait toujours pas. Érasme, qui en 1518 annonçait à Budé que le Collège était « plus magnifique que je ne m'y attendais » [8] et ne tarit pas d'éloges, est de plus en plus réservé à mesure que l'on se rapproche de 1530. Il rend toujours hommage à Busleydan qui « a consacré tout ce qu'il possédait à l'entreprise » mais qui est mort trop tôt, avec « trop peu d'influence et d'argent, si bien que les traitements suffisaient à peine à faire vivre les professeurs ». Il approuve, en revanche, la décision de François Ier de limiter le nombre des lecteurs — quitte à sacrifier la chaire de latin — afin de les mieux rétribuer, pour les maintenir à la hauteur de leur fonction [9].

---

[7] Voir José Perez, « L'Université d'Alcalá de Henares », *Mélanges Bataillon*, Bordeaux, 1962, p. 214 sq.
[8] Lettre d'Érasme à Budé du 22 février 1518, *Correspondance*, t.I, Lettres grecques, p. 145. La chaire d'éloquence latine sera fondée en 1534.
[9] Lettre d'Érasme à Toussain du 13 mars 1531, *Allen*, t. IX, p. 133.

2. Difficultés de survie et effets positifs

Il y a dans le statut des lecteurs royaux ou « lisants du Roi » un trait particulier : ils ne relèvent financièrement ni de l'université de Paris ni d'un budget d'État quelconque. Ils sont payés sur la cassette royale. C'est un phénomène unique dans une période où les mécènes sont nombreux, et où les souverains le sont tous plus ou moins. C'est un détail qui leur donne une liberté d'action très admirée à l'étranger mais redoutée par les corps intermédiaires français. Cette situation n'avait pas seulement des avantages ; la trésorerie royale avait une irrégularité constante de rythmes due aux déplacements continuels du Roi — ce qui causait des retards de paiement dépassant parfois plusieurs mois. Jean Du Bellay, évêque de Paris et membre du Conseil royal, est intervenu à plusieurs reprises pour faire verser aux lecteurs leurs arriérés de traitement [10]. Les lecteurs avaient entre-temps manifesté leur mécontentement par la grève des cours.

Mais la plus grave menace encourue par le Collège fut la grande offensive menée contre lui par les intégristes en 1534 sur la requête de la faculté de théologie. Quatre lecteurs royaux, ceux qui enseignent le grec et l'hébreu, sont cités devant le Parlement de Paris. L'affaire fut évoquée au Conseil du Roi où Jean du Bellay se montra encore un défenseur acharné du Collège. Le 29 décembre 1533, François Ier intimait l'ordre à l'Université de « corriger les abus et fâcheuses coutumes de sa discipline ». Il venait tout juste d'exiger de la Sorbonne qu'elle fît des excuses à sa sœur Marguerite de Navarre, dont elle avait condamné le dernier livre, *Le miroir de l'âme pécheresse*.

Ajoutons que le statut de lecteurs royaux qui sera de nouveau précisé par les lettres de *Commitimus* de 1547, les soustrayait aux juridictions ordinaires et les rendait justifiables de la Chambre des requêtes, laquelle était composée pour la plus grande partie de lettrés. Par lettres patentes, les lecteurs sont présentés comme faisant partie de la Maison du Roi, ce qui leur confère une personne morale qui compense dans une certaine mesure l'absence de bâtiment.

Si l'on se contentait d'examiner le catalogue des Actes de François Ier, on pourrait croire que la construction du « magnifique palais » était en cours depuis 1539. On peut y lire, à la date du 27 décembre 1539 : « Commission pour le paiement du bâtiment que le Roi veut faire faire en l'hôtel de Nesles » pour « le Collège trilingue ».

---

[10] Voir la lettre de remerciement de Pierre Davies de mars 1539 dans la *Correspondance* de Jean Du Bellay.

L'acte royal est contresigné par Montmorency et Bochetel ; on a confié l'administration au Trésorier de l'épargne, chargé de la réalisation Audibert Catin, chargé des prix et des marchés Nicolas de Neufville et Jean Grollier. Les plans sont prêts, les élévations dessinées. Il n'y a plus qu'à passer aux actes. Mais l'acte n'a jamais eu lieu, car, comme il arrive souvent dans les administrations, une urgence a conduit les responsables à faire passer les crédits d'un chapitre à l'autre. L'ordre culturel n'étant jamais situé très haut dans la hiérarchie des urgences, le projet fut remis à plus tard.

Une partie du prestige des cours dispensés par les lecteurs royaux tenait à la qualité de l'audience. Le plus célèbre des hellénistes du collège, Pierre Danès, a compté dans son public, on l'a dit, Amyot, Postel, Ramus, Daurat, Calvin, François Xavier, Rabelais et Loyola. Danès est vite devenu une personnalité sur laquelle les yeux sont fixés [11]. Il collabora en outre à une importante édition de l'œuvre de Cicéron publiée en 1531. Lié d'amitié avec Robert Estienne, très protégé par Jean Du Bellay et le cardinal de Guise, il sera nommé précepteur du Dauphin en 1549. Nommé évêque de Lavaur, il fera partie de la délégation française au Colloque de Poissy et au Concile de Trente. À son retour de Trente, il s'aperçut qu'entre-temps les Huguenots avaient brûlé sa maison et sa bibliothèque de Lavaur. Du coup il quitta Lavaur, écœuré, pour se retirer dans l'Abbaye de Saint-Germain-des-Prés.

L'un des premiers effets sensibles de la création du Collège royal et de l'officialisation du culte du grec va être la multiplication des éditions savantes grecques chez des éditeurs tels que Gourmont, Coelius Mohr, Chrestien Wechel, sans compter les éditions scolaires qui permettent aux étudiants de porter leurs notes de cours dans le texte lui-même [12]. Notons aussi un autre phénomène d'écho dans la fondation du collège de Guyenne en 1533. Le procès-verbal de la fondation précise qu'il y aura de notables lecteurs « qui liront des sept arts libéraux et des langues grecque et hébraïque ». L'initiative royale va donc dépasser les limites de la capitale et fournira à Montaigne un peu du terreau culturel qui l'a nourri.

---

[11] Voir ci-dessus, chapitre V, p. 174-176, et chapitre VII, p. 251-252.

[12] C'est l'une de ces brochures qui a fait l'objet d'une intéressante analyse par Olivier Reverdin dans *Les premiers cours de grec du Collège de France, ou l'enseignement de Pierre Danès d'après un document inédit*, Paris, P.U.F., 1984. Voir ci-dessus, chapitre VII, p. 259-260.

Le prestige de cette fondation étant pour les contemporains allié à celui de Guillaume Budé, on peut dire que la plupart des publications savantes des années 50 sont des retombées de ses publications. Ainsi le dictionnaire grec-latin de Toussain et Baduel, les dictionnaires latin-grec d'Henri Estienne, le *Thesaurus* préfacé par Baduel, les *Commentarii* d'Étienne Dolet. On retrouve également les traces d'un certain nombre d'images et de concepts tels que la notion d'Entéléchie discutée dans le *De Asse* ; l'image de « l'Hercule chrétien » qu'on retrouve aussi bien dans Ronsard que sur le jubé de la cathédrale de Limoges ; l'idée de l'équité supérieure au droit ; la notion de méthode commentée dans les *Annotationes* ; l'idée d'*encyclopedia* qui est l'une des idées maîtresses du *De Philologia*.

3. La Bibliothèque royale : conservateurs, stades successifs

La Bibliothèque royale n'est pas seulement une tradition et un héritage dont le noyau dur avait été l'œuvre de Charles v, elle est devenue, à l'imitation des princes italiens, un facteur de prestige. Dans ce domaine comme dans les autres, c'est le jeune Charles VIII qui a déclenché le mouvement de recherche des manuscrits rares à l'occasion de la campagne de Naples. Les trésors de guerre ont été entreposés à Amboise avant que Louis XII les transfère à Blois. De là, ils iront finalement à Fontainebleau, une fois les travaux du nouveau palais complètement achevés, en 1544.

Le premier titulaire de la charge de la Bibliothèque royale, le dominicain Guillaume Petit, confesseur du Roi, fut remplacé en 1522 par Budé qui occupa cette charge jusqu'à sa mort en 1540 [13]. Il sera remplacé à son tour par Duchâtel dont nous avons vu le rôle et l'influence dans le choix des intellectuels invités à la table du Roi. Il assume ces fonctions jusqu'à 1552, secondé par Mellin de Saint-Gelais, rival de Ronsard à la cour d'Henri II. En 1552 et jusqu'à 1567 il sera remplacé par Pierre de Montdoré, conseiller au Grand Conseil, mathématicien, très recommandé par Jean Du Bellay.

Avant les premiers manuscrits grecs apportés par Charles VIII, quatre autres étaient déjà parvenus à la bibliothèque de l'Abbaye de Saint Denis, offerts par Manuel Paléologue. La collection fut

---

[13] Voir Quentin-Bauchart, *La Bibliothèque de France*, Paris, 1891.

complétée par des manuscrits recopiés par Georges Hermonyme [14]. Elle comprenait alors des Évangiles, des opuscules philosophiques d'Aristote, de Xénophon et de Plutarque, des discours d'Eschine et de Démosthène, des tragédies d'Eschyle et d'Euripide, des ouvrages historiques d'Hérodote et de Thucydide ainsi que la *Géographie* de Denys d'Alexandrie.

On connaît de manière assez précise le contenu de la bibliothèque de Blois grâce à un inventaire qu'en ont fait Mellin de Saint-Gelais et Étienne Cochart en 1518. On y comptait à ce moment 1 890 volumes, parmi lesquels 109 imprimés et les 38 manuscrits grecs rapportés de la campagne de Naples par Charles VIII, auxquels il faut ajouter le contenu de la bibliothèque de Moulins, confisquée au Connétable de Bourbon lors de sa trahison et qui comprenait 76 très beaux manuscrits.

4. Les chasseurs de livres

Le reste des manuscrits grecs a été réuni par des chasseurs de livres choisis par le Roi. Parmi eux Jérome Fundulus de Crémone qui, après avoir été bibliothécaire de cardinal bibliophile, sera appelé à Paris pour être précepteur du Prince Henri, poste très recherché et mérité par le succès d'une mission de recherche en livres. Il reçut 4 000 écus pour ses voyages et 1 200 écus pour les 60 manuscrits qu'il avait achetés au cours de ses randonnées. Ces livres ont été remisés à Fontainebleau en 1539 [15].

Les ambassadeurs envoyés à Venise ont tous contribué à enrichir la Bibliothèque royale. Jean des Pins, évêque de Rieux — dont Érasme a dit qu'il avait une des plumes les plus cicéroniennes du temps — a réuni une bibliothèque personnelle de 1 537 livres qui ont été réunis après sa mort à la Bibliothèque royale. Georges d'Armagnac a fait transcrire par un copiste allemand 14 des manuscrits grecs entrés à la bibliothèque de Fontainebleau (1545) ; Guillaume Pellicier, évêque de Maguelonne, entretenait à Venise douze copistes occupés à plein temps par la transcription de manuscrits grecs. De retour en France dans sa résidence d'été de Brissac-le-Haut, il organisait des réunions de lettrés qui s'occupaient à comparer les différentes versions proposées par les manuscrits. Il avait réuni presque 200 manuscrits rectifiés qui,

---

[14] Voir Henri Omont, *Georges Hermonyme de Sparte, maître de grec à Paris*, Paris, Mémoires de la Société d'histoire de Paris, 1895.
[15] Quentin-Bauchart, *op. cit.*, p. 13.

après sa mort, passeront de mains en mains avant d'aboutir finalement à la bibliothèque de Berlin.

Le plus hardi des chasseurs de livres a été sans conteste Jean de Gaigny [16], ancien élève de Danès, puis régent du collège de Navarre, puis recteur de l'université de Paris en 1531. Protégé par le cardinal Jean de Lorraine, qui le présente à François Ier pour une chaire de lecteur, il suggéra et conduisit des perquisitions dans les bibliothèques de monastères afin d'en prélever les manuscrits les plus précieux pour la Bibliothèque royale. François Ier le chargea de faire imprimer les manuscrits les plus utiles et le récompensa de son travail par la charge d'aumônier et prédicateur ordinaire du Roi.

À ces chasseurs de livres presque institutionnels, il faut ajouter quelques marginaux tels que Pierre Gilles ou Guillaume Postel, un commerçant grec de Corfou établi à Venise, Ambroise Éparque, qui envoya au Roi six manuscrits, Francesco Asulani, imprimeur à Venise et beau-frère d'Aldo Manuce, qui lui envoya 70 livres. Quant à Ange Vergèce, copiste reconnu pour sa calligraphie du grec, il fera un inventaire des livres grecs de Fontainebleau [17].

Le second en date des inventaires, celui de Guillaume Petit, l'homme que Budé qualifiait dans sa lettre du 5 février 1517 à Érasme de « pourchasseur de livres rares, très habile à explorer, et presque à piller les bibliothèques », comprenait :

1. soixante et un manuscrits français seulement;

2. quantité de livres latins manuscrits et imprimés classés par matières : théologie, droit canon, droit civil, philosophie, médecine, astrologie, sciences et arts, grammaire, poésie, éloquence et histoire;

3. des manuscrits grecs et hébreux provenant de l'expédition de Naples de Charles VIII, de la confiscation de la bibliothèque de Moulins et des manuscrits grecs copiés par Hermonyme, plus quelques livres grecs imprimés au début du règne.

La bibliothèque transférée à Fontainebleau sera dix fois supérieure en nombre, et comprenait plus de 3 000 volumes, dont 500 grecs. Le Roi avait distribué des subventions aux imprimeurs capables de faire connaître par l'impression les manuscrits grecs rapportés à grands frais. Dans ce but il a fait fondre des caractères inspirés par ceux du Vénitien Manuce, qui serviront essentiellement aux éditions de

---

[16] Sur ce personnage, voir James K. Farge, *Biographical register of Paris doctors of theology*, Toronto, 1980, n° 199.

[17] Quentin-Bauchart, *op.cit.*, p. 16.

Conrad Néobar et de Robert Estienne. Comme le témoigne son fils Henri Estienne, dans sa préface à la réédition de l'*Appien* publiée en 1544, l'extrême libéralité du Roi envers les lettrés et les savants était à la hauteur des grandes entreprises typographiques, au point « qu'elle allait parfois au devant des désirs de mon père et les surpassait toutes ». L'intervention personnelle de François Ier est tellement visible qu'après 1547 la Bibliothèque royale se contentera des dons, des ouvrages dédiés au Roi, sans compter le dépôt légal institué en 1538, mais sans traces d'initiatives ou de grands développements.

4. Les livres français sont également classés et ils sont de plus en plus nombreux à mesure qu'on avançait dans le siècle.

Le premier noyau provenait de la bibliothèque de Louise de Savoie auquel s'ajoutèrent les livres dédiés au jeune Roi ou commandés par lui. Ainsi le commentaire sur l'un des livres favoris de son adolescence, le *Livre des échecs amoureux*, et la traduction française du *De casu nobilium virorum et feminarum* orné de lettrines, le *Commentaire de la guerre gallique*, traduction par Gaguin du *De Bello Gallico* de César, et, plus près de nous, *Le miroir des armes militaires et instruction des gens de pied* de Jacques Chantareau.

Avant l'ordonnance sur le dépôt légal, il n'y avait guère que 200 imprimés récents, presque tous sortis des presses de Venise ou de celles d'Henri Estienne.

5. *Les bibliothèques Duprat*

La comparaison avec les bibliothèques des Duprat est instructive [18]. L'inventaire dont nous disposions avant n'a pas été fait à la mort du chancelier (1538), mais à celle de son petit-fils mort en 1557. Les bibliothèques Duprat, celles de Paris, de Montpellier, de Nantouillet, contiennent des livres acquis par les trois hommes dont les apports respectifs ne sont identifiables que par la date de publication.

La bibliothèque du chancelier était essentiellement un instrument de travail, composé d'ouvrages de droit civil et de droit canon auxquels s'ajoutent des livres de théologie et d'histoire antique, la seule innovation personnelle étant l'introduction de livres sur les voyages dans le Nouveau Monde. Le Prévôt de Paris Antoine Duprat, le

---

[18] Voir M. Connat J. Maigret, « Inventaire de la bibliothèque de Duprat », *B.H.R.*, III (1943), p. 72-128.

troisième du nom, y ajouta des livres témoins du renouveau littéraire de Marot à Rabelais et Ronsard ; ce qui marque pour la deuxième génération un plus grand intérêt pour la littérature contemporaine ainsi que pour l'histoire ancienne, sous l'influence du Roi.

La répartition de la bibliothèque de Paris est de 67 livres de droit, 54 de théologie, 6 livres d'Église, 77 d'histoire (et 12 en traduction française), 8 en médecine, 3 en l'astrologie, auxquels s'ajoutent, en philosophie ancienne, Aristote et Cicéron traduit en français.

La bibliothèque de Nantouillet est moins orientée vers le travail que vers le délassement culturel, ou des enquêtes à moyen terme sur des secteurs moins connus.

On y trouve, dans l'ordre des essais politiques, la *Monarchie* de Seyssel, l'*Utopie* de Thomas More, les *Commentaires de Tite Live* de Machiavel et les *Illustrations des Gaules* de Lemaire de Belges ; en histoire, le *Compendium* de Gaguin, Hérodote, Diodore de Sicile, Appien, Polybe, l'*Iliade*, Suétone, Xénophon, César, et, comme œuvre contemporaine, l'*Histoire* de Guillaume Paradin ; en philosophie, en théologie et en religion, *Phédon*, le *Banquet*, la *République* de Platon, le *Commentaire sur le Banquet* de Ficin, interprétation humaniste de la religion, la *Paraphrase sur le Nouveau Testament* d'Érasme, les commentaires de saint Paul par Sadolet, ainsi que les livres de Budé et Claude d'Espence.

Les œuvres littéraires sont *Perceval le Gallois*, les deux *Romans de la Rose* dans la version de Guillaume Michel (1540), de Ronsard les *Hymnes* ainsi que les *Amours* et le *Bocage*, des livres de Marguerite de Navarre, le *Miroir de l'âme pécheresse*, condamné en Sorbonne, et *La Marguerite des Marguerites*, édition de 1547, le *Quart livre* de Rabelais, *Les Amours de Francine* de Baïf, le *Courtisan* de Castiglione, *La deffence et illustration* de Du Bellay, les œuvres poétiques de Hugues Salel.

Dans cette bibliothèque austère de juristes d'État, on voit s'épanouir chez les descendants du chancelier le goût de l'histoire, puis de la littérature de cour, et surtout des auteurs protégés par François Ier et Henri II.

6. Les bibliothèques Montmorency

La contribution d'Anne de Montmorency aux mouvements culturels de l'époque ne pouvait être que considérable. En fait, depuis l'éviction du Connétable de Bourbon, il est le plus puissant personnage de l'État après le Roi. Issu d'une famille qui tient sa place dans l'Histoire de France depuis le début du XIe siècle et qui depuis trois cents ans s'est fait remarquer par son loyalisme dynastique, il dispose d'une fortune considérable et de terres réparties dans toute la moitié nord de la France, de la Loire à la Bretagne. Dans ses deux principaux châteaux à Chantilly et à Écouen, il y a de grandes salles consacrées à la « librairie » qui, par son contenu et la somptuosité de ses reliures, a fait sensation sur les contemporains. Nicolas Viole, aumônier du Roi, a livré ses impressions dans la dédicace d'un livre offert au Connétable, dont il loue les efforts « pour réparer la perte inestimable que nous avons faite par ci-devant de tant d'excellents et singuliers livres, certainement par la faute des nonchalances des princes anciens. Grâce à vous Monseigneur, nous aurons quelque jour en France une librairie plus excellente que celle de Ptolémée Philadelphe ou de Lucullle le Romain ».

Il est difficile aujourd'hui d'imaginer la splendeur de l'ensemble que constituait la bibliothèque du Connétable. Parmi les livres imprimés qui restent à Chantilly on ne peut que constater les dégâts commis au XVIIIe siècle par l'obsession de mettre les anciens au goût du jour, ce qui est le cas de la plus grande partie des livres de petit et moyen format. Il reste heureusement quelques ouvrages qui ont conservé leur reliure d'origine, les mieux préservés étant les manuscrits enluminés et reliés aux armes des Montmorencys, tels que le livre d'Heures du Connétable qui possède quatorze miniatures en pleine page et dont l'encadrement est fait de cartouches, de camées, de rubans et de grappes de fruits. Deux autres ouvrages, les *Triomphes* de Pétrarque (manuscrit de 1538) et le *Roland Furieux* de l'Arioste (édition de 1570) sont là pour nous permettre d'imaginer ce qu'a été la librairie du Connétable [19].

Ce qui frappe en examinant le contenu, c'est la part modeste des livres juridiques. Tout au plus le *Codex justinianus* de Godefroy publié

---

[19] On ne peut que renvoyer au magnifique catalogue de la bibliothèque de Montmorency publié par le musée d'Écouen à l'occasion d'une exposition, qui comporte de belles reproductions de reliures d'époque (*Livres du connétable : la bibliothèque d'Anne de Montmorency*, catalogue par Th. Crépin-Leblond, Paris, 1991). Un second catalogue encore plus somptueusement illustré a été publié, sous la direction de Martine Thiéry, par le musée Jean-Jacques Rousseau de Montmorency, en 1993, à l'occasion d'une exposition générale d'objets, d'armes et de livres ayant appartenu au Connétable.

en 1555 et les *Coutumes du bailliage de Senlis*, livre imprimé par Galliot du Pré en 1540. En contraste, l'énorme importance accordée aux auteurs anciens, principalement aux historiens : Tite Live, Suétone, Salluste, auxquels il faut ajouter les livres traduits par Seyssel que le Roi avait fait imprimer, et quelques textes, latins ou grecs de l'*Histoire romaine* de Dion Cassius imprimés par Robert Estienne en 1548.

On trouve également les œuvres du traducteur du Roi, les *Philippiques* d'Antoine Macault, les *Dix oraisons* de Cicéron, d'Étienne Leblanc. Aux anciens il faut ajouter des contemporains illustres tels que Machiavel, avec *Le Prince* dans la traduction de Jacques de Vintimille, et le *Discours sur l'état de la paix et de la guerre* traduit par Jacques Gohory (1544), ainsi que le traité de Contarini sur *La République de Venise*.

Notons que, dès l'époque d'Henri III, le Connétable devient plus sensible à la littérature nouvelle, encore qu'il ne possède que des œuvres tardives, de Marot, dont il a les *Dernières œuvres poétiques,* et de Ronsard dont il possède les *Hymnes* dans l'édition de 1555. De Rabelais, il a les œuvres publiées à Lyon par Jean Martin en 1593 et, de Martin Du Bellay, les *Mémoires* (1596). Quelques livres scientifiques marquent une certaine curiosité, la *Cosmographie universelle* de Sébastien Münster, le *De situ orbis* de Strabon, ainsi que la *Protomathesis* d'Oronce Finé, premier lecteur royal de sciences.

Du vivant du Connétable, quelques ouvrages religieux : une *Imitation* dans l'édition de Josse Bade, de 1523, la *Biblia Sacra*, édition lyonnaise de 1550. Les humanistes chrétiens du premier quart de siècle sont représentés par l'*Utopie* de Thomas More et l'*Éloge de la folie* d'Érasme ; de Guillaume Budé, il possède le *De Transitu Hellenismi ad Christianismum libri tres* (1535) et les *Commentarii linguæ graecæ* (1529). On trouvera aussi de nombreux ouvrages caractéristiques du pré-humanisme chrétien au tournant du siècle, avec les œuvres complètes de Nicolas de Cuse (Strasbourg, 1488) et celles de Pic de La Mirandole (1498).

Ajoutons que Chantilly et Écouen n'ont pas été les seuls dépôts de livres du Connétable. Il y en avait dans toutes les maisons qu'il a habitées.

Notons enfin un leitmotiv que l'on trouve dans la décoration de ses châteaux et de ses livres les plus richement reliés, un emblème héraldique qui se rencontre aussi bien dans les moulures, dans les vitraux, que dans un certain nombre de manuscrits et de livres : c'est l'alérion, qui, sur les reliures des *Sermons* de Guerry d'Igny (actuellement à Montpellier [20]) ou sur *Les coutumes du Bailliage de Senlis* (BN), tient lieu de principal motif décoratif. Ainsi, la marque des Montmorencys est-elle sous-entendue plus que proclamée afin de mieux s'intégrer dans un ensemble décoratif.

7. *Les petites bibliothèques à Amiens et Paris*

Montmorency et le chancelier Duprat étaient de grands personnages, pourvus de grands moyens, des personnalités assez importantes pour se voir dédicacer et donner un certain nombre de livres par les auteurs et les éditeurs. Mais prenons l'exemple de bibliothèques d'une personnalité moins influente, mais cultivée et prenant à cœur d'avoir chez lui, à Amiens, une bibliothèque au goût du jour. Reportons-nous à l'inventaire de 1553 de la bibliothèque de Jean Forestier, du Présidial d'Amiens [21]. La prédominance des livres de littérature ancienne (huit Homère y compris les « Odes d'Homère », sept Lucien dont deux en grec et deux en latin, cinq Plutarque, le *De placitis* en grec et un opuscule des *Moralia* de Plutarque en latin, trois *Vies parallèles* dont une en grec, trois Démosthène, un Hérodien, un Socrate, un seul Platon, la *Politique* d'Aristote, un Tite Live, un Macrobe, un Marc-Aurèle, un Pline).

Pas de représentants du théâtre grec, mais par contre un saint Thomas d'Aquin et une Bible du XVe en français ; des représentants de l'esprit juridique des humanistes avec : les *Annotationes* de Budé, un Tiraqueau, un Chansonnette ; d'autre part l'introduction à la *Politique* d'Aristote de Lefèvre d'Étaples, les *Adages* d'Érasme, Cicéron, les *Commentarii linguæ græcæ* de Budé dans les éditions de 1528-1530 et 1548, le *Compendium* de Gaguin et les *Emblèmes* d'Alciat.

Cette intéressante étude sur la vie amiénoise au XVIe siècle a été faite d'après les archives communales, et non notariales. Dans la seule ville d'Amiens près de huit mille inventaires de succession ont été faits. Ce qui s'explique par l'extension des pouvoirs et des hautes fonctions juridiques dans certaines municipalités de la France du Nord et d'Alsace, au détriment des notaires [22].

---

[20] Montpellier, École de Médecine, ms 423. Le traducteur de ces Sermons est Jean de Gaigny.
[21] Voir Albert Labarre, *Le livre dans la vie amiénoise*, Paris-Louvain, 1971, p. 85 et 207-208, p. 282 sq.
[22] *Ibid.*, p. 28 et 30.

La répartition professionnelle des détenteurs de livres peut se faire de la façon suivante :

- Seigneurs et grands officiers, de 10 à 27 livres ;
- Petits officiers, procureurs, avocats, notaires, contrôleurs, de 4 à 116 livres. Pour l'un d'eux, Procureur au Présidial et avocat du Roi, 242 ;
- Le clergé, de 8 à 94, mais toutes les catégories ecclésiastiques réunies représentent environ 73 % de l'ensemble des livres inventoriés ;
- Marchands et artisans, de 28 à 160. Le moins pourvu en livres est un tanneur qui en laisse 28.

On ne manque pas de données sur les livres laissés par les morts. À Paris il ne s'agit plus d'inventaires municipaux mais d'archives de notaires, ce qui donne des résultats beaucoup plus discontinus.

Sur plusieurs centaines d'inventaires de bourgeois de diverses conditions, 194 mentionnent des livres [23]. Si l'on Soustrait de ce chiffre 9 inventaires de libraires professionnels, restent 185 cas. Les bibliothèques les mieux pourvues sont celles de gens d'Église ou de loi. La plus riche de ces bibliothèques est celle de Gaston Olivier, aumônier de la cour. L'inventaire du cardinal Jean Du Bellay est incomplet, car il ne comprend que les livres laissés en dépôt à l'Évêché de Paris lors de son départ pour l'Italie.

On remarquera le petit nombre de livres laissés par les médecins. Parmi les artisans, il y a de grandes inégalités, les brodeurs laissent peu de livres, par contre un tavernier mort en 1525 laisse de nombreuses traductions de Cicéron, un tapissier mort en 1549 laisse un grand nombre de traductions du grec et du latin [24]. Parmi les livres enregistrés jusqu'à 1520, peu nombreux sont ceux qui proviennent de successions. C'est à partir de cette date qu'ils deviennent plus fréquents. Un marchand mort en 1519 laisse 170 livres. Après 1525, le mouvement s'accélère et l'on voit entrer dans le jeu les officiers de la Couronne. Philippe Pot, président des Enquêtes au Parlement, laisse 309 livres en 1526, un an plus tard un avocat laisse 141 livres. En 1529, François de Médulla, conseiller au Parlement, en laisse 235. Un autre conseiller au Parlement, en 1532, laisse 358 livres. En 1538 René Gentil, Président du Parlement, en laisse 308. En 1539 Jean de

---

[23] R. Doucet, *Les bibliothèques parisiennes au XVIe siècle*, Paris, 1956.
[24] *Ibid.*, p. 24.

la Rogeraye en laisse 229. À partir de 1540, nouvelle accélération du mouvement [25]. En 1548, la bibliothèque de Le Féron a 670 titres. En 1549 un simple tapissier, Étienne de Passavent, 137 livres, et un notaire du Châtelet, 575. En 1552, l'inventaire de Gaston Olivier accuse 790 livres. La Bible figure dans presque tous les inventaires, bien qu'on ne précise pas dans quelle langue elle a été écrite, l'offensive du début du siècle sur la diffusion de l'Écriture sainte en langue vulgaire ayant porté ses fruits [26]. Il arrive aussi que des livres séparés de la Bible soient publiés à part, ainsi les Psaumes, le Nouveau Testament et un texte hébreu de l'Ancien Testament dans la bibliothèque du cardinal Du Bellay. Le texte séparé le moins fréquent est celui de l'Apocalypse. Ainsi peut-on voir, dans ces inventaires, des tendances du siècle se révéler par le non-dit.

8. *Les collections de Fontainebleau*

Dès son installation à Fontainebleau, l'un des premiers soucis du Roi fut de répartir les trésors de ses collections ; dans le Cabinet des Bagues du dernier étage de la tour du donjon, étaient conservés les émaux, les camées, les pièces d'orfèvrerie et les pierres gravées. Les peintures étaient conservées dans l'Appartement dit des Bains dont le plafond était l'œuvre du Primatice.

Dès le lendemain de Marignan, le jeune François Ier cherche déjà à attirer à sa cour des artistes italiens célèbres. Aucun succès auprès de Michel-Ange, mais Vinci se révéla moins blasé et moins insaisissable. En octobre 1517 François Ier lui rendit visite au Manoir de Cloux à Amboise où il restera jusqu'à sa fin. La *Joconde* sera le premier présent de Léonard au Roi qui, à sa mort, rachètera à ses héritiers tous les tableaux qu'il avait encore avec lui. Ce qui fera du futur Musée du Louvre le plus bel ensemble de tableaux du Maître.

François eut également la main heureuse en choisissant Andrea del Sarto qui, à partir de 1520, formera une nouvelle génération de peintres. Il laissera au Roi un certain nombre de ses tableaux les plus célèbres dont la *Charité*. Dans une des chambres annexes des Appartements du Roi, dite la « Chambre des Bains », on pouvait trouver

---

[25] *Ibid.*
[26] *Ibid.*, p. 31-32.

la *Joconde* de Léonard de Vinci, la *Charité* d'Andrea del Sarto, la *Madeleine* du Titien, la *Léda* du Rosso et le *Saint Michel* de Raphaël.

Ne nous imaginons surtout pas ces peintures accrochées aux murs comme dans un musée. Elles n'étaient pas accrochées mais enrobées dans un dispositif en stuc, à la fois cadre et présentoir. Il s'agit d'une technique mise au point par les Italiens à la galerie dite de François Ier, faite d'un ensemble magistralement composé de tableaux de Rosso, du Primatice, de statues et d'ornements en stuc. Les auteurs et les exécutants étaient tous italiens, mais il n'y a qu'en France et à Fontainebleau que cette synthèse a pu se réaliser avec un tel équilibre entre la splendeur et la grâce, auquel le goût personnel de François Ier n'est sans doute pas étranger. Un visiteur italien du XVIIe siècle, le Commandeur del Pozzo, fut tellement frappé par l'originalité de cet ensemble qu'il le dit « à la mode française »[27].

Ce n'est que vers le milieu du règne que des statues antiques commencèrent à affluer. Pour les débuts, on se contenta de copies en bronze exécutées par Vignole, envoyé en Italie pour faire le moulage des plus belles statues qu'il rencontrerait, et ainsi les disposer dans les jardins dont la verdure seraient ponctuée de bronze.

Parmi les lieux destinés aux trésors d'art, n'oublions pas le Cabinet des Bagues où se trouvaient les cadeaux faits aux souverains, les ornements en métaux précieux, les œuvres d'orfèvrerie telles que celles de Benvenuto Cellini achetées au cours de son passage éclair.

Dans les débuts du Fontainebleau de François I[er,] il y avait une des salles des appartements du Roi consacrée aux portraits. Mais dans la vie de la cour, l'art du portrait prit une telle importance qu'il menaçait de tout envahir - Jean Clouet (dit Janet) peignit toute la cour. Quelques-uns des portraits sont à l'huile, mais la plupart au crayon. Cent vingt-cinq sont restés à Chantilly, et Clouet eut un si grand nombre d'imitateurs qu'on commença à parler de recueils de crayons, tels que celui de la veuve du Grand Maître Boisy. C'est Catherine de Médicis qui généralisa la mode des portefeuilles de portraits.

Autant de témoins de l'intensité de la vie sociale de la cour, qui semble s'être traduite également par des jeux. On peut voir encore sur quelques portraits la trace de petits caches de papier qui devaient rester abaissés pendant qu'on donnait à deviner le nom du personnage dessiné. On voit déjà poindre un autre jeu de société qui, au début du

---

[27] Cité par Louis Dimier, *Fontainebleau*, Paris, « Les villes d'art célèbres », 1925, p. 17.

XVIIe siècle, prendra toute son ampleur dans les *Mémoires* du cardinal de Retz, le portrait littéraire.

La chambre des tapisseries, ainsi qu'un atelier de tapissiers s'inspirant des modèles français et bruxellois, fait se multiplier les œuvres nouvelles : leur nombre pourrait stupéfier, si on ne savait le rôle qu'elles pouvaient jouer dans la vie d'un roi toujours en déplacement, accompagné d'un grand nombre de tapisseries sans cesse emballées dans des coffres, déroulées, tendues, de nouveau empaquetées. Elles représentaient un décor permanent dans une existence d'instabilité chronique.

Outre les stations dans les châteaux plus ou moins abandonnés une partie de l'année ou dans les gîtes d'étapes, il fallait compter les entrées solennelles du Roi, les tournois, les processions de la Fête-Dieu, les baptêmes et les mariages. Dans tout cet ensemble une pièce essentielle nous manque : la galerie d'Ulysse, démolie sous Louis XV, qui bordait sur 150 mètres la basse cour de Fontainebleau. Elle était ornée de huit panneaux représentant des épisodes de l'*Odyssée* par le Primatice, l'ensemble étant considéré comme le chef-d'œuvre du Maître. Cette galerie était le lieu de rencontre et de conversation des habitués du Château. Les discussions se faisaient librement et sans directives.

Sous Henri II, qui tint à continuer la tradition du mécénat royal inauguré par son père, on s'oriente vers le colloque organisé autour d'un thème, présidé par le Roi et la Reine. Il s'agit d'un tournoi verbal avec présidence royale et public. Tout tournant autour d'un point de casuistique amoureuse, ou bien de la critique d'un livre ou d'un tableau, ou de la grâce d'une statue. On retrouve l'esprit de ces discussions dans l'*Heptaméron* de Marguerite de Navarre. Le plus célèbre de ces colloques-tournois s'est tenu à propos des *Odes* de Ronsard qui avaient suscité quelques gouailleries chez les courtisans habitués aux poésies sans mystère ni provocation du poète officiel de la cour, qui était à ce moment Mellin de Saint-Gelais. Michel de l'Hospital avertit Ronsard et prit sur lui de suggérer au Roi une séance au cours de laquelle Ronsard et Mellin s'affronteraient. La sentence du Roi est un chef-d'œuvre d'intelligence et de diplomatie. Elle concède à Mellin le prix de l'élégance et de la facilité harmonieuse, et à Ronsard la force et l'érudition.

Les poètes n'étaient d'ailleurs pas des étrangers au Château. Ils étaient mobilisés périodiquement pour les fêtes et les entrées royales qui comportent des défilés, des récitations, des maximes inscrites ou brodées sur des panneaux, des scènes d'histoires chevaleresques dont les poètes font le scénario.

9. *Les collections de Montmorency*

Les collections qui sont les plus proches de celles du Roi ont été réunies par Anne de Montmorency à qui son immense fortune, ses relations personnelles et nationales permettaient non seulement d'acheter, mais de commander un grand nombre d'œuvres, au point de faire de ses collections de Chantilly et d'Écouen les rivales des collections royales. Dans certains domaines tels que les marbres antiques, il les dépasse. Plus heureux que le Roi, il réussit à avoir deux des plus belles statues de Michel-Ange, les *Deux Captifs*, arrachées au tombeau de Jules II, expédiées par Robert Strozzi. Le cardinal d'Armagnac, de son côté, lui fit envoyer deux têtes romaines, celles de Caracalla et de son frère. Le cardinal Simonetta lui fit parvenir une statue de Marc-Aurèle jeune et une d'Hercule. On retrouve parmi les noms des intermédiaires qui ont bien servi les convoitises de connaisseur du Connétable, les ambassadeurs français à Venise nommés par François Ier et dressés par lui à ce genre de quête, l'évêque de Riez, l'archevêque de Toulouse, sans compter les gens de sa propre famille tels que le comte de Tende son beau-frère, qui pendant qu'il était gouverneur de Provence prit sur lui de prendre dans une église de Marseille trois colonnes antiques destinées à Écouen.

On trouve même dans la correspondance de Montmorency des rappels de lacunes à combler pour ses collections de médailles antiques.

Dans sa demeure parisienne de la rue Sainte-Avoye, on pouvait voir sur une table d'ébène douze médailles de bronze représentant les douze Césars. Avec un art consommé de la mise en scène, c'est là qu'il avait réuni également une collection de cartes et de vues de villes, une carte maritime, une carte de navigation universelle[28], ainsi que des pièces d'albâtre et de porphyre.

Plus typique de cette époque est la peinture émaillée sur cuivre, et c'est au représentant le plus célèbre de l'école de Limoges, Léonard Limosin, que l'on doit le portrait le plus connu du Connétable, composé en 1556. Les tables des résidences

---

[28] Brigitte Bedos Rezak, *Anne de Montmorency*, Paris, Publisud, 1990, p. 319 sq.

d'Anne de Montmorency étaient recouvertes de carreaux faïencés de Bernard Palissy, qui fut également l'un des protégés du Connétable. Toutes ces résidences comportaient également des tapisseries provenant de Bruxelles et de Tournai, quelques-unes de Beauvais.

Dans ce domaine, comme dans celui de la peinture, les collections du Connétable ne supportent pas la comparaison avec celles du Roi. Elles se composent de portraits et de quelques tableaux religieux, de tableaux mythologiques dont la plupart ne sont connus que par les inventaires.

La comparaison entre Montmorency et François Ier est encore plus défavorable au Connétable si l'on se place au point de vue du mécénat actif et de l'intervention dans le mouvement des idées. Certes le Connétable ne s'est pas contenté d'utiliser les artistes du Roi, tous consacrés, et il a déployé ses efforts pour remettre en selle des artistes moins chanceux, tels Bernard Palissy, Pierre Chambiges — connu localement, auquel il confia le chantier de Chantilly —l'architecte du château d'Écouen, Pierre Tacheron, les frères Desilles, Pierre et Robert, de notoriété purement locale également, qu'il utilisa pour la restauration de son château à Gandelu dans l'Aisne, ainsi que de ses ponts sur l'Oise.

Mais là encore, aucun grand peintre n'a été découvert par lui et surtout aucun de ses châteaux ne semble avoir joué un rôle de foyer culturel. Il a certes mis ses bibliothèques à la disposition de quantité de jeunes humanistes qui en profitèrent amplement, rien d'équivalent de ce qu'ont été les conversations à la table du Roi, ou les colloques stylisés d'Henri II. Le choc des idées ne semble pas avoir particulièrement attiré le Connétable.

10. Mécènes et foyers de culture de rang modeste

Moins puissant et surtout beaucoup moins riche que Montmorency, le cardinal Jean de Lorraine (1498-1550) a joué un rôle actif dans la vie de l'esprit. Lors des troubles de 1548, au moment où les étudiants protestent contre l'interruption des cours d'un lecteur royal, il n'hésite pas à prendre le parti des étudiants.

Il avait été auparavant le grand protecteur de Lazare de Baïf et avait contribué à lui faire obtenir une pension, puis un poste fixe de maître des requêtes. Dans sa dédicace à Jean de Lorraine de son *De Vestiaria* (1526), Lazare de Baïf parle du corps des lettrés et des savants « dont tu t'es fait spontanément le mécène ».

D'autres protecteurs de l'humanisme français se sont fait jour à l'imitation du Roi. Il y avait mille façons d'encourager de jeunes humanistes. Ainsi le cousin de Budé, l'évêque de Paris, qui n'a cessé de soutenir les causes défendues par son cousin ou de mettre sa bibliothèque personnelle à la disposition des étudiants de recherche. Louis Ruzé, parent de Budé lui aussi, lieutenant civil au Châtelet, a fait vivre quelque temps le cicéronien Christophe de Longueil, mais n'a pu l'empêcher de partir pour l'Italie. Pierre Briçonnet, général des Finances, a pris pour précepteur de ses deux fils, Paolo Emilio, historiographe du Roi, et Lefèvre d'Étaples [29].

On peut trouver aussi en province de petits foyers culturels capables d'une action en profondeur. Ainsi, ce qu'on a appelé le Cercle Tiraqueau, à Fontenay-le-Comte, fréquenté par Rabelais et Lamy, où se regroupaient des amis des lettres humanistes, particulièrement de la langue grecque, au moment où Rabelais et Lamy venaient d'être privés de leurs livres grecs dans leur précédent monastère, ce qui leur avait donné le courage de prendre à témoin Guillaume Budé et de lui écrire en grec [30]. D'où la correspondance entre les trois hommes qui reste un témoignage important de la vie culturelle de l'époque.

Même dans des provinces de la France profonde, moins irriguées par l'esprit nouveau, telles que le Berry, on trouve des cénacles peu bruyants mais qui témoignent d'une certaine vitalité [31]. Les hôtes en sont Jacques Thiboust et Jeanne de La Font — Jacques Thiboust appartient à une famille de marchands berrichons qui ont quitté le négoce pour les offices dès le XVe siècle. Ils ont été anoblis par l'échevinage. C'est le cheminement social le plus courant. Ce sera celui de la famille Montaigne.

Des cousins donnent une lignée de parlementaires finalement transplantés à Paris. L'un d'eux est imprimeur à l'enseigne de l'Arbre de Jessé. Jacques Thiboust, quant à lui, a 24 ans en 1516, il a une charge et fait faire son portrait par Clouet, il a le titre de secrétaire du Roi qu'il cumule avec celui d'élu [32], et devient secrétaire de Marguerite

---

[29] Eugene Rice, « The Patrons of French Humanism », *Mélanges Hans Baron*, p. 693 sq.

[30] Voir Guillaume Budé, *Correspondance*, t.I. Lettres grecques, p. 118-131.

[31] Voir Hippolyte Boyer, *Un ménage littéraire du Berry au XVIe siècle. J. Thiboust et Jeanne de La Font*, Bourges, 1859.

[32] Fonction qui remonte au XIVe siècle, destinée à l'administration des finances extraordinaires sur le plan local, à l'intérieur d'une généralité ;

de Valois. Il épouse Jeanne de La Font, fille d'un échevin et petite-fille d'un drapier de Bourges. Elle a reçu une éducation soignée — on sait par Jean Second qu'elle écrivait des vers dignes de Boccace. Elle est morte au bout de onze ans de mariage et sera enterrée à Quantilly où Jacques s'était fait construire un manoir avec parc et verger.

Quantilly est devenu une sorte de manoir mythique que rappelleront avec émotion ses anciens hôtes. C'est là que se tient le Cénacle où se réunissent les lettrés et rhétoriqueurs tels que Milon d'Auvergne et Jean Salomon Angoumois. Ses hôtes habituels sont Clément Marot, Nicolas Bourbon, Jean Second et François Habert. Outre ces réunions de cénacles, il y a quelques séjours particuliers : François Habert, quand il est chargé par Henri II de traduire les *Métamorphoses* d'Ovide, y trouvera la calme et l'inspiration. Thiboust lui suggéra d'y ajouter les *Satires* d'Horace qu'il lui a dédiées (1549). Dans son épître à un ami, Habert soupire mélancoliquement : « ... Quantilly, qui pour moy tant valut. »

Ainsi la mémoire d'un foyer culturel survécut-elle au manoir. Aucun des personnages en question n'est un esprit de premier plan — sauf Marot ou peut-être Jean Second. Mais, là encore, le choc des idées entretient dans une campagne perdue l'appétit de savoir, et une convivialité appliquée aux choses de l'esprit qui permet d'homogénéiser des courants de pensée pour les intégrer dans une civilisation.

---

voir, sur ce point, R. Doucet, *Les institutions de la France au XVIe siècle*, Paris, 1948, p. 304 sq.

Chapitre IX

De l'historiographie à la démarche historique

1. Les lectures historiques du Roi

L'inventaire de la Bibliothèque royale de Blois établi en 1518 par Guillaume Petit, conservateur en titre à cette époque, contient un paragraphe qui mérite l'attention. Il est intitulé «Livres que le Roy porte communément», une liste où se trouvent pêle-mêle :

1. Des traductions françaises d'historiens anciens (Appien l'Alexandrin), *Des gestes des Romains*, Diodore de Sicile, Justin l'historien, Thucydide [1], *Des Guerres civiles* ;

2. Des chroniques et des condensés de chroniques médiévales : *Chroniques des Francs du roi Clovis*, la *Marguerite de France*, *Chronique abrégée des rois qui furent jamais en France*, *Jardin d'honneur du voyage que fist le feu roy Charles VIII à Naples* ;

3. Des condensés d'épisodes héroïques du passé : *la Destruction de Troye la Grant*, *Histoire des Macchabées*, *Roméléon historié* ;

4. Des livres de la vie courtoise et chevaleresque : *Le chevalier délibéré*, *Faulconnerie*, le *Roman de la Rose*, le *Roman des Déduitz*, les *Triomphes* de Pétrarque.

Ces livres, précisons-le, sont tous des manuscrits. Les textes historiques anciens ne sont autres que les traductions faites par Claude de Seyssel à l'intention de Louis XII, traductions au second degré faites d'après des versions latines de l'original grec, et précédées d'introductions qui développent les thèmes suscités par le récit : rôles respectifs de la «Fortune» et de la Providence dans les événements

---

[1] Le *Thucydide* a utilisé la version latine de Laurent Valla, et, dans sa préface au *Diodore de Sicile*, Seyssel reconnaît le rôle qu'a joué le grand helléniste Lascaris dans sa traduction de Diodore de Sicile et des biographies de Plutarque.

humains, considérations générales sur la manière de surmonter les coups du destin.

Les manuscrits de Seyssel, écrits pour le compte de Louis XII et utilisés au maximum par François Ier, sont restés dans les bagages royaux jusqu'en 1527, date à laquelle le roi François donne à Jacques Colin, son lecteur et secrétaire de la Chambre du Roi, la mission de les faire imprimer, afin de partager avec le public le plaisir que cette lecture lui avait donné. Josse Bade commença par Thucydide, suivi par Gilbert de Plaix et Geoffroy Tory qui continuèrent par la publication d'Eusèbe en 1532. Galliot du Pré édita Xénophon en 1529, Diodore de Sicile en 1530, Appien en 1544 et Justin en 1559.

La date de 1518 limite quelque peu la portée de l'enquête. Il s'agit des lectures habituelles du jeune roi entre vingt et vingt-trois ans. Nous avons vu comment sa culture, essentiellement orale et servie par une mémoire prodigieuse, connaîtra une croissance exponentielle et lui permettra de stocker une masse d'informations qui feront de ses propos de table un sujet d'émerveillement pour les intellectuels français et étrangers de passage.

En 1518 le jeune François en est encore à ses débuts. Mais il suffit de comparer ses lectures avec celle de Charles VIII au même âge pour mesurer l'avance au départ du chevalier de Marignan. Charles VIII, ce grand méconnu dont la curiosité culturelle avait ébloui le jeune Budé, attendait beaucoup des idées humanistes qu'il avait confusément perçues en Italie [2] et qui étaient vraiment pour ce jeune prince toutes nouvelles, si l'on regarde de près ses lectures formatrices : Christine de Pisan, Alain Chartier, *Le Songe du viel pèlerin* de Philippe de Mézières, *La Vie de Saint Louis*, *Lancelot*, *le Chevalier délibéré* et les *Grandes Chroniques de France* que Louis XI lui avait lui-même mises entre les mains [3].

Il est vrai qu'une fois roi il n'a cessé d'encourager Robert Gaguin à terminer sa traduction du *De Bello Gallico*. Mais Maximilien d'Autriche et le futur Charles Quint avaient, dès leur jeunesse, lu César et Tite Live. Commynes a insisté sur le fait que Louis XI ne serait pas tombé dans le piège de l'entrevue de Péronne s'il avait lu Tite Live. Mais l'expérience du père n'a pu servir au fils qui, semble-t-il, n'avait pas lu les *Décades*, lui non plus, à en juger par ses références de

---

[2] Voir ci-dessus, chapitre VII, p. 228-229.
[3] Sur les lectures du jeune Charles VIII, voir Y. Labande-Maillefert, *Charles VIII et son temps (1470-1498)*, Paris, 1975, p. 161-163.

lectures restées médiévales. Un livre semble l'avoir beaucoup impressionné : *La Vie de Saint Louis*. Pendant la dernière année de son court règne, Charles VIII voudra s'identifier au roi modèle par un changement de vie et le souci de rendre avant tout la justice [4].

Le jeune François d'Angoulême, lui, avait dans ses bagages une documentation historique autrement orientée, avec l'accent mis sur l'histoire comparée de l'Antiquité gréco-latine, de l'histoire biblique, de l'histoire du Moyen Âge français depuis les origines jusqu'à la toute récente expédition de Naples. Mais l'histoire y est mal distinguée de la légende : Troie a le même statut que Rome, et la chevalerie est représentée par un roman que les deux jeunes rois se partagent (*Le Chevalier délibéré*) et qui donne à lui seul une grille d'interprétation des hauts faits de différentes époques. Ainsi Jean Fouquet affublait-il les grands acteurs de l'Antiquité romaine et biblique de robes et de casques de guerriers du XIVe siècle pour marquer le recul du temps.

2. L'Histoire comme pédagogie royale

C'est à Guillaume Budé que revient l'initiative d'une rectification majeure. Il a offert au roi François en 1519 un manuscrit de son cru — sa seule œuvre écrite en français, qui rassemblait des *exempla*, empruntés pour la plupart à Plutarque et à la Bible, pour mettre en valeur le rôle des intellectuels, et plus particulièrement des historiens, dans la renommée des souverains. Ce livre, jamais édité du vivant de Budé et de François Ier, a été publié pour la première fois en 1547 sous le titre d'*Institution du Prince*, par analogie sans doute avec l'*Institutio principis christiani* d'Érasme, dédié à Charles Quint.

Ce recueil d'anecdotes et de réflexions moralisantes n'est régi par aucun ordre apparent et pourrait laisser croire au seul désir de distraire et d'éveiller la curiosité d'esprit d'un jeune prince, d'étancher sa soif de traduction d'auteurs antiques. Mais Budé ne fait pas mystère de ses arrière-pensées : dès les premières pages il les révèle. Sous couleur de citation du Livre des Proverbes, il parle du « don présenté par l'homme qui lui fait ouverture pour soy présenter devant la face des princes », sans cacher qu'il a fait cette offrande pour « donner plus avant à

---

[4] *Ibid.*, p. 124-125 et 470-472.

cognoistre »[5]. Il ne craint pas de renvoyer le royal lecteur à sa dernière publication, le *De Asse* édité quatre ans plus tôt, et dont le Roi n'a peut-être pas encore mesuré la portée. Grâce au *De Asse*, laisse-t-on entendre, les exemples empruntés à l'Antiquité ne sont plus seulement des paraboles mais des faits sociaux susceptibles d'être comparés à ceux de notre époque. Et de nous faire comprendre quelle place les Anciens donnaient à la culture.

Il ne suffit pas de dire qu'Isocrate était un orateur très admiré, il faut savoir combien on rétribuait ses plaidoiries. L'une d'elle a été payée vingt talents d'Athènes, ce qui représente, précise-t-il, près de vingt mille écus de notre monnaie, « car chacun talent valoit autant que 600 escus, ainsi que j'ay à plain monstré au livre que j'ay fait de ceste matiere » (fol. 18 r°). Et de multiplier les exemples de générosité à l'égard des intellectuels : Virgile reçut du prince « cent fois sesterces »[6], soit en monnaie actuelle « 60 000 écus couronne » (fol. 19 r°) ; Alexandre a subventionné l'école de philosophie d'Anaxarque de cent talents, qui « vallent autant que 60 000 écus de France » (fol. 36 r°), et donné à Pérille cinquante talents (c'est-à-dire trente mille écus) pour lui permettre de marier ses filles. Comme tous les vrais grands hommes, fait remarquer l'humaniste, « il avoit grant gayete à donner » et « pour avoir fait largesse de ses biens, il n'en pensoit point estre plus povre » (fol. 55 v°, 56 r°).

Ainsi les rois et empereurs soucieux de leur gloire ont-ils suivi ses traces après avoir compris que « par ce moyen il pouvoit grandement augmenter sa renommée et exaulcer son nom comme il a fait, pour autant que les gens de lettres et mesmement ceulx qui ont grace d'elegance en histoire sont ceulx qui font la mémoire des princes immortelle, et à bien parler, qui ont pouvoir de les rédiger au cathalogue des dieux » (fol. 38 r°). C'est ainsi qu'Auguste n'a pas manqué de couvrir d'or Virgile, Vespasien a fait de même pour « les gens de bien et de sçavoir, et donna grosses pensions aux gens de lettres » (42 v°, 43 r°).

Mais pour un roi la gloire n'est pas seule en jeu : il y a aussi la justice, premier devoir des rois qui, n'étant pas astreints par la « reigle et forme escrite », sont les seuls à pouvoir s'élever au dessus des

---

[5] Fol. 2 v°. Je cite le texte en donnant la pagination du manuscrit de l'Arsenal conservée par C. Bontems, qui le reproduit intégralement dans *Le Prince dans la France des XVIe et XVIIe siècles*, Paris, P.U.F., 1965.
[6] Budé ajoute : « qui est à dire à la manière de compter lors, cent fois cent mil petits sesterces ».

coteries et des mécaniques administratives et les corriger au moyen de « la justice distributive, par laquelle les honneurs et prouffitz se doivent distribuer selon le merite et sçavoir des hommes ». C'est « la partie de justice que les rois exercent en leurs personnes ». Et « quand ceste distribution se fait par raison, et que les gens sçavants et gens vertueux en ont leur part selon leur capacité et profession, c'est justice. Autrement c'est injustice selon Aristote, car ce n'est pas à un chacun rendre son droict » (7 v° et 8 r°). Le roi doit ainsi redresser les injustices de la loi d'airain de l'offre et de la demande qui récompense copieusement le travail des commerçants, des médecins, des légistes, non celui des lettrés. Lui seul peut redresser la balance « en distribuant les honneurs, offices et autres bienfaictz » et en fondant, laisse-t-il entendre, des institutions qui mettront en place une filière pour humanistes. Le message est à peine codé.

À l'appui d'une thèse dont les arguments sont éparpillés dans un savant désordre, Budé invoque l'Histoire en même temps que l'Olympe et la Bible. Les grands souverains, dit-il, ont toujours associé les dieux de la culture avec ceux de la guerre. Après sa victoire sur Tigrane et Mithridate, Pompée a voulu se faire précéder, dans le défilé du triomphe, par trois statues d'or massif : celles de Mars, Pallas et Apollon, et il a édifié « un temple de Pallas à Rome avec l'argent du pillage » (fol. 91 r°). Pour les Gaulois, Hercule ne faisait qu'un avec Mercure, qui par l'éloquence possédait la plus forte des armes (fol. 23 r°). Quant aux Spartiates, ce peuple de guerriers, ne faisaient-ils pas un sacrifice aux Muses avant de livrer bataille (54 v°) ?

Comment pourrait-il en être autrement puisque la culture est l'arme secrète qui permet de démultiplier les moyens et les dons naturels ? C'est grâce à elle et aux lettrés que les Grands peuvent acquérir la vertu de Prudence qui leur permet de choisir les hommes et de discerner les circonstances bénéfiques, de contourner l'obstacle quand il est encore temps. Car « est prudence lettrée chose precieuse et don de Dieu inventé pour suppleer les faultes de nature humaine » (fol. 7 r°). Les plus forts seront donc ceux qui acquièrent « prudence par doctrine », que les rois peuvent acquérir par l'Histoire, « une grande maistresse qui équipole toute seule à plusieurs grans precepteurs ensemble ». Vous avez, dit l'humaniste au jeune roi, « les instruments de nature et de fortune entierement et abondamment pour ce faire, mais que vous en ayez entendu la maniere » (fol. 15 r°). Et pour acquérir la manière, il faut être capable d'interpréter les événements et les paroles, dont le sens est rarement indiscutable, en « soy servant des hommes sçavans et en usant du conseil de ceulx qui ont acquis science par grant labeur » (fol. 34 r°).

Mais de quelle science s'agit-il ? Pas du savoir traditionnel, qui se définit par un contenu, mais par le « savoir en cercle » dont Budé parle si souvent, une certaine culture de l'esprit qui permet de jouer à travers les disciplines dont on a saisi la parenté, « faisans ung cercle des ars liberaulx et sciences politiques, ayans connexité et coherence de doctrine qui ne se doibt ne peut bonnement separer par estude, pour ce que toutes ces sciences s'entretiennent comme font les parties d'ung cercle qui n'a commencement ne fin » (34 r°).

Tel est le programme qui sera développé plus tard dans le *De Philologia* et le *De Studio litterarum*. C'est, en quelque sorte, ce qui deviendra partie intégrante du projet de *Mouseïon*. Le message est clair, et on somme d'avance le « roi musagète » de s'y conformer : « Vous ferez poëtes et orateurs comme vous faites comtes et ducs, en leur inspirant vertu d'eloquence par votre liberalle benignité ainsi que au temps passé faisoient les princes de Rome » (fol. 5).

Budé prêche un converti, dira-t-on. N'en croyons rien. Le jeune roi — il n'avait que 24 ans à cette époque — n'avait pas encore dépassé le stade des bonnes intentions. Absorbé par ses projets italiens et les intrigues de la succession impériale, il n'a mis à flot aucun de ses grands projets de mécénat. On l'a vu, l'idée du Collège royal d'humanisme évoquée dans l'*Institution du Prince* a été lancée à la légère, comme une boutade, en 1517, saisie au vol par Budé, amplifiée par le modèle de *Mouseïon*, rabâchée par l'entourage humaniste du Roi. Mais pour que l'utopie se matérialise, il a fallu Pavie, la captivité de Madrid, le mirage de l'Alcalá, le second souffle du retour.

Entre-temps force est de constater que dans la course au prestige culturel la France est loin d'être dans le peloton de tête. L'Italie, l'Espagne et même l'Angleterre la devancent. Dans ses lettres des années 10 à ses amis anglais, Budé ne cesse de s'extasier sur la qualité de l'entourage du jeune Henri VIII, qui confie les postes les plus importants à des lettrés et fait de sa cour une véritable académie ; et pour comparer les mécénats des deux pays, il ne cite pas François Ier qui, certes « bien disposé », dit-il, a pour le moment « d'autres occupations », mais son cher Charles VIII.

Comparé à Henri VIII, le fringant chevalier de Marignan ferait pâle figure. Le renversement des situations au cours des vingt années suivantes est à peine croyable : pour que la chose fût possible il a fallu le grand bond en avant français que nous avons essayé de décrire, et, du côté anglais, l'exécution de Thomas More, qui mettra l'Angleterre au rang des accusés et affaiblira définitivement les positions anglaises dans la République des lettres.

3. Traducteurs et historiographes

C'est en 1527 que François Ier décide de faire bénéficier le public des traductions de Claude de Seyssel en les confiant à des imprimeurs. Dans la préface au premier volume de la série, Jacques Colin commente le geste avec des « attendus » révélateurs : rendre possible à la noblesse française, peu lettrée et ignorante des langues anciennes, l'accès à l'histoire de l'Antiquité, considérée comme la nourriture essentielle d'une classe de dirigeants.

> Le roy Françoys ayant en sa librairie Thucydide athénien translaté en notre langue par un tel personnaige que fut messire Claude de Seyssel, qu'il solennise pour son chef-d'oeuvre, pour ce que ledit livre ne se trouvait ailleurs, de son propre mouvement a esté content d'en faire part aux princes, seigneurs et gentilshommes de son royaume [...]. Le Roy, voyant que la Science des langues estrangieres n'estoit pas encore généralement espandue parmy la noblesse de son royaume, a voulu ceste compaignie estre mise comme sur un perron dont elle soit veue de toutes parts, afin que ce qui y sera imitable et bon à ensuyvre, l'on en impreigne et tourne les enseignements au profit de la chose publique et edification de soy mesmes [7].

Ces publications de Seyssel ont suivi de peu la fondation de l'Imprimerie royale, dont la direction sera finalement confiée à Robert Estienne en 1528. On attribue généralement ces trois décisions à l'insistance des humanistes de l'entourage royal, Guillaume Petit, Budé, Colin. Et ici encore, le stimulant des initiatives royales va se faire sentir sans tarder. Ce sont d'abord des fonctionnaires royaux qui publient des traductions. Étienne Le Blanc, conseiller et contrôleur de l'épargne, offre au Roi une traduction de discours de Cicéron. Antoine Macault, notaire, secrétaire et valet de chambre du Roi, fait de même trois ans plus tard pour l'édition de Diodore de Sicile, pendant que Jacques Colin publie notamment, sous le titre de *Procès d'Ajax et d'Ulysse*, un extrait de la XIIIe *Métamorphose* d'Ovide. Chacun avait compris que le moyen le plus sûr d'attirer l'attention du Roi était de traduire en français les textes grecs et latins.

---

[7] Voir V. L. Bourilly, *Jacques Colin, abbé de Saint-Ambroise*, Paris, 1905.

Là encore, le mécénat royal fait tache d'huile. Les grands seigneurs tiennent à cœur de commander des traductions, eux aussi. Antoine Macault faisait sa cour au Cardinal de Lorraine en lui offrant sa traduction du *De Marcello* ; et Anne de Montmorency, grand soldat mais piètre lecteur, n'en a pas moins commandé à Louis Meigret une traduction de *Catilina* [8] ; Lancelot Carles, évêque de Riez [9], donne au traducteur de saint Justin, Jean de Maumont [10], l'ordre de terminer et de publier sa traduction des « historiens grecs ». Dans le chapitre consacré à la traduction, l'*Art poétique* de Peletier du Mans [11] laissait une place aux considérations sur l'impact de ces efforts des traducteurs et éditeurs. Ils sont, dit-il, « en partie cause que la France a commencé à goûter les bonnes choses ».

Le renouveau d'intérêt pour les historiens grecs et romains était-il une bonne chose pour l'historiographie française ? Les hommes de la première Renaissance n'en ont jamais douté. Le Véronais Paolo Emilio (Paul Émile) invité à la cour de Louis XII et promu historiographe de France s'était vu confier la charge d'écrire une histoire de la monarchie française dans la langue et le style des historiens romains. Avant lui Robert Gaguin, recteur de l'Université de Paris et l'un des premiers pionniers de l'humanisme, avait déjà publié en 1495 le premier volume d'un *Compendium* d'histoire de France qui rompait avec la tradition des chroniqueurs du Moyen Âge [12], et revenait à une histoire narrative à la romaine où l'enchaînement des faits tient lieu d'explication.

Mais pas plus que Paul Émile, qui mourut quand il en était encore au règne de Charles V, Gaguin n'a pu mener le projet d'histoire de

---

[8] Publiée à Paris en 1547.

[9] Ami de Ronsard et de Du Bellay qui lui ont dédié chacun plusieurs poèmes, il a longtemps joué le rôle de protecteur des jeunes poètes à la cour.

[10] Jean de Maumont, Corrézien, principal du collège de Saint-Michel fondé pour les étudiants limousins, lui-même helléniste distingué, traducteur de saint Justin et de l'historien byzantin Jean Zonaras.

[11] La préface de Peletier du Mans à l'*Art poétique* d'Horace a réuni les rêves et les projets des poètes de la première génération de la Pléiade.

[12] *Compendium de origine et gestis Francorum a Pharamondo usque ad annum 1491*, Paris, D. Gerlier, 1497. Ce texte, réédité plusieurs fois du vivant de son auteur, donnera lieu après la mort de Gaguin (1501) à plusieurs rééditions comprenant même les suppléments qui permettaient de suivre le déroulement de l'histoire de la France jusqu'en 1520 (éd. de 1521).

France à son terme. L'un et l'autre n'en avaient pas moins acclimaté un type d'histoire dynastique, soucieux d'effacer dans la narration historique le surnaturel ou la légende, en éliminant l'épopée de Francus et le mythe des origines troyennes, la légende de la Sainte Ampoule ainsi que « la geste de Roland ». Le continuateur de Paul Émile, le Français Arnould de Ferron, poussera la narration historique jusqu'au règne de François Ier et fera preuve d'un esprit critique dont ses deux prédécesseurs semblaient dépourvus, en confrontant plusieurs textes pour les opposer et en tirer une version mieux distanciée.

4. Pour et contre l'Histoire

Il ne faudrait pas en conclure que l'Histoire telle que nous l'entendons aujourd'hui est née au XVIe siècle. La distinction entre vraisemblable et vérité est encore imprécise — parfois inexistante — et l'objet de l'Histoire est encore identifié à la gloire d'une dynastie. Les humanistes du Nord n'y voient guère qu'un réservoir d'*exempla* dont il fallait évaluer préalablement la portée pédagogique. Ainsi Érasme se méfie-t-il de Tite Live, dont les modèles héroïques répondent pourtant si bien à la demande des hommes de la Renaissance. Dans son *Institutio principis Christiani* (1531), il ne met pas les *Décades* au programme, et insiste sur les dangers qu'une telle lecture pourrait faire courir à la jeunesse, en tournant la tête à de jeunes garçons batailleurs qui ne demandent pas mieux que de céder au vertige de la démesure, alors que les *Moralia* de Plutarque, les essais de Sénèque et les livres salomoniens de la Bible, les auteurs comiques et même les poètes ne peuvent qu'être bénéfiques. L'Histoire seule est potentiellement dangereuse.

Entre deux esprits aussi incompatibles qu'Érasme et Machiavel, il n'y en a pas moins une attitude commune à l'égard d'une Histoire réduite au rôle de fournisseur d'*exempla*. Fils de juriste, Machiavel ne cesse de déplorer que les historiens n'aient jamais eu l'idée d'utiliser leurs matériaux à la manière des juristes, avec un classement thématique des faits qui permettrait d'en tirer des lois générales, un enseignement sur les conduites humaines fondé sur l'observation des faits et de leur récurrence. On pourrait, en un mot, mettre au point une sorte de technologie politique aussi fondée que le sont le Droit ou la Médecine. C'est ce qu'il va essayer de faire dans ses *Discours sur la première décade de Tite Live*, plus encore que dans *Le Prince*.

Mais prenons-y bien garde : ces considérations supposent le traitement systématique de matériaux d'origines tout à fait différentes, empruntés tantôt à la Grèce ancienne, tantôt à l'Orient hellénistique, à la Rome républicaine, au Bas-Empire, à l'Italie médiévale ou à la France contemporaine, tout étant mis sur le même plan. Le fait même d'élaborer des lois générales sur des matériaux hétéroclites implique un présupposé auquel on ne prête pas assez attention : la croyance dans l'immutabilité de la nature humaine. L'Histoire est, pour Machiavel, un répertoire de phénomènes répétitifs qu'il suffirait de classer et de décoder pour pouvoir en même temps comprendre le passé et prévoir l'avenir [13].

C'est bien dans ce fixisme socio-psychologique qu'il faut chercher le fondement du conservatisme foncier de Machiavel, et aussi celui de Montaigne qui recourra aux mêmes procédés. Les hommes de tous les temps et de tous les pays, pensent-ils l'un et l'autre, sont les mêmes, quels que soient le siècle où ils vivent, la forme d'État et de société dans laquelle ils respirent. Telle est la croyance, fondée sur un consensus quasi universel que Budé va attaquer de biais d'abord, puis de front.

5. Budé et la vision historique du droit

Comme Machiavel, Budé est issu d'une famille de juristes, et les seules études universitaires qu'il ait faites sont des études de droit. Mais le climat juridique n'était pas le même dans les deux pays. En Italie, le droit romain règne sans partage, alors qu'en France il voisine avec le droit coutumier sans que les cloisons y soient aussi étanches qu'elles se voudraient. Cette situation paradoxale, la tension constante qui en résultait, ont contraint les juristes français à un comparatisme forcé qui a fait de la France — les historiens italiens et américains du droit s'accordent sur ce point — le terrain le plus favorable à l'avènement du droit moderne [14].

L'idée d'entreprendre la rédaction d'un traité juridique est venue à Budé — de son propre témoignage — à la suite d'une lecture des *Elegantiæ* de Lorenzo Valla. Le grand humaniste italien y faisait

---

[13] Voir ci-dessus, chapitre I, p. 63-64.
[14] Voir D. Maffei, *Gli inizi dell'Umanesimo giuridico*, Milan, 1956, et M. P. Gilmore, *Argument from Roman Law in Political Thought*, Harvard, 1941.

l'éloge du recueil juridique des *Pandectes*, et Budé a voulu lire attentivement le texte. Ce faisant, il a été frappé par le nombre des contradictions et des incohérences qui s'y trouvaient. Il s'est vite pris au jeu, et au cours de deux missions diplomatiques en Italie, en 1501 et 1505, il a voulu consulter et comparer les manuscrits de Rome et de Florence, il fait la connaissance de Crinito, ancien disciple de Poliziano, qui lui fait lire les notes de lecture de son maître, et il en arrive à la conclusion que non seulement la version des *Pandectes* qui circule est très fautive, mais que les glossateurs ont encore porté la confusion à son comble en imaginant des explications rationnelles à des absurdités dues à des erreurs de lecture de copistes. Le premier objectif de Budé sera donc l'établissement d'un texte correct, huit ans avant qu'Érasme ne se livre à la même entreprise sur le Nouveau Testament. Il va faire la chasse aux erreurs de copistes, aux interpolations byzantines, aux gloses médiévales insérées dans le texte, aux lacunes des manuscrits.

S'il s'en était resté là, Budé serait un humaniste parmi d'autres. Mais il a voulu aller plus loin. À l'établissement du texte il ajoute une étude lexicologique chaque fois que le sens d'un mot n'est pas évident, il reconstitue des séries homogènes complètes de termes qui, avec des écarts, désignent des objets du même ordre, ainsi le vocabulaire de la propriété : *prædium, possessio, mancipatio, vadimonium, gentilitas*, en comparant les circonstances de leur utilisation. Après quoi il fait la contre-épreuve en isolant un mot comme *vindex* et reconstitue la série complète de ses dérivés : *vindicare, vindicta, vindiciæ, vindicatio*. Grâce aux recoupements, aux superpositions, aux éliminations, aux comparaisons de comparaisons, il en arrive, dans beaucoup de cas, à passer de l'inconnu au connu avec des procédés presque algébriques, à dégager non seulement la signification explicite d'un terme, mais aussi ce qu'il implique sans que les juristes romains en aient pleinement conscience. Au-delà des mots, il trouve dans la langue un organisme vivant mû par ses lois propres, même sans l'intervention des hommes [15].

Il trouve aussi d'un texte à l'autre des glissements de sens, parfois même de véritables mutations comme si les mots, l'usage des mots et celui des lois subissaient au cours des âges des effets d'érosion, de glissements de terrain, d'éruptions, qui modifiaient profondément le

---

15 Voir M.-M. de La Garanderie, *Christianisme et lettres profanes*, Paris, 1976, liv. I, chap. II.

paysage et permettaient d'entrevoir comme en transparence les bouleversements sociaux qu'a connus le monde romain pendant sept siècles.

Car on savait bien que le recueil des *Pandectes* avait eu plusieurs rédacteurs, mais en faisant l'inventaire — toujours en faisant alterner les critères stylistiques et historiques — Budé s'aperçoit que leur nombre dépasse de beaucoup les premières estimations. Il en trouve trente-sept, échelonnés sur sept siècles, et qui ont chacun élaboré des lois sous la pression des circonstances du moment, qu'il faut avoir présentes à l'esprit pour reconstituer leur signification. En voulant, à force de gloses et de subtilités, prêter une cohérence artificielle à un codex fait de pièces et de morceaux, on a dénaturé le sens des lois romaines, qui ne peut se reconstituer que par une démarche historique.

En entrecroisant sous nos yeux des procédés philologiques, juridiques et historiques autour du même objet, il se livre à une sorte de démonstration d'interdisciplinarité militante, et à une époque — nous sommes en 1508 — où il n'a pas encore fait ses professions de foi dans les vertus de la culture globale de l'avenir, il n'en met pas moins ses découvertes au crédit de l'esprit humaniste. Et il précise bien qu'il a écrit cet énorme ouvrage non pas en *sacerdos legum* mais en *sacerdos musarum*.

6. De l'histoire du droit à l'histoire économique de la conquête romaine

Budé croyait savoir où il allait quand il s'est attaqué à sa gigantesque entreprise des *Annotations aux Pandectes*, mais il ne se doutait pas, au départ, de ce qu'il allait rencontrer en chemin. Il était parti pour commenter des lois tout en restituant l'intégrité d'un texte, et ce qu'il trouve, c'est le devenir de la société romaine, ce mouvement continu dans la durée qui échappe complètement aux historiens de son temps — et même à leurs successeurs pendant plusieurs siècles —mais qui bientôt s'impose à lui comme étant la vérité de l'Histoire, la face cachée qui explique tout le reste. Et ce contact inattendu avec une société en mouvement lui a donné un tel choc qu'il ne pourra plus se séparer de l'Histoire.

Car il s'est aperçu que, pour comprendre la signification d'une loi, il fallait d'abord étudier les circonstances politiques de sa naissance, elles-mêmes inintelligibles si on ignore tout des structures sociales génératrices de tensions, que politiciens et législateurs ont voulu réduire, et au milieu de tout cela l'intervention de réalités économiques difficiles à cerner. C'est sur ce dernier butoir qu'il achoppe. Il se rend compte qu'au milieu des données que lui fournissent les textes sur les budgets de dépenses, les rentrées d'impôts, les butins, les échanges, il circule comme à colin-maillard, faute de précisions sur la valeur des monnaies qui ont cours dans l'Empire romain, sur leurs taux de change et sur la stabilité ou l'instabilité de leur cote et de leur alliage.

Pour sortir de ce brouillard historique il va, une fois de plus, mettre en branle toutes les méthodes utilisées dans les *Annotationes*, auxquelles il va ajouter quelques autres. Comme il se doit, il commence par ce qu'il appelle la méthode philologique en rassemblant tous les textes qu'il a pu trouver dans les littératures antiques sur les monnaies, les prix, les salaires, les évaluations de prélèvements fiscaux ou de pillages, et il va ainsi former le corpus dans lequel il va puiser désormais, pour édifier un second monument, celui qui va le plus contribuer à le rendre célèbre dans toute l'Europe, le *De Asse*. C'est en comparant ces données, en les juxtaposant, en les superposant, en les opposant, qu'il arrive à situer la valeur de ces monnaies les unes par rapport aux autres.

Dans un second temps il va reclasser les textes par ordre chronologique pour évaluer les fluctuations, de siècle en siècle, de l'économie antique, et il veut recouper les résultats qu'il estime provisoires — car jamais il ne croit les Anciens sur parole — avec un autre instrument d'analyse : la numismatique. Il prend des monnaies de même dénomination frappées à différentes époques, il les pèse, il les passe à la pierre de touche pour voir s'il y a identité de poids et de teneur en métal précieux. C'est ainsi qu'il s'aperçoit que l'*aureus* de Vespasien est moins lourd et plus faible en teneur d'or que celui de l'époque d'Auguste, et, piqué au jeu, il élargit son enquête et constate qu'au cours des siècles la monnaie romaine a subi une dévalorisation douce et continue, en tous points comparable à celle qu'il a pu remarquer lui-même avec les monnaies françaises de la Guerre de Cent Ans. Et le rapprochement avec les textes latins qui mentionnent la hausse des prix lui suggèrent une corrélation entre les deux phénomènes.

Mieux encore : en essayant d'établir le prix du blé à Rome au Ier siècle il retient, parmi les textes de son corpus, une remarque de Cicéron sur la baisse des cours du blé en Sicile aux années de récoltes surabondantes [16]. La façon dont il présente cette remarque, accompagnée du renvoi à un phénomène semblable dans la France

---

16 *De Asse*, éd. 1541, fol. 141.

contemporaine, va mettre Jean Bodin, dans sa fameuse lettre à Monsieur de Malestroit cinquante ans plus tard, sur la voie de la première formulation en règle d'une théorie de l'inflation, qui fera la part du facteur monétaire et des effets pervers de l'abondance dans la hausse et la baisse des prix.

Si les problèmes de prix occupent une telle place dans le *De Asse*, c'est qu'ils permettent à Budé de cerner des notions, alors toutes nouvelles, de pouvoir d'achat et de niveau de vie, car il ne perd jamais de vue les incidences de la vie économique sur la société et les individus. Il ne se contente pas d'évaluer le trésor de Tibère, les dépenses de Caligula, le montant des impôts prélevés sur l'Égypte et la Gaule, le montant du budget global de Rome sous tel ou tel empereur, il cherche des réponses à des problèmes ponctuels tels que ceux-ci : Combien gagnait un légionnaire romain sous Auguste ? Quels étaient le salaire et le pouvoir d'achat d'un ouvrier agricole sous Tibère ? Et en cherchant la réponse à cette deuxième question il s'aperçoit que le pouvoir d'achat des vignerons payés à la journée est le même dans la France de François Ier et sous le principat d'Auguste.

Pour en venir à ses fins, Budé n'hésite pas à recourir aux procédés les plus inattendus pour transformer les indications, parfois vagues, des historiens antiques en données quantifiables. Ainsi quand il rencontre le mot *chœnix*, unité de mesure dont on se servait pour le grain, et qu'il le rapproche de l'utilisation par Suidas du même mot pour définir la quantité de grain utilisée pour l'alimentation journalière d'une personne, il éprouve le besoin de traduire cette information en chiffres, ne fût-ce que pour cerner de plus près les notions de minimum vital, de famine et d'abondance.

Pour cela il convoque son boulanger et lui demande ce qu'il peut faire de pain avec telle quantité de farine. Mais le boulanger est un Français moyen, très soupçonneux dès qu'on parle d'argent et il commence par faire des réponses à la normande, tant il a peur d'avoir des ennuis avec le fisc ou avec ses confrères. Budé a vite compris d'où venaient les hésitations de son interlocuteur, et il cherche à le rassurer, à lui faire comprendre qu'il est sans arrière-pensée. Il finit par lui extorquer des chiffres fournis de mauvais gré, ce qui le rend méfiant à son tour. Du coup, Budé va vouloir contrôler les chiffres du boulanger. Il s'adresse alors à des magistrats municipaux en leur posant la même question : ils répondent que les boulangers minimisent toujours leurs chiffres de production, et ils proposent une autre évaluation, ce qui permet à l'humaniste de refaire ses chiffres en données corrigées. Après avoir obtenu d'un meunier des précisions sur la quantité de grain qu'il faut pour moudre telle quantité de farine, il sera en mesure d'évaluer la ration moyenne et journalière d'un Romain.

Dans cet espace de lecture terriblement aride qu'est le *De Asse*, les deux grandes pages consacrées au boulanger surviennent comme un courant d'air frais, une récréation [17].

Toutes les recherches sur les niveaux de vie et la comparaison entre les salaires d'ouvrier agricole au Ier et au XVIe siècle ont ouvert les yeux de Budé sur un fait qui nous semble aujourd'hui évident : le contraste entre deux rythmes économiques, ceux de la vie citadine et de la vie rurale, entre les civilisations urbaines, en état de fluctuation continuelle et condamnées à subir de plein fouet le jeu des lois économiques, et les civilisations rurales installées dans une longue durée qui parfois peut s'étendre sur plusieurs millénaires. Les civilisations urbaines, elles, sont marquées chez les nations de proie par une circulation intense de l'or et de l'argent, aussi bien chez les Perses que chez les Romains du Haut et Bas-Empire. Quel contraste avec l'Europe de 1514 où la masse monétaire est tellement inférieure à ce que le volume des affaires exigerait ! Cet état de choses va durer jusqu'à l'arrivée massive d'or espagnol provenant d'Amérique, qui rétablira l'équilibre, donnera une accélération soudaine à l'économie capitaliste et, en même temps, à un type d'inflation alors inconnu des Français : l'inflation métal.

Mais les effets pervers de la circulation de l'or espagnol n'ont commencé à se faire vraiment sentir en France qu'au début des années 40. Or Budé est mort en 1540, et le *De Asse* a été écrit entre 1510 et 1514, ce qui le situe à l'extrême fin du Moyen Âge plus qu'à la Renaissance à proprement parler. Le contraste n'en est que plus grand entre le train de vie parcimonieux de l'Europe chrétienne à l'époque de Louis XII et l'extraordinaire déploiement de richesse qu'offrait l'Empire romain. Où est donc passé tout cet or, se demande Budé ? Il y a, bien sûr, les explications classiques, que Budé reproduit dans le petit abrégé de poche en français qui réduit à moins de cent pages cet énorme volume de huit cent pages : l'or et l'argent ont progressivement disparu, dit-il, « par usage, par dorures, par naufrages, par trésors enfouis et autrement » [18].

---

17 *Ibid.*, fol. 161 v° sq.
18 Budé, *Épitomé du livre De Asse*, éd. de 1550, p. LXXIV.

Mais il y a plus : ces richesses, d'où viennent-elles ? Et Budé de répondre : du pillage et des prélèvements annuels opérés par Rome sur les pays conquis et déjà pillés. L'expédition d'Alexandre avait, en son temps, décuplé le volume de l'or et de l'argent mis en circulation dans les pays riverains de la Méditerranée. La conquête romaine va détourner en direction de Rome la plus grande partie de cet or et y ajouter le tribut que, chaque année, l'administration romaine prélève sur ses conquêtes. Budé en fait l'inventaire, province par province, et compare le total avec le revenu global de Rome [19].

L'or des pillages et des tributs n'est d'ailleurs pas le seul à alimenter les trésors romains : il y a aussi le produit des mines. Or sur les territoires de l'Empire il y a des mines de métaux précieux à exploiter, même dans des pays comme la Gaule et l'Espagne qui font alors figure de pays sous-développés, en comparaison des royaumes d'Asie mineure et d'Afrique. Budé entreprend alors l'inventaire des exploitations minières romaines, en se fondant sur les textes de César, de Strabon et Pline. Il trouve de gros gisements de cuivre en Espagne, et aussi de l'argent ; en Gaule de l'argent, du fer et même de l'or [20]. Or que reste-t-il de nos jours, dans les mines ? Rien. Les Romains les ont épuisées jusqu'au dernier filon. Après eux c'est l'épuisement total.

Nos contemporains définiraient cette situation en parlant de colonisation sauvage. Et Budé le dit à sa manière, qui est à peine moins brutale, en commençant le développement intitulé « Opulentia publica privataque Romanorum » par une affirmation cinglante : « L'opulence romaine était fondée sur la mise au pillage de la presque totalité du monde » [21]. Et il ajoute qu'à mesure qu'il écrivait son livre, sa vision de Rome commençait à tourner au noir [22].

De tels propos n'étonneraient personne aujourd'hui. Mais il faut avoir en tête ce qu'était le culte religieux de l'Antiquité chez les humanistes de ce temps pour mesurer l'ampleur du sacrilège. Dante et

---

[19] Dans l'*Épitomé* (éd. 1550) les têtes de chapitres marquent nettement ces préoccupations : « Le revenu d'Égypte » (fol. XV), « De l'impôt sur l'Asie » (fol. XXV), « Les tributs d'Asie » (fol. XLII), « du pays de France sous le temps de Néron et Vespasien » (fol. XLVI), « Le revenu de l'empire de Rome » (fol. XXVI), « La richesse de Rome estoit la despoile du monde » (fol. LIX).
[20] *Ibid.*, fol. LXIII.
[21] *De Asse*, éd. 1541, fol. 46 F : « Urbem enim Romam totius prope orbis spoliis locupletem fuisse, historica fide planum fieri potest […]. »
[22] Voir ci-dessus, chapitre I, p.65 et n. 4.

Pétrarque avaient transmis à la Renaissance italienne une image de la Rome antique à ce point sublimée qu'ils ne pouvaient en exprimer la splendeur qu'en recourant à l'explication par la grâce collective, un tel chef-d'œuvre n'ayant été possible qu'avec une complicité divine. C'est cette icône, précisément, que Budé profane, en substituant à une approche mythique appuyée sur Tite Live et Virgile une démarche historique fondée sur l'emploi simultané de l'histoire économique et de l'histoire des sociétés. Pour lui, ce mélange d'instinct prédateur et d'aptitude à organiser sur un plan mondial la circulation des richesses dont on garde pour soi la plus belle part, c'est cela la vérité de Rome. Tout le reste n'est qu'imposture.

Cette vision sinistre du passé romain est-elle limitée à quelques lecteurs d'in-folios érudits, gens de robe ou d'Église ? Il faut répondre non. Ce serait limiter l'influence d'un livre réédité onze fois en cinquante ans, à Paris, Lyon, Venise et Bâle, sans parler du petit résumé de cent pages republié à neuf reprises au même moment sous le titre d'*Épitomé*. On trouve d'ailleurs des reflets de cette Rome noire chez Marguerite de Navarre dans son « Triomphe de l'agneau », et surtout dans les poésies de Joachim Du Bellay écrites en Italie, où les figures symboliques parlent plus fort que les descriptions. Rome y est présentée comme « l'aveugle fureur », « l'antique horreur qui le droit viola », comme l'héritière du « vieux péché », c'est-à-dire du meurtre fondateur de Rémus dont le sang est retombé sur la postérité de Romulus, multipliant les morts violentes, les guerres civiles, les massacres. Et dans un poème superbe et méconnu, « Le Songe », la louve romaine est présentée comme une bête féroce dont la gueule est rouge de sang ; on la voit

> [...] hors de là sa pasture chercher
> Et courant par les champs, d'une fureur nouvelle
> Ensanglanter la dent et la patte cruelle
> Sur les menus troppeaux pour sa soif estancher.

Le procès qu'engage ici Du Bellay contre Rome est celui de l'*imperium* et de la violence qui le suit, alors que chez Budé il y a un double procès : celui de la conquête et celui de l'argent. Or dans la logique de l'histoire romaine, les deux sont liés. La vampirisation des pays conquis et pillés par Rome a finalement corrompu les Romains eux-mêmes, affirme Budé.

Avec sa minutie habituelle, l'humaniste multiplie les remarques et les chiffres sur les privilèges et les profits des dignitaires et magistrats romains, des généraux vainqueurs, des proconsuls. Or ces richesses, que les uns et les autres accumulent, sont utilisées à quoi ? À la corruption de tous ceux qui peuvent servir de marchepieds pour la conquête du pouvoir. Le jeu des institutions et l'équilibre de l'État sont ainsi faussés, la structure de l'Empire se dégrade progressivement, et on peut dire, conclut Budé en moraliste dans l'*Épitomé*, que « la puissance de l'Empire qui ne pouvoit estre subjuguée que par la force d'armée fut vaincue par luxure et superfluité, en forme de régime qui vint à Rome pour venger le monde oppressé et spolié par les Romains »[23]. La conquête de l'or a empoisonné les conquérants.

On pourrait, en lisant ces lignes, imaginer Budé tout proche de Montesquieu, prêt à représenter l'ascension et la décadence d'une civilisation par le tracé d'une trajectoire courbe. En réalité il n'en est rien, car rien n'est plus étranger à Budé que les concepts de trajectoire, de progrès cumulatif continu, d'évolution. Les mots dont il se sert pour évoquer les changements de forme ou de tonus sont d'un autre ordre : *mutatio, translatio,* et *corruptio*.

Comme la plupart des hommes de la Renaissance, il imagine qu'un avoir culturel peut être transféré d'une civilisation à l'autre sans altération sensible, le contenu restant le même dans plusieurs contenants successifs. Budé invoque souvent Cicéron parce qu'il se trouve avoir été le principal agent de transfert du patrimoine culturel grec à Rome, et qu'il a enrichi la langue latine en lui faisant des injections de grec à haute dose. C'est ce précédent qu'invoquent les humanistes français du XVIe siècle pour prôner le transfert du patrimoine gréco-latin dans la France de François Ier, la *translatio studii*, qui n'est, dans leur esprit, ni une évolution ni un retour en arrière, mais une *restitutio ad integrum*. Il s'agit toujours de la même humanité, de la même culture. Toute l'esthétique classique sera fondée sur cette croyance.

En sens inverse il y a la *corruptio*, notion morale et biblique. Elle peut survenir à tout moment quand le laxisme intellectuel, moral et linguistique paralyse progressivement les moyens de défense d'un organisme ou d'une civilisation. Budé le redira plus tard dans le *De Studio litterarum* : aux origines de la philosophie grecque il y a une réflexion sur les liens qui existent entre la dégradation du langage, celle des esprits et celles des mœurs[24], les trois allant toujours de pair.

---

[23] *Épitomé*, fol. LIX sq.
[24] Budé, *L'Etude des Lettres*, trad. M.-M. de La Garanderie, *op. cit.*, p. 42.

Aussi la *restitutio* appelée à grands cris, celle qui ferait revivre la culture absolue, ne se présente-t-elle pas comme une floraison mais comme une polygénèse en grappe. De même la *corruptio* attaque simultanément tous les membres d'un corps social.

Et bien que l'enquête multidisciplinaire telle que la pratique Budé épouse très étroitement les phénomènes décrits, elle est de même nature qu'eux, comme l'est aussi son style, qui combine plusieurs discours en contrepoint dans une seule phrase, qui fait clignoter les métaphores sans nombre, qui multiplie les propositions subordonnées, les ellipses, les digressions. Autrement dit, Budé s'exprime comme un Montaigne qui écrirait en latin et ne serait ni foncièrement artiste, ni allergique au pédantisme.

C'est ce que lui reproche Érasme qui a, lui, un discours rectiligne posé sur rails avec une élégante désinvolture et un style racé. Dans une lettre à Budé, le Hollandais lui reproche de vouloir saisir trop de choses à la fois, ce qui le conduit à exprimer cette étreinte par un style trop chargé, « surabondant », qui ne craint pas de laisser le lecteur à la traîne, de le bousculer, de ne lui ménager « nulle part de repos, nulle part de détente », qui le condamne à prendre « plus de peine pour lire que l'auteur n'en a pris à écrire »[25] ; de ne pas savoir « retirer sa main du tableau »[26] ; et d'écrire, en fin de compte, à la manière du plus hermétique des poètes alexandrins : Lycophron[27].

Devant cette remise en question, très courtoise et même obséquieuse dans la forme tout en étant assez mordante, Budé se défend et contre-attaque. Pour définir leurs deux styles il a trouvé une formule aussi juste que drôle, et qui prouve qu'il a plus de réserves d'humour qu'on ne lui en attribue : le style d'Érasme, dit-il, est « laconique », alors que le sien est « asiatique ». Et il ajoute : « Je suis ainsi fait ; prends moi comme je suis »[28].

Mais il ne se contente pas de cette pirouette : il suit l'adversaire sur son terrain d'attaque en précisant que « le goût de l'opulence et de la complication », qu'il a très justement remarqué dans son style, est en « rapport étroit avec les sujets » qu'il traite. Mais il ajoute qu'il pourrait fort bien écrire de façon tout à fait différente si un autre

---

[25] Lettre d'Érasme à Budé du 28 octobre 1516, *Correspondance d'Érasme et de Budé*, p. 77-78.
[26] Lettre de Budé à Érasme du 26 novembre 1516, *ibid.*, p. 83.
[27] *Ibid.*, p. 78.
[28] *Ibid.*, p. 57.

dessein l'exigeait. Il n'hésite pas, dans une autre lettre, à pousser plus loin l'avantage en lui faisant sentir qu'entre eux la différence de style correspond à une différence de public et d'horizons d'attente. Budé, quand il écrit, s'adresse à ses pairs, alors qu'Érasme affecte d'écrire « pour les enfants et les ignorants »[29] — pure fiction puisque ni les enfants ni les ignorants ne lisent le latin. En réalité, sa Muse fait des clins d'œil à la galerie, recherche le grand public et atteint « toutes les catégories de lecteurs »[30], ce qui lui interdit les grands sujets, l'approfondissement, et le condamne à « gaspiller son inspiration sur des sujets qui ne le méritent pas »[31]. Ainsi s'opposent deux grands humanistes considérés comme égaux sur le plan du savoir mais orientés vers des publics qualitativement et quantitativement différents.

La correspondance Budé-Érasme, il faut le dire, est une correspondance d'apparat. Rien n'y figure qui ne soit dit à haute, à très haute voix. Les confidences, on les trouve plutôt dans les lettres adressées aux proches, au frère préféré Louis, à un vieil ami tel que Germain de Brie, ou à Tunstall, l'humaniste anglais qui a sa confiance et sa sympathie. C'est à lui qu'il a avoué la joie qu'il a d'écrire le *De Asse*, de se sentir libéré du sillon trop étroit de la recherche juridique imposé par les *Annotationes*. D'avance il se défend contre ceux qui l'accusaient d'avoir mobilisé trop de disciplines à la fois et de dépasser les limites fixées par l'usage :

> Écrasé sous une documentation fourmillante et complexe, l'esprit ne peut se mouvoir en toute liberté ni se donner carrière [...] s'il ne dispose d'un matériau largement étalé comme un champ libre grand ouvert à sa course. Et je suis sûr qu'il ne s'agit pas, en ce qui me concerne, du mauvais penchant d'un esprit sans modération ni rigueur. Car je sais bien que si je m'avisais de brider ma plume, de la réduire au rigorisme, à la frugalité, je priverais mon esprit de son agilité, de rition, de sa sève et j'irais à contre-courant de mon inspiration et de ma personnalité [32].

---

[29] Lettre d'Érasme à Budé du 28 octobre 1516, *ibid.*, p. 74.

[30] Lettre de Budé à Érasme du 26 novembre 1516, *ibid.*, p. 86.

[31] Lettre de Budé à Érasme du 1er mai 1516, *ibid.*, p. 57.

[32] Lettre de Budé à Tunstall du 19 mai 1517, *Lucubrationes*, p. 363 : « Si quis vero alius existat, qui has sibi vices deposcat, est alia iam mihi instituta commentatio, quæ animi mei contentionem a lectione iuris auocauit in diuersum, iuuantque me magis ea scribendi argumenta : quæ non tam angustis finibus circunscripta sunt : neque etiam mouere se libere, expatiarique potest animus lectione longa ac multiplici, quasi farragine

Dans un paragraphe de la *Vita Budæi* consacré au style du Maître, Louis Le Roy parle de ses expressions recherchées et obscures dans leur profondeur, d'un « grouillement de métaphores et de figures de style »[33], qui confère au discours budéen « une sonorité tragique et rocailleuse »[34] qui ne s'adresse pas au grand nombre mais aux lecteurs d'élite (*doctis et attente legentibus*). Car, à la différence d'Érasme, Budé n'entend pas donner une représentation pleinement intelligible de sa pensée, mais forcer le lecteur à mimer sa démarche, à refaire avec lui pas à pas tous les cheminements de sa recherche, à essayer avec lui des approximations successives, elles-mêmes rarement inscrites dans un cadre à deux dimensions, à profiter des fissures de l'architecture verbale pour faire entrevoir à travers elles ce qui ne peut être perçu directement.

À ce baroquisme de l'écriture correspond un baroquisme de la composition et des structures. Les développements de Budé sont aussi peu rectilignes que ses phrases, ils sont faits de vagues successives charriant avec elles des connotations multiples de sens, d'analogies, de recoupements, elles sont ponctuées de digressions dont la somme représente un peu plus du tiers du *De Asse*. Mais gardons-nous d'attribuer naïvement au bavardage ou à la négligence les circonvolutions du discours budéen. Ce serait ignorer qu'elles se développent à plusieurs niveaux, le niveau intellectuel où l'humaniste gouverne un quadrige interdisciplinaire peu habitué à l'attelage commun, le niveau social et politique où toute la société de la France de Louis XII, roi en tête, est mise en accusation, les niveaux moral et théologique où l'on montre que l'Histoire converge, comme la Bible, vers les leçons qu'un chrétien doit savoir en tirer.

Ne nous y trompons pas : ces passages continuels d'un niveau à l'autre sont infiniment plus cohérents qu'il n'y paraît. Ils révèlent, entre autres choses, une complicité profonde entre une pensée interdisciplinaire qui se cherche et l'esthétique baroque en devenir de

---

obesus et lasciuiens, nisi late patentem materiam veluti campum liberum et apertum ad excursionem habeat. Neque hoc non esse vitium interdum intelligo animi parum frugi, sibique indulgentis imrprudentius. Sed si ad normas seueritatis et frugalitatis adigere gestientem stylum moderarique seuerius in animum induxerim, tum omnem animi alacritatem abstulero, et fortasse ieiunum exuccumque reddidero, tum etiam meo Genio Mineruaque repugnauero. »

[33] « Figuræ plurimæ, trallationes crebrae », Louis Le Roy, *Vita Budæi*, 1541, p. 25.

[34] « Nescio quid tragicum et confragrosum personare », *ibid.*, p. 25-26.

celui que Marc Fumaroli a très justement nommé « le Michel-Ange de la néo-latinité »[35].

Michel-Ange et Budé. Voilà un rapprochement qui va beaucoup plus loin qu'on ne pourrait le croire à première vue. Car pour Budé comme pour Michel-Ange les distorsions de formes, les jeux de courbes et de contre-courbes, les contradictions, les ruptures de rythme, les hésitations entre vie active et vie contemplative, entre la famille et l'ermitage, la balance ingénieuse entre la diachronie et la synchronie, entre Athènes et Jérusalem, entre Mercure et Sophia, entre un rationalisme implacable et des échappées mystiques, tout cela se traduit, en fin de compte, par un puissant équilibre fondé sur des états conflictuels, non sur leur négation, équilibre souverainement baroque, mais qui finit par s'imposer avec l'autorité d'une évidence, à la manière d'une coulée de lave ou d'un raz-de-marée.

Pour justifier l'effervescence de ses *Odes*, Ronsard se référait aux irrégularités de la Nature : « Nulle poësie se doit louer pour accomplie si elle ne resemble la Nature, laquelle ne fut estimée belle des Anciens, que pour estre inconstante et variable en ses perfections »[36].

Les justifications de Budé ne sont pas d'un autre ordre. Car, à l'image de la Nature elle-même, « la nature humaine est des plus changeantes et versatiles — ce qui, de l'avis de quelques-uns, la fit appeler Protée et Vertumne »[37], en sorte que, dans ce voyage en mer accompagné du chant des sirènes qu'est la vie, on n'a de sécurité qu'attaché au haut du mât, comme Ulysse, car même ballotté par les vagues on peut voir les choses de haut, et « ce n'est que de cette assiette, comme d'une sorte de lieu élevé, que la vérité et la sagesse célestes peuvent être correctement et justement contemplées et comprises »[38].

C'est justement ce baroquisme de structure de pensée et de style qui confère à Budé des pouvoirs de libération peu communs. Car enfin, cet

---

[35] Marc Fumaroli, *L'âge de l'éloquence*, Genève, Droz, 1980, p. 448.
[36] Ronsard, *Odes*, préface de l'édition de 1550.
[37] Budé, *De transitu Hellenismi ad Christianismum*, éd. et trad. M.-M. de La Garanderie et Daniel F. Penham, Paris, Les Belles Lettres, 1993, p. 191 : « Cum igitur natura humana quoquo versus admodum versatilis sit, eaque de causa et Proteum et Vertumnum aliqui eam appellatam esse putarint […]. »
[38] *Ibid.*, p. 190 : « At ex eo demum statu, tanquam ex edito quodam loco, recta potest esse iustaque veritatis atque sapientiæ cœlestis contemplatio et intelligentia. »

homme s'attaque à l'histoire tout en différant de ses contemporains qui s'intitulent historiens. Il a le mérite d'arrêter le flux de la diachronie en braquant son attention sur les problèmes de valeur, de quantité et de conditions de vie et de durée.

Pour mieux me faire comprendre, j'évoquerai un passage de l'*Énéide* dans lequel le héros de Virgile se trouve en présence d'une foule de personnes parmi lesquelles il distingue une déesse. Et à quoi la reconnaît-il ? C'est une jeune femme bien habillée, bien coiffée, séduisante : mais ce n'est pas suffisant pour identifier Vénus. En la voyant au milieu d'autres jeunes femmes, il l'a distinguée *à sa démarche* qui est celle d'une immortelle. Je n'en saurais dire plus pour Budé. Il a la démarche historique.

Chapitre X

Budé et les nouvelles frontières de la culture

1. Les mots et les choses de l'esprit nouveau

Pour qui veut explorer ou décrire les nouveaux territoires de la culture que Budé voulait promouvoir, il y a un premier obstacle à franchir : les mots dont la signification semble aller de soi ont subi une érosion, des glissements de sens depuis le XVIe siècle qui ne les rendent intelligibles qu'à contresens. Ainsi les mots *philosophia*, *philologia*, *litteræ* ne veulent pas dire respectivement *philosophie*, *philologie* ni *belles lettres* au sens où nous l'entendons. *Philosophia* est pris tantôt au sens étymologique d'amour de la sagesse, tantôt dans le sens aristotélicien d'encyclopédie des connaissances rationnelles ; Budé fait entrer dans cette catégorie non seulement les œuvres de Platon et d'Aristote, mais des livres sapientiaux de la Bible tels que « l'Ecclésiaste », « les Proverbes », « la Sagesse », sans compter certains essais de Cicéron qui peuvent nous sembler purement littéraires. Par *philologia* il entend toutes les disciplines qui ont trait aux faits de langue, depuis la grammaire, l'étymologie et la rhétorique jusqu'aux littératures, et à l'utilisation de la science des mots, à l'analyse des termes et des concepts utilisés dans des disciplines telles que le droit et l'histoire.

De même on ferait fausse route en réduisant le mot *litteræ* au sens de *belles lettres*. Par *litteræ* les humanistes entendent tout ce qui relève de la communication écrite, par opposition à la communication dite « acroamatique », celle qui se fait de bouche à oreille. Par exemple les œuvres de Pline l'Ancien, consacrées dans leur plus grande partie aux sciences naturelles, les traités de morale de Sénèque, les plaidoyers politiques de Cicéron, les textes historiques de Thucydide, tout cela est inclus dans la notion de *litteræ*. *Philosophia*, *philologia* et *litteræ* ne sont donc pas des disciplines ou des genres bien tranchés, mais des champs sémantiques passablement vastes et qui, par endroits, se recoupent.

J'ajouterai à ces trois termes, déjà quelque peu équivoques, un quatrième qui vient apporter des perturbations dans l'équilibre déjà bien instable de l'ensemble, c'est le mot *humanior*. L'expression *litteræ humaniores* revient souvent sous la plume des humanistes et Érasme la définit dans une lettre célèbre comme « les études sans lesquelles nous ne sommes pas même des hommes »[1]. Voilà un énoncé, dont on se satisfait généralement, mais qui pose un problème sans le résoudre, alors que Budé, dans le *De Studio litterarum* a fait une analyse qui va beaucoup plus loin et permet de faire une sorte de coupe verticale dans le système de représentation humaniste :

> Les Anciens voyaient que presque toujours — alors que la providence a doté le genre humain de deux prérogatives naturelles, l'intelligence et le langage, les plus nobles qui soient pour des êtres vivants — ceux qui avaient passé leurs années d'enfance et de jeunesse dans la promiscuité de la foule et loin de l'étude des lettres, ou bien ressemblaient à des bêtes, ou restaient si grossIers qu'ils en étaient presque incapables de parler. Nous en voyons bon nombre de cette espèce, qui se lancent sans autre précepteur ou maître que le sens commun. Or assurément l'usage de la langue se détériore progressivement, et, de patricien, pour ainsi dire, devient insensiblement plébéien, lorsque le nombre des ignorants se multiplie. Alors l'esprit humain, pénétré, dès le berceau et l'apprentissage de la vie, d'habitudes erronées et vicieuses, ne s'aperçoit même pas que, sous la perpétuelle contagion de l'ignorance, partout répandue, il est retombé au rang de leurs autres animaux, alors qu'il avait été rayé des cadres, comme on dit, en vertu de son insigne et noble origine [...]. Assurément les plus nobles d'entre eux trouvèrent intolérable que la nature humaine — d'abord par ignorance d'elle-même, ensuite par la corruption morale qui depuis longtemps s'était enracinée chez les mortels — eût été déchue du rang sublime qui, aux origines du monde, la faisait étroitement parente de la nature divine[2].

---

[1] Lettre d'Érasme à Budé du 28 octobre 1516.
[2] Budé, *L'Étude des lettres*, trad. M.-M. de La Garanderie, Paris, Les Belles Lettres, 1988, p. 38 et 40. - « Videbant illi [Antiqui] eos fere qui cum promiscua multitudine annos traduxissent pueritiæ et adolescentiæ procul ludis literariis, vel semiferos ipsos esse, vel rusticitate præditos infantiæ non absimili. Cuiusmodi illorum euadere plurimos vidimus, qui communi tantum sensu quasi præceptore utuntur et magistro. At vero loquenti consuetudo, deterior fere tempore fieri solet, et ex patriciis (ut ita dicam)

Mais, peut-on se demander, si la raison est d'origine divine et si chacun en a sa part, comment s'expliquer qu'elle décline avec le temps au lieu de s'épanouir ? Budé a deux réponses : l'une est théologique, l'autre sociologique. La première tient compte des instincts animaux devenus prévalents, si l'on n'y prend garde, depuis le péché originel :

> Nous le savons, depuis la première apparition du péché, la nature veut que, si la raison ne siège sur le trône de l'âme et ne tient en mains les chaînes des sens sauvages, il ne soit rien de plus intraitable, de plus ingouvernable, que l'animal raisonnable, ni même rien de plus prompt à courir à sa propre perte [3].

On voit les implications de cet énoncé. Il ne peut y avoir de réforme de la condition humaine qu'en passant par une réforme intellectuelle, la raison pouvant seule venir à bout des facultés inférieures et des instincts.

La seconde explication qu'apporte Budé est sociologique. L'urbanisation (et n'oublions pas que l'urbanisation s'accélère dans la première moitié du XVIe siècle) crée des modes de vie et d'échanges qui sont en eux-mêmes, corrupteurs :

> Le fait de vivre parmi la foule des grandes agglomérations pervertit le jugement. Ceux qui observent attentivement le savent bien : la vie des cités, et sa sagesse commune, contemplent et pèsent les

---

sensim ad plebeios transire, imperitorum utique numero multis exuperante partibus. Tum mens humana, ab incunabulis statim, tyrocinioque vitæ, erraticis moribus ac mendosis imbuta, ex perenni contagione passim pollentis imperitiæ in ordine quodammodo cæterorum animalium redigi se tandem non sensit, cum tamen numero (ut dicitur) exempta sit originis insignitæ nobilisque priuilegio [...]. Et vero eorum quidem nobilissimi indignum esse censuerunt, naturam humanam ignoratione sui primum, dein morum peruersitate, quæ diu inter mortales inoleuerat, de gradu naturæ sublimis deiectam esse, quæ cognata erat ipsa a primordiis rerum, affinisque diuinæ » (*De studio litterarum*, fol. II et III).

[3] Budé, *L'Étude des lettres*, trad. citée, p. 82-84. - «Porro autem sic natura comparatum esse nouimus, post primordiale illud admissum illecebræ piacularis, ut nisi ratio sedens in solio principatus animi, habenas efferatorum sensuum in manibus habeat, nihil ferocius, nihil impotentius rationali sit animali, nihil adeo et præceps et in necem suam procliue et incitatum » (*De studio litterarum*, fol. XIII r° et v°).

choses humaines selon des normes qui ne sont point légitimes, mais qui sont bâtardes [4].

Dans l'esprit de Guillaume Budé urbanisation et prolétarisation du langage vont de pair pour les raisons qu'il indiquait tout à l'heure : les incultes étant toujours majoritaires, plus ils se rassemblent nombreux, plus lourd est le poids dont ils pèsent sur les usages de la langue. Et comme la langue orale évolue toujours plus vite que la langue écrite, c'est elle qui prend les initiatives et met les scribes devant des faits accomplis. C'est ce qui s'était produit au Moyen Âge : le français se transformait à une telle vitesse qu'un homme du XVe siècle avait peine à comprendre un texte écrit au XIVe siècle. Un demi-siècle après Budé, Montaigne sera encore persuadé que cette accélération du changement est un phénomène définitif. L'idée de freiner l'évolution d'une langue et de la faire contrôler par une élite intellectuelle, appuyée sur une fraction des classes dirigeantes, ne sera conçue et partiellement réalisée qu'au XVIIe siècle.

Un tel projet, à l'époque de Budé, eût passé pour une utopie d'intellectuels. Et puis, il ne saurait être question de faire des langues vulgaires un véritable instrument de pensée. Elles sont trop vulnérables à la contamination, trop promptes à s'emballer et à s'encanailler. Seul le latin peut jouer ce rôle, car il n'est parlé que par des gens instruits. Encore faut-il le débarrasser des pollutions qu'il a subies pendant les siècles où il a été la langue de travail des hommes d'Église et des gens de loi qui, les uns et les autres, l'ont altéré par des pratiques professionnelles. Il faut donc l'adopter en l'épurant. Et cela pour des motifs qui dépassent de beaucoup les considérations esthétiques ou le purisme grammatical, car Budé est complètement étranger à la dichotomie entre la pensée et les moyens d'expression — c'est ce qui le sépare des néo-cicéroniens d'Italie.

Pour lui — et c'est là l'un des présupposés du système — la pensée n'existe pas en dehors du langage, l'un n'étant que le revers de l'autre, ils se perfectionnent et dégénèrent ensemble. Dès le début du *De Studio litterarum* il montre qu'aux origines de la philosophie grecque il y a une réflexion sur les liens qui existent entre la

---

[4] Budé, *L'Étude des lettres*, trad. citée, p. 140. - «[…] in multitudine et celebritate hominum conuersatio, sensuum deprauatrix est. Siquidem vita ciuilis prudentiaque communis, non germana ratione, sed spuria res humanas contemplatur et expendit, ut notum est attente æstimantibus » (*De studio litterarum*, fol.XXVII v°).

corruption du langage et celle des mœurs. Les philosophes ont commencé par réagir, dit-il, contre « la multiplication des barbarismes dans la vie politique comme dans le langage, des solécismes en dialectique comme en morale »[5]. Quand le langage se dégrade, la raison qui en est solidaire se dégrade, elle aussi, et les mœurs de la cité suivent le mouvement, faute d'instrument de direction et de contrôle.

2. *Les mythes comme langage et comme herméneutique*

Pour exprimer cette solidarité de la pensée et du langage, Budé a recours, comme il le fait souvent, à la mythologie, à la complicité qui existe entre Minerve et Mercure, et au fait que les attributs de Mercure sont si nombreux, si complexes, qu'ils recoupent si souvent ceux de Minerve qu'on pourrait les confondre. La divinité la plus voyante chez Budé, comme chez les anciens Gaulois, c'est Mercure, dieu de la communication, messager divin, guide des voyageurs en quête d'itinéraire, il est le mentor du savant qui se fraye un chemin dans les broussailles de l'inconnu et veut communiquer aux autres les résultats de sa recherche. Il est aussi l'inventeur des techniques, des instruments qui démultiplient les pouvoirs de l'homme, il invente la lyre dont il a fait don à Apollon qui, en retour, lui donne le caducée, symbole, affirme Budé, de l'union et de l'action conjuguée des disciplines, au même titre que le bouclier rond de Minerve et le chœur des Muses [6].

Mercure ne se contente pas de donner aux juristes, aux philosophes, aux lettrés, aux médecins les moyens de s'exprimer et de se faire entendre, il les aide aussi à se comprendre entre eux, il les achemine vers une science universelle qui saurait mettre en scène le chœur des Muses grecques et romaines [7]. Dans le *Convivio* Dante avait proposé un tableau de concordance des arts libéraux et des planètes : à la Lune, revenait la grammaire et à la planète Mercure, la dialectique. Ficin a pris la même direction en mettant sous le signe de Mercure la

---

[5] Budé, *L'Étude des lettres*, trad. citée, p. 43. - « [.] Qui cum in muneribus vitæ ciuilis, atque in sermone barbarismos, in rationalis et in moribus solœcismos inualuisse cernerent [...] » (*De studio litterarum*, fol. III r°).

[6] « [...] nihil aliud potius quam scientiarum consensum cognationemque studiorum significant et manifeste ostendunt. » (*De Studio litterarum*, fol. V r°- v°).

[7] « Quod tamen ipsum sæculum Musarum choros edere coepit strenue, togatos una et palliatos », *ibid*.

ratio, l'activité intellectuelle fondée sur le calcul, « car sans cette faculté [...] les arts hésitent à la merci de l'illusion », et André Chastel explique par cet énoncé de Ficin le Mercure de Botticelli, dans son tableau célèbre de la *Primavera*, relégué dans le coin gauche, tournant le dos aux Grâces et à Vénus. Indifférent aux sortilèges, « il se manifeste, comme l'indique Virgile, en pourfendeur de nuées »[8].

Il ne faudrait pas en conclure que l'action de Mercure est limitée à la *praxis* et à la dialectique. Messager de Zeus, le dieu aux talons ailés n'est pas un étranger dans le domaine spirituel. Budé ne manque pas une occasion de nous remettre en mémoire que Mercure est à la fois messager et drogman. Jésus lui-même est qualifié de *mercurialis*, car Dieu l'a envoyé « comme le Mercure de ses commandements éternels, revêtu du pouvoir et de l'autorité pour examiner et régler les affaires humaines [...] ; aussi ne pouvons-nous alléguer comme excuse que nous ignorions les réalités éternelles »[9].

Comme il se trouve que Mercure est aussi « l'interprète et le maître de la raison rectifiée »[10], on ne peut séparer tout à fait le rationnel du spirituel. La raison dont il s'agit ici est la *ratio correcta*, une raison naturelle amendée, corrigée des distorsions subies au cours des siècles, restaurée dans son état originel dans la mesure où, « par l'infusion de l'indulgence divine, le *moly* céleste vient s'ajouter à la méditation philosophique; eussions-nous même préféré les breuvages de Circé à la doctrine sacro-sainte, nous serons pourtant, en vertu de notre droit de retour à la maison, rétablis en quelque façon dans la forme originelle d'une humanité réparée »[11].

---

[8] André Chastel, *Le mythe de la Renaissance*, Genève, 1969, p. 185.

[9] Budé, *De Transitu Hellenismi ad Christianismum*, éd. et trad. M.-M. de La Garanderie et Daniel Penham, Paris, Les Belles Lettres, 1993, p. 16 : « At in ipso unigeno filio suo et naturarum omnium primigenio, quo veluti Mercurio mandatorum sempiternorum usus est, ad res humanas demisso inspiciendas et temperandas, cum potestate et imperio, apertus ipse pater fuit et planiloquus, quo fit ut causari nihil possimus, quasi rerum æternarum inscii. »

[10] « Rectæ rationis illum interpretem et magistrum », *ibid.*, p. 191.

[11] *Ibid.* : « [...] si commentationi philosophicæ *moly* illud cœleste, divinæ indulgentiæ allapsu accesserit ; etiam ut Circes pocula doctrinæ sacrosanctæ anteuerterint, postliminio tamen rationis rectæ, genitalem in formam quodam modo restituemur interpolis humanitatis. » - Le mot *postliminium*, terme juridique, s'applique aux exilés politiques autorisés à revenir dans leur pays natal et à retrouver leurs droits civiques. Le *moly* est

À ce niveau la mythologie budéenne offre plus d'une ressemblance avec celle de Martianus Capella, l'un des auteurs de basse latinité qui ont surnagé le plus longtemps au Moyen Âge, avec ses *Noces de Mercure et de Philologie*. Ce soupçon devient une certitude quand on consulte l'exemplaire du *De Nuptiis*, conservé à la réserve de la Bibliothèque nationale (cote : Res. Z3), et qui appartenait à Budé : un bel exemplaire imprimé à Vicence en 1499, dont les marges regorgent d'annotations à la plume de la main de Budé. Des passages sont soulignés, ou fléchés par le dessin d'une main stylisée, ou par la notation marginale des mots-clés du paragraphe. Ce qui retient le plus l'attention de l'humaniste parisien, c'est la polysémie de la mythologie allégorique. Sous la plume de Martianus Capella, Apollon est tantôt le prophète de Delphes, tantôt le soleil, tantôt un héros de légende, tantôt l'esprit ou l'inspiration. Quant à Mercure il est successivement planète, ruse, esprit, ou bien un jeune mâle qui, au cours de ses voyages de messager divin, convoite à son aise les nymphes qui s'abandonnent à lui, comme *Philologia*, ou bien qui se refusent, comme *Sophia*. Mais quelle que soit la forme qu'il emprunte il est toujours imberbe, et l'auteur des *Images des dieux* explique cette particularité par le fait que « quand le langage est beau, plaisant et pur, il n'envieillit jamais »[12].

Sous les entrelacs de ce langage allégorique, on entrevoit une épistémologie à peine masquée et une sagesse qui se croit incontournable parce qu'antique et transmise par des mythes immémoriaux. Budé se délecte de la litanie des noms et attributs des dieux, mais il fait son choix : « Parmi une si grande diversité de pouvoirs divins [attribués à Mercure] je pense que nous sommes surtout concernés par celui qu'ils appellent *logios* : le Mercure de l'éloquence, ou de la parole »[13], à ne pas confondre avec le Mercure des hommes d'argent,

---

le talisman donné par Mercure à Ulysse pour lui permettre de conjurer les maléfices de Circé.
[12] Vicenzo Cartari, *Le Imagini colla sposizione degli dei degli Antichi*, Venise, 1556 ; très lu en France dans la traduction de Du Verdier. Cartari ne fait que répéter ici ce qui se trouve dans tous les traités mythologiques du XVIe siècle.
[13] Budé, *L'Étude des lettres*, trad. citée, p. 64. « Ego autem de tanta varietate numinum eius, id demum ad nos attinere puto, quod *logion* ab illis, quasi oratorium vel sermocinatorium, appellatum est » (*De Studio litterarum*, fol. VIII v°).

le *Mercurius externalis* qui ne s'intéresse nullement aux lettres. Son Mercure à lui, c'est le dieu dont les Anciens faisaient un symbole de la force de formulation verbale, alors qu'à Minerve revenait la conception de la pensée [14] ; et la nature est ainsi faite, ajoute Budé, que ce que j'ai conçu au fond de moi sort en mots. Ce Mercure-là, on le nomme porteur du caducée des dieux, c'est-à-dire médiateur de la paix dans la guerre et les discordes, l'intermédiaire, le traducteur. Ce qui revient à dire *logos*, soit raison ou langage qui sont « notions apparentées » [15]. Et ce n'est pas à l'aventure, ajoute Budé, que les chrétiens se sont servi de ce même mot de *logos* pour désigner « le Fils premier-né et unique de Dieu, et le Verbe, la Raison et la Sagesse de Dieu » [16].

Ainsi l'épistémologie, entre les mains du philologue, se transforme-t-elle en une philosophie mystique que l'on pourrait croire artificiellement surimposée, alors que Budé suit souvent de près la mise en scène mythologique de Martianus Cappella. Dans les marges de l'exemplaire du *De Nuptiis* on peut voir répétée de la main de Budé la présence de notations manuscrites telles que *Philologia et Mercurius*, *Virga mercurialis*, ou *Sophia virgo*. Car Mercure a bien engrossé *Philologia*, qui s'est donnée à lui, mais *Sophia*, elle, s'est refusée, et le glossateur du *De Nuptiis*, Dunchad, tire la leçon de l'apologue : « une sagesse inférieure est exprimable en mots alors que la sagesse supérieure ne l'est pas, puisqu'elle est ineffable » [17].

3. Inspiration et écriture baroque

La mythologie allégorique, dont Budé a fait son moyen d'expression privilégié, permet d'assurer aussi des fondements ontologiques au parallélisme pensée-langue, et de poser aussi des

---

[14] C'est la « vis dicendi » opposée à la « vis animo concipiendi », *ibid.*, fol. IX r°.

[15] « Logos tam rationem quam orationem significat, quæ cognata magnopere sunt vocabula », *ibid*. On voit comment Budé fait le saut de l'étymologie à l'épistémologie et à la métaphysique.

[16] « Siquidem et primigenius dei filius, idemque unigenus et verbum et ratio et sapientia dei, hoc nomine apud Græcos plenissime intellegitur », *ibid.*

[17] Dunchad, *Glossæ ad Martianum* (éd. Lutz, p. 13) : « inferior sapientia cum sermone comprehenditur, a summa sapientia, quæ incomprehensibilis, removetur. »

limites que n'avait pas prévues Lorenzo Valla, l'ancêtre vénéré de l'humanisme critique. Parole et pensée sont toujours traitées ici comme interdépendantes, mais sans être totalement dispensées de liens hiérarchiques, Dieu, précise Budé après le Trismégiste, ayant mis « l'âme dans le corps, l'esprit dans l'âme et le verbe dans l'esprit » [18]. Il redit bien, après Cicéron, que « la raison n'est rien d'autre que la Nature portée à son plus haut point de perfection », mais en ajoutant que cette perfection n'est possible que dans la mesure où le souffle divin s'y ajoute [19]. L'épistémologie humaniste débouche ainsi sur une métaphysique à connotations chrétiennes, en posant sur un socle antique une réinterprétation du problème théologique le plus discuté au XVIe siècle : celui des rapports entre la nature et la grâce.

Dans la mesure où le but ultime est de faire entrevoir ce qui ne peut se réduire en concepts, comment transmettre l'intraduisible avec des mots, véhiculés eux-mêmes par le lourd appareil de la rhétorique latine ? Comment aborder l'intouchable *Sophia virgo*, si souvent saluée avec tendresse par Budé dans les marges de son *Martianus Capella*, comment la protéger contre les avances de Mercure ? C'est là un problème que Budé périodiquement se pose, surtout quand on met en question la lisibilité de son écriture. Il prend alors ses distances avec la philosophie et la raison, qu'à d'autres moments il invoque, pour se réclamer d'un seul guide : l'inspiration. Le mot est prononcé à la dernière page du *De Contemptu* en s'adressant au dédicataire : « Il me semble t'avoir souvent dit comment j'écrivais : toutes voiles dehors dès l'arrivée en haute mer et sans tourner la tête vers la poupe, jusqu'à ce que le vent me largue et que les voiles pendent » [20].

On croirait entendre un poète et lire en filigrane le précepte de Mallarmé : laisser l'initiative aux mots. Budé était déjà explicite dans une lettre à Érasme en 1516 où il parlait de « la joie d'écrire » dès

---

[18] « Deus animam in corpore, mentem in anima, in mente verbum pronunciauit », *ibid.*, fol. IX v° ; ce texte est emprunté à l'un des textes du *Corpus Hermeticum*, le « Sermo universalis », éd. Festugière, II, 17.

[19] « [...] nisi sit conflata divinitus, non lege naturæ sed privilegio gratiæ », *ibid.*, fol. XIV v°.

[20] Budé, *De Contemptu rerum fortuitarum* (1520), in *Lucubrationes*, p. 129 : « Et meministi, ut arbitror, me tibi sæpe dixisse, meum esse hunc morem commentandi, ut plena vela pandam statim atque altum tenui, nec emensum iam spacium respectem, quoad afflatus me destituat, sinusque iam flaccescant. »

qu'un bon vent lui faisait prendre le large, et là, poursuivait-il, « je m'abandonne au vent et me laisse aller où me porte l'inspiration que je ne réussis pas à maîtriser lorsqu'elle s'échauffe en moi : il m'arrive même de me laisser détourner de ma route si je me suis enflammé avec trop d'ardeur » [21]. Et qu'on ne lui reproche pas cette absence de contrôle de l'expression qui obscurcit son discours, car il réplique : « c'est pour moi aussi que j'écris », et un plus fort contrôle de l'écriture « briserait mon inspiration » [22].

Quelle est donc cette inspiration si âprement revendiquée ? Elle est d'une toute autre nature que la fureur poétique dont se réclameront les écrivains de la Pléiade à la génération suivante, à mi-chemin de l'extase religieuse. Budé cherche à la définir en s'excusant de faire « trop confiance à sa plume » [23], de laisser jouer librement la polysémie des mots et leurs pouvoirs d'attraction mutuelle, de se laisser porter par des métaphores poussées jusqu'à l'extrême limite de leurs possibilités. C'est ce qu'Érasme lui reproche. Tu aimes trop les images, lui écrit-il, « quand tu en as pris une tu as grand peine à t'en détacher » [24]. Ce qui lui vaut la réplique de Budé : « ne pas abandonner une métaphore avant que l'idée n'ait été clairement explicitée » [25]. Car avec son style figuré ce n'est pas l'enchantement, à la différence de Ronsard et de Montaigne, que recherche l'humaniste, mais la vérité, puisque seul le travail du langage, pense-t-il, peut la faire sortir de son puits. Il en est tellement persuadé qu'il lui arrive plus d'une fois de résoudre un problème en extirpant une étymologie, l'archéologie du langage le mettant sur la voie des parentés secrètes entre les choses — nous l'avons observé avec le rapprochement entre *logos*, *ratio* et *oratio* — qui lui a permis de jeter des ponts entre la rhétorique, l'épistémologie et la métaphysique.

Budé s'est comparé, on l'a vu [26], à Ulysse, certes ballotté sur les flots, mais attaché au haut du mât, et capable, de cette position haute, de voir la vérité. Ainsi Homère vient poser une dernière touche sur un système de représentation étrange où épistémologie, critique de style, religion, éthique aspirent à un état fusionnel que le langage

---

21 Lettre de Budé à Érasme du 26 novembre 1516, *La correspondance d'Érasme et de Guillaume Budé*, trad. M.-M. de La Garanderie, 1967, p.86.
22 *Ibid.*, p. 91.
23 *Ibid.*
24 Lettre d'Érasme à Budé du 28 octobre 1516, *ibid.*, p. 79.
25 Lettre de Budé à Érasme du 26 novembre 1516, *ibid.*, p. 91.
26 Voir ci-dessus, chapitre IX, p. 313.

mythologique seul permettait d'entrevoir et de transmettre, tout en donnant le courage d'oser.

4. *Hellénisme et latinité*

Que Budé soit devenu le géant de la prose néo-latine, voilà le paradoxe. Pour lui qui n'a jamais cessé de croire que la langue, dans une large mesure, conditionne la pensée, le latin, même épuré et enrichi, n'était qu'un moindre mal imposé par les impératifs de la communication. Seul le grec remplirait les conditions voulues pour l'élaboration d'une pensée correcte. Dans le *De Asse* déjà Budé avait affirmé la supériorité du grec sur le latin, et il le redit avec plus de force encore dans l'*Institution du Prince*. La langue grecque est, dit-il,

> [...] la plus ample et la plus copieuse et abundante en termes et vocables de toutes langues dont nous aions connaissance [...] ; [elle] peut pleinement et amplement monstrer et exhiber sa grande puissance et soy estendre de toutes parts, et deploIer et mestre en evidence et sur la monstre ses figures et sentences de haulte lice et de la grant sorte, ce qu'elle ne peult faire es autres langues, ne mesmes en la latine, car elle n'abunde copieusement en termes à beaucoup pres tant comme sa mere la grecque, ne en si beau, si coint, si doulx parler, ne en tant de manIeres d'exprimer les conceptions de l'homme, ne en termes de si grande signification pour prendre en couleurs verbales et representer au vif, à l'œil de l'entendement les choses que l'on veult donner à entendre, aussi bien que s'ils estoient en ung tableau, car les termes sont les imaiges des choses signifiées par iceulx, et les figures sont les couleurs qui donnent la grace et le lustre [27].

Il serait difficile en une seule phrase — interminable, il est vrai, et tortueuse — de mieux prendre ses distances avec les paradigmes de la langue des Romains. Richesse, flexibilité, aptitude à se déployer simultanément dans trois directions incompatibles dans la plupart des langues : le concept, la métaphore et la *mimesis*, autant de caractéristiques du grec. Inférieur à tous ces égards, le latin ne peut être qu'un pis-aller. Il appartiendra à cet helléniste, nostalgique d'une langue polyphoniquement riche, de démontrer avec les moyens du bord

---

[27] Budé, *L'Institution du Prince*, éd. Bontems, *op. cit.*, p. 81.

qu'il est possible de penser en grec hellénistique et d'écrire en latin enrichi.

Dans le domaine de la littérature aussi, Budé affirme la supériorité des Grecs sur les Latins. Dans le *De Asse* il s'est fait un malin plaisir de souligner au passage les erreurs matérielles de Pline l'Ancien dans ses calculs de monnaies, les contresens de Cicéron dans son interprétation de la notion aristotélicienne d'entéléchie. Il cite avec complaisance la phrase de Quintilien sur les Latins imitateurs des Grecs, sur Cicéron qui a emprunté ses procédés oratoires à Isocrate et Démosthène, et le meilleur de sa pensée à Platon. Les Latins, conclut-t-il; n'ont été que les acteurs d'une pièce conçue et rédigée par les Grecs. Faire de Cicéron un modèle absolu ? Pourquoi ne pas mettre alors les copies romaines des statues grecques au dessus des originaux ?

Les Grecs dominent toute l'Antiquité, pour Budé. C'est à eux qu'appartient « la maîtrise incontestée de toutes les sciences » [28] et l'invention d'une langue presque parfaite. Leur retour en force en France est le signe du « rétablissement de l'authentique culture » [29], car pour les humanistes il n'y a pas deux cultures. La Grèce est l'archétype de la culture absolue. Grâce à la conjonction de ces deux hautes autorités que sont, à leur manière, François Ier et l'auteur du *De Asse*, il y a désormais une sorte de consensus, au moins en France, dans l'opinion de ceux qui comptent :

> La connaissance des lettres grecques s'est désormais acquis une telle estime, une telle réputation à cause des diverses déclarations auxquelles elle a déjà donné lieu, que presque tous sont maintenant d'avis que seuls ont atteint l'authentique et louable culture ses disciples heureux [30].

Quelques années plus tard la lettre de Gargantua à Pantagruel [31] reprendra la même constatation, presque dans les mêmes termes.

Ce triomphalisme ne saurait faire oublier les restrictions. Remonter aux sources et préférer Homère à Virgile, Démosthène à Cicéron, pourrait aujourd'hui sembler banal. Ce ne l'était pas au XVIe siècle, ne fût-ce qu'à cause des Italiens qui, se considérant comme les descendants

---

[28] Préface (dédiée à François Ier) des *Commentarii linguæ graecæ*.
[29] Lettre de Budé à Pierre Lamy du 25 février 1524, *Correspondance*, t.I. Lettres grecques, p. 132.
[30] Lettre de Budé à Jacques Toussain du 27 janvier 1521, *ibid.*, p. 336.
[31] Rabelais, *Pantagruel*, chap. VIII.

et les héritiers des Romains et de Cicéron, voyaient dans ce renversement des valeurs un sacrilège, un affront à leur amour-propre national. C'était saper par la base une certaine notion de progrès cumulatif très largement acceptée dans la péninsule, et même chez beaucoup de Français. Virgile et Cicéron ayant profité de l'acquis de leurs prédécesseurs, ils l'ont perfectionné, raffiné, leurs œuvres sont donc supérieures et plus dignes d'une grande civilisation. Un humaniste distingué tel que Nicolas Bérault, correspondant et admirateur de Budé, n'a jamais accepté de mettre les Latins au-dessous des Grecs, et il ironise sur ceux qui suivent le mouvement sans l'avoir créé. Il les nomme les « *Grœculi* ». Et il est vrai que l'engouement pour le grec des années vingt devient une vague de fond après la création du Collège royal. Si les « *Grœculi* » sont devenus majoritaires dans le monde des intellectuels français dès les années trente, si la façon de voir de Budé a finalement prédominé, ce n'est pas dû seulement à l'immense prestige personnel du grand humaniste, reconnu comme le premier helléniste d'Europe, mais aussi à l'impulsion donnée par François Ier qui, non content d'encourager de toutes les manières les études grecques, l'enseignement du grec et l'impression des livres grecs, coopte ses hommes de confiance et ses diplomates dans des secteurs particulièrement recherchés tels que l'ambassade de France à Venise, parmi les hommes de robe ou d'Église qui savent le grec.

Budé ne se fait d'ailleurs pas d'illusions sur les motivations opportunistes de la foule bigarrée qui emboîte le pas. Dans sa préface dédiée à François Ier de ses *Commentarii linguæ graecæ*, il ne cache pas que beaucoup de gens s'intéressent au grec pour se faire remarquer par le Roi, et que « d'autres, sans y être eux-mêmes initiés, poussent leur fils vers cette étude » avec la même arrière-pensée. « C'est une habitude pour les sujets d'une monarchie, affirme-t-il en conclusion, de s'appliquer aux disciplines estimées particulièrement par le Prince. » Grâce à la complicité de l'humaniste et du Roi, les études grecques en viennent à être considérées comme le signe même de la culture, et aussi comme un test d'aptitude.

Malgré ses infériorités le latin restera la langue de la communication culturelle et de la pensée, la pesanteur de la coutume et des usages étant ce qu'ils étaient, Budé lui-même doit en convenir. Mais de quel latin s'agit-il ? Utilisé depuis plusieurs siècles comme langue professionnelle par les hommes de droit et d'Église, il charrie tant d'alluvions que ses eaux en ont perdu leur limpidité. On hérite d'une langue banalisée, surchargée, appauvrie, de moins en moins apte à servir l'esprit, ou même à véhiculer le patrimoine culturel des Anciens, les cuistres faisant autant de mal que les ignorants. Aucun autre choix n'étant possible, c'est cette langue là qu'il s'agit d'épurer, de rénover en reprenant et poussant jusqu'au bout le grand dessein de Cicéron : féconder le latin par le grec pour en faire plus qu'une langue de communication, une langue de pensée.

En refusant toute concession, les humanistes du Nord se condamnaient à la bataille sur deux fronts, le premIer étant celui des internationales théologique et juridique qui campaient sur des positions quasi imprenables depuis plus d'un millénaire, retranchées derrière leurs institutions, leurs coutumes, leurs langues de travail. Le second front, qui n'était pas moins redoutable, était celui des ultra-puristes, les néo-cicéroniens à l'italienne qui voulaient aller jusqu'au bout de la réforme de la langue et revenir aux normes du discours cicéronien.

Or Budé, comme Érasme, refuse la langue pastiche qui serait une langue morte. Ils veulent une langue évolutive, adaptée aux besoins du présent. Pour appuyer sa thèse, Budé a recours au Cicéron du *De Oratore*, qui veut qu'un orateur ajuste son éloquence à l'auditoire et qu'il change de style oratoire en changeant de public. Or la société romaine du Ier siècle avait un conditionnement tout à fait étranger à la nôtre : il faut en tenir compte.

> Puisque nos formes de vie ont fait leur migration de l'impiété à la piété divinement révélée, pour quelle raison l'éloquence sacrée serait-elle la seule à ne pas opérer enfin la même mutation ? Il n'est rien de plus ductile ! Toutefois pour désigner et exprimer en latin les choses que les siècles récents ont produit et ne cessent jour après jour de produire, il nous faut une latinité, non point nouvelle — ce qui ne saurait aller — mais revivifiée [...]. Oui, je pense qu'il faut tailler à l'éloquence, de ce tissu habilement travaillé, un vêtement nouveau qui soit accordé aux lois et aux institutions, et particulièrement aux usages religieux. Mais c'est là une entreprise nouvelle, et dont le terrain est difficile [32].

---

[32] Budé, *L'Étude des lettres*, trad. M.-M. de La Garanderie, Paris, Les Belles Lettres, 1988, p.119-120. - « Cum igitur mores et vita ab impietate migrarint ad pietatem diuinitus proditam : quamnam obrem tandem una quoque non transferetur eloquentia, quo nihil est ductilius ? Etsi ad res latinas indicandas et eloquendas, quas sæcula recentia pepererunt, indiesque alias atque alias pariunt : non noua latinitate quæ placere non potest, sed rediuiua opus est [...]. Ego vero amictum nouum ex veste scite interpolata, aptandum esse eloquentiæ censeo, qui legibus et institutis ciuilibus,

Dans cette page du *De Studio litterarum* Budé se borne aux principes généraux, mais dans le *De Philologia* il va plus loin en essayant de prouver le mouvement par la marche. Connaissant la passion de la famille royale pour la chasse, il va faire du tiers du livre un traité de vénerie pour montrer qu'un latin élégant et rénové permettrait de traiter n'importe quel sujet, même très éloigné des modèles classiques. Aux temps où nous sommes, affirme Budé, il faut redonner la parole à la latinité, il faut, fait-il dire au roi :

> [...] se débarrasser d'un respect humain aussi nuisible que mesquin qui nous la fait reléguer à l'écart de multiples aspects de la vie [...], à l'écart des palais, des tribunaux, des églises, à l'écart des choses de la vénerie et de la fauconnerie, qui la rend muette aux cours souveraines, profane dans les lieux sacrés, sans parole devant les inventions nouvelles [et la condamne à ne plus] converser qu'avec des ombres ou avec les fantômes de l'Antiquité romaine, si elle ne se décide pas à adapter les ressources du passé aux usages du présent [33].

La latinité nouvelle, appuyée sur l'ancienne mais régénérée par l'hellénisme et adaptée aux mœurs chrétiennes, sera donc l'une des deux composantes majeures de la culture nouvelle.

---

ritibusque adeo conueniat religioni consentaneis. At enim nouum est hoc inceptum et in arduo situm » (*De Studio litterarum*, fol. XXII r° et v°).

[33] Budé, *De Philologia*, Liber posterior, éd. 1536, fol. XIX r° : « Pudorem illum iamiam exuat necesse est, qui hodie illiberalis esse malignusque videtur, aut multis e partibus vitæ latinitatis facessat, e foro etiam explodatur, e curia, e basilicis, ne in conciones quidem sacras prodeat, locisque deo diuisque nuncupatis arceatur, dum sacris homines operantur, id quod tu ipse supra indignari videbare. Itaqsue iuris diuini et humani formularumque forensium ignara, tum aucupandi venandi studiorumque fere nobilitatis nescia. In curia muta, in ædibus sacris locisque dedicatis profana, denique in omni huius temporis recentiorumque inuentis infans, in instrumento vitæ, in ornamento et apparatu insolens, in aula erubescens et peregrina, e medio se subducat necesse est, atque in umbraculis exhedrarum cum manibus tantum loquatur, et cum umbris Romanæ antiquitatis. Nisi ad mores præsenteis transcribere antiquas suas facultates, ad usumque adeo nostrum assuescat non grauate ipsas accommodare. »

5. Hellénisme et judaïsme

On aurait pu imaginer une troisième composante, au train où allait le monde, la composante hébraïque. Chaque Français un peu cultivé a encore dans les oreilles le programme d'études proposé par Gargantua :

> J'entends et veulx que tu aprenes les langues parfaitement : premierement la Grecque, comme le veult Quintilien, secondement la Latine, et puis l'Hébraïcque pour les sainctes lettres, et la Chaldaïcque et Arabicque pareillement [...]. Puis relis soigneusement les livres des médecins grecs, arabes et latins, sans mépriser les Talmudistes et les Cabalistes [34].

L'inclusion de l'hébreu biblique et de la culture juive post-testamentaire est là très évidente. La judaïté est mise hors ghetto, ses langues et ses classiques promus objets de culture. Cela n'étonne que si l'on oublie que c'était là l'ultime stade d'une évolution commencée un siècle plus tôt en Espagne, où des intellectuels juifs plus ou moins bien convertis au christianisme avaient entrepris de justifier la littérature juive — et plus particulièrement le Talmud et la Kabbale — en montrant les services qu'elle pouvait rendre à l'intelligence de la Bible, et même à l'apologétique chrétienne.

À en juger par les résultats, ils ont assez bien réussi. Un certain nombre d'entre eux se sont installés en Italie où ils ont été vite entourés et recherchés par les meilleurs esprits. C'est dans l'entourage de Pic de La Mirandole qu'on trouve Paul de Hérédia, auteur de la célèbre *Epistola secretorum*, qui se donne pour une traduction d'un texte hébreu, le *Gale razaya*, ou *Révélateur des secrets*, essai de justification du dogme de la Trinité par la Kabbale ; et on ne s'étonne plus, connaissant les fréquentations du jeune comte, de voir ses *Conclusiones cabbalisticæ* tenter une fusion entre le néo-platonisme de Ficin et le judaïsme marane de Hérédia. Dans les *Dialoghi d'Amore* de Judah Abravanel, dit Léon l'Hébreu, publiés en 1535, et dont la traduction française aura un succès remarquable au milieu du siècle, on retrouve les mêmes composantes.

L'exemple de Pic de La Mirandole et de ses collaborateurs a été pour beaucoup dans l'orientation de l'allemand Johannes Reuchlin (1455-1522) au cours de ses trois voyages en Italie. Deux ans à peine après la mort du jeune prodige il publie son *De Verbo mirifico* en 1496, dialogue entre un philosophe épicurien, un juif et un chrétien,

---

[34] Rabelais, *Pantagruel*, chap. VIII.

suivi dix ans plus tard de ses *Rudimenta hebraïcæ linguæ*, qui serviront de manuel de base à toute une génération d'hébraïsants, et en 1517 d'un livre qui aura un retentissement incroyable : *le De Arte cabalistica*[35]. Présenté sous forme de dialogue entre un kabbaliste, un musulman espagnol et un pythagoricien, ce livre, qui reprenait sous une forme plus systématique certaines thèses esquissées par Pic de la Mirandole, a été dédié au pape. Risque très calculé, dans la mesure où Reuchlin avait tout près du trône pontifical un très sûr allié dans la personne de Gilles de Viterbe (1455-1532), supérieur général des Ermites de saint Augustin. Fasciné par la langue hébraïque et entouré, lui aussi, de savants juifs, Gilles de Viterbe avait hébergé pendant près de dix ans chez lui le plus illustre philosophe hébraïsant de l'époque, Elias Levita, qui l'a aidé, semble-t-il, à traduire des textes de la Kabbale, et à fournir d'arguments son *Libellus de litteris hebraicis* où il s'efforçait de montrer quelles richesses et quelles facilités nouvelles offraient le Talmud et la Kabbale à l'herméneutique biblique. La position de Gilles de Viterbe est parfaitement résumée dans la phrase célèbre si souvent citée : « Les deux plus grands événements de ce siècle sont la découverte de l'Amérique et la redécouverte de la Kabbale, la seconde étant encore plus importante que la première, dans la mesure où elle nous apporte une clé essentielle à la lecture de la Bible. »

Or l'homme qui lance une telle affirmation n'est pas un amateur éclairé, à la fois génial et marginal, comme l'était Pic de La Mirandole. C'est un notable d'Église, supérieur d'ordre, cardinal de l'Église romaine, prédicateur du sermon d'ouverture du concile du Latran[36]. En un mot c'est un homme d'appareil. Avec de pareilles complicités, celle de Léon X qui fait éditer le Talmud par un imprimeur chrétien, celle de François Ier qui s'est fait expliquer les grandes lignes de la Kabbale par l'orientaliste franciscain Jean Thenaud, avec les retombées de cet enthousiasme au cours du siècle dans les œuvres de Francesco Georgio, Corneille Agrippa, le cardinal Borroméo, Guillaume Postel, Guy

---

[35] Johann Reuchlin, *La Kabbale (De arte cabalistica)*, introd. et traduction par François Secret, Paris, Aubier Montaigne, « Pardès », 1973.
[36] Un exemplaire du texte de ce sermon se trouve à la réserve de la Bibliothèque nationale (cote Res. B.1930 [12]) sous le titre : *Oratio prima Synodi Laterasensis habita per Egidium Viterbiensem Augustinis ordinis generalem*, Rome, 1513.

Lefèvre de La Boderie, Blaise de Vigenère [37], on aurait pu s'attendre à voir l'hébreu entrer dans le grand projet humaniste, comme l'avaient souhaité, semble-t-il, Rabelais et les fondateurs du collège trilingue de Louvain et du Collège royal de François Ier.

Or il n'en a rien été. La culture hébraïque a été marginalisée progressivement, et les réactions antijudaïques qui ont joué contre Pic de la Mirandole, Reuchlin et quelques-uns de leurs successeurs n'expliquent pas tout. Le grec aussi avait suscité des réactions de rejet, difficilement neutralisées dans l'Église malgré les initiatives de Léon X et de François Ier, comme auraient pu en témoigner le jeune Rabelais et les premIers lecteurs royaux. Si le neveu de Reuchlin, Melanchthon, n'était passé à la Réforme, si l'entourage de Luther n'avait progressivement haussé l'Ancien Testament au niveau du Nouveau, à la grande colère d'Érasme, la situation eût peut-être été différente. Toujours est-il que les deux plus grands humanistes du Nord, Érasme et Budé, ont été les premIers à prendre leurs distances.

Érasme n'était pourtant pas suspect d'hostilité aux études hébraïques : il avait encouragé le principe du collège trilingue de Louvain et défendu Reuchlin contre ses nombreux ennemis [38], mais dès 1518 il donne un coup d'arrêt dans une lettre à Wolfgang Capito riche en connotations hostiles :

> J'aimerais te voir plus orienté vers les études grecques que les études hébraïques, auxquelles je n'ai d'ailleurs rien à reprocher. Mais je constate que cette race, imbibée des fables les plus futiles qui soient, n'a rien d'autre à offrir que des extravagances : le Talmud, la Kabbale, le Tétragramme, les *Portes de la Lumière*, autant de mots vides (*inania nomina*). J'aime encore mieux un Christ contaminé par Duns Scot que toutes ces niaiseries. Il y a beaucoup de Juifs en Italie, quant à l'Espagne c'est tout juste s'il y reste encore des Chrétiens. J'ai bien peur que ce fléau depuis longtemps abaissé, profitant de cette conjoncture, n'en profite pour redresser la tête. Si seulement l'Église chrétienne pouvait se retenir de surestimer ainsi l'Ancien Testament ! Car on en arrive à le faire passer avant les textes chrétiens alors que, cadeau occasionnel, il baigne dans l'obscurité (*cum pro tempore datum umbris constet*). Et entre

---

[37] Voir François Secret, *Les Kabbalistes chrétiens de la Renaissance*, Paris, 1964.
[38] Sur le combat de Reuchlin, voir Max Brod, *Johannes Reuchlin und sein Kampf*, Stuttgart, 1965, et Franz Rued, *Ulrich von Hutten : Ein radikaler intellektueller im XVI. Jahrhundert*, Berlin, 1981.

temps nous nous détournons du Christ, qui même seul, nous suffirait [39].

On chercherait en vain chez Budé des positions aussi tranchées. Il est si peu obsédé, comme l'était Érasme, par la crainte de voir Jésus supplanté par Moïse, qu'il a tenu à la présence d'une première, puis d'une seconde chaire d'hébreu, à côté des deux chaires de grec, qu'il a encouragé deux de ses fils, Mathieu et Jean, à s'orienter vers les études hébraïques où l'un et l'autre ont fait merveille. La traduction des Psaumes sur l'hébreu de Jean Budé, douze fois rééditée à Genève en moins de cinquante ans, sera utilisée au maximum par Théodore de Bèze qui, dans son psautier en vers, suit de très près non seulement la traduction de Jean Budé, mais aussi son commentaire [40].

Guillaume Budé lui-même est un grand lecteur de la Bible, et ses écrits fourmillent de citations de l'Ancien Testament. Mais quelles citations ? Le choix de fragments extraits d'un conglomérat aussi riche et aussi varié que la Bible a valeur de test projectif. Or que trouvons-nous dans l'unique œuvre écrite en français par Guillaume Budé, l'*Institution du Prince* ? Seize citations de la Bible, le livre le plus souvent cité après ceux de Plutarque (18 citations). Mais parmi ces seize fragments un seul provient de la Genèse, les quinze autres ont été cueillis dans l'Ecclésiaste (4), les Proverbes (7), la Sagesse (3) et l'Ecclésiastique (1). Tout se passe comme si le Pentateuque, les Prophètes, les livres historiques se situaient hors du champ visuel de l'humaniste. Seuls sont retenus les textes dits « salomoniens » ou sapientiaux, qui entrent dans le cadre de l'essai moral tel qu'il était pratiqué dans le monde hellénistique, depuis les *Moralia* de Plutarque jusqu'aux Épîtres des apôtres.

---

[39] Lettre d'Érasme à Wolfgang Capito du 13 mars 1518, *Allen*, t. III, p. 253.
[40] *Les Psaumes de David traduits selon la vérité hébraïque, avec annotations très utiles*. Par Loys Budé. À Genève, de l'imprimerie de Jean Crespin, 1551. Les deux textes, prose et vers, seront présentés côte à côte dans le Psautier de 89 psaumes, Du Bosc ayant apporté au Conseil de Genève en fin 1555 un recueil intitulé : *Octante neuf Pseaulmes [...] auxquelz avons adjouté de nouveau, et mis à l'opposite de la rithme, les vers en prose correspondans l'un à l'autre selon les nombres, verset pour verset. La prose de la traduction de feu fidelle et docte en la langue hébraïque, Maistre Lois Budé*, 1556. - Pierre Pidoux a réédité l'édition de 1562, Droz, Genève, 1986.

On peut se demander si Budé, tellement plus ouvert au monde juif qu'Érasme, n'en partageait pas moins ses réticences sur le prophétisme juif. Érasme a consacré une partie importante de son travail et de sa vie à l'édition critique des livres du Nouveau Testament. Il les a tous édités sauf un : l'Apocalypse, et cette exception est révélatrice de la méfiance qu'avaient, non seulement Érasme, mais beaucoup d'humanistes, pour ce texte qui respirait le prophétisme juif, l'irrationnel, le pathétique, tout ce qu'ils détestaient. Un certain nombre d'entre eux allaient même jusqu'à douter de l'authenticité du texte, ce qui, dans une large mesure, les rassurait — même s'ils ne se privaient pas de l'utiliser, et abondamment, à des fins polémiques.

On comprendrait mal cette attitude si l'on oublie de prendre en compte la hiérarchie s'établissant progressivement dans les milieux humanistes du début du siècle entre les livres de la Bible qui ne sont pas égaux entre eux. Au-dessus de tous il y a les Évangiles ; en seconde ligne les Épîtres, que Budé considère comme des «codicilles» ajoutés au Testament du Christ ; en troisième ligne l'Ancien Testament, prémices de la Révélation, dépôt secret, dit Budé, ouvert et visible à un petit nombre de ses gardiens [41], et dépôt provisoire, insiste Budé, jusqu'au jour où la venue du Christ et la proclamation du Nouveau Testament transforment l'oncle grognon en Père et le règne de la Loi, des contrats, des livres de comptes, en règne de la Grâce [42].

Car Budé, comme Érasme, a une conscience aiguë des dangers que comporte l'itinéraire choisi, celui de l'humanisme chrétien. Dans une autre lettre à Wolfgang Capito [43], Érasme aborde le problème de front : l'humaniste chrétien doit conduire sa barque entre deux récifs, la paganisation culturelle et la judaïsation rampante. Le premier est déjà visible et fortement matérialisé en Italie, où le paganisme «relève la tête» et acquiert la complicité d'intellectuels, chrétiens de nom, mais chez qui le nom du Christ est à peine prononcé ; le second est né de la renaissance de l'étude des lettres hébraïques, qui a, par la même occasion, redonné vie au judaïsme. Or, poursuit Érasme, «rien au

---

[41] Budé, *De transitu Hellenismi ad Christianismum*, éd. citée, p.27 : «[...] in tabulario clausum ne custodibus quidem ipsis nisi paucis, aperto aut perspicuo».
[42] *Ibid.*, p. 65-67.
[43] Érasme, Lettre à Wolfgang Capito du 26 septembre 1517, Lettre n° 541, *Allen*, t. III, p. 491.

monde n'est plus contraire ni plus fondamentalement hostile à la doctrine du Christ »[44].

Là encore Budé est moins formel, moins brutal, mais ses positions ne sont pas loin de celles d'Érasme. Il ne craint pas, lui, le danger de la contagion mosaïque, mais le refus d'intégrer, à la différence de Rabelais, la culture hébraïque dans son projet culturel a deux motivations : la première est une aversion rationaliste pour les composantes irrationnelles du prophétisme sémite comme on a pu le constater dans l'*Institution du Prince* où le non-dit est encore plus révélateur que l'explicite.

Il est permis de croire qu'une autre motivation, plus confuse, s'ajoutait à celle-ci. C'est dans le cadre de la famille des langues que l'on n'appelait encore indo-européennes que les humanistes, qui estiment que la pensée n'existe pas en dehors de la langue, s'adonnent le plus facilement à la recherche étymologique telle qu'on l'entend à cette époque — c'est-à-dire assez loin de ce qu'elle est aujourd'hui. Lorsque le *De Studio litterarum* présente les termes *ratio* et *oratio* comme étymologiquement associés[45], un contemporain pourrait ne voir dans ce rapprochement qu'un jeu de mots. Mais Budé tient ici à projeter un éclairage indirect sur la notion philosophico-théologique de *Logos*, à la fois parole, verbe, raison divine et seconde personne de la Trinité.

Budé ne fait que suivre ici le chemin tracé par Isidore de Séville, l'un des Pères de l'Église les plus admirés au Moyen Âge, aussi bien par Dante que par Raban Maur, et l'un des premiers à avoir été imprimé dès le XVe siècle et mainte fois réédité. Dans ses *Etymologiæ* il croyait saisir l'essence des choses à travers les mots, car, disait-il, « on comprend plus vite la nature d'une chose une fois connue l'origine de son nom »[46]. Autant de présupposés patristiques, qu'il faut avoir en tête pour comprendre avec quelle assurance Budé n'hésite jamais à

---

[44] « [...] qua peste nihil adversius nihilque infensius inveniri potest doctrina Christi », *ibid*.
[45] « Haec igitur duae differentiae ratio et oratio inter se affines et cognatae », *De Studio Litterarum*, fol. IX, r°.
[46] Isidore de Séville, *Originum siue Etymologiarum libri XX*, livre I, chap. XXVIII : « Etymologia, est origo vocabulorum, cum vis verbi vel nominis per interpretationem colligitur. [...] Nam cum videris unde ortum est nomen, citius vim eius intelligis. Omnis enim rei inspectio etymologia cognita planior est. » Voir Jacques Fontaine, « Cohérence et originalité de l'étymologie isidorienne », *Mélanges Elorduy*, Bilbao, 1978.

cueillir le sens d'un mot en le prenant par la racine, ou ce qu'il croit en être la racine.

C'est dans cette perspective qu'il faut situer le mot *eloquentia*, qui revient si souvent sous la plume de Budé. Il ne s'agit pas d'art oratoire, mais de l'efficacité des moyens de communication utilisés par toutes les disciplines, littéraires, scientifiques ou théologiques — et rien n'est plus absurde, précise l'auteur du *De Studio litterarum*, que de prétendre interpréter la religion sans le secours de Mercure [47]. Hors de lui, aucun mode de communication n'est viable. Il faut surtout que l'interdisciplinarité attribuée aux Anciens se manifeste de nouveau, que le caducée de Mercure et le chœur des Muses ne restent pas de vains symboles. De nos jours le cercle est rompu, la pluridisciplinarité oubliée, et on en arrive au point qu'un juriste ou un médecin qui se permet de déborder un tant soit peu de sa spécialité reconnue n'ose le faire qu'au prix d'une *captatio benevolentiæ* en s'excusant humblement de sa transgression pour ne pas paraître être comme « ces gens qui font leur meule en prélevant sur la moisson d'autrui ». « À mon avis, comme à celui de beaucoup, poursuit Budé, ce ne sont pas là des gens honnêtes qui mettraient seulement quelque négligence pour rendre à chacun son dû ; ce sont des paresseux, des lâches, qui violent délibérément le droit, non le leur bien sûr, mais celui de tous, afin d'économiser leur peine » [48].

L'homme cultivé, selon Budé, appartient à la race des Héraclides, car il a la force de reconstituer l'*eruditio circularis* des Anciens et se montre capable de faire, de nouveau, chanter le chœur des Muses. Il a compris qu'une discipline isolée faisait figure d'estropiée sans béquilles [49]. Sur ce point le *De Studio litterarum* est explicite :

> La merveilleuse puissance d'expression qui ruisselle de la source inépuisable et surabondante de la sagesse, et, à sa suite, les ressources immenses et variées de l'éloquence (lesquelles étendent bien loin en tous sens — à supposer qu'on en pût tracer le

---

[47] *De Studio litterarum*, fol. V v°.
[48] Budé, *L'Étude des lettres*, trad. M.-M. de La Garanderie, op cit., p. 52. - « […] qui aliena de messe fascem collectum eunt. Mea quidem sententia et multorum, non tam æqui in suum cuique tribuendo ignaua religione, quam inertes et socordes de iure si non suo, certe omnium communi, libenter decedendo, ut laboris compendium faciant » (*De Studio litterarum, loc. cit.*).
[49] *Ibid.*

contour — les frontières de leur juridiction et de leur pouvoir) sont partie intégrante de ce cycle complet des disciplines dont nous venons de parler. Ce cycle, les grands esprits d'autrefois, ou plutôt les héros de la nation des lettres, le parcouraient couramment, sinon d'une seule haleine, ou de deux, mais tout de même en un effort continu, et sans désemparer. Et il nous est suggéré par certains motifs de très anciennes fables, tels que la baguette d'or de Mercure, l'égide de Minerve, et enfin le chant des Muses, et de Calliope surtout, leur coryphée [...]. En effet, leur danse sur des monts solitaires, à l'écart des prêtres, et l'espèce de ronde qu'elles forment en se passant une corde de main en main, signifient avant tout, et représentent manifestement l'harmonie des sciences et la parenté de leurs études [50].

6. *L'heure de la* lectio divina

On pourrait croire que cette nouvelle culture, reconstituée d'après un modèle antique partiellement imaginaire, se présente comme une fin en soi, un but ultime. Mais Budé se hâte de nous détromper en faisant intervenir sa vision diachronique de l'acquisition de la culture. À chaque âge de la vie, précise-t-il, revient l'un des stades de la maturation. La philologie telle qu'il l'entend, c'est-à-dire l'étude des faits de langue appuyée sur la connaissance des littératures de l'Antiquité, est le propre de l'adolescence et de la jeunesse ; l'âge mûr est sous le signe de l'*eruditio circularis*, qui ne peut se développer que chez des intelligences dont les facultés de synthèse et d'imagination

---

[50] *L'Étude des lettres*, trad. citée, p. 50-52. - « Mirificam autem illam dicendi vim, e sapientiæ fonte manantem perenni et exundanti, et porro ingentes eloquentiæ variasque copias, fines etiam iuris eius et imperii longe lateque patentis orbis ille disciplinarum quem diximus comprehendit, si tamen circunscribi ullo illi ambitu possunt. Quem orbem magnorum spirituum olim homines, vel potius heroes quidam nationis litterariæ, non uno illi quidem et altero spiritu, sed tamen una contentione inoffensoque tenore percurrere solebant : eumque in fabularum vetustissimarum commentis adumbratum videmus, qualia sunt aurea Mercurii virga, ægis illa Palladis, denique musarum cantus cum cæterarum, tum Calliopes earum coryphææ [...]. Etenim ipsarum chori auios in montes abstrusi a vatibus, et veluti per manus reste data conserti, nihil aliud potius quam scientiarum consensum, cognationemque studiorum significant, et manifeste ostendunt » (*De Studio litterarum*, fol. V r°).

constructive sont parvenues au plus haut degré de leur épanouissement [51].

Mais l'homme qui prend de l'âge ne doit pas attendre l'affaiblissement de la vieillesse, pour atteindre le stade ultime, celui de la *lectio divina*, l'étude de l'Écriture sainte et des Pères étant la seule possible pour un homme qui a devant lui la mort pour horizon. Et surtout, il ne doit pas regarder en arrière, ni se prélasser dans les stades antérieurs ! Le temps de la pédagogie est passé, il s'agit maintenant de gérontagogie [52] et de l'orientation vers la *sacrosancta philosophia*, la réflexion religieuse. Adieu les Muses ! Que dirait-on d'un homme qui se mettrait à labourer ses champs une seconde fois à l'heure des récoltes ? Quoi de plus absurde que de perdre à la fois les bénéfices du printemps et ceux de l'automne [53] ? Sur le tard les Muses peuvent fort bien devenir redoutablement possessives, se muer en dangereuses sirènes naufrageuses capables de mener en bateau leurs fervents et de les ruiner de fond en comble. À cet âge il faut, au contraire, jeter l'ancre dans la rade de la philosophie contemplative, dans l'attente de la convocation du destin [54]. Ainsi la culture du sage s'insère-t-elle dans un plan de vie. C'est une croissance organique dont chaque stade doit se mettre en harmonie avec le vécu du moment.

---

[51] Budé fixe à une trentaine d'années au moins la période de maturation : « At huic facultati nutricandæ et roborandæ vix triginta anni satis sunt. », *ibid.*, fol. XII r°.
[52] *Ibid.*, fol. XXXIII r°.
[53] *Ibid.*, fol. XXXII r°.
[54] « Oportet in anchoris theoricae philosophiae [...] expectare fati vadimonium », *ibid.*, fol. XXXI v°.

Chapitre XI

Les métamorphoses de la personne France

« Je n'ay eu jamais rien si cher », écrit Michel de l'Hospital dans son testament, « que le bien et le salut du roy et de ma patrie. » En 1573 cette association de termes n'est plus insolite, mais elle l'aurait été sous Saint Louis, et moins de vingt-cinq ans avant la mort de L'Hospital le mot *patrie* était encore suspect. L'auteur du *Quintil Horatian* ricane en voyant Du Bellay l'employer dans la *Deffence et Illustration*. C'est pure « singerie » à l'italienne et « escorcherie » du latin. Le mot de *patrie*, dit-il, est « obliquement entré et venu en France nouvellement (avec) les autres corruptions italiques ». Il fallait parler autrement, dire pays. « Qui a païs n'a que faire de patrie »[1].

1. Patrie et royaume

Tout n'est pas sot dans cette foucade. Le mot *patria* qui, à Rome, polarisait un ensemble de notions politiques, religieuses et morales, avait perdu la majeure partie de ses connotations au contact d'une société féodale fondée sur les liens personnels, et il est vrai que dans le latin du Moyen Âge et de la Renaissance le mot *patria* est souvent réduit au sens minimal de « pays ». L'objection du *Quintil Horatian* serait pleinement fondée si on oubliait le fait que le latin d'Église avait pris possession du mot, entre-temps, pour désigner la Jérusalem céleste, l'aspiration à la patrie éternelle de l'âme, et que le mot une fois capté avait été successivement spiritualisé, puis matérialisé à demi par les Croisades, la patrie de l'âme étant devenue Jérusalem en Palestine, la Terre sainte, un territoire accessible aux guerriers.

---

[1] Barthélemy Aneau, *Le Quintil Horatian*, Lyon, 1550, p. 192.

Lorsque Philippe le Bel annexera la papauté, mobilisera l'opinion française contre les ennemis du royaume avec l'appui massif des légistes et théologiens gallicans, les mots *patrie* et *royaume* seront solidement arrimés l'un à l'autre, sans que les réminiscences romaines soient pour autant négligées. La notion de solidarité civique est revendiquée par les légistes comme un héritage légitime. De même, déclare l'un d'eux, que « Rome était la communis patria, la couronne du royaume est la communis patria elle aussi »[2]. Mais on prend garde de ne pas perdre en chemin les connotations religieuses d'une époque antérieure. Sous la plume des hommes du Roi, la France devient une manière de Terre sainte, *Francia Deo sacra*, et pour reprendre les termes du pape d'Avignon Clément V, *Regnum Franciae electum a Domino*[3], une terre sacrée, le royaume élu dont Jeanne d'Arc saura brandir en son temps un étendard au chiffre de Jésus.

2. *Apparitions de la Dame couronnée*

Dans le *Quadrilogue invectif*, écrit vers 1422, Alain Chartier raconte un rêve. Il a vu surgir d'un paysage de friches une « dame dont le hault port et seigneury maintien signifiait sa très excellente extraction ». Mais, ajoute-t-il, « tant par dolente et esplouree que bien sembloit dame decheue ». Plusieurs siècles avant Michelet, c'est la France-personne qui se révèle avec son double visage de grande dame et de mère éplorée. Chartier la décrit avec amour : ses cheveux blonds épars, sa couronne penchée sur le côté, ses yeux baignés de larmes, qui cherchent du secours. Elle est drapée dans un manteau chargé de signes : la partie supérieure est une broderie ancienne semée de pierreries, de fleurs de lis, « de banieres, gonphanons et ensaignes des anciens roys et princes françois »[4] au milieu des lettres, caractères et symboles « de diverses sciences qui esclarcissoyent les entendemens » ; quant à la partie inférieure, elle est ornée d'effigies humaines et animales, d'arbres, de fruits, de champs semés. Telle est, en raccourci,

---

[2] Sur l'utilisation du mot *patria* par les légistes et les théologiens, voir la belle étude d'Ernst Kantorowicz, *The King's two bodies. A study in Medieval Political Theology*, Princeton, 1957, p. 233 sq.

[3] *Ibid.*, p. 234.

[4] Alain Chartier, *Le Quadrilogue invectif*, éd. E. Droz, Paris, C.F.M.A., 1923, p. 6.

la formule d'équilibre des trois ordres dans la société française médiévale.

3. *Les souffrances de la Dame*

Mais on ajoute que le manteau est en piteux état, froissé et déchiré, la broderie supérieure est fanée et souillée, les lettres et symboles sont disjoints et bouleversés, la partie inférieure est réduite à des lambeaux qui pendent. C'est au point que ceux qui avaient brodé le manteau « a peine y cognoistroient leur ouvraige ». Et la Dame désolée de se plaindre, plus encore que de ses « naturels ennemis », de ses propres fils, avec leurs « desordonnances », leur instabilité, leur manque de civisme qui parachèvent la « perte et desertion par faulte de gouvernement convenable ». La France, avec la folie de Charles VI, fait l'expérience d'une vacance de la monarchie. Le civisme des Français a mal résisté à l'épreuve.

Avec plus de gaucherie et un moindre talent, vingt ans plus tôt, Christine de Pisan avait mis en scène, elle aussi, la France-personne dans *La vision Christine*, une « dame couronnée » toujours belle et jeune malgré ses mille ans d'âge, mère désolée elle aussi, en proie aux chamailleries de ses enfants qui « n'ont regart a la desolacion de leur pauvre mere qui, comme piteuse de sa porteure, se fiche entre deux pour departir leurs batailles »[5]. En vain. Il y a un « vent de perdicion qui cuert par la terre », souffle Christine. Et les héritiers du sage et grand Charles V n'ont pas écouté les conseils de la Dame couronnée, dont la personnalité ne se confond pas plus avec celle du roi qu'avec celle des Français, ses enfants querelleurs. Elle peut les inspirer, et il ne tient qu'à eux de tenir compte de ses conseils, mais elle ne reçoit pas les leurs. Quand Michelet dit de la France : « Le premier, je la vis comme une personne », il se trompe. La personne France existait déjà plusieurs siècles avant lui, et Lucien Febvre a raison d'affirmer qu'elle « vit d'une vie de personne parce qu'elle a été nommée. Parce que le mot, peu à peu, a créé l'être. Parce que la parole, extériorisée, est

---

[5] Christine de Pisan, *La vision Christine*, éd. M. L. Tower, Washington, 1932, p. 85 sq.

finalement devenue un être extérieur à l'homme. Transcendant à l'homme »[6].

La guerre de Cent Ans a été pour beaucoup dans la métamorphose d'une personne morale en un être de chair et d'âme, mais la conversion s'est faite le long de lignes de force creusées de longue date par les juristes et les théologiens. La personne France a hérité des appellations traditionnelles de l'Église, *sponsa* et *mater*, épouse du Christ et mère du peuple chrétien, corps mystique dont Jésus est la tête. À demi sécularisée déjà par son application à la monarchie pontificale, la notion de corps mystique est devenue la proie des légistes dès le temps de Philippe le Bel, qui ont poussé d'un degré plus loin la sécularisation. Le pamphlet *Antequam essent clerici* lancé contre Boniface VIII ne craint pas de reprendre à son compte un argument utilisé déjà par les juristes impériaux lors de la querelle des investitures, et d'opposer au *corpus mysticum Ecclesiæ* le *corpus mysticum patriæ* dont les clercs, devenus des citoyens comme les autres, sont, eux aussi, une composante[7].

4. Imagerie chrétienne et pré-chrétienne de l'interprétation

La transposition séculière des notions théologiques de *sponsa* et *mater* et de « corps mystique », est une opération dont l'importance est très visible, mais dont les échos auraient difficilement dépassé le cercle des gens d'Église et de loi si les artistes et les poètes ne l'avaient matérialisée. L'image de la Dame couronnée, épouse royale et mère douloureuse de Français querelleurs, indignes d'une filiation aussi haute, suit de près les représentations de l'Église sous les traits d'une reine triomphante, sur les porches des cathédrales, et de la *Mater dolorosa* des sculpteurs et des peintres. Car dans ce terrible XVe siècle la guerre était loin d'être la seule calamité. Il y avait aussi la peste, la menace turque, sans parler du grand schisme occidental, trois antipapes qui s'excommuniaient mutuellement, et le naufrage d'un vieux rêve qui avait semblé sur le point d'aboutir : la réunion officielle des églises chrétiennes décidée au Concile de Florence, et définitivement compromise du fait de la prise de Byzance par les Turcs.

---

[6] Lucien Febvre, « Paroles, matière première de l'Histoire », in *Mélanges d'Histoire sociale*, t. IV, 1943, p. 89 sq.
[7] Ernst Kantorowicz, *op. cit.*, pp. 207-8 et 257-8.

Au moment de la crise gallicane de 1510, qui avait failli se traduire par la proclamation par Louis XII d'une église gallicane autocéphale, le poète Jean Bouchet pleure sur l'Église de son temps sous les traits d'une femme accablée de tristesse et rongée par la simonie italienne [8]. Dans le manuscrit de l'Ermitage de l'*Épître élégiaque pour l'Église militante* de Jean d'Auton, le texte est orné d'une miniature où l'on voit une femme désolée, l'Église, assise tristement dans une église pendant qu'une créature maléfique, « Dame Dissolution », tente de faire crouler la voûte en ébranlant une colonne qu'une autre figure allégorique, Charité, soutient de la main gauche, tout en posant la main droite sur l'épaule d'un chevalier en cotte d'armes fleurdelisée, accouru à son aide. On a reconnu au passage une réminiscence de la légende de saint Dominique, souvent racontée dans les vies des saints et illustrée par les peintres : le pape Honorius III voyant dans un rêve le mur d'une église sur le point de crouler, que saint Dominique maintient en équilibre en s'arc-boutant contre lui [9].

Ainsi en va-t-il de la France du *Quadrilogue* : à côté d'elle un riche et ancien palais menace ruine sans que, par négligence des architectes, aucune réfection n'ait été faite « sinon aucuns appuys de foibles et petites estaies que pour passer temps et a la haste, non pas a durer, on avoit çà et la assises ou et quant la ruyne sembloit greigneur et le peril plus prouchain ». Alarmée, elle sort un bras de son manteau fleurdelisé pour soutenir le mur du côté « qui plus penchoit et par pesanteur s'inclinoit ». Elle est accablée par l'effort, « moult fort grevée de si long travail ». Elle n'a pas l'impassibilité dans l'épreuve des allégories de l'Église qui n'attend de secours que de Dieu. Plus vulnérable et dépendante du bon vouloir des Français, elle tourne « le visage couvert de larmes à l'entour de soy, comme desireuse de secours et contrainte par besoing » [10]. Et c'est cette fragilité même, sur bruits de fond guerriers, qui confère à cette silhouette composite née de la superposition de plusieurs images profanes et sacrées, une humanité poignante.

Force nous est de constater aussi que les afflictions de la Dame couronnée rehaussent encore son statut religieux. Pour ses souffrances, écrira Guillaume Postel, la France s'est modelée peu à peu sur l'image

---

[8] Jean Bouchet, *Déploration de l'Église militante*, Paris, 1512.
[9] La représentation la plus célèbre de cet épisode se trouve sur la prédelle du Couronnement de la Vierge de Fra Angelico (Louvre), reproduit dans le *Fra Angelico* de Germain Bazin, éd. Hypérion, 1949, p. 79.
[10] Alain Chartier, *Le Quadrilogue invectif*, éd. citée, pp. 8-9.

du Christ [11]. La guerre de Cent Ans a donné aux Français l'habitude de l'interprétation biblique de leur histoire, les événements heureux ou malheureux étant vécus comme récompenses ou punitions divines. Dans son *Livre de l'Espérance* Alain Chartier attribuait déjà les malheurs de la France à l'habitude populaire française du juron [12]. Et dans le prologue du *Quadrilogue invectif* il dit avoir longuement médité sur l'interprétation biblique des événements humains, les malheurs de la France étant moins, affirme-t-il, l'effet des rigueurs d'un juge impitoyable que la correction d'un père qui punit pour redresser. « Et comme, entre autres écrits, je lisais le troisième chapitre d'Isaïe, mon cœur s'est troublé de frayeur et mes yeux se sont obscurcis de larmes quand je reconnus en nous les coups portés qui sont signes de mort et preuve de la divine indignation si nous n'y mettons prompt remède. »

Il va de soi que Dieu seul peut guérir les blessures qu'il a faites, que la repentance est l'unique remède. Le passé religieux de la France est si riche que Dieu ne lésine pas sur le pardon, comme le dit Charles d'Orléans dans une de ses « complaintes » [13] :

> Dieu a les bras ouvers pour t'acoler,
> Prest d'oublier ta vie pecheresse :
> Requier pardon, bien te viendra aider
> Notre Dame, la Tres puissant princesse...

Non seulement Dieu pardonnera, mais il a déjà pris parti pour la France désolée contre les Anglais, en frappant Henry V, empêché de jouir longtemps de ses victoires [14], et, plus tard, en décimant les Anglais par la peste et les séditions.

---

[11] Guillaume Postel, *De Foenicum literis*, cité par W. J. Bouwsma, *The Career and thought of Guillaume Postel*, Cambridge (Mass.), Harvard Univ. Press, 1957, pp. 222-223.
[12] « O Français, Français, vous avez par une damnée et accoutumée blaspheme despité le nom de celuy à qui tout genoul se doit fléchir, et s'il vous a par l'usance de sa Justice mis en blame et en reproche des nations. »
[13] Charles d'Orléans, *Œ.*, éd. Champion, t. I, p. 260.
[14] « Virgam furoris tui, Henricum illum [Henri V], Gallicae genti tremendum, confregisti. » C'est par des formules de ce genre, empruntées aux prophètes d'Israël, qu'Alain Chartier explique la mort prématurée du vainqueur d'Azincourt dans un texte écrit vers 1422 : *De Detestatione belli Gallici*.

La nature quasi religieuse de la monarchie française n'est pas seulement affaire de propagande et d'auto-satisfaction : elle est reconnue par les étrangers eux-mêmes. Aucun souverain étranger n'a réussi à guérir les écrouelles, comme le faisaient les rois de France, ni le roi d'Espagne, ni même le Pape. À Rome, le passage de Charles VIII avait déjà fait sensation : 500 personnes se présentèrent pour se faire toucher par le jeune roi [15] ; et François Ier, arrivé captif en Espagne en 1525, s'est vu aussitôt assiégé à Barcelone et à Valence par une nuée d'Espagnols qui réclamaient l'imposition des mains. Les archives de la Grande Aumônerie permettent de faire le compte des malades qu'il a touchés. Pendant la seule année 1528, on énumère 1326 cas [16].

Charles Quint, qui n'avait jamais pu guérir de malades, n'hésitait pas à tirer la leçon du contraste par cette boutade qu'on lui prête et de ce qu'il connaissait de l'Histoire de la France : « Il n'y a aucune nation qui fasse plus pour sa ruine que la française, et néanmoins tout lui tourne à salut ».

5. *Ambivalences de la Mère*

Malgré sa robe fleurdelisée, et ses grandes manières, la Dame couronnée conserve quelques traits de la *Magna Mater* et des déesses-mères des mythologies archaïques : féminité généreuse, fertilité, décisions sans appel, ambivalence de la femme capable d'être tour à tour amante et mère terrible, la « mère très redoutable » vers laquelle se tourne gauchement l'homme de la glèbe dans le *Quadrilogue*. La divinité tellurique dont le corps, comme celui de Cybèle, est un territoire, prend la suite des déesses mères de la mythologie gauloise qui veillaient, avec des noms différents, sur chaque province, divinités « à la fois anonymes et myrionymes qu'on ne nommait pas et qui avaient cent épithètes », précise Camille Julian. Les Bituriges ou les Trévires qui venaient se mettre sous la protection des Mères toutes puissantes protectrices du lieu et guérisseuses, comblaient d'*ex-voto* leurs sanctuaires de sources [17], relayés dès le haut Moyen Âge par des chapelles de la Vierge ou des pèlerinages, ce qui activera les

---

[15] Marc Bloch, *Les rois thaumaturges*, réédition 1961, p. 313.
[16] *Ibid.*
[17] Paul-Marie Duval, *Les dieux de la Gaule*, éd. 1976, p. 56-7.

polarisations affectives sur une image composite de divinité tutélaire, féminine et protectrice des lieux.

Il est souvent difficile d'évaluer la survivance d'aussi anciennes croyances dans la mémoire populaire. Mais le témoignage d'un voyageur suisse sur la légende du *Dis pater*, véhiculée par la tradition orale, permet de faire le point. Dans sa *Description de Paris*, Thomas Platter le jeune réfute l'étymologie du nom moderne de Lutèce par Pâris de Troie. Il ne s'agit pas de Pâris de Troie, précise-t-il, mais d'un Gaulois nommé Dis qui vécut 200 ans au moins avant le célèbre Troyen [18]. Issu de la race de Samothée et descendant de Japhet, il fut le premier roi de France.

Les connexions telluriques des divinités gauloises semblent avoir beaucoup frappé César. Lui qui disait descendre de Vénus et venait d'un pays adonné au culte de Jupiter capitolin et d'Apollon, ne cache pas sa surprise devant ces Gaulois qui veulent pour ancêtre Dis pater, divinité souterraine, homologue nocturne du dieu du ciel et de la foudre, un « premier homme qui vivait, divinisé, dans le monde inférieur » [19]. Voilà pourquoi, poursuit César, ces descendants d'un Pluton celtique divisent le temps en nuits et non en jours [20].

Grands lecteurs du *De Bello Gallico* les Français de la Renaissance ont conservé le souvenir de ces mythes d'origine. Joachim Du Bellay dans son *Voyage de Boulogne* qui célèbre la victoire de Henri II sur les Anglais (favorisée par la discorde et la peste, « les filles d'Achéron ») insinue que Pluton s'est montré complice de sa progéniture gauloise :

> Tu n'as sans plus, ô des tiens le rampart !
> Des plus haulx dieux la faveur pour ta part :
> Du noir Pluton le triste domicile
> Mesmes te rend la victoire facile.

Le commentaire de Jan Proust publié avec l'édition de 1549 du *Recueil de Poësie* permet de préciser l'allusion : Pluton, écrit le commentateur officiel, « estoit le troisieme fils de Saturne. Il eut pour

---

[18] Thomas Platter le Jeune, *Description de Paris, en 1599*, extrait des mémoires de Thomas Platter et traduction de L. Sieber, publiée dans *Les Mémoires de la Société d'Histoire de Paris et d'Ile-de-France*, aut. 1896.

[19] Paul-Marie Duval, *op. cit.*, p. 33.

[20] « Ob eam causam spatia omnis temporis non numero dierum sed noctium finiunt », César, *De Bello gallico*, VI, XVIII.

son partage la région des Enfers. Les Gaulloys anciennement se disoient estre venus de luy, et l'appeloient Dis »[21].

Tout au long du siècle la complicité de la Terre mère avec ses fils gaulois sera directement ou indirectement invoquée pour rendre compte de l'extraordinaire aptitude française au redressement après les pires épreuves, à la manière d'Antée, fils de la Terre lui aussi, dont les forces décuplaient chaque fois qu'on le mettait dos au sol. Brantôme, qui a vu, au cours des guerres civiles, tant de villes pillées et repillées vite reprendre vie et splendeur, cite la réflexion du Milanais Prospero Colonna qui voyait dans la France une oie grasse « que tant plus on la plumoit, tant plus la plume luy revenoit »[22]. Du Bellay moins prosaïquement la compare à l'hydre de Lerne dont les têtes repoussent à mesure qu'on les coupe, ou à un chêne ébranché dont les surgeons vigoureux prolifèrent :

> Si Mars nous a regardé quelquefois
> D'un œil felon, onques nul toutefois
> S'est peu vanter de voir par luy dontée
> Nostre vertu non jamais surmontée.
>
> Qui a tousjours cœur et force repris
> De son malheur : comme le chesne appris
> A reverdir sa perruque nouvelle,
> Apres le fer sa teste renouvelle[23].

Autant d'images qui impliquent une idée : celle de la France éternelle qui, à la différence de Rome, qui n'a connu qu'ascension, apogée et déclin, puise dans les cahots d'un destin au profil en dents de scie une certaine incapacité de mourir.

Pour Christine de Pisan, témoin oculaire et chantre du règne bénéfique de Charles V, la Dame couronnée conserve jusque dans le malheur sa prestance de reine, alors que pour l'auteur du *Quadrilogue*, né vingt ans plus tard et voué aux pires tornades de la guerre de Cent Ans, le manteau royal est déchiré, la couronne de guingois, et la « mère très redoutable » une femme aigrie qui vitupère ses enfants

---

[21] J. Du Bellay, *Poësies françaises et latines*, éd. E. Courbet, t. I, pp. 116 et 540.
[22] Brantôme, *Œ.*, éd. Lalanne, t. IV, p. 332.
[23] *Chant triomphal sur le voyage de Boulogne*, in Du Bellay, *op. cit.*, t. I, pp. 163-164.

dépravés. Cent ans plus tard la Dame couronnée retrouve son palais et son trône, sous les yeux admiratifs des poètes de François Ier et de Henri II qui la fêtent. Un peu de temps encore et les guerres de religion font d'elle à nouveau une mère douloureuse victime des Français chamailleurs. L'apparition de la personne France dans la *Continuation du discours des misères de ce temps* de Ronsard est étonnamment proche de la vision d'Alain Chartier, à une époque où l'auteur du *Quadrilogue* n'avait pas encore disparu des mémoires :

> M'apparut tristement l'idole de la France,
> Non telle qu'elle estoit lors que la brave lance
> De Henry la gardoit, mais foible et sans confort,
> Comme une pauvre femme attainte de la mort.
> Son sceptre luy pendoit, et sa robe semee
> De fleurs de liz estoit en cent lieux entamee ;
> Son poil estoit hideux, son œil have et profond,
> Et nulle majesté ne luy haussoit le front [24].

Non seulement cette France personnalisée ne s'identifie pas avec les Français, mais elle peut être malmenée par eux, et les maudire :

> Je veux de siecle en siecle au monde publier
> D'une plume de fer sur un papier d'acier,
> Que ses propres enfans l'ont prise et dévestue,
> Et jusques à la mort vilainement batue.
> Elle semble au marchand, accueilli de malheur,
> Lequel au coing d'un bois rencontre le volleur [25].

Du camp catholique au camp huguenot, la vision est la même : les auteurs ne diffèrent que sur l'attribution des responsabilités, étant bien entendu que le responsable de la guerre c'est l'autre. Ils ne cessent de mettre sous les yeux de leurs compatriotes, en latin aussi bien qu'en français [26], le spectacle de la « mère affligée » dont les enfants, dans le texte célèbre d'Agrippa d'Aubigné, se disputent les mamelles :

---

[24] *Continuation du Discours des Misères de ce temps*, v. 307-314, dans Ronsard, Œ., Paris, Galimard, « Bibliothèque de la Pléiade », t. II, p. 1004.
[25] *Ibid.*, v. 5-10, p. 997.
[26] On trouvera un inventaire des prosopopées de la France meurtrie chez les poètes latiniseurs dans l'article de Ian Mc. Farlane : « Les Poètes néolatins à l'époque des guerres de religion », in Franco Simone, *Culture et politique en France à l'époque de l'Humanisme et de la Renaissance*, Turin, 1974, p. 387-411.

> Cette femme esploree, en sa douleur plus forte,
> Succombe à la douleur, mi-vivante, mi-morte ;
> Elle void les mutins tous deschirez, sanglans,
> Qui, ainsi que du cœur, des mains se vont cerchans.

C'est à ce moment qu'elle lance l'apostrophe si souvent citée :

> Or vivez de venin, sanglante geniture,
> Je n'ai plus que du sang pour vostre nourriture.

Déçue par ses enfants la « mère redoutable » n'est pas loin de les maudire, elle retrouve l'ambivalence des divinités telluriques des Gaules. Une mauvaise récolte ? C'est la Terre mère qui se venge, décide Ronsard, et qui devient marâtre :

> La Terre mere à la grasse mamelle,
> Qui porte tout, portant en despit d'elle
> Dessus son dos un peuple si troublé,
> Nia son vin, ses pommes et son blé,
> Et de ses fils detestant la misere,
> Devint marastre en lieu de bonne mere [27].

Vingt ans plus tôt le même Ronsard s'extasiait, dans « L'Hymne de la France », sur une déesse heureuse, fertile et admirée. Au cours d'une vie assez longue il a pu voir la France dans ses deux grands rôles, sans se douter peut-être que cette alternance, avec les types de relations qu'elle établit entre un pays et ses habitants, allait se perpétuer pendant quatre siècles, chaque période de crise ramenant à la surface l'image de la *Magna Mater* ambivalente, éplorée et hargneuse.

Dans la mesure où l'histoire de la France se confond avec le devenir de sa mythologie, il est permis de voir dans la Renaissance le moment où la divinité chtonienne s'efface pour quelques années devant une apparition radieuse qui sera plus que la Dame couronnée du Moyen Âge : une déesse de l'Olympe.

6. *Du génie de la France de Guillaume Budé à Minerve*

En s'adressant au roi François, pour lui expliquer les motivations — peu visibles à l'œil nu — de son entreprise du *De Asse*, Budé

---

[27] Ronsard, « Les Éléments ennemis de l'Hydre », v. 9-14, *Œ.*, éd. citée, t. II, p. 1078.

précise qu'il a « dédié le livre à l'honneur et fortune de la France et à l'esprit angélique protecteur d'icelle, et à la majesté de vostre noble couronne »[28]. Il n'est pas inutile de se demander ce qu'il entendait par cette juxtaposition — dont il est coutumier — d'une image chrétienne, celle de l'ange gardien, et d'une image antique, celle du *genius publicus* romain.

C'est un fait que les provinces romaines telles que l'Égypte, l'Espagne, l'Italie, étaient souvent représentées par des personnages féminins affublés d'un nimbe, signe de pérennité, à la différence des abstractions telles que la Justice ou la Prudence, situées hors de toute durée temporelle. Les *genii* sont femmes non en tant que symboles mais en tant que déesses[29], dont le statut est confirmé par le nimbe.

À mesure que l'Empire prend de l'âge il se fait image, lui aussi, et Ammien Marcellin raconte que Julien l'Apostat le vit en rêve à deux reprises. Une première fois, à la veille de son accession au pouvoir, il se trouve en présence d'un personnage tout semblable aux représentations du « génie de l'Empire »[30]. Il aura de nouveau sa visite onirique à la veille de sa mort : mais cette fois le genius publicus a « la tête voilée et la corne d'abondance renversée »[31]. Cloué de stupeur à cette apparition dont il avait perçu l'aspect néfaste, Julien se ressaisit vite « car il avait une âme inaccessible à la peur ». Il se contenta d'offrir un sacrifice conjuratoire pour détourner le mauvais sort[32].

La personnification androgyne du *genius publicus* implique aussi bien que l'image christianisée (l'esprit angélique) l'existence d'une âme collective de l'Empire. Un ange gardien n'est pas un esprit errant, il est intimement lié à un être humain dont il a pour mission de protéger l'âme. L'esprit angélique implique l'existence d'une personne France, aussi vivante, encore que moins loquace, que la « Dame couronnée » de Christine de Pisan ou d'Alain Chartier.

Le manuscrit de l'*Institution du Prince*, don personnel de Budé à François de Valois, resté inédit jusqu'à la mort du Roi, fut dès 1547 livré à l'éditeur qui y joignit une traduction latine, dont les variantes avec le texte original méritent l'attention. Cette fois, plus d'esprit

---

[28] Guillaume Budé, *l'Institution du Prince*, éd. Bontems, p. 127.
[29] Voir Ernst Kantorowicz, *The King's two bodies, op. cit.*, p. 79 sq.
[30] Ammien Marcellin, *Rerum gestarum libri qui supersunt*, XX, 5, 10 (éd. Eyssenhardt, Berlin, 1871) : « per quietem aliquem visum ut formari genius publicus solet ».
[31] *Ibid.*, XXV, 2.
[32] *Ibid.*

angélique mais la « Minerve de France ». La Minerve dont il s'agit appartient à la symbolique de cour, où la Sagesse est représentée par une figure féminine modératrice d'un bouillant guerrier qui se nomme François de Valois. Ainsi représente-t-on Louise de Savoie comme le fait Symphorien Champier, au début du règne :

> Filz de Pallas, tant sacrée déesse
> D'armes et sens [33].

Pallas n'est autre, ici, que Louise de Savoie, la princesse pacifique et modératrice « autre Pallas et très saige Minerve ». Par la suite les poètes n'hésitent pas à identifier à Minerve les princesses protectrices d'intellectuels, comme Marguerite de Savoie — protectrice de la Pléiade. Rien qui aille au-delà des conventions d'allégories de cour, jusqu'ici.

Mais dès que la conversion de la France à la culture nouvelle est devenue évidente, au point de désarmer chez Érasme tous les réflexes francophobes acquis depuis longtemps [34], c'est la France elle-même qui est de plus en plus souvent identifiée à Minerve. Lors d'un voyage en Italie, vers la fin des années cinquante, Brantôme est très frappé par la présence à Rome d'une statue de la France

> représentée en forme d'une belle Pallas toute armée, une lance en une main et son escu de l'autre, force livres à ses pieds, et entournée et ombragée de force espics de bled avec ces mots : *Marte, arte et frugibus*, inferant par là qu'elle surmonte toutes autres nations par les armes, les lettres et abondance de bled et fruictz, comme certes elle faict [35].

L'image de la république minervienne est déjà en place. Tous les attributs sont là et cette synthèse imagée qui survivra à tous les régimes, monarchies et républiques.

Mais s'il faut une Minerve dans cet Olympe des nations que l'imaginaire collectif se plaît à représenter, pourquoi la France ? Pourquoi

---

[33] Symphorien Champier, dédicace à Louise du *Régime et doctrinal*, dans Anne-Marie Lecoq, *François Ier imaginaire*, Paris, 1987, p. 75. Il s'agit de ces figures allégoriques en tous points conformes aux stéréotypes des cours médiévales.
[34] Voir les lettres d'Érasme des années 30.
[35] Brantôme, *Vies des grands capitaines*, Œ., t. V, p. 295-296.

pas l'Italie, dont les exploits culturels étaient plus brillants et plus anciens ? ou l'Espagne qui, avec sa Bible polyglotte et l'université d'Alcalá servait de référence même à François 1er ? Pourquoi pas l'Angleterre qui, en passe de joindre le peloton de tête de l'époque au Camp du drap d'or, avec un roi très cultivé, un personnel diplomatique humaniste et une pléiade d'hellénistes distingués ? Tout restait possible, avant l'exécution de Thomas More, la rupture avec l'internationale humaniste et le continent catholique, qui avaient suivi elles-mêmes la rupture morale avec le continent luthérien par la publication du traité du libre arbitre, rédigé personnellement par Henri VIII.

Si le choix de la France dans le rôle de Minerve n'a pas suscité plus d'objections chez les hommes du XVIe siècle, c'est qu'ils avaient plus présent à l'esprit que nous ne l'avons maintenant la dualité de la déesse, à la fois vierge guerrière et sagesse des nations. Au fil des siècles nous avons progressivement effacé de notre représentation des dieux leur foncière ambivalence. Pic de la Mirandole la considérait comme l'une des clés de l'Olympe : ainsi Apollon est-il à la fois frénésie inspiratrice et mesure poétique, Hermès est en même temps dieu de l'éloquence, des pourparlers de paix et l'allié sournois de Métis. Minerve n'est, précisait-il, qu'un des cas particuliers de la loi universelle de l'ambivalence des dieux. Malgré la survie des simplifications médiévales et romaines, encore intactes dans les cours et dans les médailles de René d'Anjou [36], les humanistes en quête d'Antiquité vraie renonçaient aux allégories univoques du Moyen Âge, mais pour se retrouver face à face avec l'ambiguïté des mythes.

---

[36] Rudolf Wittkower a fait, dans son beau livre sur *Allegory and the migration of symbols*, Londres, 1977, p. 130 sq., une analyse détaillée de la numismatique du roi René, qui fait frapper une médaille commémorative de son mariage avec Jeanne de Laval, ornée de l'effigie de la déesse de la paix, rameau d'olivier à la main, et du moto de *Pax Augusti*. Et voici que deux ans plus tard, au moment où il renonce aux aventures guerrières et prend une sorte de retraite en Provence, il commande une nouvelle médaille assez semblable à la précédente, sauf que la déesse de la paix est remplacée par Minerve, casque en tête et munie de l'inscription *Minerva pacifica*.

7. Ambiguïtés des mythes et double rôle de Pallas

Quel contraste, en effet, entre la *Minerva pacifica* du bon roi René et la Pallas Athéna des Grecs ! Les hommes de la Pléiade se piquaient d'aller droit aux sources : au lieu de se contenter de l'Olympe de Virgile, ils ont une préférence marquée pour les mythes cosmiques d'Hésiode, omniprésents chez Du Bellay [37], et pour les *Hymnes homériques*, dont la haute ancienneté n'est pas plus mise en doute que celle des *Hymnes orphiques*. Or ce texte, qui n'a jamais figuré parmi les classiques chez les Anciens, a été soudain mis en lumière par l'édition *princeps* publiée en 1488 à Florence par Démétrios Chalcondyle, relayée en France par celle d'Henri Estienne [38].

Dans le recueil des *Hymnes homériques*, les deux hymnes à Athéna ne sont pas les plus célèbres, et on s'accorde, depuis Wilamowitz, à situer leur rédaction aux dernières années du VIIe siècle, peut-être à l'occasion des Panathénées [39]. Le second hymne, le plus bref, ne voit dans la « déesse aux yeux pers » que la terrible déesse « qui s'intéresse avec Arès aux travaux de la guerre, au pillage des villes et aux clameurs guerrières » [40].

Le premier hymne est moins sommaire, et il intègre les deux composantes de la personnalité de la « glorieuse Déesse aux yeux pers, dont l'intelligence est vaste et le cœur indomptable, la Vierge vénérée qui protège les cités [...], que Zeus enfanta seul dans son auguste chef, armée d'un harnois guerrier tout étincelant d'or : un saint respect possédait tous les Immortels qui la virent lorsque, devant Zeus qui porte l'égide, elle jaillit impétueusement de sa tête immortelle, en brandissant un javelot aigu ».

Tout ce qui suit fait de la naissance de Minerve un phénomène cosmique : « Le grand Olympe vibra terriblement sous le poids de la forte déesse aux yeux pers ; la terre d'alentour poussa un cri déchirant ; la mer alors fut ébranlée et gonfla de sombres vagues, puis l'onde amère s'arrêta soudain ; le fils radieux d'Hypérion, pendant un long temps, arrêta ses chevaux rapides, et attendit que la Vierge Pallas

---

[37] Gilbert Gadoffre, *Du Bellay et le Sacré*, Paris, 1978, p. 22, 132, et le chapitre IV, « Structure des mythes », p. 117-199.
[38] Reproduit dans le recueil *Poetæ Græci principes heroici carminis*, Paris, 1567.
[39] Voir la notice de Jean Humbert dans son édition bilingue des *Hymnes homériques* de la collection Guillaume Budé, Paris, 1958, pp. 230-231.
[40] *Ibid.*, p. 234.

Athéna eût ôté de ses épaules immortelles l'armure divine ; et le prudent Zeus se réjouit »[41].

Nous sommes loin, ici, de la Minerve affadie des Latins et des allégories médiévales. Quel pays aurait pu rivaliser avec la France du roi François dans ce double rôle ? Le moins qu'on puisse dire des Italiens, c'est qu'ils n'avaient jamais brillé par leur aptitude aux armes. Quant aux Espagnols, dit Brantôme, ils sont bel et bien un peuple de guerriers, mais insensible aux choses de l'esprit (croyait-on) « qu'ils haïssent et vilipendent fort, au point qu'ils envoyent les livres au diable »[42].

La France était seule à offrir le spectacle d'un pays qui savait joindre les qualités guerrières au goût des lettres, association paradoxale dont les Valois avaient su donner l'exemple, de Charles V à Charles VIII et François Ier ; c'est ce que Ronsard résumera en deux vers :

> Car pour bien faire il fault qu'un Roy se serve
> De l'une et l'autre excellente Minerve[43].

Budé lui-même voyait dans la déesse Athéna le symbole d'une de ses idées-force : l'association de deux vertus antiques, Sagesse et Prudence, clé de la réussite romaine. L'Empire des Grecs et des Romains, précise-t-il dans le *De Asse*, « a été acquis et conservé autant par la culture de l'esprit que par la force du corps. Car Pallas et Minerve étaient considérées comme la même déesse et on pensait que les pouvoirs de jugement et de décision inspiraient l'esprit martial à la fois dans les cœurs et dans les poitrines cuirassées, qu'ils aient été Romains ou Grecs »[44]. Autant d'énoncés qui vont prendre un relief particulier au moment où la France est aux mains du roi chevalier de Marignan, qui fera de Paris le foyer de l'hellénisme européen, et de la

---

[41] *Ibid.*, p. 233.
[42] Brantôme, *loc. cit.* Ajoutons qu'il admet les exceptions qui confirment la règle, et que, lorsque les Espagnols s'adonnent aux lettres, « ils sont rares, excellents et très admirables, profonds et subtils, comme j'en ai vu plusieurs ».
[43] Ronsard, *Le Bocage royal*, « Au Roy Charles IX », v. 129-130, in *Œ.*, éd. citée, t. II, p. 44.
[44] Guillaume Budé, *De Asse*, éd. 1541, fol. 24 r° : « Utrunque autem imperium non minus animis excolendis, quam corporibus exercendis quæsitum est, et retentum, quippe idem numen Palladis et Mineruæ, et Martios animos loricatis pectoribus, et togatis præcordiis aut palliatis vim iudicandi censendique inspirare creditum est. »

cour de Fontainebleau le prototype d'un nouvel art de vivre associé à une esthétique. Le roi François est ainsi devenu la matérialisation de la dualité de Minerve.

8. De l'Androgénèse à la Hiérogamie royale

Il représente aussi un fait nouveau : au milieu de ces figures symboliques, déjà familières aux Français et toutes féminines, il est une présence mâle. On dira que l'image royale jouait depuis longtemps son rôle dans la conscience nationale française, au point de déconcerter Machiavel, stupéfait de l'intensité de la relation affective qui existait entre Louis XII et son peuple [45]. Mais Louis XII, pas plus qu'aucun de ses prédécesseurs Valois, n'était une figure olympienne. Et l'image qu'ils voulaient laisser d'eux-mêmes, c'était le chêne de justice de Saint Louis plus que l'aigle ou le foudre. Et voici qu'un superbe gaillard de vingt ans leur succède, qui s'était mis en tête de réveiller la princesse endormie ! Du coup, la référence à Jupiter ou Apollon pose problème. Quels rapports établir entre ce demi-dieu vivant et la Dame couronnée ou la chaste Minerve ?

La mythologie était là pour offrir un modèle : l'androgénèse, Minerve sortie toute armée du cerveau de Zeus. Les poètes de la génération suivante n'ont pas tardé à faire appel à ce vieux mythe pour justifier poétiquement la cohabitation des deux images, et donnaient à la « Minerve nouvelle » le statut privilégié que confère dans les mentalités religieuses une naissance miraculeusement indemne de partenaire sexuel — et cela dans un univers mythologique chargé d'érotisme, où les dieux n'hésitaient jamais à joindre à l'utile le caprice agréable. N'oublions pas que la virginité de Minerve, comme celle de Diane, est partie intégrante de leur divinité. C'est faute de l'avoir admis que Racine a dû inventer le personnage de la roucoulante Aricie, pour éviter au public français le scandale de la chasteté sacrée du jeune prince Hippolyte.

Les Français du milieu du siècle n'avaient pas été lents à noter un décalage chronologique entre l'instauration de l'humanisme budéen en France et l'éclosion d'une poésie nouvelle inspirée par lui. Les savants, les philologues, les romanciers humanistes du temps du roi

---

[45] « Le peuple de France est plein de respect et de soumission, et il a une grande vénération pour son roi. » *Portrait des choses de France*, dans Machiavel, *Œ.*, éd. Christian Bec, Paris, Paris, Robert Laffont, 1996, p. 50.

François cédaient la place à « la grande flotte de poètes » que produisit le règne du Roi Henry deuxième, dont Pasquier chanta la saga [46], et dont le déferlement sur l'Europe donna à la France une littérature de référence dans la deuxième moitié du siècle, un rôle qui avait été jusque là un monopole italien. Doit-on parler de semailles ou de fécondation ?

Entre les deux métaphores, on hésitait. L'image populaire de François d'Angoulême était plus simplette : c'était celle d'un grand et beau gaillard qui, dans une assemblée, dépassait tous les hommes d'une tête et draguait tous les regards de femmes, d'où le surnom de « grand Colas » qu'on lui donnait dans les campagnes, et même en ville. Brantôme raconte que dans sa jeunesse, il s'était trouvé devant un portrait de François Ier, en compagnie de vieux seigneurs et de dames de la cour, et l'une d'elles de s'écrier : « Tiens, voilà le grand Colas ! »[47].

Le plus fort est que Brantôme cite cette anecdote pour disculper les Français de l'accusation d'irrespect ou de désinvolture à l'égard des souverains étrangers. N'affublaient-ils pas du surnom de Jehan Gibon le grand Ferdinand d'Aragon, le plus illustre souverain espagnol du siècle précédent, dont la cour était considérée comme le modèle et même le prototype d'une cour de souverain éclairé ? « Il ne faut jamais prendre pied dans ces causeries », proclame Brantôme, « car les nostres mêmes appelaient le grand roi François quelquefois le grand Colas ou le bonhomme Colas, voyre après sa mort [...]. Tant y est quelque causerie que ce soyt, ce sont esté deux grands roys ».

C'est dans le halo de cette image populaire qu'il faut situer la version que donne Du Bellay des rapports entre fécondateur et fécondée :

> Dessoubs ce grand Françoy [...] la France fut enceinte
> Des lettres et des arts et d'une troppe saincte
> Que depuis sous Henry féconde elle a produit [48].

Aucun des grands ancêtres, pas même Saint Louis ou Charlemagne, n'aurait été capable de séduire et posséder charnellement la Dame couronnée, ni de lui faire mettre au monde une telle postérité de poètes et d'artistes. L'androgénèse olympienne n'étant pas intelligible par le plus grand nombre, seul un surmâle pouvait avoir raison de ce chaste

---

[46] Étienne Pasquier, *Recherches de la France*, liv. VII, chap. VI.
[47] Brantôme, *Vie des grands capitaines estrangers*, Œ., éd. cit., t. I, p. 139.
[48] Du Bellay, *Regrets*, sonnet 190.

assoupissement de la « Minerve nouvelle », dont le sommeil devenait, dans cette perspective, la longue attente d'un éveil dans les bras du prince charmant. La hiérogamie royale devenait ainsi l'image parlante de la miraculeuse mutation en deux temps dont les contemporains avaient été les témoins éblouis.

Le recours à la mythologie est rarement innocent. Ceux qui avaient les premiers métaphoriquement propulsé la Dame couronnée jusqu'à l'Olympe n'avaient sans doute pas fait l'inventaire préalable de ce qu'ils ajoutaient à l'image de la France. Il n'empêche qu'au milieu des courants centrifuges qui agitaient la Chrétienté du XVIe siècle, du déploiement des forces et des passions irrationnelles déclenchées par eux, Minerve représentait l'appel à la raison et faisait toujours un peu figure d'arbitre naturel. Or c'est justement le rôle que François Ier aurait voulu pour lui : entre Henri VIII et le Pape, il envoie l'évêque humaniste Jean du Bellay à Londres avec mission de trouver une conciliation sur les problèmes de divorce. Contre Luther et les théologiens allemands, il fait appel à celui qui représente la culture et la modération dans le camp luthérien : Mélanchthon ; initiative jugée si dangereuse par les intégristes qu'ils ont vite fait de la saboter avec le complot des placards.

Il semble aussi que la politique d'alliance avec la Turquie, malgré son cynisme évident, n'a pas été entièrement dépourvue d'arrière-pensées de médiation (culturelle et humaniste) entre Occident et Orient. Et là encore le Roi avait dans son jeu un humaniste de talent : Guillaume Postel. Protégé de Marguerite d'Angoulême, envoyé à Constantinople en tant que linguiste surdoué dans les bagages du premier ambassadeur de France en Turquie, il est revenu avec une moisson de manuscrits arabes et hébreux ; auteur de la première grammaire arabe, lecteur royal en mathématiques et langues orientales, il sera l'orientaliste le plus illustre d'Occident. Obsédé par l'idée de concorde universelle, il multipliera les études de religions comparées dont la plus célèbre est *La Concorde de toutes les différences de Religions et de Sectes*[49]. Là aussi, l'esprit de Minerve tachait de surmonter par la culture les vieux réflexes de défiance et de haine.

---

[49] C'est là un argument dont s'est servi la délégation française auprès du Pape pour lui faire admettre l'idée d'un édit de tolérance - une action sans précédent historique et qui mettait ainsi les pays protestants dans l'impossibilité de refuser à leurs minorités catholiques des libertés

Utopie, dira-t-on, à en juger par les échecs à court terme de cette politique de conciliation par la culture. À moyen et à long terme le bilan est plus positif. Est-ce un hasard si a été écrit en français le traité de théologie le plus irénien du siècle, le *Traité de l'amour de Dieu* de François de Sales, évêque titulaire de Genève *in partibus infidelium* et apôtre d'une paix perpétuelle entre les Chrétiens ? Est-ce un hasard si l'édit de Nantes a été signé en France et destiné à ouvrir la voie à d'autres édits de tolérance, qui établiraient ainsi la contrepartie des concessions faites par les catholiques français ? Est-ce un hasard si, dès la fin du siècle, l'état de guerre latent entre Occidentaux et Turcs aboutit à une stabilisation de fait sans croisades, et si la France reste pour 200 ans l'intermédiaire privilégié entre l'Islam et l'Occident ? Tout se passe comme si les grains de sénevé, semés par le roi François sur un terrain culturellement réceptif, n'avaient cessé de croître secrètement au point de devenir une forêt qui tracerait la frontière d'un royaume de la réconciliation, pas encore de ce monde, mais très vivant dans l'imaginaire collectif.

En attendant, son avènement sera guetté par un petit nombre d'intellectuels et d'utopistes dont la force d'impact a été surestimée en raison de son caractère international. Il est vrai qu'on les retrouve partout en Europe, à Paris, à Madrid, à Lyon, à Oxford, à Venise ou à Cracovie, mais ils sont tous minoritaires dans leurs pays respectifs — si bien que la loi du nombre va jouer contre eux et que la République des lettres sera vite réduite au silence par la Réforme et la Contre-Réforme. De sorte que dans la chaleur de l'action du moment le pouvoir reviendra aux intégristes des deux camps — leur lourd triomphe contre des clans, élitistes par nature, durera plus de deux siècles.

équivalentes de ce qui avait été concédé aux protestants français par la fille aînée de l'Église romaine.

Chapitre XII

Identité nationale et quête des origines

Dans tout cela, où sont les Français, dira-t-on ? Auraient-ils été étouffés sous le poids des hypostases, des figures symboliques, des ectoplasmes ? Auraient-ils oublié d'être à force d'attention à leur *super ego* ? Le bel équilibre entre les éléments masculins et féminins de la personnalité française survivra-t-il aux grands règnes de la première moitié du XVIe siècle ?

C'est un fait qu'après la mort tragique de Henri II en 1559 commence l'ère des rois enfants, des régences et des guerres civiles. François II monté sur le trône à seize ans et Charles IX à dix ne sont plus des amants ou des époux, mais des fils qui n'ont pas toujours à se louer d'une mère sujette à des crises de folie périodiques. La France personne dont parle Ronsard dans le « Tombeau de Charles IX », dans des pamphlets écrits au cours des guerres de religion, ou dans le « Discours à Des Autels », n'est plus une image du *super ego* collectif ou une déesse, mais la personnification d'un peuple instable et querelleur qui traite les jeunes princes, ses fils, comme une marâtre. Qu'a donc apporté le peuple français à ces jeunes orphelins, depuis leur enfance, si ce n'est complots, intrigues, menaces d'enlèvement, guerres civiles ?

> La France à son bon prince une marastre terre
> Où depuis la mamelle il n'a vécu qu'en guerre
> Qu'en civiles fureurs, qu'au milieu des traisons [1].

---

[1] Ronsard, « Le tombeau du feu Roytres-chrestien Charles Neufiesme, prince tres-debonnaire, tres-vertueux et tres-eloquent », v.37-39, in *Œ.*, t. II, p. 899.

Ce jeune Charles IX, tellement doué, qui étonnait les ambassadeurs étrangers par l'intelligence et la clarté de ses exposés de situation [2], devenu partenaire poétique en même temps que mécène de Ronsard [3], eût mérité un autre destin, une marâtre moins dénaturée.

> Aussi bien, O Destin, la France n'estoit pas
> Ny digne de l'avoir, ny de porter ses pas [4].

Les Français, car il s'agit incontestablement d'eux cette fois, se sont montrés incapables d'imaginer un compromis de coexistence entre factions rivales, et de jouer le jeu traditionnel de la monarchie française qui a toujours fait du souverain l'arbitre indiscuté des querelles.

Mais l'image de cette France-là se dédouble. Elle peut être à la fois le peuple en folie, et aussi la terre qui le supporte et le subit, celle qui porte aussi les « pas des princes » qui étaient là pour veiller au maintien de l'harmonie. Plus on s'éloigne de l'Olympe, plus on s'enfonce dans le circuit des anciennes divinités telluriques, puissantes et vindicatives, capables de faire connaître leur désapprobation au peuple ingrat par les moyens dont elle dispose : une gelée de mai meurtrière des vergers, une sécheresse d'été qui compromet les récoltes ; autant de signes non équivoques du courroux des déesses mères outragées, dit Ronsard [5].

1. Français ou Parisiens ?

L'image maternelle, on la retrouve encore associée à Paris, dont la promotion humaniste est relativement récente. Le Lyon de Maurice Scève, de Pernette Du Guillet et de Louise Labbé, lieu privilégié des imprimeurs humanistes, était un concurrent sérieux qui mettait à profit un immense avantage : l'absence d'université, donc de faculté de théologie, donc de censure — ou plutôt il faudrait dire que la censure y

---

2 Brantôme, *Vies des grands capitaines*, Œ., t. V, p. 282.
3 On trouvera les vers que Charles IX échangeait avec Ronsard a dans l'édition de la Pléiade, t. I, p. 1155 sq.
4 Ronsard, « Le tombeau du feu Roy tres-chrestien Charles Neufiesme [...] », v.35-36, éd. citée, *loc. cit.*
5 Ronsard, « Les Elemens ennemis de l'Hydre », v.9 sq. Voir ci-dessus chapitre XI, p. 357.

est plus lointaine, moins active et plus lente —, ce qui laissait aux Lyonnais une enviable liberté de parole, de pensée et de publication.

Ajoutons qu'aucun des membres de la Pléiade n'est parisien de naissance : ils viennent tous des provinces de l'Ouest et du Centre à l'exception de Pontus de Tyard et de son neveu Guillaume des Autels, qui sont l'un et l'autre lyonnais. Mais pour Ronsard comme pour Du Bellay, Baïf et Jodelle, Paris est le lieu d'une deuxième naissance, celle de l'accès à la vie de l'esprit, les collèges parisiens gagnés à l'humanisme n'étant pas seulement des lieux d'enseignement mais des foyers de création littéraire. Il suffit de voir ce qui se passe au collège Coqueret, où Daurat forme des générations d'esprits tournés vers l'humanisme, ou bien au collège Boncour où est en train de naître la tragédie française drapée à l'antique. Partout, quel fourmillement d'idées nouvelles, de remises en question des formes et des normes ! Paris est devenu une ville d'avant-garde sans être déjà la mégapole qui engloutit la substance d'un pays. Écoutons Du Bellay en parler avec un enthousiasme ébloui :

> Je dirai la richesse féconde
> Du grand Paris et ses superbes tours,
> Ses temples saincts et son Palais qui semble
> Non un Palais, mais deux cités ensemble.
> Mère des ars ta haulteur je salue [...] [6].

On dira que la rhétorique de Du Bellay force la note et tourne à l'autosatisfaction à la française. Mais comparons ce Paris de la Pléiade avec celui d'un étranger, un étudiant suisse de passage à Paris, Thomas Platter le Jeune [7] : on y trouvera une analyse de la prééminence de Paris très proche de celle de Du Bellay.

> La ville de Paris a été considérée jusqu'à ce jour, non seulement comme la capitale de tout le royaume de France, mais aussi comme la première ville de l'Europe et de la chrétienté, à l'exception toutefois de Constantinople où réside la Cour de l'Empereur de Turquie. On la nomme *miraculum terræ immobile* et *stella terrestra lucidissima*, la merveille immuable du monde et l'étoile la plus

---

[6] Du Bellay, *Prosphonématique*, in *Œuvres latines et françaises*, éd. Courbet, t. I, p. 161. Voir ci-dessus chapitre I, p. 45.
[7] Thomas Platter le Jeune, *Description de Paris en 1599*, extrait des mémoires de Thomas Platter et traduction de L. Sieber, publiée dans *Les Mémoires de la Société d'Histoire de Paris et d'Ile-de-France*, automne 1896, p. 170.

> éclatante de la terre, et cela en raison de la présence dans la ville de la Cour du Roi très chrétien, du Parlement dont la juridiction s'étend sur la plus grande partie du pays, ainsi que d'une ancienne et illustre École. Elle doit aussi sa renommée à son immense étendue, à ses monuments publics et privés, à sa noblesse, à son commerce et à ses nombreux étudiants, à sa situation favorable et à la qualité de l'eau qu'on y trouve. C'est à cela qu'elle doit l'importance de sa population, ce qui fait qu'on l'appelle à juste titre un petit monde.

La fraîcheur du regard de ce jeune Suisse qui, pour la première fois de sa vie se trouve en présence d'une mégapole, nous restitue une image de Paris au lendemain des guerres civiles très proche de celle de Du Bellay : mêmes remarques sur l'ampleur de l'agglomération, sur l'importance de l'Université, qui est une sorte de ville dans la ville [8], sur la coexistence de deux classes dirigeantes : la noblesse d'épée et de cour, d'une part, et, d'autre part, une importante classe de robins groupés autour d'un Parlement dont le rayon d'action est considérable et le niveau de vie élevé. Les uns comme les autres ont été formés par une université célèbre et tricentenaire où des milliers d'étudiants, venus de tous les coins d'Europe, s'agglutinent bruyamment, et se mélangent à la population commerçante qui loge les étudiants externes, de plus en plus nombreux — qui n'ont pu trouver place dans un collège.

Quant aux grands notables, ils sont la plupart du temps provinciaux, peu habitués à la vie urbaine, à ses bruits, à ses odeurs, à son insécurité permanente. Ils ont tendance à déborder sur les localités voisines où ils peuvent mieux vivre leur nostalgie de la campagne. Ils contribuent ainsi à l'édification d'un « grand Paris », quatre fois plus étendu que la ville elle-même, et fait de luxueux faubourgs.

> Il y a autour de Paris un grand nombre de villes fortifiées, de villages et de bourgs étendus et peuplés en sorte que les faubourgs de Paris s'étendent à dix lieues à la ronde, avec de nombreux palais, châteaux de plaisance environnés de beaux jardins et de vergers, des étangs et d'autres agréments attenants à ces villages. Il ne faut pas s'en étonner car depuis de nombreuses années toutes les richesses de France viennent se concentrer à Paris et dans son voisinage [...]. On y dépense annuellement des sommes énormes parce que le logement, la nourriture et les vêtements sont assez chers, et que tout le monde a l'habitude de s'habiller avec élégance [9].

---

[8] Je me permets de renvoyer à un article déjà ancien sur « L'université collégiale et la Pléiade », publié dans les *French Studies* d'Oxford d'octobre 1959.

[9] Plater, *op. cit.*, p. 171 sq.

Il est loin, le Paris frugal de Louis XII vu par Machiavel, au temps où le budget nourriture des Parisiens se réduisait à peu de chose ! Et pourtant la Seine est toujours là, qui relie à moindres frais la ville royale avec les terres à blé d'Ile de France, les vergers et les gras pâturages de Normandie, voire avec des pays plus lointains, les navires à faible tirant d'eau de cette époque permettant aux caboteurs de remonter la Seine.

Ce qui a changé, ce sont les rapports entre l'offre et la demande. La population de Paris a plus que doublé pendant la première moitié du siècle. Le Paris de François Ier est un vaste chantier de construction. Les plus belles églises gothiques de Paris ont eu leur première pierre posée sous le roi François : c'est le cas de Saint-Eustache, de Saint-Étienne-du-Mont, de Saint-Germain-l'Auxerrois, de Saint-Merry. Leur style, gothique, bien qu'assez marqué par l'époque, contraste avec celui des constructions royales du Louvre où Pierre Lescot et Jean Goujon affichent le nouveau style.

Ajoutons que des quartiers neufs sont également mis en place pour accueillir le surcroît de population. Le Roi a souvent pris l'initiative de ces créations nouvelles en mettant à la disposition des architectes des espaces autrefois réservés. Ainsi l'Hôtel Saint-Paul et les Écuries de la Reine. Après le désastre de Pavie, où une partie de la noblesse française a été massacrée, les veuves ou les héritiers jeunes avaient laissé à l'abandon leurs résidences en ville qui risquaient de devenir la proie des "squatters", ou selon le langage de l'époque, des « mauvais garçons ». Pour des raisons de sécurité la décision a été prise de faire du quartier du Marais une nouvelle zone de construction et de reconstruction. Dans un acte de 1543, François Ier signalait « la multitude du peuple qui ordinairement afflue et vient habiter à Paris ». Il a voulu donner l'exemple, et jusqu'à la fin du siècle, ses successeurs n'ont cessé de distribuer les restes du domaine royal parisien à la Ville. Le logis favori des Valois, le domaine des Tournelles, passera par là lui aussi. Devenu un lieu maudit depuis la disparition de Henri II, mortellement blessé dans un tournoi qui s'y tenait, Catherine de Médicis n'y mettra plus les pieds, et Charles IX le met en vente. Un nouveau quartier naîtra, et la cour se replia sur le Louvre de Pierre Lescot qui jusque là faisait figure de « demeure de l'avenir » que l'absence de patine et de souvenirs historiques rendait réfrigérante.

La croissance rapide de Paris n'a pas été exclusivement quantitative : la qualité même de la population parisienne a changé. La prolifération des offices a poussé vers Paris une classe plus exigeante, plus raffinée que celle des aubergistes, des marchands et des employés. L'Université elle-même, nous l'avons vu, commence à recruter dans le monde des hobereaux, et le goût italien a pénétré partout. La grande ville apporte des facilités supplémentaires à l'expression de la convivialité, souvent liée aux repas pris en commun. Les occasions de se réunir pour banqueter sont multiples : mariages, fêtes, anniversaires, promotions, procès gagnés, autant de prétextes à festivités gastronomiques pour lesquelles Paris est merveilleusement outillé. Pour organiser un repas, précise le jeune Platter,

> on ne demande qu'à en connaître le jour, le plus ou moins de splendeur que l'on veut lui donner, le nombre des convives, quels sont ceux qui doivent y prendre part, à quelle classe ils appartiennent et combien on désire payer par tête [...]. L'amphitryon ne regrettera pas ses 400 couronnes par tête et il se voit obligé, au contraire, de remercier l'hôtelier en lui disant qu'il a bien gagné son argent ; car les organisateurs s'entendent si bien à tout régler selon le goût de ses convives, à avoir des mets choisis, des desserts, des vases et de riches tapisseries pour orner la salle, des meubles, des servants, de la musique et de la comédie, qu'on croit avoir le Paradis sur terre. Car à Paris on peut acheter ou emprunter tout ce qu'on veut pour de l'argent [10].

La convivialité parisienne a beaucoup frappé les étrangers. Aléandre qui n'a pourtant pas eu à se louer de l'hospitalité française — c'est un des griefs de Budé à l'égard de Louis XII de n'avoir pas su retenir en France un grand humaniste réfugié qui ne demandait qu'à rester si on lui en offrait les moyens —, n'en finit pas de regretter Paris. Ah, que n'y suis-je encore, soupire-t-il dans son Journal autobiographique ! « Semper laute et splendide vixi » [11]. Et de louer la façon dont sont reçus les étrangers dès qu'ils sont porteurs d'un savoir.

Deux générations après lui un Écossais, Buchanan, qui après de longs séjours en France et un retour tardif à son pays natal ne cessait d'aller d'Édimbourg à Paris, justifiait son hésitation par des liens très forts qui sont dus à d'anciennes amitiés, et à la « grande affabilité française ».

Affabilité, courtoisie, urbanité, tels sont les mots qui reviennent le plus souvent sous la plume des étrangers, de Christine de Pisan, pisane devenue parisienne, jusqu'à Buchanan. Si la France est, par excellence, le pays où il fait bon vivre, affirme Christine, elle le doit à la

---

[10] *Ibid.*, p. 203.
[11] Aléandre, *Journal autobiographique*, éd. H. Omont, Paris, 1895, p. 111.

« bénignité de ses princes sans cruauté », comme pour « la courtoisie et aimabilité des gens d'icelle nacion » [12].

Mais ici encore s'agit-il des Français en général ou des Parisiens ? Christine n'avait guère connu d'autres provinces, et les mots de courtoisie et d'urbanité évoquent par eux-mêmes le voisinage d'une cour princière et d'une grande ville. Qui aurait eu l'idée de parler d'affabilité ou d'urbanité au sujet des Picards, des Poitevins, des Bretons, ou des Auvergnats ? Le caractère français, dans l'esprit de ceux qui l'observent de l'extérieur, a tendance à s'identifier de plus en plus avec celui des Parisiens, façonné par une façon de vivre, de se vêtir, de plaisanter, de déguster, de jouir de la vie qui relève de l'art.

2. Priorité des origines germaniques

Cette confusion entre France et Paris ne peut masquer le problème des origines qui hante l'Europe féodale plus que jamais. Qui sont nos ancêtres ? Jusque vers le milieu du XVIe siècle une seule réponse s'impose, conforme à la logique historique de l'époque : les Français sont les descendants des Francs. Les Italiens ne cessent de se réclamer de Rome et beaucoup d'entre eux sont persuadés que l'Empire romain est toujours là, qu'il continue à vivre souterrainement — et Érasme de ricaner en rétorquant que les Italiens d'aujourd'hui ne descendent certainement pas des Romains, mais « des Goths et des Vandales, tant le débordement des invasions a tout mêlé » [13]. En quoi il se conforme à la vision historique de ses contemporains, pour qui le dernier envahisseur conserve un droit de propriété et de paternité sur le territoire envahi. D'où le nom de Français.

C'est dans cette perspective que Gaguin précise dans la préface à Charles VIII de sa traduction du *De Bello Gallico* : « Avant que les premiers Françoys venissent par deça gaigner et fonder le commencement de si ample et puissant royaume comme est le vostre [...] » [14]. Les notions de composition ethnique leur sont étrangères, comme aussi celle de race au sens où nous l'entendons aujourd'hui — alors que le mot existe bel et bien, mais dans le sens de dynastie. Chroniqueurs et historiens font toujours la distinction entre

---

[12] Christine de Pisan, *Le livre du corps de policie*, Paris, éd. R.H. Lucas, Genève, Droz, 1967, p. 188.
[13] Érasme, lettre à Budé du 22 juin 1527, *Correspondance*, trad. M.-M. de La Garanderie, p. 260.
[14] Édition en 1485, in Gaguin, *Œ.*, éd. Thuasne, t. II, p. 306.

Carolingiens et Capétiens en les baptisant « princes de la deuxième ou de la troisième race ». C'est la dynastie conquérante qui donne son nom et ses caractéristiques au pays. « Lorsque les Français envahirent les Gaules [...] », commente Étienne Pasquier dans son *Exhortation aux Princes et Seigneurs* [15]. Pour lui, qui a presque inventé les Gaulois, il n'y a pas le moindre doute : les Francs s'identifient avec le royaume des Francs. Les Mérovingiens ne se sont pas contentés de conquérir et de peupler le Nord du pays, mais ils ont aussi façonné le royaume à leur image. Ce qui était d'autant plus facile que les Germains et les Gaulois avaient encore à ce stade de leur évolution nombre de points communs : la société militaire, la chevalerie, une monarchie de patrimoine [16] fondée sur la propriété d'un territoire que le souverain peut partager entre ses héritiers. Le « docte et fol Postel », quant à lui, essayait de concilier ces positions en imaginant que Français et Germains étaient les uns et les autres la postérité du roi Gomer et de son fils aîné Askenaz [17].

Et puis n'oublions pas que la guerre de Cent Ans était encore très présente dans les mémoires. Pas d'ennemis à l'Est, le danger ne peut venir que de l'Ouest. C'est ce qui a conduit les tuteurs du jeune Charles VIII à renoncer au projet de mariage avec Marie de Bourgogne et à lui préférer la jeune duchesse Anne de Bretagne. Mais tout doit être fait pour rendre la rupture indolore et Robert Gaguin, au cours de son ambassade en Allemagne, avait rappelé aux princes électeurs « qu'il ne fallait à aucun prix laisser distendre « l'antique amitié » des empereurs et des rois de France » [18].

Ajoutons à cette obsession des origines le poids d'une idée ou plutôt d'une croyance naïve dans la toute-puissance de l'étymologie qui pousse à voir dans un mot, dans un nom, un secret caché que seuls

---

[15] Étienne Pasquier, *Écrits politiques*, éd. D. Thickett, Genève, Droz, 1966, p. 64.
[16] Voir l'analyse de l'ambassadeur vénitien Marino Cavalli (1546) : « Les Gaulois qui étaient gouvernés d'une manière presque démocratique furent bien aises de passer du joug des Romains sous celui des Francs qui leur apporteraient la monarchie. D'où je conclus que les Français ont toujours été contents de vivre sous un roi, qu'ils le sont et le seront à jamais. », *Relations des Ambassadeurs de Venise*, t. I, p. 269.
[17] W. J. Bouwsma, *The Career and Thought of Guillaume Postel*, Cambridge (Mass.), Harvard Univ. Press, 1957, p. 257 ; C.G. Dubois, *Celtes et Gaulois au XVIe siècle*, Paris, Vrin, 1972, p. 80-81.
[18] Robert Gaguin, *op. cit.*, t. II, p. 228.

pourraient décoder ces archéologues de la langue que sont les étymologistes. On ne se préoccupe d'ailleurs pas pour autant de préciser si le son ou le nom ont bien eu la priorité qu'on leur attribue. Ainsi est-il admis que le mot *Franc* est intimement lié aux notions de franchise, dans les sens de sincérité et de liberté. Un esclave conduit en France peut se considérer comme libre dès qu'il a mis le pied sur le sol français, comme le fait dire Henri III, qui vient d'être élu roi de Pologne, dans un discours à la noblesse de Pologne : « Étant français de nation et conséquemment franc, sain et ouvert de nature, j'ay proposé de traiter avec vous rondement, véritablement et sincèrement » [19].

François de Guise, de son côté, fera une déclaration semblable. Au cours du siège de Metz, un esclave maure de Don Luys d'Avila étant allé se jeter dans Metz sur un cheval volé à son maître, Don Luys dépêche un négociateur à François de Guise pour lui demander la restitution du cheval et du fugitif. À quoi le général français répond qu'en ce qui concerne le cheval, il le rendra « par courtoisie » ; quant au Maure, il a cessé d'être esclave dès qu'il a mis le pied sur le sol français, car

> par le privilège de la France, de temps immémorial, elle ne veut recevoir nul esclave chez soy, et tel qui serait le plus barbare estranger du monde, ayant mis seulement le pied dans la terre de France, il est aussitôt libre et hors de toute servitude et captivité, et est franc comme en sa propre patrie [20].

Ainsi deux siècles avant les déclarations républicaines sur la terre de liberté, la France pouvait-elle se définir d'une manière assez semblable, encore qu'appuyée sur des idéologies tout à fait différentes. Et le plus fort est que la leçon est donnée par un homme dont le nom était l'enseigne d'un parti qu'on ne peut qualifier de libéral.

Tout repose d'ailleurs sur une image des pays du Nord vus par les Grecs et Strabon. La *Germanie* de Tacite, comme beaucoup de textes de Strabon et de César, satisfait à la fois le sentiment de supériorité des méditerranéens issus de la civilisation hellénistique sur des pays encore sous-développés, et en même temps attise la nostalgie de son propre passé que l'on ne cesse de reconstruire en gardant un œil sur les « bons

---

[19] Cité par Hector Raynaud, *Jean de Montluc, évêque de Valence*, Paris, 1893, p. 81, n. 1.
[20] Rapporté par Brantôme dans sa monographie de François de Guise, dans *Vies des grands capitaines*, in Œ., t. IV, p. 193.

sauvages » du Nord, plus purs, moins englués dans les viscosités d'une civilisation qui se veut universelle et raffinée, mais qui étouffe la nature. La *Germanie* de Tacite a joué dans le monde antique le rôle de Rousseau au XVIIIe siècle. Aussi Guillaume Postel, toujours visionnaire et optimiste, déduira-t-il dans son traité *Pantheosia* publié à Bâle en 1547 qu'il appartenait aux Français, avec l'aide des Allemands, de purifier l'Église universelle souillée par Rome et par les Italiens [21]. Les descendants des bons sauvages du Nord allaient enfin sauver l'Église en pleine décadence.

On ne s'étonnera pas de voir François Ier mettre en avant l'étroite parenté des Francs et des Germains en posant sa candidature à l'élection de l'empereur en 1519 : le chancelier Duprat, dans sa mission sur l'éligibilité de François d'Angoulême, invoque tout à tour le droit canon, le droit civil, les coutumes et l'histoire des deux peuples, pour démontrer que la maison de France et son peuple tirent leurs origines de la Germanie en tant que Francs. Et à ceux qui mettaient en garde les électeurs allemands contre l'élection d'un roi de France à l'Empire, en prétendant qu'une fois élu il les façonnerait comme des Français, le roi François fait répondre que « les mœurs et façons de vivre d'Espagne ne sont conformes, ains totalement contraires à celles des Allemands et, au contraire, la nation française, quasi en tout, se conforme à celle d'Allemagne, aussi en est-elle yssue et venue, c'est assavoir de Sicambre et de Franquefort, comme les historiographes anciens récitent » [22].

Ajoutons que les princes allemands se servent des mêmes arguments quand ils viennent demander des secours auprès de Henri II, dit Brantôme : « Ils proposaient pour leurs principalles raisons qu'eux et les Français estoient germains et frères et que se devoient ayder et maintenir les uns les autres » [23]. Et Brantôme, qui appartient à une génération différente et qui a vu, au cours des guerres de religion, déferler sur la France, à l'appel de Coligny [24], les reîtres luthériens,

---

[21] Voir W. J. Bouwsma, *The Career and Thought of Guillaume Postel*, *op. cit.*, p. 267.

[22] Extrait du texte des *Persuasions*, remis à Joaquim de Multzan, *Journal* de Jean Barillon, éd. P. de Vaissière, Paris, t. I, p.126, n.

[23] Brantôme, *Les Vies des grands capitaines*, Œ., t. III, p. 268.

[24] Le mémorialiste protestant François de la Noue, dans ses *Discours politiques et militaires*, relate le fait en soulignant les hésitations de Coligny sur le point de prendre la responsabilité d'avoir été le premier à faire appel aux troupes étrangères au cours de la guerre civile.

lève les bras au ciel en commentant : « Quels Germains et quels frères ! » De même Ronsard qui, dans les mêmes circonstances, ne voyait dans les Germains que le pays de Luther et « Du Rhin l'effroyable jeunesse ». Les interventions étrangères, allemandes pour le clan protestant et un peu plus tard espagnoles pour le clan ultramontain, vont distribuer, dans une nouvelle répartition, les xénophobies nationales.

Et la langue de communication dans tout cela, dira-t-on ? Gardons-nous de lui attribuer l'importance qu'elle aura au XIXe siècle. Ce n'est pas la langue qui a détourné les princes allemands de François Ier : ils lui ont préféré Charles Quint, autre prince francophone, qui a toujours parlé l'allemand avec difficulté et un fort accent français, et n'a jamais réussi à parler correctement l'espagnol. Le regroupement des pays par familles linguistiques, imaginé par des philologues allemands au XIXe siècle, n'est pas encore né, et le plus grand helléniste de l'époque, Lascaris, estimait que le français étant la seule langue au monde capable de faire passer dans une langue moderne le charme et la fluidité de la langue grecque, c'est au français plus qu'au latin que revient la charge de « sauver du Léthé » la littérature grecque. Pour parler de la langue française, il utilise l'expression *Celtica lingua*[25], comme s'il allait de soi qu'un peuple d'origine gauloise ne pouvait que parler encore une langue celtique[26].

L'obstacle n'était pas dans la langue, mais dans les notions antithétiques d'empire et de royaume, toujours invoquées au Moyen Âge, et la réaction traditionnelle des Anciens, qui se traduit par la formule célèbre : « le roi de France est empereur en son royaume ». Qu'un roi de France apporte, dans une Allemagne encore informe, la netteté de contours de l'État le plus avancé d'Europe sur le plan de l'unification administrative, voilà qui ne pouvait paraître

---

[25] « Quod Cyprio regi cecinit melos Attica si suave, decens, lepidum Celtica lingua refert », Lascaris, *Épigrammes*, Paris, 1527.

[26] Il ne s'agissait pas seulement du parler : la formule employée par Lascaris est moins aberrante qu'il n'y paraît, car la classification des langues a été faite à une époque où la phonétique n'avait pas encore d'existence légale, et elle ne tient pas compte du fait qu'un dialecte latin prononcé par des gosiers gaulois et francs ne pouvait que se transformer fondamentalement. Et c'est un fait reconnu par ceux qui ont eu l'expérience des étudiants étrangers que les Gallois et les Allemands du Nord ont plus de facilité que les Espagnols ou les Roumains ou même les Italiens pour prononcer le français correctement.

qu'indésirable. Les princes électeurs, à qui la confiscation des biens d'Église venait de conférer une autonomie triomphale, ne pouvaient voir dans François Ier qu'un obstacle à une indépendance à laquelle ils s'étaient si vite habitués.

Ajoutons que si la notion de *Deutschtum* n'existe pas encore, celle de nation germanique existe bel et bien malgré le flou de ses contours. C'est à elle que se réfère Charles Quint lors de son passage en France en 1530, quand il promet de faire examiner le contentieux franco-allemand par les États et nations germaniques, le mot *nation* n'étant utilisé ici que dans la perspective des divisions d'universités qui y groupent leurs étudiants dans des secteurs géographiques plus que linguistiques. La nation germanique comprend tous les pays d'Europe centrale et du Nord, de la Pologne à la Hollande.

Dans le contexte de cette allocution Charles Quint ne fait allusion qu'aux princes électeurs. Mais dans beaucoup de cas l'indécision persiste. Érasme, par exemple s'est toujours comporté en citoyen de Germanie, avec la reconnaissance de la priorité impériale. Mais quand on le met au pied du mur, il s'en tire par une pirouette en disant que c'est une question de point de vue. Si on tient compte de la géographie antique, la Hollande fait incontestablement partie de la Gaule. Si on adopte les divisions territoriales d'aujourd'hui, elle fait partie de la Germanie. « Que je sois Batave je n'en suis pas sûr, Hollandais je ne puis le nier, et né dans une région qui, si nous en croyons les géographes, est plutôt tournée vers la Gaule que vers la Germanie ; ce qui est incontestable, c'est que cette contrée est aux confins de la Gaule et de la Germanie »[27]. Et ce recours à la géographie et à l'Antiquité n'est pas une simple pirouette en réponse à une question gênante. Érasme revient à plusieurs reprises à cette ambivalence : en parlant tantôt de *Germania mea* dans ses lettres à des compatriotes, tantôt de *Gallia nostra* dans sa lettre à Budé du 19 juin 1516[28].

Se réclamer de la Gaule ou de la Germanie n'était d'ailleurs pas contradictoire aux yeux des observateurs méditerranéens de ce temps. Strabon disait déjà des Gaulois que les Germains « leur ressemblaient autant par leur nature que par leurs constitutions politiques. Ils sont d'ailleurs apparentés par le sang et habitent des pays séparés seulement

---

[27] Érasme, lettre du 1er octobre 1520 à Pierre Manius, citée par M.-M. de la Garanderie, *Correspondance d'Érasme et de Budé*, p. 59, n.6.
[28] Érasme, lettre n° 223 et 269, *Allen*, II, la même année que la lettre à Budé du 19 juin 1516, *Allen*, II, p. 253.

par le Rhin, et ils sont très semblables sous presque tous les rapports »[29].

Cette idée de l'indifférenciation de deux peuples sous-développés de l'Europe du Nord sera reprise par les hommes de la Renaissance : du côté italien, pour affirmer la supériorité de la civilisation romano-hellénistique sur celle des descendants des Barbares, et du côté des pays du Nord, affamés de retour aux sources, une façon de s'affirmer par rapport aux civilisations décadentes. « Je suis un Franc-Celte », clamait Budé à Érasme pour le préparer à entendre des vérités désagréables, « et qui n'a pas son pareil pour ne pas mâcher la vérité quand il y a lieu »[30]. Franchise brutale d'homme libre ayant conservé la pureté, le naturel et les qualités instinctives des races d'autrefois. C'est le primitivisme qui a orienté et dynamisé à la fois les philosophes, les théologiens de la Réforme et les découvreurs de terres nouvelles. C'est lui qui a fait dire à Lemaire de Belges que « France et Allemagne étaient sœurs germaines ».

3. Les ancêtres celtes

Quant aux Gaulois, ils n'ont jamais cessé d'être présents dans la mémoire collective française du Moyen Âge et de la Renaissance. Non en tant qu'ancêtres à proprement parler. On n'admet comme ancêtres que des gens respectables et conformes aux systèmes de valeurs de son temps, et les Francs étaient infiniment plus proches que les Gaulois des normes de la société féodale. Ce n'est qu'après la lecture du *De Bello Gallico*, largement diffusé au tournant du siècle par la traduction de Gaguin, que les Français commencent à avoir une vision moins floue d'une masse gauloise qui peuplait les campagnes de l'hexagone et les faubourgs des villes — la partie de la population qui politiquement ne compte pas, les Romains s'attribuant à eux seuls tout ce qui relève de la technologie et de la civilisation urbaine.

---

[29] Strabon, IV, 4, 2. Affirmation reprise et amplifiée par Lemaire de Belges, qui, il le souligne lui-même, « nomme Allemaigne, France orientale, et la terre de Gaule, France Occidentale » et qui soutient que « lesdites deux nations d'Allemaigne et de Gaule ont pour le plus du temps esté conjointes et alliées ensemble, comme sœurs germaines ; et, par ce moyen, ont dompté et suppedité toutes les autres sans grand difficulté » (*Les Illustrations de Gaule et singularités de Troyes*, éd. Lyon, 1549, 367 et 277).

[30] Budé, lettre à Érasme du 12 avril 1527, *Correspondance*, p. 258.

En écrivant ses *Commentaires*, en même temps qu'il faisait la guerre, César a atteint son but et mystifié la postérité en même temps que ses électeurs. Il faudra attendre les travaux d'archéologie du XXe siècle pour se rendre compte que les grandes routes romaines de Gaule existaient déjà avant la conquête — qu'elles ont d'ailleurs facilitée —, que les Romains n'avaient fait que les élargir et les consolider ; que l'urbanisme d'une ville purement gauloise, telle que Bibracte, n'était guère inférieur à celui des villes de l'Italie centrale. Les hommes du XVIe siècle ont dû se contenter de données écrites dans des langues connues. L'accès au grec leur a permis de comparer les informations de César avec celles de Strabon, moins impliqué que lui dans la conquête, moins intéressé que lui à cibler une image d'adversaire brave, mais arriéré et condamné à l'échec.

Dès qu'ils ont pu lire Strabon les humanistes ont puisé dans sa *Géographie* des informations plus précises sur l'existence d'une intelligentsia gauloise faite de groupes sociaux privilégiés qui ne se limitaient pas aux druides. Il y avait aussi les bardes, poètes et chantres sacrés, les devins orientés vers les sciences de la nature (à la fois truchement et auxiliaire de la divination). Quant aux druides qui enseignaient la philosophie morale, ils étaient considérés « comme les plus justes des hommes », et on leur confiait à ce titre « le jugement des différends privés et publics »[31]. Vue sous cet angle, l'image du peuple gaulois se transformait : il cessait d'être un aggloméra de paysans et de guerriers hirsutes et dormant sous des huttes. On reclassait les Gaulois dans le cadre d'une civilisation étrangère, ultime reste d'un empire redoutable et instable à la fois qui dans sa période d'expansion (au troisième siècle avant Jésus-Christ) avait fait trembler les sénateurs romains malgré l'intervention des oies du Capitole, et menacé le trésor de l'Oracle de Delphes.

Claude de Seyssel a été l'un des premiers à tirer un enseignement de cette étrange société qui donnait la première place aux guerriers tout en accordant aux druides une supériorité morale reconnue par tous[32]. Le passage de la Gaule au christianisme n'a fait qu'accentuer ces tendances qui ont empêché les rois de succomber à la tentation des actes de tyrannie : car, ajoute Seyssel, « s'il en fait quelqu'une, il est loisible à chacun prélat ou homme religieux [...] de la lui remontrer et l'incréper, et à un simple prêcheur de reprendre et arguer publiquement

---

[31] Strabon, IV, 4, 3.
[32] Claude de Seyssel, *La Monarchie de France*, éd. Poujol, Paris, 1961, p. 116.

et en sa barbe. Et si ne l'oserait bonnement le Roy pour cela maltraiter ni lui meffaire, encore qu'il en eust volonté, pour non provoquer la malveillance et l'indignation du peuple : ce qui n'est en autre royaume — que l'on sache à tout le moins — de telle sorte » [33]. Ainsi la tolérance française à l'égard d'une classe de clercs prêts à ériger le spirituel en contre-pouvoir légitime et nécessaire à l'équilibre des forces du Royaume est-elle interprétée comme exemple de la persistance de l'héritage gaulois.

Joachim Du Bellay de son côté attribuera lui aussi des origines gauloises à la méfiance des théologiens intégristes à l'égard des traductions bibliques en langue française, ainsi qu'aux discussions théologiques qui ne seraient pas en latin [34]. Méfiance qu'il qualifie de « superstitieuse » et explique par le tabou druidique sur la transmission du savoir par l'écriture, et par le goût des druides pour les enseignements acroamatiques [35], c'est-à-dire « qui ne se peuvent apprendre que par l'audition du précepteur ». Ici encore on retrouvait l'omniprésence de privilèges d'intellectuels pourvus déjà d'une sorte de monopole de l'enseignement public. Ainsi l'ascendance gauloise est-elle invoquée, pour le meilleur et pour le pire, aux fins d'expliquer certains traits permanents de la mentalité française.

C'est dans Strabon aussi que les humanistes ont puisé les éléments du mythe de Marseille, dont le *De Asse* et la *Deffence et illustration* avaient fait grand cas, la Massilia, dont parle Strabon, devenue un centre culturel si brillant qu'il arrivait aux Romains d'envoyer leurs enfants s'initier à la langue et à la culture grecque à Marseille plutôt qu'à Athènes. Budé, qui s'appuie sur ce témoignage pour vanter les aptitudes culturelles des Gaulois, ne se rend pas compte du côté autodestructeur de son argument. Il ne savait pas que Massilia, comptoir grec sur la côte méditerranéenne des Gaules, était restée jusqu'aux premiers siècles de notre ère complètement étrangère au monde gaulois avec lequel elle n'avait que quelques liens commerciaux. Les Grecs poussaient l'indifférence jusqu'à tout ignorer de la langue et des coutumes de leurs si proches voisins [36]. La Gaule a profité du

---

[33] *Ibid.*, p. 117.

[34] Joachim Du Bellay, *Deffence et illustration de la langue française*, I, IV, éd. Chamard, 1948, p. 31.

[35] *Ibid.*, I, X, p. 69.

[36] Dans son beau livre, *Alien Wisdom*, Cambridge, 1975, p. 59, Arnoldo Momigliano est formel : « The Greeks of Massilia, which would

commerce phocéen, comme le prouvent l'existence du cratère de Vix [37] et plus tard l'architecture dite gallo-romaine, qui restera plus proche des Grecs que des modèles romains. Question d'affinités peut-être, mais qui ne permet pas de mettre la culture gauloise au niveau athénien, et moins encore de pourvoir d'une représentativité gauloise les Phocéens de Massilia.

Or il y avait bel et bien un peuple gaulois, qui ne pouvait se confondre avec les Grecs, les Francs et les Romains, et n'oublions pas que la Gaule est le seul pays d'origine celtique qui se soit montré capable, par la suite, de se constituer en État et d'accéder au rang des grandes puissances. Où est la clé de cette réussite, se sont demandé souvent, dès la Renaissance, ceux qui ont commencé à réfléchir sur le passé français ? L'un des hauts fonctionnaires les plus doués du roi François, le grand Langeais, avait une réponse : ce qui est à l'origine de tout, c'est la fusion heureuse des deux « nations » (le mot *nation* était pris ici dans son acception universitaire), la gauloise et la franque, et de les avoir « reduites en un corps de république pour soy vindiquer et retraire en leur ancienne franchise et liberté naturelle, hors de la contrainte submission, paravant faite aux Romains. En laquelle liberté par eux recouverte, ils ont jusques a huy perseveré et au vouloir de Dieu persevereront a jamais » [38]. Les origines du Royaume de France sont alors définies par la lutte conjointe des Celtes et des Francs pour la conquête de la liberté contre un ennemi commun : Rome.

4. Absence de la composante latine

Ainsi s'explique un fait troublant. À l'occasion de cette quête des origines de la France, la composante latine n'est jamais évoquée. Les hommes de la Renaissance savaient aussi bien que nous que la Gaule

---

have been the obvious centre for the exploration of the celtic world, never went beyond the coasts. »

[37] Ce cratère, de facture incontestablement hellénique, faisait partie du mobilier funéraire trouvé dans la tombe d'une princesse celte. Exposé au Louvre quelques temps après sa découverte, en 1953, il est maintenant au musée local de Châtillon-sur-Seine. Sa présence dans la Gaule profonde était une indication sur le prestige que pouvaient avoir au VIe siècle avant notre ère, les importations grecques.

[38] Guillaume Du Bellay, *Epitome de l'antiquité des Gaules et de France*, Paris, Vincent Sertenas, 1556, f° 13.

n'a jamais été pour les Romains une colonie de peuplement, à part les rives de la Méditerranée et la basse vallée du Rhône dont le climat ne dépaysait pas trop les vétérans des légions romaines. Mais de toute manière ce n'est pas sur le plan de la race qu'on pose le problème, à cette époque, mais sur celui des particularités collectives que l'on appellera plus tard « caractères nationaux », sujet de prédilection de Machiavel qui est, pour ainsi dire, l'inventeur d'un genre littéraire nouveau, le « portrait des nations ». Dans sa note « Sur la nature des Français », dans son « Portrait des choses de France » et dans son « Rapport sur les choses d'Allemagne », il n'est pas loin de donner de petits chefs-d'œuvre de finesse et si bien tournés qu'ils en font oublier les généralisations populaires qui sont à l'origine de ces représentations, et l'absence d'esprit critique qui les fragilise. Car Machiavel ne tient aucun compte du contexte dans lequel les jugements sont prononcés, ce qui diminue d'autant leur crédibilité. Ses raisonnements reposent sur un présupposé qui réduit tout à un déterminisme étroitement géographique : « Les hommes qui naissent dans un même pays conservent toujours une même nature »[39]. Et il ajoute que c'est là ce qui permet de prévoir l'avenir par le passé.

Rien n'est plus facile, en effet, pourvu qu'on s'en tienne à un déterminisme géographique, ennemi de toute évolution, qui permet à Machiavel d'affirmer que les Gaulois et les Français se sont toujours conduits de la même façon[40]. Comme César il voit les Français « changeants et légers »[41], mais il ne se contente pas de lieux communs. Il veut aller jusqu'à la racine des choses. Les Français, dit-il, « sont tellement préoccupés du profit et des dommages présents qu'il leur échoit peu de mémoire des outrages et des bienfaits qu'on leur a faits autrefois, et ils se soucient peu du bien et du mal à venir »[42]. Vue sous cet angle, la légèreté gauloise se présente comme une contrepartie de l'aptitude, généralement reconnue aux Français, de savoir jouir de la vie telle qu'elle se présente et de privilégier délibérément le court terme au détriment du long et du moyen terme. Machiavel, sous des dehors naïfs, n'en va pas moins jusqu'à une ébauche de psychologie collective.

---

[39] *Discours sur la première décade de Tite Live*, III, XLIII, éd. citée, p. 455.
[40] *Ibid.*, p. 56
[41] Machiavel, « Sur la nature des Français », *ibid.*, p. 40.
[42] *Ibid.*, p. 39.

Il n'était pas pourtant le premier Italien à assimiler les Français aux envahisseurs gaulois d'antan. Plus d'un siècle avant lui le prestigieux chancelier de Florence lors des derniers jours de la papauté d'Avignon, Coluccio Salutati, dans des lettres ouvertes envoyées aux Romains en janvier 1376 ou bien aux Pérugins, qualifie les Français de « Gallicos voratores », ou encore de « Gallicos nebulosos »[43]. Il n'hésite pas à opposer la *Latina gravitas* à la *Gallica levitas*.

Lorsque la Chancellerie pontificale d'Avignon se mit en tête de faire savoir au roi Charles V quels partenaires il se réservait à Florence, la meilleure façon de révéler les ambiguïtés florentines était de faire parvenir au Roi des copies des missives expédiées de Florence par les soins de Salutati aux cités italiennes. Charles V ne manqua pas de protester alors contre les accusations à l'égard des Gaulois qu'elles contenaient. Dans cette situation délicate il ne resta à l'ingénieux Coluccio que le soin de rappeler l'existence de plusieurs Gaules décrites dès la première phrase du *De Bello Gallico* : « Gallia est omnis divisa in partes tres. » Et quelle partie de l'ancienne Gaule peut-elle s'identifier avec le royaume capétien, sinon la Gaule du Nord, la « Gallia Belgica », située entre Seine et Rhin, la plus puissante et la plus noble des trois Gaules[44] ? Et Salutati d'ajouter que les Florentins n'avaient pas eu affaire avec une autre Gaule que celle-là, celle des Français d'aujourd'hui, du *Regnum Francorum*, dont l'ancêtre sacré, Charlemagne, avait reconstruit Florence détruite par Attila[45], ce qui avait créé entre cette ville et la France des liens indissolubles. Pas une seule fois les Florentins n'ont eu à se plaindre de ces Français-là. Par contre ils ont beaucoup souffert des Aquitains, des Limousins et des Méridionaux de la région d'Avignon.

En distinguant la bonne Gaule des mauvaises, Salutati creusait encore plus profondément le fossé entre l'Italie et ses voisins du Nord. Il rejoint les affirmations de Guillaume Du Bellay sur le secret de la réussite française : la fusion entre Celtes et Francs.

---

[43] Cité par P. Gilli, « Coluccio Salutati et la France », *B.H.R.*, LV, 3 (1993), p. 484. *Nebulosus* veut dire, dans ce contexte, inconstant ou imprévisible.
[44] « [...] potentia tamen et nobilitate cunctis Gallis excellentem », *ibid.*, p. 486, n. 28.
[45] *Ibid.* On estime que c'est la première fois qu'on voit apparaître dans un texte italien cet élément de la légende de Charlemagne.

IDENTITÉ NATIONALE ET QUETE DES ORIGINES 337

À peine plus de cent ans plus tard Balthazar Castiglione, dans un livre célèbre qui deviendra dans l'Europe de la Renaissance la référence suprême des gens de cour, essaie de mettre les choses au point. Lorsque l'un des convives du duc d'Urbino, qui est à la fois misogyne et francophobe, se met à attaquer la France où il a vu des ignominies dans tous les domaines, y compris le domaine culinaire, il déclenche contre lui un contradicteur, un marquis piémontais, Febo da Ceva, qui lui répond : « Je n'ai jamais rien lu ni entendu de semblable en France qui n'ait son équivalent en Italie. » Et il ajoute : « Par ailleurs les meilleures choses qu'on trouve en Italie dans les domaines de l'habillement, du sport, des banquets et d'une façon générale dans tout ce qui convient à un courtisan d'ici, est d'origine française »[46].

C'est ce moment que choisit le duc Federico de Feltre pour calmer le débat et éviter qu'il ne s'envenime :

> Je ne suis pas de ceux qui disent qu'il est impossible de trouver en France des cavaliers qui soient à la fois excellents et modestes. J'en connais moi-même un grand nombre qui sont au-dessus de tout éloge, mais j'en ai connu aussi qui étaient complètement dépourvus du sens de la mesure [47].

Et de faire l'éloge de la réserve espagnole. Tant qu'à chercher des modèles à l'étranger, mieux vaudrait regarder du côté des Espagnols qui sont plus proches des Italiens que ne le sont les gens du Nord.

Castiglione nous met alors sous les yeux un francomane italien. Et comment mieux caricaturer un pays étranger que par le spectacle de ceux qui le singent ?

L'Italien francomane, nous dit-on,

> ponctue ses paroles de hochements de tête et de courbettes latérales [chaque fois qu'il voit passer une connaissance]. Et quand il se met en tête de traverser la ville, il le fait à une telle vitesse que ses laquais n'arrivent pas à le suivre. Et tout cela sans réussir à égaler la vivacité naturelle des Français et leur liberté d'allure, qui ne sont

---

[46] Balthazar Castiglione, *Il Cortegiano*, liv. II, chap. 37 : « Io non ho veduto far cosa in Francia di queste, che non si faccia ancor in Italia, ma ben ciò che hanno di bon gli Italiani, nei vestimenti, nel festeggiare, banchettare, armeggiare et in ogni altra cosa che a cortegian si convenga, tutto l'hanno dai Franzesi. »

[47] *Ibid.* : « Non dico io che ancor tra'Franzei non si trovino de'gentilissimi e modesti cavalieri ; ed io per me n'ho conosciuti molti veramente degni d'ogni laude ; ma pur alcuni se ne trovan poco riguardati. »

d'ailleurs pas sans charme dans la mesure où elles sont authentiques. mais elles sont inimitables par un adulte qui n'aurait pas été élevé en France dès le berceau [48].

Malgré la courtoisie et la modération du duc d'Urbino, ce qui éclate ici, c'est le contraste entre des Celtes survoltés et instables, d'une part, la gravité et la consistance latines de l'autre. La description indirecte du comportement français dans le *Cortegiano* accentue encore le sentiment des distances qui séparent les deux peuples.

5. Naissance tardive de la latinité française

Cette parenté latine dont ni les Français ni les Italiens ne voulaient et qui restait étrangère à la formation de l'identité française, comment a-t-elle fini par s'infiltrer dans l'imaginaire collectif au point de passer pour une évidence ? Il a fallu pour cela l'émotion suscitée par le succès de la notion de *Deutschtum*, consubstantielle à un nationalisme agressif, capable d'ameuter une partie de l'Europe contre une France en plein désarroi d'isolement, et à un Napoléon III effondré. Comment, à défaut d'alliés puissants, se trouver une parenté ? Serions-nous les seuls en Europe à être des sans- famille ?

Une solution de facilité s'offrait alors : suivre l'ennemi sur son propre terrain en acceptant les règles du jeu posées par la philologie allemande du XIXe siècle ; autrement dit, classer les peuples d'après leur langue et les langues d'après les sources de leur vocabulaire. Le français figure alors parmi les langues dérivées du latin populaire, ce qui l'alignait avec les Italiens, les Espagnols, les Portugais et les Roumains. D'où la notion de latinité opposée à la germanité. Le contraste a été encore durci par l'état de guerre larvée avec l'Allemagne, interrompu par des éclats furieux entre 1870 et 1945.

Tout cela fut poussé jusqu'à l'hystérie par les idéologies ultra-nationalistes dont les coryphées, Maurras et Daudet, se trouvaient être des Provençaux décidés à faire un sort aux barbares mêlés à l'histoire

---

[48] *Ibid.* : « Trovansi ben molti Italiani che vorriano pur sforzarsi de imitare quella manera ; e non sanno far altro che crollar la testa parlando, et far riverenze in traverso di mala grazia, e quando passeggian per la terra caminar tanto forte, che i staffieri non possano lor tener drieto ; e con questi modi par loro esser ben Franzesi, ed aver di quella libertà ; la qual cosa in vero rare volte riesce, eccetto a quelli che son nutriti in Francia e da fanciulli hanno presa quella manera. »

de France, à commencer par les Gaulois, qui ne sont admis qu'une fois romanisés.

À ces intellectuels qui ont contribué à l'édification du mythe de la « latinité française », il faut ajouter les effets proches et lointains de ce séisme européen qu'a été la Réforme du XVIe siècle, qui va diviser l'Europe en deux et pousser la France parmi les pays de l'Europe du Sud. Combien de traits de caractère attribués à la « latinité française », qui se retrouvent dans des pays celtophones, slavophones ou germanophones, mais qui sont de civilisation catholique !

6. Le rôle personnel de François Ier dans l'identité nationale

Pour toutes ces raisons, le règne du roi François a été une période décisive dans la prise de conscience de l'identité française. Tout d'abord parce que François d'Angoulême a vécu, dans sa personne et dans celle de sa sœur Marguerite de Navarre, les problèmes posés par la déchirante révision religieuse du XVIe siècle. En fait, il n'a pris parti ni pour le schisme ni pour l'intégrisme romain. Il était trop impliqué dans le milieu humaniste pour se rallier à l'une ou l'autre solution. Avec la majorité des humanistes français, il a opté pour une sorte de réformisme gallican teinté d'érasmisme, sans remettre en cause la structure de l'Église universelle. Culture et religion, pour une fois, allaient de pair : l'impulsion avait été donnée par l'humanisme et par le bon plaisir d'un roi humaniste — quitte à remettre à plus tard la solution des dissonances et des contradictions, quitte à fermer les yeux sur les accidents de parcours qui ne tarderont pas à fourmiller. Mais en période d'état de grâce les illusions sur le futur tiennent bon. François Ier a eu la chance de mourir avant 1550. Quelques années plus tard il n'aurait pu recueillir sur sa tombe les gerbes d'éloges qui semblaient redonner à la monarchie son rôle d'arbitre supérieur des querelles entre Français.

Ajoutons que rien ne permet mieux de faire le point sur la recherche de l'identité française que l'attitude de François Ier à l'égard de ses fils. Il a trois garçons : l'aîné, le dauphin François, froid et posé, fait déjà figure d'homme d'État à dix-huit ans [49]. On sait comment l'espoir placé en lui fut déçu par sa mort soudaine en 1536, à Tournon où il avait suivi son père. On cria aussitôt à l'empoisonnement, on ne manqua pas de dénoncer l'Empereur et son homme de confiance,

---

[49] Voir ci-dessus chapitre VI, p. 209.

Leyva [50]. François Ier, si maître de lui d'ordinaire, donna libre cours à son désespoir, s'arrachant la barbe, se répandant en imprécations contre les empoisonneurs. Meurtri dans sa tendresse paternelle pour un fils qui lui ressemblait si peu, mais était son orgueil et sa sécurité pour l'avenir, il l'était d'autant plus que la fonction d'héritier présomptif revenait irrémédiablement au Prince Henri le mal aimé.

Le pauvre Henri, pourtant loin d'être insignifiant, était plus « physique » que ses frères, plus sportif, plus robuste — il est le seul à n'avoir pas contracté la tuberculose familiale. Les ambassadeurs de Venise le jugent avec sympathie et découvrent vite sous sa « complessione melancolica » une droiture de sens déjà remarquable [51]. Mais sa lenteur de saturnien le plaçait parmi ces gentilshommes que le Roi n'estimait pas, dit Brantôme, « s'ils estoient songears et sourdautz et endormis car le naturel du vray François porte qu'il soit prompt, gaillard, actif et toujours en cervelle » [52]. Le roi François donne ainsi sans s'en rendre compte le portrait de son fils préféré, le troisième, Charles d'Angoulême, qui était dans une certaine mesure la réplique de son père. Il ne pouvait tenir en place, éclatait de joie de vivre et s'habillait à la manière des Italiens qu'il adorait et qui lui rendaient bien son affection. « É bello, allegro e molto cortese principe », ainsi le décrivait l'ambassadeur de Venise Giustiniani [53].

Quand le Prince est mort de la peste à vingt-trois ans lors d'une campagne aux Pays-Bas, comme son frère à Tournon, la tuberculose l'avait réduit, lui aussi, à un tel état de moindre résistance qu'un microbe moins spectaculaire que celui de la peste aurait tout aussi bien pu l'abattre. Mais le moment était particulièrement fâcheux, car son mariage avec la fille du futur Philippe II était l'un des points importants du Traité de Crépy-en-Valois en cours de négociation. Le Roi ne survécut d'ailleurs que deux ans à son fils préféré.

---

[50] L'explication de la mort inopinée du Prince par le poison à une époque d'ignorance médicale a toujours suscité la méfiance des historiens. Dans le cas du Dauphin François, il y a malgré tout quelques faits troublants. On a trouvé dans les bagages du page italien du Dauphin un sauf-conduit signé de Leyva et un traité des poisons. D'autre part on sait que Charles Quint n'a pas hésité à faire assassiner Rincon, ambassadeur de France en Turquie, lors de son voyage de retour, pour faire main basse sur sa valise diplomatique.

[51] Rapport de Marino Giustiniani, 1535, *Relations des Ambassadeurs de Venise*, t. I, p. 104.

[52] Brantôme, *Œ.*, t. III, p. 180.

[53] *Relations des Ambassadeurs de Venise*, *loc. cit.*

Amour paternel ou narcissisme ? On peut toujours se poser la question chaque fois qu'un père voit poindre à l'horizon un rêve secret : avoir à ses côtés son clone. Cela n'a pas échappé à un historien anglais qui s'est demandé si François Ier n'avait pas fait une projection comparable, avec ce qu'il donne comme la définition du « vrai Français ». Dans ces affinités entre le caractère national et le tempérament du roi François, lequel des deux a inspiré l'autre[54] ? François était-il plus français que ses prédécesseurs ou ses successeurs ? À quoi notre Anglais répond : « que ces caractéristiques françaises ne sont françaises que depuis leur consécration par François Ier », « because later generations looked back with admiration at the personality of the roi chevalier ». Ce dernier point est contestable, car dès la fin du siècle on a vu se répandre une légende noire de François Ier dont les auteurs étaient en relation de famille ou d'intérêts avec le Connétable de Bourbon.

Mais la fin du siècle coïncidant avec un changement de dynastie, l'inévitable rejet de la dynastie précédente par la nouvelle, les rappels du glorieux passé du Roi de Marignan se font plus rares. Quand Madame de Lafayette, dans *La Princesse de Clèves*, voudra situer son héroïne dans une cour française d'un passé pas trop lointain, c'est la cour d'Henri II qu'elle choisit, une cour moins brillante, plus décente, plus calme que celle du prédécesseur. Henri le mal-aimé est ainsi devenu la figure centrale d'une cour où la « magnificence », la galanterie n'ont jamais paru en France avec tant d'éclat. Quelle revanche posthume pour Henri le mal-aimé !

Si le *Cortegiano* est devenu l'autorité suprême en tout ce qui concerne l'idéal de l'homme nouveau sous sa forme humaniste, c'est que Castiglione, en l'écrivant, avait su tenir compte des variations de coutume d'une cour à l'autre et des modes qui se succèdent parfois à une vitesse prodigieuse. Pour dresser le portrait robot de l'homme moderne tel qu'on pourrait aussi bien l'imaginer dans la cour des Feltre à Urbino, que dans une cour florentine, française ou vénitienne, les conditions réunies sont les suivantes :

- en premier lieu il doit savoir porter les armes, s'en servir avec intelligence, se révéler capable de prendre des places réputées imprenables ou de battre un ennemi supérieur en nombre ;

---

[54] « Francis the first - le roi chevalier », *History today*, 1958, vol. VIII, p. 314 sq.

- en second lieu il doit construire un château qui non seulement répondra à ses besoins, mais aussi exprimera sa personnalité. Le château sera richement meublé et pourvu d'une galerie de collection de statues antiques et de peintures contemporaines, de tentures de drap d'or, de tapisseries, d'instruments de musique de toutes sortes. N'oublions pas la bibliothèque de prestige où figureront des livres rares en grec, en latin ou en hébreu, et pourvus de reliures enrichies d'or et d'argent [55].

Tout cela doit servir de cadre à toute une société d'invités, composée de gens de valeur, qui se délecteront avec leur hôte des livres latins et grecs dont ils pourront parler en connaissance de cause, pendant que d'autres prendront plaisir à regarder les statues et les peintures. Chacun s'emploiera à faire profiter les autres de son savoir et de son goût. Parmi les hôtes distingués du feu duc d'Urbino, on compte Julien de Médicis, Pietro Bembo, César de Gonzague, le comte Ludovico di Canossa, Gasparo Pallavicino. À cette société distinguée se mêlaient des hommes de lettres, des musiciens et même des bouffons. Le tout est que chacun d'entre eux soit considéré comme le meilleur dans son genre [56].

N'oublions pas qu'une des conditions de supériorité de l'homme nouveau, est d'être capable de surmonter son destin. Il s'agit de l'opposition *fortuna / virtus* dont Pétrarque avait fait le sujet de son plus célèbre texte en prose, en multipliant les exemples de grands hommes qui ont combattu des forces contraires avec une grandeur d'âme qui a soulevé l'admiration de tous. Plus proche de Castiglione, l'exemple du fils du duc d'Urbino, Guidobaldo, atteint par une grave maladie qui le rendit infirme, ce qui ne l'empêcha pas d'opposer à ce coup du sort une force de caractère qui lui permit de surmonter son état, ainsi que les contretemps qui ne cessèrent de pleuvoir sur lui [57].

On trouve dans le destin de François Ier toutes les caractéristiques de ce type idéal. Devenu roi à vingt ans, c'est tout de suite Marignan. En ce qui concerne les châteaux, Chambord, conçu comme un phalanstère humaniste qui inspira peut-être à Rabelais l'Abbaye de Thélème. Quand le désastre de Pavie et la captivité de Madrid ont fait de François un autre homme désireux de suivre de plus près Paris et le Parlement,

---

[55] *Il Cortegiano*, liv. I, chap. II.
[56] *Ibid.*, chap. V.
[57] *Ibid.*, chap. III.

c'est la construction de Fontainebleau où se développe aussitôt tout un art de vivre, joint à un nouveau style de décoration, les graveurs du château ayant pour mission de faire connaître en province et à l'étranger la magnificence de la vie de cour chez le roi François.

Dès que le Roi fut fait prisonnier, les humanistes ne manquèrent pas de lui remettre en mémoire les préceptes pétrarquistes. Cantarini écrit au royal captif de Madrid :

> Ce n'est pas une moindre gloire que votre Majesté a acquise aujourd'hui devant le monde en supportant son malheur avec tant de courage et de noblesse, en comparaison de celles dont sa Majesté fut comblée au temps prospère de ses grandes victoires. Vaincre la fortune adverse ne représente pas moins de valeur que de vaincre ses ennemis [58].

Duchâtel dans son oraison funèbre ne manque pas d'insister sur cette force d'âme du Roi :

> La patience en ses adversitez et afflictions en ses maladies et es perte de ses enfans, la magnanimité au contenmement et mespris des choses humaines a été si grand en luy qu'il n'y a personne en ce monde qui l'ait jamais veu abattu ne vaincu d'aucune chose, ni en prospérité s'eslever, ny en adversité se rendre [59].

À l'obsession des origines si typiques du lieu et de l'époque, François Ier avait apporté des réponses qui paraissent maintenant contradictoires. Au moment des élections impériales, il avait mis au premier plan les origines germaniques de la nation française, alors que les définitions qu'il donna du caractère français à propos de ses enfants vont en sens inverse [60]. Il s'est assez peu préoccupé, à vrai dire, de l'aspect historique de la chose. Il ne voyait que les complicités instinctives qu'il sentait entre lui et son peuple.

Maintenant que les fictions sur les caractères nationaux ont perdu de leur crédibilité, on peut évaluer avec plus de recul la multiplicité des composantes françaises comme une force et non comme une exception

---

[58] Cité par Oreste Ferrera, *Gasparo Cantarini et ses missions*, p. 106. - De là le parallèle que trace le Maréchal de Vieilleville entre François Ier et Charlemagne, à l'avantage du premier : voir ci-dessus chapitre VI, p. 201.
[59] *Sermon Funebre de François Premier*, à la suite de : *Petri Castellani vita*, autore Petro Gallandio, éd. E. Baluze, Paris, F. Muguet, 1674, p.223.
[60] Dans le sens de la vivacité française décrite dans le *Cortegiano*.

démoralisante. C'est cette diversité qui a donné aux Français cette liberté de relation avec leur passé, à la différence des Italiens, figés dans la fiction d'une permanence imaginaire de l'Empire romain — illusion partagée par Pétrarque lui-même, il est vrai — c'est cette diversité qui a permis aux Français d'imaginer de nouvelles synthèses, d'utiliser des matériaux antiques pour construire des monuments et des genres littéraires nouveaux, d'emprunter sans décalquer ni trahir, et de rejeter sans remords.

La liberté d'allure, que Baldassare Castiglione trouvait inimitablement française, marquait les citoyens d'un pays où les traditions sociales et intellectuelles avaient cessé d'être étouffantes, et se trouvaient en pleine mutation, au cours du XVIe siècle. La convivialité parisienne, très remarquée par les voyageurs étrangers, a fini par gagner la vie intellectuelle. Elle a été un élément essentiel de la «République des lettres», création collective qui n'est pas exclusivement française, mais la composante française a été décisive. Érasme lui-même [61], revenu de sa francophobie acquise dès ses premiers contacts avec le Royaume de Louis XII, n'hésitait plus, en 1531, à donner à la France le premier rôle dans la naissance de la nouvelle République [62]. Rien de tel, ajoute-t-il dans les pays d'Empire («Germania nostra»). Aussi conclut-il en souhaitant que l'exemple de la convivialité culturelle française fasse tache d'huile sur l'Europe :

> Aussi voudrais-je voir votre sentiment d'identité nationale s'ouvrir plus largement sur l'Europe au point que vous teniez pour Français quiconque pratique les rites des Muses, et que les alliances se fassent selon l'esprit et non selon le pays qu'on habite. Cette entente, cette union, serviraient au mieux le triangle des disciplines humanistes et la défaite des ennemis des bonnes lettres, car la Barbarie n'est pas encore écrasée, elle a encore des bastions de défense et elle n'a en tête que de recommencer la guerre sur un front quelconque.

C'est aussi cet esprit de convivialité intellectuelle — qu'Érasme n'avait pas été le seul à identifier avec la France — qui est à l'origine du réseau international de correspondance humaniste dont Érasme a été le *spiritus movens*. C'est dans cet esprit que Budé, dans une lettre à Thomas More, comparait la correspondance humaniste «aux ambas-

---

[61] Voir ci-dessus chapitre I, p. 46.
[62] Érasme, lettre à Germain de Brie du 5 septembre 1530, *Allen*, t. IX, p. 46.

sades annuelles qui maintiennent paix et amitié entre des rois alliés ». Correspondance d'apparat, il est vrai, très internationale, et assez stylisée pour être destinée à la publication après avoir largement circulé dans le monde humaniste d'une ville ou d'un pays.

La République des lettres — élitiste par elle-même — a été écrasée par les mouvements de masse qu'ont été la Réforme et la Contre-réforme, mais les traditions épistolaires humanistes ont survécu dans la France de Descartes et de Mersenne jusqu'à Voltaire, vite proclamé roi de cette République européenne de l'esprit.

La conversion de la France à un humanisme convivial a ainsi créé le terrain favorable à un certain universalisme français, qui sera contesté dès le XIXe siècle, mais qui a rendu possible l'Europe des Lumières, puis l'Europe des Droits de l'Homme, contestées l'une et l'autre, elles aussi. Mais, même réduites à l'état de fantômes, elles ont conservé leurs pouvoirs de polarisation, et n'en restent pas moins des forteresses majeures contre le retour en force de la Barbarie que redoutait déjà Érasme ; celle qui ne désarme jamais.

TABLE DES MATIÈRES

PRÉFACE par Jean Céard 7
AVERTISSEMENT 9
TABLE DES ABRÉVIATIONS 11

Introduction. **Bilan culturel de la France à la mort
    de Louis XII** 13
    1. Une magnifique Sparte 17
    2. La barbarie en robe 24
    3. Le bouc émissaire 32

Chapitre Premier. **La grande mutation** 43
    1. Les miracles du roi thaumaturge 44
    2. Courants collectifs et *translatio studii* 50
    3. La Pentecôte des langues 53
    4. Le temps de l'avant 56

Chapitre II. **Une nouvelle classe culturelle** 65
    1. Un humaniste prométhéen 66
    2. Une classe amphibie 71
    3. L'ascension par les offices et l'inflation 74
    4. Culpabilisation sociale et déculpabilisation
    culturelle 78

Chapitre III. **Culture et pouvoir** 93
    1. Un exemple de sélection par la culture :
    les ambassadeurs à Venise 94
    2. Les bénéficiaires et les frustrés 101
    3. Les grands notables et la culture 105

Chapitre IV. **La revanche des seigneurs** 115
    1. Le coup d'arrêt 116
    2. Un nouveau comportement culturel 121
    3. Engagement culturel et éducation 125

Chapitre V. **Des précepteurs aux universités** 143
    1. Le désenclavement des universités 145
    2. Familles de hobereaux sauvées par la culture 148
    3. Le préceptorat humaniste 154
    4. Le temps des récoltes 158

Chapitre VI. **Le phénomène royal** 167
  1. Le roi de Marignan 167
  2. L'avant et l'après Pavie 173
  3. Nature et nourriture 179
  4. Nourriture et culture 187
  5. La culture de conversation 192

Chapitre VII. **Le grand projet** 199
  1. Lenteurs d'un démarrage 199
  2. Les deux avant-projets 204
  3. Des projets au compromis 211
  4. Les premiers temps d'une institution marginale 220
  5. Un essai de retour aux sources : le projet Baïf 224

Chapitre VIII. **Les retombées du mécénat royal** 229
  1. Retentissement international de la fondation
     du Collège royal 229
  2. Difficultés de survie et effets positifs 232
  3. La Bibliothèque royale : conservateurs,
     stades successifs 234
  4. Les chasseurs de livres 235
  5. Les bibliothèques Duprat 237
  6. Les bibliothèques Montmorency 238
  7. Les petites bibliothèques à Amiens et Paris 241
  8. Les collections de Fontainebleau 243
  9. Les collections de Montmorency 246
  10. Mécènes et foyers de culture de rang modeste 247

Chapitre IX. **De l'historiographie à la démarche
  historique** 251
  1. Les lectures historiques du Roi 251
  2. L'Histoire comme pédagogie royale 253
  3. Traducteurs et historiographes 257
  4. Pour et contre l'Histoire 259
  5. Budé et la vision historique du droit 260
  6. De l'histoire du droit à l'histoire économique
     de la conquête romaine 262

TABLE DES MATIÈRE

Chapitre X. **Budé et les nouvelles frontières de la culture**............275
   1. Les mots et les choses de l'esprit nouveau....................275
   2. Les mythes comme langage et comme herméneutique....................279
   3. Inspiration et écriture baroque....................282
   4. Hellénisme et latinité....................285
   5. Hellénisme et judaïsme....................290
   6. L'heure de la *lectio divina*....................297

Chapitre XI. **Les métamorphoses de la personne France**....................299
   1. Patrie et royaume....................299
   2. Apparitions de la Dame couronnée....................300
   3. Les souffrances de la Dame....................301
   4. Imagerie chrétienne et pré-chrétienne de l'interprétation....................302
   5. Ambivalences de la Mère....................305
   6. Du génie de la France de Guillaume Budé à Minerve....................309
   7. Ambiguïtés des mythes et double rôle de Pallas....................313
   8. De l'Androgénèse à la Hiérogamie royale....................315

Chapitre XII. **Identité nationale et quête des origines**....................319
   1. Français ou Parisiens ?....................320
   2. Priorité des origines germaniques....................325
   3. Les ancêtres celtes....................331
   4. Absence de la composante latine....................334
   5. Naissance tardive de la latinité française....................338
   6. Le rôle personnel de François Ier dans l'identité nationale....................339

Imprimé en Suisse